ERP

业财一体信息化应用教程

（用友ERP-U8⁺版）

主　编◎王伯平　陈自洪　陈　聪

副主编◎王　雁　刘海燕

清华大学出版社

北　京

内 容 简 介

本书以制造企业——成都东华电子有限公司为背景，模拟其用友 ERP-U8⁺操作，存货适用增值税税率为13%，交通运输业适用增值税税率为9%，个人所得税采用国家最新个税标准。全书共 17 个项目，分别是 ERP 软件安装、会计信息账套创建与管理、基础数据信息化设置、业务子系统初始设置、总账管理系统日常业务信息化处理、固定资产管理系统业务信息化处理、薪资管理系统业务信息化处理、合同管理系统业务信息化处理、采购管理系统业务信息化处理、销售管理系统业务信息化处理、应收应付款管理系统业务信息化处理、网上银行系统业务信息化处理、库存管理系统业务信息化处理、存货核算系统业务信息化处理、网上报销系统业务信息化处理、期末数据信息化处理、报表管理系统业务信息化处理，全面系统介绍了用友 ERP-U8⁺（兼容 U8V10.1）的基本功能与使用方法，并结合高等教育中的项目导向、任务驱动，基于工作过程系统化的课程开发理念，以及业财一体信息化应用研究成果，将不同课程模式和优点集中到一起，最终形成了集学科知识、实验于一体的教材，为学习者提供一个先进实用、具有操作空间的学习体系，从多个层面支持学习者对整体流程的掌控和实践能力的提升。

本书可以用作应用型本科院校、高职（本、专科）院校会计类专业所开设的会计信息系统课程的主教材或实验用书，也可以用作 1+X 业财一体信息化应用职业技能等级证书的认证培训教材及会计技能大赛的参考用书，还可供希望了解、学习最新会计信息化的广大企业财务人员参考。

图书在版编目（CIP）数据

ERP 业财一体信息化应用教程：用友 ERP-U8+版 / 王伯平，陈自洪，陈聪主编. —北京：清华大学出版社，2022.1（2025.2重印）

ISBN 978-7-302-60006-0

Ⅰ. ①E… Ⅱ. ①王… ②陈… ③陈… Ⅲ. ①会计信息—财务管理系统—教材 Ⅳ. ①F232

中国版本图书馆 CIP 数据核字（2022）第 011449 号

责任编辑：杜春杰
封面设计：刘　超
版式设计：文森时代
责任校对：马军令
责任印制：宋　林

出版发行：清华大学出版社
　　　　网　　　址：https://www.tup.com.cn, https://www.wqxuetang.com
　　　　地　　　址：北京清华大学学研大厦 A 座　　　　邮　　编：100084
　　　　社 总 机：010-83470000　　　　邮　　购：010-62786544
　　　　投稿与读者服务：010-62776969，c-service@tup.tsinghua.edu.cn
　　　　质量反馈：010-62772015，zhiliang@tup.tsinghua.edu.cn
印 装 者：三河市君旺印务有限公司
经　　销：全国新华书店
开　　本：210mm×285mm　　　印　　张：23　　　字　　数：728 千字
版　　次：2022 年 1 月第 1 版　　　印　　次：2025 年 2 月第 5 次印刷
定　　价：79.00 元

产品编号：094885-01

随着国家经济环境、财税政策的调整和变化，企业从大规模生产到个性化生产过渡、从以产品为中心到以客户为中心过渡、从单个企业竞争到供应链竞争过渡，需要企业在采购环节有效控制库存及采购成本，在销售环节有效控制存量及对销售成本进行核算，使得财务信息能够有效支撑决策，实行业财一体信息化管理。业财一体信息化的基本思想是将会计流程提前并与采购、生产、销售等业务流程有机融合，因此，我们编写了基于 Windows 10 专业版-X64（Windows 7 旗舰版-X64）环境在用友 ERP-U8⁺上实现的业财一体信息化应用教材。

本书结构清晰，内容完整，不仅包含了常用的财务会计系统部分，还详细介绍了业务（供应链）系统部分，涵盖了业财一体信息化应用工作及信息系统管理工作。本书核心特点如下。

（1）应用性强，案例全真还原。本书采用企业实际的案例进行脱敏脱密，由企业人员共同参与编写，全面还原企业业务、数据、流程、制度等，强化业财一体信息化应用的实用性，从而突出应用型人才培养的特点；拓展实验可帮助学习者复习和扩展相关知识与技能，并帮助学习者增加独立实操的机会，以便理解和掌握用友软件的操作方法和流程。

（2）系统功能强，企业应用平台。本书所采用的"用友 ERP-U8⁺"系统功能强大，可以实现业财一体信息化，包括财务会计、供应链、生产制造和人力资源系统等，该系统经过用友广大用户验证。本书采用图文并茂的方式讲解，按照用户使用的方式设置整个项目，使用者可轻松、快速地学会用友 ERP-U8⁺应用软件。

（3）内容全面，多维度实验项目体系。基于企业信息管理应用能力训练，本书项目主要讲述业财一体信息化应用的基本知识、财务系统和业务系统应用。财务系统讲解有总账、报表、固定资产、出纳管理、应收款管理、应付款管理、薪资管理系统等应用。业务系统讲解有销售管理、采购管理、库存管理、存货核算系统等应用。

（4）结构合理，融合专业课程内容。本书所介绍的每个项目都包含"项目准备""项目资料""项目要求""项目操作指导""拓展实验"，要求学习者不仅要掌握财务会计系统的操作步骤，还要明确各子系统的作用及相互间数据流转的关系。本书项目案例前后贯通，各模块既可独立学习又可数据共享，并将理论知识和技能实训融为一体。

（5）适用面广，支持课证融通。本书既可供各类本科院校、高职院校教学使用，也可用作各类会计信息化大赛参考教材、1+X 业财一体信息化应用职业技能等级证书认证教材，还可作为社会人员自学业财一体信息化软件的辅助教材。

（6）与时俱进，契合最新会计制度。全书的项目案例全部采用最新增值税制度、薪资个人所得税制度、坏账处理方法、财务报表格式等，尽量与现行会计制度保持一致。

本书由四川商务职业学院王伯平、新道科技股份有限公司陈自洪、四川商务职业学院陈聪担任主编，具体分工如下：王伯平负责统稿和撰写；陈自洪、王雁负责编撰拓展实验、提供软件技术支持和应用体系指导；毛春逊负责案例编撰和验证；陈聪、刘海燕负责文字校对和教学资源包的制作整理。

限于编者的学识和水平，书中难免存在不妥之处，敬请读者谅解和批评指正，以便今后不断完善。本书配套有完整的教学资源包，欢迎使用本书的教师扫码获取。

编　者

2022 年 1 月

目　录

项目企业背景资料

一、企业基本情况

企业名称：成都东华电子有限公司（以下简称东华电子），主要从事计算机生产和销售。

公司法定代表人：艾中国　　　公司纳税登记号：51028 028 200 842 316

公司地址：成都市武侯区信息路 666 号　　邮政编码：610016

联系电话及传真：028-12345678　　邮箱：azg@163.com

公司开户银行及账号：人民币户，工商银行成都分行人民南路分理处，账号：828658791234；美元户，中国银行一环路支行，账号：62602806654321

二、核算方法

1. 科目设置及辅助核算要求

日记账：库存现金、银行存款。

银行账：银行存款/工行存款、银行存款/中行存款。

客户往来：应收票据、应收账款、预收账款。

供应商往来：应付票据、应付账款/一般应付账款、应付账款/暂估应付账款（其中，一般应付账款设置为受控于应付系统，暂估应付账款设置为不受控于应付系统）、预付账款。

个人往来：其他应收款/个人往来。

2. 会计凭证的基本规定

为保证财务与业务数据的一致性，能在业务系统生成的记账凭证不得在总账系统中直接输入。除指定业务外，收到发票同时支付款项的业务使用现付功能处理，开出发票同时收到款项的业务使用现结功能处理。涉及库存现金、银行存款科目的凭证均要有出纳人员的签字。

3. 结算方式

公司采用的结算方式包括现金、支票、委托收款、银行汇票、商业汇票、电汇、网银转账等。收、付款业务由财务部门根据有关凭证进行处理，在系统中没有对应结算方式时，其结算方式为"其他"。

4. 外币业务

公司按业务发生当日的即期汇率记账，按期末汇率按月计算汇兑损益。

5. 存货核算

仓库采用实际成本法核算，采购运费、委托代销手续费使用"采购专用发票"处理。同一批出入库业务合并生成一张记账凭证。

6. 固定资产折旧方法

采用平均年限法（一），按月计提折旧。

7. 薪酬业务的处理

由公司承担并缴纳的养老保险、医疗保险、失业保险、工伤保险、生育保险、住房公积金分别按 20%、

10%、1%、1%、0.8%、12%的比例计算；职工个人承担的养老保险、医疗保险、失业保险、住房公积金分别按 8%、2%、0.8%、12%的比例计算（职工个人承担的社会保险、住房公积金，当月计提，当月缴纳）；按工资总额的 2%计提工会经费，按工资总额的 2.5%计提职工教育经费，按工资总额的 14%计提职工福利费。按照国家有关规定，公司代扣代缴个人所得税，其费用扣除标准为 60 000 元/年。工资分摊时选中"合并科目相同、辅助项相同的分录"选项制单；个人所得税计税基数按"计税基数"工资项目计算；支付上月工资不考虑期初余额。

8．税费的处理

公司为增值税一般纳税人，增值税税率为 13%，消费税按规定计算；按当期应交增值税和消费税的 7%计算城市维护建设税、3%计算教育费附加、2%计算地方教育费附加；企业所得税采用资产负债表债务法，企业所得税的计税依据为应纳税所得额，税率为 25%。

9．坏账损失的处理

除应收账款外，其他的应收款项不计提坏账准备。使用应收账款余额百分比法按月计提坏账准备，按 0.5%提取坏账准备。

10．损益结转

采用账结法，结转时按收入和支出分别生成记账凭证。

项目一　ERP 软件安装

项目准备

安装 SQL Server 2008 R2 软件，用友 ERP-U8[+]管理软件。

项目资料

（1）安装 IIS 应用功能。
（2）安装 SQL Server 2008 R2 数据库软件。
（3）安装用友 ERP-U8[+]管理软件。

项目要求

安装和使用用友 ERP-U8[+]系统对软硬件环境均有一定要求，有以下注意事项。
（1）操作系统使用 Windows 7 旗舰版-X64 或 Windows 10 专业版-X64。
（2）安装权限为管理员，最好是超级用户。
（3）用户权限控制设置为最低，即对安装不做限制。
（4）安装前必须停止运行安全卫士、杀毒软件等安全管理类软件。最好先卸载，在用友 ERP 管理软件安装成功后再安装。
（5）计算机名中不能带有"-"等特殊字符。

项目操作指导

任务一　安装 IIS 应用

Internet Information Services（IIS，互联网信息服务）是由微软公司提供的基于运行 Windows 的互联网基本服务。IIS 的默认安装不完全，需要自己手动添加进行安装。

一、控制面板

进入控制面板后，依次选择"程序"→"程序和功能"→"打开或关闭 Windows 功能"命令，如图 1-1 所示。

图 1-1　控制面板

二、选择 Internet 信息服务进行设置

在"打开或关闭 Windows 功能"窗口页面选择"Internet 信息服务"，进入后单击加号"+"按钮，简单的做法是选中可选的全部项目，如图 1-2 所示。

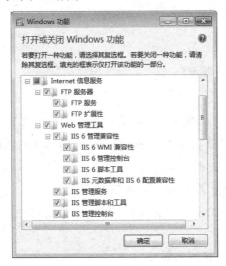

图 1-2　选择 Internet 信息服务

进行相关设置后，单击"确定"按钮，系统会自动完成 IIS 的安装，然后重新启动。

任务二　安装 SQL Server 2008 R2 数据库服务器

一、准备安装环境

准备好 SQL Server 2008 R2（32 位或 64 位）安装程序。

二、安装数据库

运行安装包中的 setup.exe，在弹出的窗口左侧选择"安装"选项，在安装界面的右侧选择"全新安装或向现有安装添加功能。"选项，如图 1-3 所示。

弹出"安装程序支持规则"页面，检测安装是否能顺利进行，通过则单击"确定"按钮，否则单击"重新运行检查"。

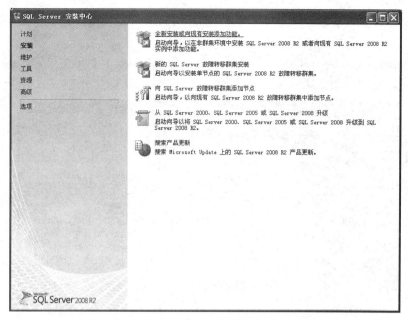

图 1-3　安装数据库

在弹出的"产品密钥"页面中选中"输入产品密钥"单选按钮，并输入 SQL Server 2008 R2 安装光盘的产品密钥，然后单击"下一步"按钮，如图 1-4 所示。

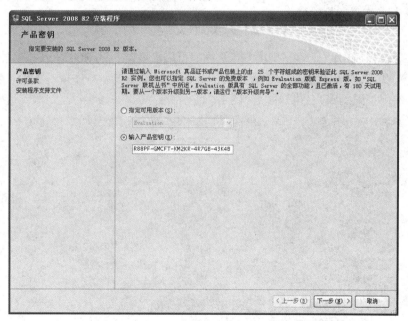

图 1-4　输入产品密钥

在弹出的"许可条款"页面中，选中"我接受许可条款"，单击"下一步"按钮。

弹出"安装程序支持文件"页面，单击"安装"按钮以安装程序支持文件，对于安装或更新 SQL Server 2008 R2，这些文件是必需的。

单击"下一步"按钮弹出"安装程序支持规则"页面，安装程序支持规则可确定在安装 SQL Server 2008 R2 安装程序文件时可能发生的问题，必须更正所有失败，安装程序才能继续。如果操作系统没有安装.net framet3.5 sp1，将会自动安装。如果出现 Windows 防火墙警告就直接把防火墙关掉。

必备环境全部通过后，单击"下一步"按钮。在"设置角色"页面中选中"SQL Server 功能安装"，单击"下一步"按钮。

在弹出的"功能选择"页面中选择要安装的功能（一般默认即可）后，单击"下一步"按钮。

弹出"安装规则"页面，安装程序正在运行规则以确定是否要阻止安装过程，有关详细信息，可单击"帮助"按钮查询。

单击"下一步"按钮，出现"实例配置"页面。制定 SQL Server 实例的名称和实例 ID。实例 ID 将成为安装路径的一部分。这里选中"默认实例"单选按钮，如图 1-5 所示。

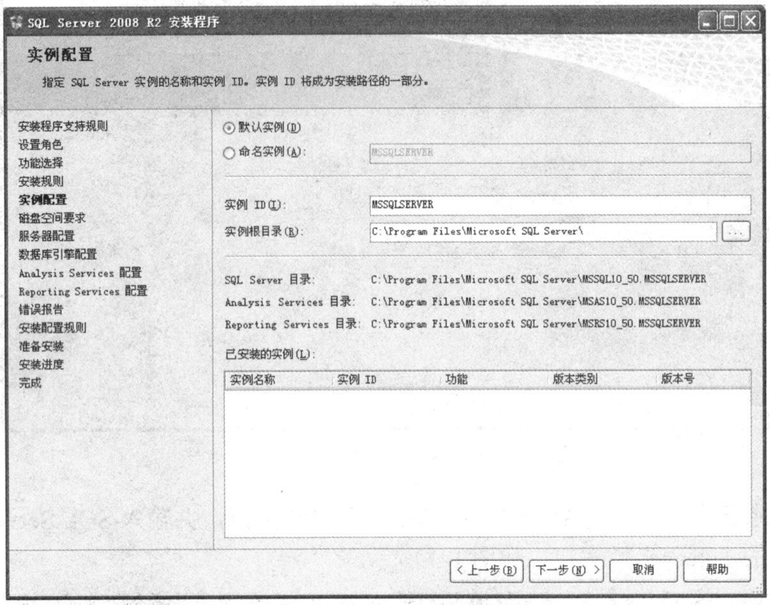

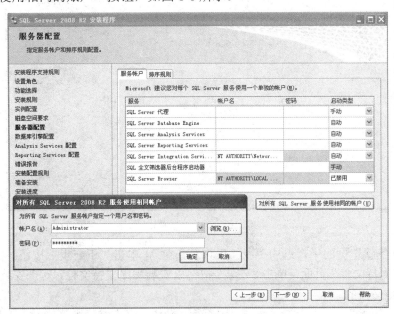

图 1-5　"实例配置"页面

单击"下一步"按钮，弹出"磁盘空间要求"页面，可以查看选择的 SQL Server 功能所需的磁盘摘要。

单击"下一步"按钮，弹出"服务器配置"页面，指定服务账户和排序规则配置，界面中单击"对所有 SQL Server 服务使用相同的账户"按钮，如图 1-6 所示。

图 1-6　"服务器配置"页面

🔔 **注意**：SQL Server 2008 R2 可以对不同服务指定不同账户，一般单击"对所有 SQL Server 服务使用相同的账户"按钮，选择 Windows 的 Administrator 管理员账户名和密码。建议在安装 SQL Server 2008 R2 之前把 Windows 的管理员密码设置好，安装完 SQL Server 2008 R2 之后不要修改管理员密码，否则可能导致 SQL Server 2008 R2 服务无法启动。

单击"下一步"按钮，弹出"数据库引擎配置"页面，选中"混合模式"单选按钮，输入密码，如图1-7所示。

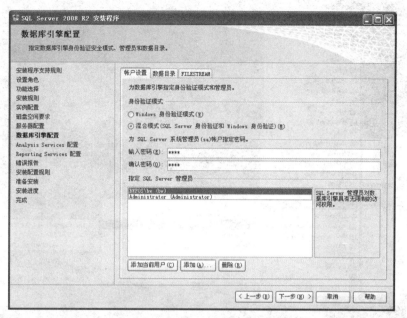

图1-7 "数据库引擎配置"页面

单击"下一步"按钮，在随后弹出的所有页面中都直接单击"下一步"按钮，直到弹出"准备安装"页面。

单击"安装"按钮，弹出"安装进度"页面，待安装完成后再单击"确定"按钮返回"完成"页面，单击"关闭"按钮完成整个安装，如图1-8所示。

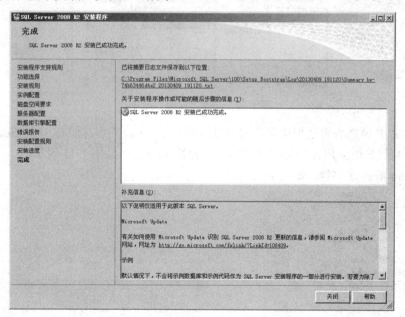

图1-8 安装完成

三、完成配置

1. 配置SQL Server 2008 R2数据库服务器地址

执行"开始"菜单中的"SQL Server 配置管理器"命令，如图1-9所示。然后在"TCP/IP"上单击鼠标右键，在弹出的快捷菜单中选择"属性"命令，如图 1-10 所示。

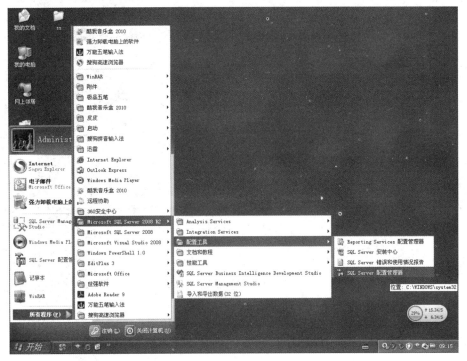

图 1-9　选择 SQL Server 2008 R2 配置管理器

图 1-10　选择"属性"命令

在弹出的"TCP/IP 属性"对话框中设置 IP 地址及端口，端口不要与原有 SQL Server（如果安装有其他版本 SQL Server）和其他应用程序的端口相同，以免发生冲突，如图 1-11 所示。

重启 SQL Server 服务才生效，如图 1-12 所示。

图 1-11　设置 IP 地址及端口

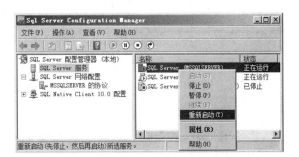

图 1-12　重启 SQL Server 服务

2. 连接 SQL Server 数据库服务器

执行"开始"菜单中的"SQL Server Management Studio"命令，如图 1-13 所示。

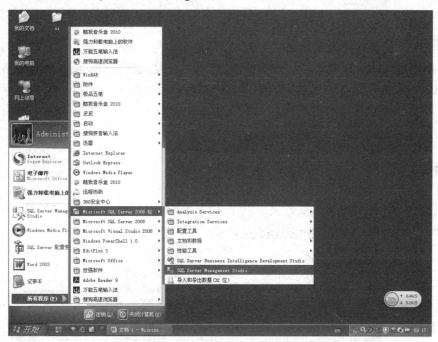

图 1-13　选择 SQL Server Management Studio

打开"连接到服务器"对话框，在"服务器名称"文本框中输入 IP 地址加端口号，如 127.0.0.1,1433 （见图 1-14），可以正常连接到 SQL Server 2008 R2，其他软件在连接到这个实例时，都要以 IP 地址加上 端口号的方式连接（当 SQL Server 的端口不是 1433 默认端口时），如图 1-15 所示。

图 1-14　IP 地址加端口号

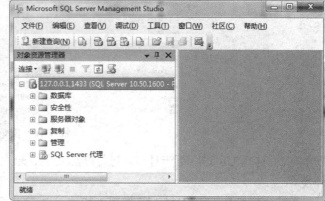

图 1-15　连接到 SQL Server 2008 R2

四、安装 SQL Server 2005 向后兼容包

进入 U8+V15.1SETUP 目录中的 3rdprogram 子目录，执行 SQL Server 2005_BC_X64 程序进行安装。 如果已安装的 SQL Server 版本为 32 位，则选择 SQL Server 2005_BC 程序进行安装。

任务三　用友 ERP-U8+软件安装

本书 ERP-U8+软件安装以 U8V15.1 版本为例进行讲解。

一、各种服务器角色分类

用友 ERP-U8⁺通过安装程序可以把计算机配置成不同的角色，达到分布部署的目的，各个组件在不同的服务器上进行安装，使得软件的部署更加灵活，使用起来也更加方便。合理部署各个服务器可以达到负载均衡的目的，提高整体的运行效率。为适应多语言环境，安装程序会自动测试所要安装的操作系统默认语言，并在安装页面和提示信息使用对应的语言。比如操作系统是英文版的，那么所有的提示信息和页面均是英文，在这里不提供多语言的选择。为方便起见，我们只以简体中文版操作系统为例来说明安装过程。

二、安装过程

（1）进入 U8+V15.1SETUP 安装文件夹，双击 setup.exe 程序进行安装，如图 1-16 所示。

名称 ▲	修改日期	类型	大小
3rdProgram	2019-06-29 13:55	文件夹	
Cleaner	2019-06-29 13:55	文件夹	
docs	2019-06-29 14:00	文件夹	
MSI	2019-06-29 13:59	文件夹	
RM	2019-06-29 14:00	文件夹	
_Setup.dll	2016-09-06 11:43	应用程序扩展	318 KB
0x0404	2011-08-09 14:57	配置设置	11 KB
0x0404	2015-01-19 15:34	WinRAR 压缩文件	5 KB
0x0409	2010-03-23 16:44	配置设置	22 KB
0x0804	2010-06-22 14:49	配置设置	11 KB
data1	2019-06-10 16:40	WinRAR 压缩文件	16,217 KB
data1.hdr	2019-06-10 16:40	HDR 文件	122 KB
data2	2019-06-10 16:40	WinRAR 压缩文件	53,572 KB
defltbase.sdb	2011-08-05 11:53	SDB 文件	3,080 KB
en-US.dll	2019-03-28 18:37	应用程序扩展	100 KB
ISSetup.dll	2013-10-01 23:07	应用程序扩展	586 KB
layout.bin	2019-06-10 16:40	BIN 文件	1 KB
run	2011-08-16 15:43	Windows 批处理...	1 KB
setup	2019-05-25 14:22	应用程序	794 KB
setup	2019-03-29 9:09	配置设置	3 KB
setup.inx	2019-03-29 9:09	INX 文件	754 KB
setup.isn	2019-06-10 16:43	ISN 文件	720 KB
setup.ocx	2013-05-30 0:33	ActiveX 控件	546 KB
SetupShell	2019-04-25 14:06	应用程序	424 KB

图 1-16　安装文件夹

（2）选择 U8⁺进入下一环节，进行产品安装、卸载和清除。支持语言选择，选择本机安装需要的语言环境。

单击"安装用友 U8V15.1"，如图 1-17 所示，自动根据当前环境的操作系统选择对应语言的安装页面。如果当前操作系统为中文简体、中文繁体、英文三种环境之一，自动选择对应语言"中英繁"的安装页面；如果当前操作系统是其他语言，自动选择英文安装页面。正式安装前需要退出杀毒软件，确保用友 ERP-U8⁺软件安装的正确性。

（3）在"准备安装"页面单击"确定"按钮后进入安装欢迎页面，继续单击"下一步"按钮，弹出"许可协议及隐私权政策"页面，如图 1-18 所示。

（4）检测是否存在 U8 历史版本。如果存在历史版本，需根据提示清理历史版本残留内容（清理 MSI 安装包时间较长，请耐心等待）。如果因为安装、卸载过程异常中断导致失败，有可能在清理完毕后按照提示重新启动。

（5）在弹出的"客户信息"页面输入客户信息。

（6）选择安装路径，默认系统盘的 U8SOFT，并控制不允许安装在根目录下。

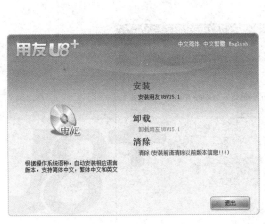

图 1-17 功能选择

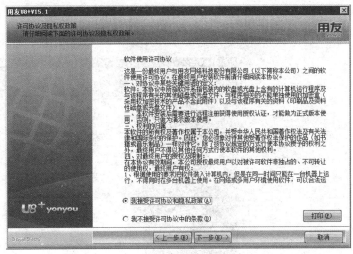

图 1-18 许可协议

（7）系统提供三个安装选项：经典应用模式、全产品集中应用模式（U8 远程）、客户端集中应用模式（U8 远程），默认选择"经典应用模式"。

（8）选择经典应用模式后可以通过下一步继续细化安装选项：全产品、服务器、客户端、自定义。选择"全产品"安装类型。

（9）环境检测：根据上一步所选择的安装类型及其子项检测环境的适配性，当"基础环境"和"缺省组件"都满足要求后，分别单击"检测""确定"按钮进入下一步，如图 1-19 和图 1-20 所示。

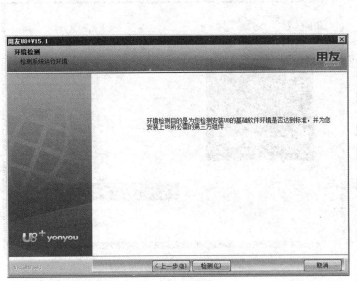

图 1-19 环境检测

图 1-20 系统环境检查

检测报告以记事本的形式自动打开并显示检测结果，可以保存；单击"安装缺省组件"按钮，系统将自动进行"缺省组件"安装（"基础环境"需要手工进行安装，"缺省组件"可以通过"安装缺省组件"进行自动安装，也可以选择手工安装，"可选组件"可选择安装也可以选择不安装）。

（10）记录日志：可以选择是否记录安装每一个 MSI 包的详细日志，默认不选中（选中将延长一定的安装时间并占用部分磁盘空间，正常情况下不推荐使用）。

（11）在"可以安装该程序了"页面单击"安装"按钮开始安装。

（12）安装后需要重新启动系统，如图 1-21 所示。

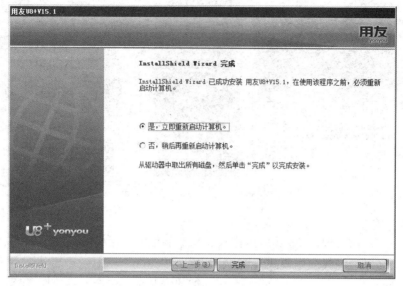

图 1-21 安装完成

（13）应用服务器立即重新启动后，系统弹出 U8 注册引导提示，请按照提示页面中所列的步骤进行产品注册。

（14）当关闭引导提示后，系统自动弹出数据源配置页面。数据源配置页面是对 U8 数据库进行初始化配置，输入"SA 口令"，单击"测试连接"按钮进行测试，如图 1-22 所示。

测试连接成功后立即开始初始化数据库。在初始化成功后，弹出系统管理登录页面，如图 1-23 所示，以系统管理员（admin）身份登录系统（无密码），如果还未创建账套，则自动创建。

图 1-22 数据源配置

图 1-23 系统管理登录页面

拓展实验 ERP 软件安装与调试

【拓展实验任务资料】

（1）软件准备。由任课老师提供或自行从网上下载的 ERP 软件所需数据库和 ERP 软件安装包。

（2）完成安装。在自己的笔记本电脑或台式机上安装。

项目二　会计信息账套创建与管理

项目准备

（1）正确安装用友 ERP-U8⁺管理软件（项目一已安装）。

（2）在控制面板"区域和语言设置"中设置系统日期格式为"yyyy-mm-dd"。

项目资料

任务一　登录系统管理

正确启动"系统管理"模块，并以系统管理员（admin）身份完成注册。

任务二　建立账套

根据以下仿真账套基础数据完成演示操作账套的建立。

（1）账套信息。

账套号：学号最后三位（例如学号为 201801010888，则账套号为"888"，后面用×××代替）。

账套名称：东华电子。

账套路径：采用默认账套路径（也可自己指定账套路径）。

启用会计期：当年 3 月（说明：资料中"当年、上年、N 年前"在实验时均用实际年份表示）。

会计期间：默认（设置会计期间即为设置本企业各会计核算期间的结账日期）。

（2）单位信息。

单位名称：成都东华电子有限责任公司；单位简称：东华电子。

单位地址：成都市武侯区信息路 666 号；法人代表：艾中国。

邮政编码：610016；联系电话及传真：02812345678。

税号：51028 028 200 842 316。

（3）核算类型。

该企业的记账本位币：人民币（RMB）。

企业类型：工业；行业性质：2007 新会计制度科目。

账套主管：demo；选中"按行业性质预置科目"复选框。

（4）基础信息。

需要对存货、客户、供应商进行分类；有外币核算。

（5）分类编码方案。

科目编码级次：4222；客户和供应商分类编码级次：223；部门编码级次：122；地区分类编码级次：223；收发类别编码级次：12，其余默认。

（6）数据精度（默认）。

（7）系统启用。启用总账，启用日期为当年 3 月 1 日。

任务三　财务分工

（1）角色。角色是指在企业管理中拥有某一类职能的人员，相当于某类工作用户组。实际工作中最常见的两个角色：会计和出纳。设置角色及角色权限只能由系统管理员进行操作。角色权限如表 2-1 所示。

表 2-1　角色权限

角色代码	角色名称	角色权限
DATA-MANAGER	账套主管	系统的全部模块权限
61	出纳	总账-凭证-出纳签字、查询凭证、总账-出纳；网上银行
62	总账会计	基本信息、总账（不含出纳签字和出纳）、应收款管理、应付款管理、固定资产、网上银行、网上报销、UFO 报表、存货核算、薪资管理、计件工资管理
63	采购业务	公共单据、公用目录、合同管理、总账-账表-供应商往来辅助账、采购管理
64	销售业务	公共单据、公用目录、总账-账表-客户往来辅助账、销售管理
65	仓库业务	公共单据、公用目录、库存管理

账套主管自动具备系统所有模块的全部权限。在具体工作中，主要负责财务业务一体化管理系统运行环境的建立，以及各项初始设置工作；负责管理软件的日常运行管理工作，监督并保证系统的有效、安全、正常运行；负责总账管理系统的凭证审核、记账、账簿查询、月末结账工作；负责报表管理及其财务分析工作。

（2）用户。财务分工如表 2-2 所示，均不设置初始密码。

表 2-2　财务分工

编　号	姓　名	所属角色	主要业务权限	用户类型	所属部门
×××01	赵主管	账套主管	负责财务业务一体化管理和业务处理工作。具有系统所有模块的全部权限		财务部
×××02	钱出纳	出纳	负责现金、银行账管理工作	均为普通用户	
×××03	孙会计	总账会计	负责日常业务处理工作		
×××04	李采购	采购业务	主要负责采购业务处理工作		采购部
×××05	周销售	销售业务	主要负责销售业务处理工作		销售部
×××06	吴仓库	仓库业务	主要负责仓库业务管理工作		仓管部

🔔 **注意：** 此处设 6 位操作员，是为了让大家在学习中体验和熟悉各个不同岗位的操作，在实际工作中应严格按照单位岗位职责进行设置。在实验中账套主管可改为学生本人姓名，用户手机号自设。

（3）功能级权限。根据表 2-1 对角色进行操作权限设置。

任务四　账套维护

（1）账套输出和引入。将系统中已存账套分别进行自动备份和手工备份操作；将备份账套恢复到系统中。

（2）修改、删除账套。以账套主管身份对系统中的账套进行修改操作；删除已经备份过的账套。

（3）系统出错处理。对系统提示的错误信息进行正确处理。

（4）联机帮助。合理使用在线帮助系统。

任务五 首次登录企业应用平台

（1）基本信息检查。对账套基本信息进行确认检查，发现问题及时修改，同时依次启用应收款管理、应付款管理、固定资产、网上银行、网上报销、合同管理、销售管理、采购管理、库存管理、存货核算、薪资管理、计件工资管理等子系统，启用日期均为当年 3 月 1 日。

（2）取消所有记录级数据权限控制。本教学演示账套一律不进行记录级数据权限控制。

项目要求

（1）设置系统日期为当年 3 月 1 日，以系统管理员 admin 的身份进行增加操作员、建立账套、财务分工、备份账套等操作，以账套主管身份进行账套修改、数据权限控制设置等操作。

（2）账套输出。

项目操作指导

用友 ERP-U8+软件产品是由多个产品组成，各个产品之间相互联系，数据共享，对于企业的资金流、物流、信息流的统一管理和实时反映提供了有效的方法、工具。对于多个产品的操作，系统需要对账套的建立、修改、删除和备份，操作员的建立、角色的划分和权限的分配等功能，进行集中管理，系统管理模块的功能就是提供这样一个操作平台。其优点是企业的信息化管理人员可以进行方便的管理、及时的监控，随时可以掌握企业的信息系统状态。系统管理的使用对象为企业的信息管理人员（即系统管理员 admin）、安全管理人员（即安全管理员 sadmin）、管理员用户或账套主管。

系统管理模块主要能够实现如下功能。

（1）对账套进行统一管理，包括建立、修改、引入和输出（恢复备份和备份）。

（2）对操作员及其功能权限实行统一管理，设立统一的安全机制，包括用户、角色和权限设置。

（3）允许设置自动备份计划，系统根据这些设置定期进行自动备份处理，实现账套的自动备份。

（4）对账套库进行管理，包括建立、引入、输出账套库，账套库初始化，清空账套库数据。

（5）对系统任务进行管理，包括查看当前运行任务、清除指定任务、清退站点等。

由于用友 ERP-U8+软件所含的各个产品是为同一个主体的不同层面服务的，并且产品与产品之间相互联系、数据共享，因此，就要求这些产品具备如下特点。

（1）具备公用的基础信息。

（2）拥有相同的账套和账套库。

（3）操作员和操作权限集中管理并且进行角色的集中权限管理。

（4）业务数据共用一个数据库。

本书 ERP-U8+软件操作指导以新道 U8+版本为例进行讲解。

二维码 2-1
登录系统管理

任务一 登录系统管理

一、启动系统管理

依次执行"开始"→"新道 U8+"→"系统服务"→"系统管理"命令，启动"系统管理"模块，如图 2-1 所示。为方便使用，可以将"系统管理""企业应用平台"发送到桌面快捷方式或者固定到任务栏。

图 2-1　启动系统管理

二、以系统管理员身份注册登录系统管理

在"新道 U8⁺ [系统管理]"窗口，依次执行"系统"→"注册"命令，系统将弹出登录窗口，如图 2-2 所示。

图 2-2　登录窗口

在登录窗口输入"admin"，单击"登录"按钮，弹出"新道 U8⁺ [系统管理]"的登录状态页面。

登录窗口操作说明如下。

（1）选择服务器，输入操作员名称。如果要以系统管理员 admin 或安全管理员身份登录，直接在"操作员"栏中输入"admin"或"sadmin"即可；如果要行使账套主管或其他管理员权限，以相应身份登录。

（2）系统管理员负责整个系统的维护工作。以系统管理员身份注册进入，便可以进行账套的管理（包括账套的建立、引入和输出），以及角色、用户及其权限的设置。

（3）系统管理员也可以建立管理员类型的用户来协助完成系统的维护工作，管理员类型的用户可以在权限范围内进行账套、用户、角色、权限的设置。

（4）只有账套主管才能使用"账套库"菜单。

（5）以安全管理员的身份注册进入系统管理后，可以设置安全策略、执行数据清除和还原。

（6）改变密码。选择"修改密码"，单击"登录"按钮后显示"设置操作员密码"对话框，输入并确认新的密码即可。

任务二　建　立　账　套

二维码 2-2
建立账套

在使用系统之前，首先要新建本单位的账套。系统提供建立全新空白账套和参照已有账套建账两种方式，满足新用户全新使用和老用户扩展使用的要求。打开"系统管理"窗口，以 admin 身份注册登录，然后依次执行"账套"→"建立"命令，弹出"创建账套"页面，进入建立新单位账套的功能，每个页面输入完成后，单击"下一步"按钮，进行下一页面的设置；单击"取消"按钮，则取消此次建账操作。

一、选择建账方式

如果用友 ERP-U8⁺新用户或者老用户需要建立一个与已有账套没有关联的账套，可以选择"新建空白账套"方式建账，如图 2-3 所示。

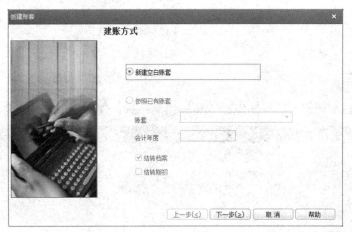

图 2-3　建账方式

二、输入账套信息

单击"下一步"按钮，在弹出的页面中输入新建账套的基本信息，如图 2-4 所示。

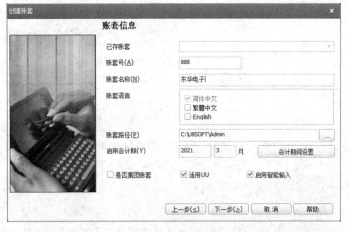

图 2-4　账套信息

三、输入单位信息

在输入账套信息时，单位名称是必输内容，其他信息可选择性输入，如图 2-5 所示。

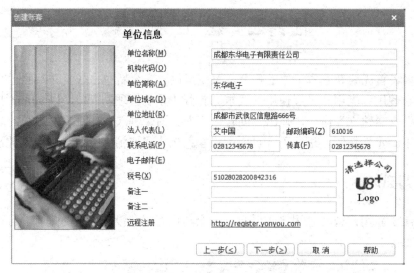

图 2-5　单位信息

四、输入核算信息

单击"下一步"按钮，在弹出的页面中输入核算信息，操作如图 2-6 所示。

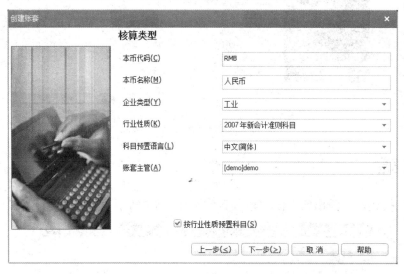

图 2-6　核算类型

五、设置基础信息

单击"下一步"按钮，在弹出的页面中选中基础信息的复选框，操作如图 2-7 所示。

六、开始创建账套

单击"完成"按钮，在"创建账套"对话框中单击"是"按钮进入系统建账过程，如图 2-8 所示。

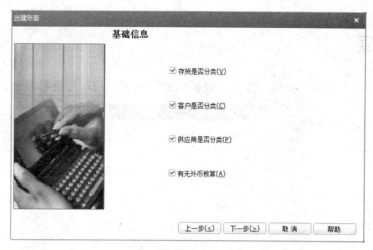

图 2-7 基础信息

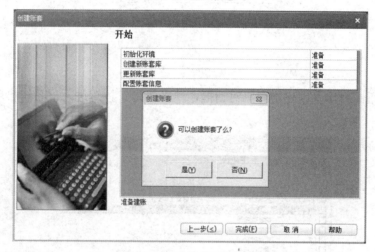

图 2-8 创建账套开始界面

七、修改编码方案

建账完成后弹出"编码方案"页面，按项目资料修改，如图 2-9 所示。

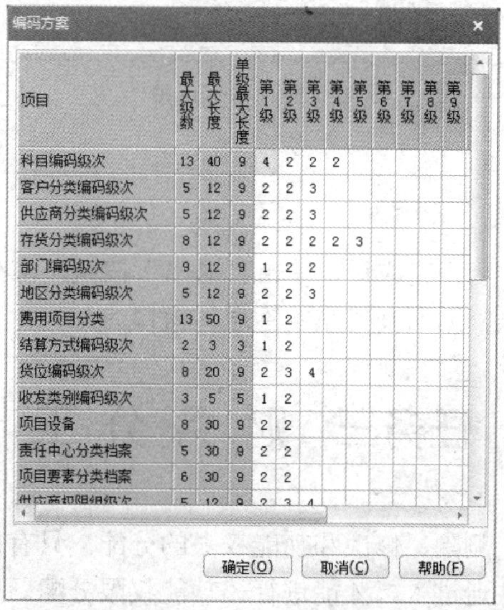

项目	最大级数	最大长度	单级最大长度	第1级	第2级	第3级	第4级	第5级	第6级	第7级	第8级	第9级
科目编码级次	13	40	9	4	2	2	2					
客户分类编码级次	5	12	9	2	3							
供应商分类编码级次	5	12	9	2	3							
存货分类编码级次	8	12	9	2	2	2	2	3				
部门编码级次	9	12	9	1	2							
地区分类编码级次	5	12	9	2	3							
费用项目分类	13	50	9	1	2							
结算方式编码级次	2	3	3	1	2							
货位编码级次	8	20	9	2	3	4						
收发类别编码级次	3	5	5	1	2							
项目设备	8	30	9	2	2							
责任中心分类档案	5	30	9	2	3							
项目要素分类档案	6	30	9	2	2							
供应商机码级次	5	12	9	2	3	4						

图 2-9 编码方案

八、修改数据精度

依次单击"确定"→"取消"按钮，弹出"数据精度"页面，按项目资料修改，如图 2-10 所示。

图 2-10　数据精度

九、系统启用

单击"确定"按钮，弹出"创建账套"对话框，单击"是"按钮进入"系统启用"页面，如图 2-11 所示。

图 2-11　系统启用

十、完成建账

按项目资料启用相关子系统，启用完成后，单击"退出"按钮，再在弹出的对话框和页面中依次单击"确定"→"退出"按钮完成建账，返回到"系统管理"窗口。

二维码 2-3
财务分工

任务三　财　务　分　工

主要完成角色和用户的增加、删除、修改和功能权限的分配。只有以系统管理员 admin、账套主管或有权限的管理员类型用户的身份注册进入，才能进行该功能权限分配。用户和角色的设置不分先后顺序，可以根据自己的需要进行先后顺序设置。

一、角色设置

角色是指在企业管理中拥有某一类职能的组织，这个角色组织可以是实际的部门，也可以是由拥有同一类职能的人构成的虚拟组织。例如，实际工作中最常见的会计和出纳两个角色（他们可以是一个部门的人员，也可以不是一个部门但工作职能是一样的角色统称）。角色的个数不受限制，一个角色可以拥有多个用户，一个用户也可以分属于不同的角色。

1. 增加角色信息

在"系统管理"主页面依次执行"权限"→"角色"命令，弹出"角色管理"页面，单击"增加"按钮，弹出"角色详细情况"页面，如图2-12所示。单击"增加"按钮，保存新增设置。

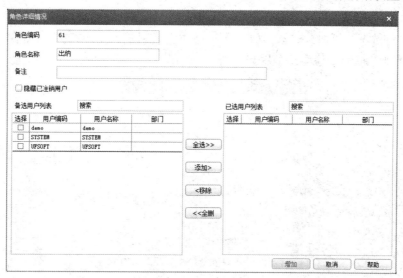

图2-12　增加角色

所有角色增加完成后，单击"取消"按钮，返回"角色管理"页面，如图2-13所示。

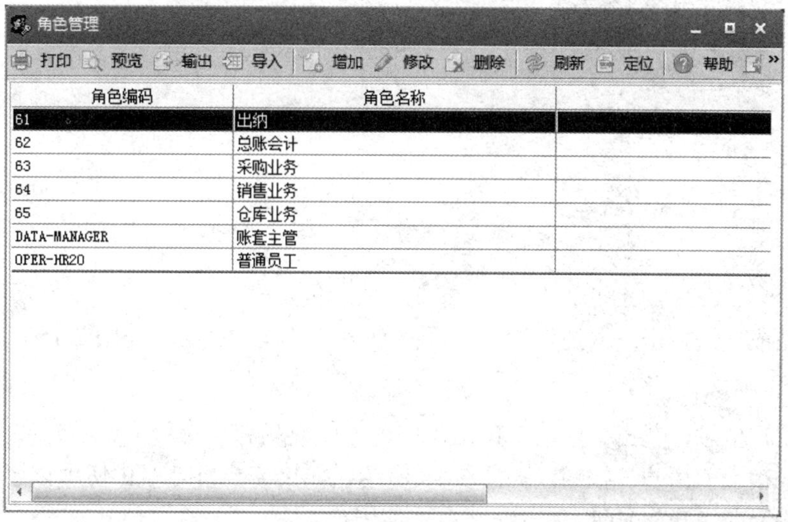

图2-13　角色管理

2. 修改角色信息

选中要修改的角色，单击"修改"按钮，弹出"角色详细情况"页面，对当前所选角色记录进行编辑，除角色编号不能进行修改之外，其他信息均可以修改。

3．删除角色信息

删除当前的角色，单击"删除"按钮，则将选中的角色删除，在删除前系统会进行确认。如果该角色有所属用户，是不允许删除的。必须先进行修改，将所属用户置于非选中状态，然后才能进行角色的删除。

二、用户设置

用户设置主要完成本账套用户的增加、删除、修改等维护工作。设置用户后系统对于登录操作，要进行相关的合法性检查。其作用类似于 Windows 的用户账号，只有设置了具体的用户之后，才能进行相关的操作。

1．增加新用户

在"系统管理"主页面依次执行"权限"→"用户"命令，弹出"用户管理"页面，单击"增加"按钮，弹出"操作员详细情况"页面，如图 2-14 所示。按项目资料输入用户相关信息并在所属角色中选中归属的内容，单击"增加"按钮，保存新增用户信息。

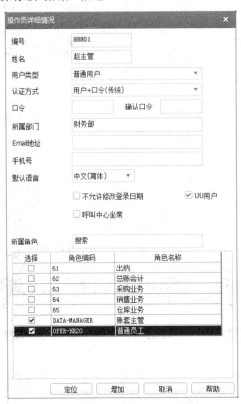

图 2-14　增加用户

所有用户增加完成后，单击"取消"按钮，返回"用户管理"页面，如图 2-15 所示。

2．修改用户信息

选中要修改的用户信息，单击"修改"按钮，可进入修改状态，编号信息不允许修改。此时系统会在"姓名"后出现"注销当前用户"按钮，如图 2-16 所示，如果需要暂时停止使用该用户，则单击此按钮；此按钮会变为"启用当前用户"，可以单击继续启用该用户。

3．删除用户信息

选中要删除的用户，单击"删除"按钮，可删除该用户。但已启用的用户不能删除，已定义用户角色的用户必须先取消所属角色信息才能删除。

图 2-15 用户管理

图 2-16 修改用户

三、功能级权限设置

用友ERP-U8+产品提供集中权限管理,所有子系统的权限全部归集到系统管理和基础设置中定义管理。用友 ERP-U8+产品可以实现三个层次的权限管理:① 功能级权限管理,该权限将提供划分更为细致的功能级权限管理功能,包括功能权限查看和分配;② 数据级权限管理,该权限可以通过两方面进行权限控制,一是字段级权限控制,另一个是记录级权限控制;③ 金额级权限管理,该权限主要用于完善内部金额控制,实现对具体金额数量划分级别,对不同岗位和职位的操作员进行金额级别控制,限制他们制单时可以使用的金额数量,不涉及内部控制的不在管理范围内。

角色和用户的关系是:用户归属于何种角色,那么用户就同样具备该角色所拥有的功能权限。但这个用户除了拥有该角色的功能权限外,还可以增加新的权限。一个用户也可以属于多个角色,当然也就能拥有多个角色的功能权限。所以功能权限设置有三种方法可以选择,即只对角色设置,只对用户设置,或角色和用户同时设置。本案例选择第一种方法设置功能权限。

功能权限的分配在系统管理中的"权限"功能中进行分配。以系统管理员或有权限的管理员类型用户身份注册登录,才能进行功能权限分配。

以系统管理员 admin 身份或有权限的管理员用户身份注册进入系统管理,依次执行"权限"→"权限"命令,弹出"操作员权限"页面,首先选定需要修改的账套及账套库(对应年度区间),并从操作员列表中选择操作员或者角色,如果选中"账套主管"选项,则该操作员具有所有该账套库的所有子系统的所有权限,如图 2-17 所示。

对于非账套主管的其他操作员或者角色,单击"修改"按钮后,设置用户或者角色的权限,可以单击⊞展开各个子系统的详细功能,然后单击鼠标选中所需选项,系统将权限分配给当前的用户。此时如果选中某个上级目录选项则其相应下级全部为选中状态,如图 2-18 所示。

以同样的方法设置表 2-1 中其他几个角色的功能权限。用户功能权限分配的方法与角色权限设置相同。

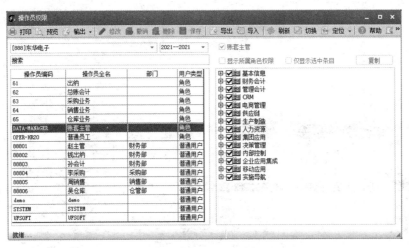

图 2-17　操作员权限-账套主管

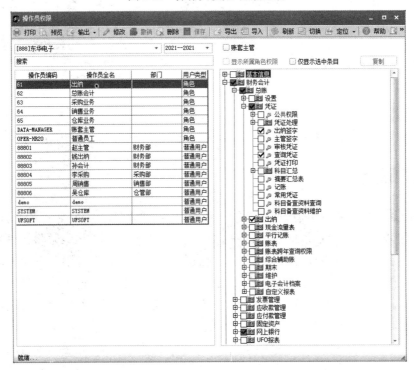

图 2-18　操作员权限-出纳

二维码 2-4
账套维护

任务四　账 套 维 护

账套是由一个或多个账套库组成，一个账套库含有一年或多年使用数据。一个账套对应一个会计主体，账套中的某个账套库对应这个会计主体某年度区间内的业务数据。账套库由账套主管建立和维护。

一、账套输出和引入

可使用系统管理中提供的备份功能（设置备份计划）或输出功能，将用友 ERP-U8+账套做备份。当需要恢复账套时，可使用引入功能将备份的账套恢复到用友 ERP-U8+系统中。

1. 设置备份计划

可以通过系统管理中的"设置备份计划"功能，由客户设置自动备份计划，系统管理根据这些设置定期进行自动备份处理,以增强系统数据的安全性。其作用是自动定时对设置的账套/账套库进行输出(备份)。此种方式的好处是可以对多个账套/账套库同时输出,而且可以进行定时设置,实现无人干预自动输出,减轻了系统管理员的工作量,可以更好地对系统进行管理。

首先以系统管理员 admin 或账套主管身份或有权限的管理员用户身份注册进入系统管理,依次执行"系统"→"设置备份计划"命令,打开"备份计划设置"页面,单击"增加"按钮,弹出"备份计划详细情况"页面,输入计划编号、计划名称,选择输入备份类型和发生频率,选择系统数据的备份路径和要备份的账套或账套库。单击"增加"按钮,保存设置,如图 2-19 所示。

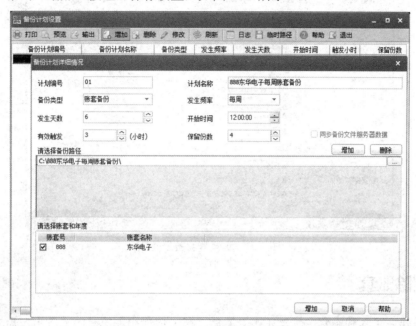

图 2-19　增加备份计划页面

2. 账套输出

账套输出功能是指将所选的账套数据进行手动备份输出。以系统管理员身份注册登录,依次执行"账套"→"输出"命令,打开"账套输出"页面,系统自动列出当前服务器中所有账套;在"账套号"处选中需要输出的账套,并选择"输出文件位置",弹出"请选择账套备份路径"页面,根据需要选择备份文件夹或新建文件夹,如图 2-20 所示,单击"确定"按钮进行账套输出,等待系统提示账套输出是否成功。

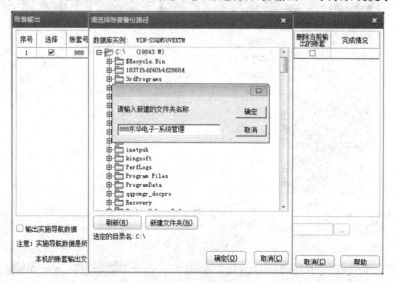

图 2-20　账套输出

3. 账套引入

账套引入功能是指将系统外某账套数据引入本系统中。以系统管理员身份注册登录，依次执行"账套"→"引入"命令，打开"账套引入"页面。单击"选择备份文件"按钮，选择要引入的账套数据备份文件路径，即进入文件"UferpAct.Lst"所在位置，选择该文件，如图 2-21 所示，然后选择引入路径，系统自动显示该备份文件对应账套的基本信息（如账套号、账套名称），单击"确定"按钮开始引入。

图 2-21　选择账套备份文件

二、修改、删除账套

当系统管理员建完账套和账套主管建完账套库后，在未使用相关信息的基础上，需要对某些信息进行调整，以便在使信息更真实准确地反映企业的相关内容时，可以进行适当的调整。只有账套主管可以修改其具有权限的账套库中的信息，系统管理员无权修改。

1. 修改账套

在"新道 U8⁺[系统管理]"窗口，以账套主管的身份选择相应的账套登录，依次执行"账套"→"修改"命令，打开"修改账套"页面，如图 2-22 所示。

图 2-22　修改账套

在每个页面根据需要对相关信息进行修改后，单击"下一步"按钮进入下一页面，或者单击"上一步"按钮返回上一页面，直到"基础信息"页面时，单击"完成"按钮，表示确认修改内容；如想放弃修改，则在任一页面单击"取消"按钮即可。

2. 删除账套

此功能是根据需求，在系统中选择性删除账套。此功能可以一次将该账套下的所有数据彻底删除。账套删除和账套输出备份的操作基本一样，区别只是在输出选择页面的选中删除操作和完成备份后的删除确认，如图 2-23 所示。

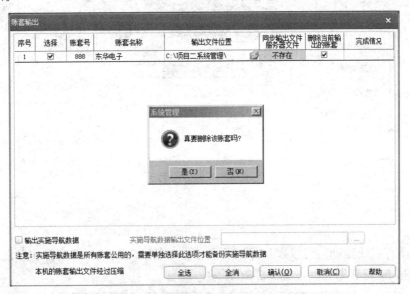

图 2-23 删除账套

三、系统出错处理

当系统提示出错后，保持错误提示状态，以系统管理员登录"新道 U8⁺ [系统管理]"窗口；依次执行"视图"→"清除单据锁定"命令，清除单据锁定；再依次执行"视图"→"清除异常任务"命令或"清除所有任务"命令，清除异常任务，具体可根据出错情况选择，如图 2-24 所示。

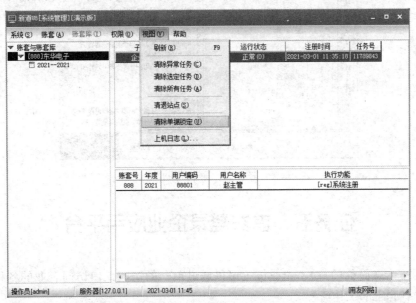

图 2-24 清除单据锁定

还有一种处理方法是在企业应用平台里依次执行"财务会计"→"总账"→"期末"→"对账"命令，打开"对账"页面按 Ctrl+F6 快捷键，当提示"是否清除所有站点的锁定记录"后，单击"是"按钮完成错误的清除，如图 2-25 所示。

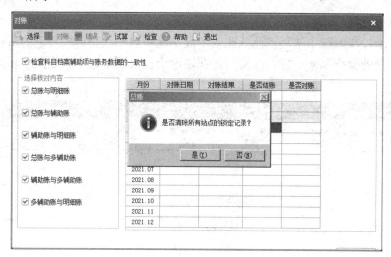

图 2-25　删除账套

四、联机帮助

用友 U8⁺支持全程在线帮助，可以在某窗口页面单击"帮助"按钮，即可弹出帮助界面。或者当某窗口处于打开状态时按 F1 键获取帮助，如图 2-26 所示。

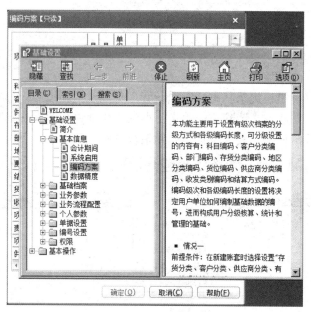

图 2-26　联机帮助

二维码 2-5
首次登录企业应用平台

任务五　首次登录企业应用平台

通过企业应用平台（简称门户），企业员工可以通过单一的访问入口访问企业的各种信息，定义自己的业务工作，并设计自己的工作流程。

企业应用平台通过各类导航执行具体的功能，桌面可以提供快捷常用功能，边框区可提供辅助功能。

依次执行"开始"→"新道 U8⁺"→"企业应用平台"命令，运行企业门户模块，或者双击桌面"企业应用平台"快捷方式运行企业门户模块。

首次登录企业门户以账套主管身份选择对应账套，登录时间为建账日，其登录界面与“系统管理”窗口的登录界面相同。系统管理员不能登录企业门户。

一、基本信息检查

依次执行“业务导航”→“经典树形”→“基础设置”→“基本信息”菜单下的相关命令，分别对会计期间、系统启用、编码方案、数据精度等账套基本信息进行确认检查，发现问题及时修改，如图 2-27 所示。

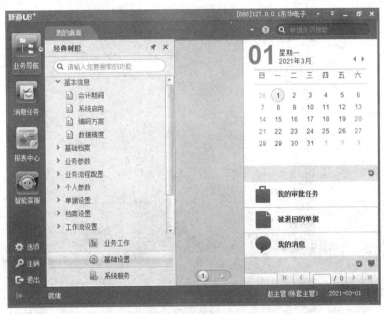

图 2-27　基本信息

执行“系统启用”命令，按项目资料依次启用相关子系统，启用日期均为当年 3 月 1 日，如图 2-28 所示。

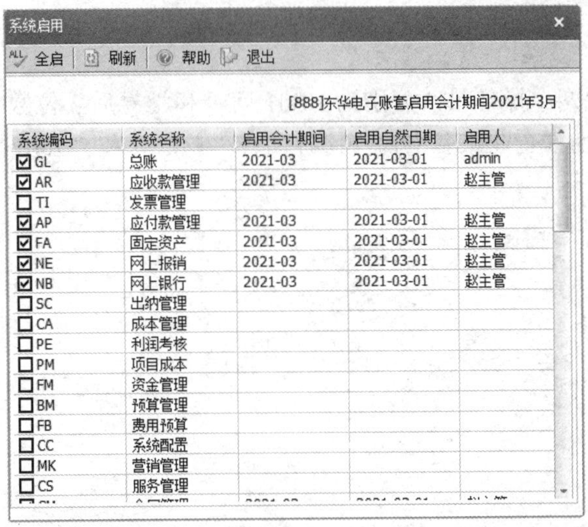

系统编码	系统名称	启用会计期间	启用自然日期	启用人
☑GL	总账	2021-03	2021-03-01	admin
☑AR	应收款管理	2021-03	2021-03-01	赵主管
☐TI	发票管理			
☑AP	应付款管理	2021-03	2021-03-01	赵主管
☑FA	固定资产	2021-03	2021-03-01	赵主管
☑NE	网上报销	2021-03	2021-03-01	赵主管
☑NB	网上银行	2021-03	2021-03-01	赵主管
☐SC	出纳管理			
☐CA	成本管理			
☐PE	利润考核			
☐PM	项目成本			
☐FM	资金管理			
☐BM	预算管理			
☐FB	费用预算			
☐CC	系统配置			
☐MK	营销管理			
☐CS	服务管理			

图 2-28　系统启用

二、取消所有记录级数据权限控制

3 月 1 日，以账套主管身份在企业应用平台依次执行“系统服务”→“权限”→“数据权限控制设置”

命令，打开"数据权限控制设置"页面，依次单击"全消"→"确定"按钮。取消"仓库""工资权限""科目""用户"的控制，如图 2-29 所示。

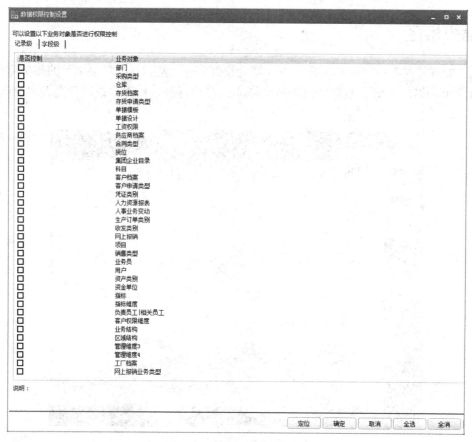

图 2-29　数据权限控制设置

拓展实验　账套创建与管理

【拓展实验任务资料】

（1）用户及权限：设置两个操作员，分别为 HS01 何时和学号后 3 位数（自己姓名）主管。

（2）（自己姓名）主管为本企业账套主管，何时拥有"总账"和"公用目录设置"权限。

项目三　基础数据信息化设置

项目准备

设置系统日期为当年3月1日，引入"项目二 会计信息账套创建与管理"备份账套。

项目资料

任务一　基础档案设置

成都东华电子有限公司分类档案资料如下。

一、机构人员

（1）部门档案信息如表3-1所示。

表3-1　部门档案

部门编码	部门名称	部门属性	部门编码	部门名称	部门属性
1	管理中心	管理	3	制造中心	生产部门
101	总经理办公室	综合管理	301	生产车间	生产制造
102	财务部	财务管理	4	物流中心	物流管理
2	供销中心	供销管理	401	仓管部	库存管理
201	销售部	市场营销	402	运输部	运输
202	采购部	采购管理			

（2）人员类别信息。本企业在职人员分为四类：10101—企业管理人员；10102—经营人员；10103—车间管理人员；10104—生产人员。

（3）人员档案信息如表3-2所示。

表3-2　人员档案

人员编码	人员姓名	性别	人员类别	行政部门	是否业务员	是否操作员	对应操作员编码	
111	艾中国	男	企业管理人员	总经理办公室	是			雇佣状态均为在职
121	赵主管	男	企业管理人员	财务部	是	是	×××01	
122	钱出纳	女	企业管理人员	财务部	是	是	×××02	
123	孙会计	女	企业管理人员	财务部		是	×××03	
211	周销售	男	经营人员	销售部	是	是	×××05	
212	张健	男	经营人员	销售部	是			
221	李采购	男	经营人员	采购部	是	是	×××04	
222	周萍	女	经营人员	采购部	是			
311	周月	女	车间管理人员	生产车间	是			
312	孟强	男	生产人员	生产车间				
411	吴仓库	男	企业管理人员	仓管部		是	×××06	
421	李忠	男	经营人员	运输部	是			

二、客商信息

（1）地区分类信息：01—东北地区；02—华北地区；03—华东地区；04—华南地区；05—西北地区；06—西南地区。

（2）供应商分类信息：01—原料供应商；02—成品供应商；03—其他。

（3）客户分类信息：01—批发；02—零售；03—代销；04—专柜。

（4）供应商档案信息如表3-3所示。

表3-3　供应商档案

供应商编号	供应商名称	所属地区	所属分类码	税号	开户银行	银行账号	地址	邮编	分管部门	分管业务员
001	锦江公司	06	01	510567453698462	中行	48723367	成都市锦江区楠木村8组	610045	采购部	李采购
002	金牛公司	06	01	510479865267583	中行	76473293	成都市金牛区开拓路108号	610036	采购部	李采购
003	东方公司	03	02	310103695431012	工行	85115076	上海市浦东新区东方路1号甲	200232	采购部	周萍
004	和平公司	01	03	108369856003251	中行	43810548	哈尔滨平房区和平路16号	150008	采购部	周萍

（5）客户档案信息如表3-4所示。

表3-4　客户档案

客户编号	客户名称简称	所属地区	所属分类码	税号	开户银行（默认值）	银行账号	地址	邮编	扣率	分管部门	分管业务员
001	红光公司	06	01	120009884732788	工行红光分行	73853654	成都市金牛区红光路1号	610077	5	销售部	周销售
002	华苑公司	02	01	120008456732310	工行华苑分行	69325581	天津市南开区华苑路1号	300310		销售部	周销售
003	天平公司	03	04	310106548765432	工行徐汇分行	36542234	上海市徐汇区天平路8号	200032		销售部	张健
004	和平公司	01	03	108369856003251	中行平房分行	43810548	哈尔滨平房区和平路16号	150008	10	销售部	张健

（6）交易单位信息如表3-5所示。

表3-5　交易档案

编码	单位名称	所属分类	银行账号	账户名称	开户银行
1	红光公司	客户	73853654	红光公司	工行
2	锦江公司	供应商	48723367	锦江公司	中行
3	艾中国	个人	20180080001	艾中国	工行
4	张健	个人	20180080006	张健	工行
5	李采购	个人	20180080007	李采购	工行

三、存货

（1）存货分类信息如表3-6所示。

表3-6 存货分类

分类编码	分类名称	分类编码	分类名称
01	原材料	04	资产
02	产成品	09	其他
03	配套用品		

（2）计量单位信息：

组：编号—01，单位组名称—自然单位；单位组类别—无换算率。

单位：01—盒，自然单位；02—个，自然单位；03—根，自然单位；04—台，自然单位；05—千米，自然单位；06—次，自然单位。

（3）存货档案信息如表3-7所示。

表3-7 存货档案

存货编码	存货名称	所属类别	计量单位	税率/%	存货属性	参考成本/元	参考售价/元
001	CPU		盒	13	内销、采购、生产耗用	600.00	800.00
002	硬盘		盒	13	内销、采购、生产耗用	600.00	800.00
003	主板		个	13	内销、采购、生产耗用	400.00	600.00
004	内存条		根	13	内销、采购、生产耗用	400.00	600.00
005	电源	原材料	个	13	内销、采购、生产耗用	200.00	300.00
006	液晶显示器		台	13	内销、采购、生产耗用	1200.00	1500.00
007	键盘		个	13	内销、采购、生产耗用	100.00	140.00
008	鼠标		个	13	内销、采购、生产耗用	50.00	60.00
009	光驱		个	13	内销、采购、生产耗用	260.00	380.00
010	机箱		个	13	内销、采购、生产耗用	200.00	300.00
021	计算机	产成品	台	13	内销、自制	4800.00	6500.00
022	HP 服务器		台	13	内销、采购		
031	激光打印机	配套用品	台	13	内销、采购	2000.00	2300.00
041	扫描仪	资产	台	13	采购、资产		
901	运输费	其他	千米	9	内销、采购、应税劳务		
902	代销手续费		次	6	内销、采购、应税劳务		

四、财务

（1）外币信息：

币符：USD；币名：美元；固定汇率1∶6.725（此汇率仅供该账套实验使用）。

（2）会计科目信息：东华电子需要修改与增加的会计科目（全部科目共156+78=234个）如表3-8所示。

表3-8 会计科目

科目编码	科目名称	币种核算	计量单位	辅助账类型	账页格式	余额方向	受控系统	银行账	日记账	备注
1001	库存现金				金额式	借			Y	修改
1002	银行存款				金额式	借		Y	Y	修改
100201	工行存款				金额式	借		Y	Y	增加
100202	中行存款	美元			外币金额式	借		Y	Y	增加
1121	应收票据			客户往来	金额式	借	应收系统			修改

续表

科目编码	科目名称	币种核算	计量单位	辅助账类型	账页格式	余额方向	受控系统	银行账	日记账	备注
112101	商业承兑汇票			客户往来	金额式	借	应收系统			增加
112102	银行承兑汇票			客户往来	金额式	借	应收系统			增加
1122	应收账款			客户往来	金额式	借	应收系统			修改
1123	预付账款			供应商往来	金额式	借	应付系统			修改
122101	应收单位款			客户往来	金额式	借	不受控			增加
122102	应收个人款			个人往来	金额式	借	不受控			增加
140301	CPU		盒		数量金额式	借				增加
140302	硬盘		盒		数量金额式	借				增加
140303	主板		个		数量金额式	借				增加
140304	内存条		根		数量金额式	借				增加
140305	电源		个		数量金额式	借				增加
140306	液晶显示器		台		数量金额式	借				增加
140307	键盘		个		数量金额式	借				增加
140308	鼠标		个		数量金额式	借				增加
140309	光驱		个		数量金额式	借				增加
140310	机箱		个		数量金额式	借				增加
140501	计算机		台		数量金额式	借				增加
140502	HP 服务器		台		数量金额式	借				增加
140503	激光打印机		台		数量金额式	借				增加
140504	CPU		盒		数量金额式	借				增加
160401	人工费			项目核算	金额式	借				增加
160402	材料费			项目核算	金额式	借				增加
160403	其他			项目核算	金额式	借				增加
190101	待处理流动资产损益				金额式	借				增加
190102	待处理固定资产损益				金额式	借				增加
2201	应付票据			供应商往来	金额式	贷	应付系统			修改
2202	应付账款			供应商往来	金额式	贷	应付系统			修改
220201	一般应付款			供应商往来	金额式	贷	应付系统			增加
220202	暂估应付款			供应商往来	金额式	贷	不受控			增加
220203	应付合同款			供应商往来	金额式	贷	应付系统			增加
2203	预收账款			客户往来	金额式	贷	应收系统			修改
220301	预收款			客户往来	金额式	贷	应收系统			增加
220302	销售定金			客户往来	金额式	贷	不受控			增加
221101	工资				金额式	贷				增加
221102	职工福利费				金额式	贷				增加
221103	社会保险费				金额式	贷				增加
221104	住房公积金				金额式	贷				增加
221105	工会经费				金额式	贷				增加
221106	职工教育经费				金额式	贷				增加
221109	其他				金额式	贷				增加
222101	应交增值税				金额式	贷				增加
22210101	进项税额				金额式	借				增加
22210102	销项税额				金额式	贷				增加

续表

科目编码	科目名称	币种核算	计量单位	辅助账类型	账页格式	余额方向	受控系统	银行账	日记账	备注
22210108	转出未交增值税				金额式	贷				增加
222102	未交增值税				金额式	贷				增加
222103	应交所得税				金额式	贷				增加
222104	应交个人所得税				金额式	贷				增加
222105	应交城市维护建设税				金额式	贷				增加
222106	应交教育费附加				金额式	贷				增加
222107	应交地方教育费附加				金额式	贷				增加
223101	借款利息				金额式	贷				增加
410415	未分配利润				金额式	贷				增加
5001	生产成本			项目核算	金额式	借				修改
500101	直接材料			项目核算	金额式	借				增加
500102	直接人工			项目核算	金额式	借				增加
500103	制造费用			项目核算	金额式	借				增加
500104	折旧费			项目核算	金额式	借				增加
500105	其他			项目核算	金额式	借				增加
510101	工资				金额式	借				增加
510102	折旧费				金额式	借				增加
660101	职工薪酬				金额式	借				增加
660102	福利费				金额式	借				增加
660103	办公费				金额式	借				增加
660104	差旅费				金额式	借				增加
660105	委托代销手续费				金额式	借				增加
660106	折旧费				金额式	借				增加
660107	广告费				金额式	借				增加
660109	其他				金额式	借				增加
6602	管理费用			部门核算	金额式	借				修改
660201	职工薪酬			部门核算	金额式	借				增加
660202	福利费			部门核算	金额式	借				增加
660203	办公费			部门核算	金额式	借				增加
660204	差旅费			部门核算	金额式	借				增加
660205	招待费			部门核算	金额式	借				增加
660206	折旧费			部门核算	金额式	借				增加
660209	其他			部门核算	金额式	借				增加
660301	利息支出				金额式	借				增加
660302	汇兑损益				金额式	借				增加
660303	现金折扣				金额式	借				增加
6702	信用减值损失				金额式	借				增加

说明：不要删除系统中存在的而表3-8中没有的其他会计科目。

指定会计科目：将"库存现金1001"科目指定为现金总账科目；将"银行存款1002"科目指定为银行总账科目；将"库存现金1001""工行存款100201""中行存款100202""其他货币资金1012"科目指定为现金流量科目。

（3）凭证类别信息如表3-9所示。

表 3-9　凭证类别

凭 证 类 别	限 制 类 型	限 制 科 目
收款凭证	借方必有	1001，100201，100202
付款凭证	贷方必有	1001，100201，100202
转账凭证	凭证必无	1001，100201，100202

（4）项目大类信息：生产成本；核算科目信息：生产成本及其下级所有明细科目。

（5）项目分类信息：1—自产产品。

（6）项目目录信息：101 计算机组装，所属分类码1。

五、收付结算

（1）结算方式信息如表 3-10 所示。

表 3-10　结算方式

结算方式编码	结算方式名称	是否票据管理
1	现金结算	否
2	支票结算	否
201	现金支票	是
202	转账支票	是
3	网银转账	否
4	商业汇票	否
401	商业承兑汇票	否
402	银行承兑汇票	否
9	其他	否

（2）付款条件信息如表 3-11 所示。

表 3-11　付款条件

付款条件编码	付款条件名称	信 用 天 数	优惠天数1	优惠率1	优惠天数2	优惠率2	优惠天数3	优惠率3
01	2/10，1/20，n/30	30	10	2	20	1	30	0

（3）本单位开户银行信息：

账户名称：成都东华电子有限公司。

编码—01：名称—工商银行成都分行人民南路分理处；账号—828658791234，人民币。

编码—02：名称—中国银行成都分行人民南路分理处；账号—628662866789，美元；机构号：570；联行号：104651082117。

六、业务

（1）仓库档案信息如表 3-12 所示。

表 3-12　仓库档案

仓库编码	仓库名称	计价方式	参与需求计划运算	资 产 仓	代 管 仓	计入成本
1	原料库	移动平均法	是	否	否	是
2	成品库	全月平均法	是	否	否	是
3	配套用品库	全月平均法	是	否	否	是
4	资产仓	个别计价法	否	否	否	否
5	代管仓库	移动平均法	是	否	是	是

（2）收发类别信息如表 3-13 所示。

表 3-13　收发类别

编　码	名　　称	标　志	编　码	名　　称	标　志
1	正常入库	收	3	正常出库	发
101	采购入库	收	301	销售出库	发
102	产成品入库	收	302	领料出库	发
103	调拨入库	收	303	调拨出库	发
104	采购退货	收	304	委托代销出库	发
105	组装入库	收	305	销售退货	发
2	非正常入库	收	306	组装出库	发
201	盘盈入库	收	4	非正常出库	发
202	其他入库	收	401	盘亏出库	发
			402	其他出库	发

（3）采购类型信息：编码：1；名称：普通采购；入库类别：采购入库；默认值。

（4）销售类型信息：

编码：1；名称：经销；出库类别：销售出库；默认值。

编码：2；名称：代销；出库类别：销售出库；非默认值。

（5）产品结构信息如表 3-14 所示。

表 3-14　产品结构

母件编码	母件名称	版本说明	子件编码	子件名称
021	计算机	组装	001~008、010	CPU、硬盘、主板、内存条、电源、液晶显示器、键盘、鼠标、机箱

（6）费用项目信息如表 3-15 所示。

表 3-15　费用项目

费用项目分类编码	费用项目分类名称	费用项目编码	费用项目名称	方　向
0	无分类	01	运输费	支出
0	无分类	02	代垫安装费	支出
0	无分类	03	委托代销手续费	支出
0	无分类	04	费用报销	支出

任务二　单据设置

一、单据格式设置

材料出库单表体栏目中增加"34 对应入库单号"；组装单表体栏目中增加"28 对应入库单号"；销售订单表头增加"6 必有定金""7 定金比例""8 定金原币金额""10 定金累计实收原币金额"；委托代销结算单表头增加"34 发票号"。

二、单据编号设置

设置采购专用发票、销售专用发票的发票号为"完全手工编号"。

任务三　预警与通知设置

配置合同执行预警，每周预警一次，预警信息通知该业务的所有相关人员。

项目要求

（1）以账套主管身份进行基础档案设置操作。

（2）账套输出。

项目操作指导

　　基础设置是对系统日常业务处理必需的基础信息资料进行设置，是系统运行的基石。一个账套由若干个子系统构成，这些子系统共享公用的基础档案信息。可以账套主管的身份在企业应用平台主界面的"基础设置"功能菜单中设置各系统运行所需要的基础档案信息。

任务一　基础档案设置

　　设置基础档案就是把手工资料经过加工整理，根据本单位建立信息化管理的需要，建立软件系统应用平台，是手工业务的延续和提高。

　　输入基础档案信息时要遵循"增加→录入信息→保存"的操作步骤。如果输入的档案定义了类别，则要先输入类别，再输入档案；在输入档案时，档案编码要遵循制定的"编码规则"。

一、机构人员

二维码 3-1
机构人员

1. 部门档案设置

　　部门档案设置主要用于设置企业各个职能部门的信息，部门指某使用单位下辖的具有分别进行财务核算或业务管理要求的单元体，可以是实际中的部门机构，也可以是虚拟的核算单元。

　　3 月 1 日，以账套主管身份登录企业应用平台，依次执行"业务导航"→"经典树形"→"基础设置"→"基础档案"→"机构人员"→"机构"→"部门档案"命令，打开"部门档案"界面，单击"增加"按钮，在编辑区输入部门的部门编码、部门名称、负责人、部门属性等基础信息资料，如图 3-1 所示。

　　部门编码和部门名称必须输入，部门编码必须符合部门编码级次规则，部门名称可以重复。

2. 人员类别设置

　　人员类别设置主要用于对企业的人员类别进行分类设置和管理。一般是按树形层次结构进行分类，新建账套系统预置正式工、合同工、实习生三个人员类别。可以自定义扩充人员类别。

　　在企业应用平台中，依次执行"业务导航"→"经典树形"→"基础设置"→"基础档案"→"机构人员"→"人员"→"人员类别"命令，打开"人员类别"界面，先选择页面左侧"正式工"选项，再单击"增加"按钮，在弹出的"增加档案项"页面中输入人员类别的档案编号、档案名称、档案简称、档案简拼和备注等相关信息资料，其中档案编码、档案名称必须输入，如图 3-2 所示。

图 3-1　部门档案　　　　　　　　　　　　　　　　　图 3-2　人员类别

3. 人员档案设置

人员档案设置主要用于设置企业各职能部门中需要进行核算和业务管理的职员信息，必须先设置好部门档案才能在这些部门下设置相应的职员档案。除固定资产和成本管理模块外，其他模块均需使用职员档案。

在企业应用平台中，依次执行"业务导航"→"经典树形"→"基础设置"→"基础档案"→"机构人员"→"人员"→"人员档案"命令，打开"人员列表"界面，单击"增加"按钮，打开"人员档案"界面，输入人员的相关信息，如图 3-3 所示。

图 3-3 人员档案

对于操作员，要先选中"操作员"，然后单击"操作员名称"后的浏览按钮，在弹出的"操作员档案"页面中选择对应的用户后，单击"确定"按钮确认操作员编码后，才能正常保存档案。

关闭"人员档案"界面，返回"人员列表"界面，可看到企业人员档案列表，如图 3-4 所示。

人员列表

序号	□	人员编码	姓名	行政部门名称	部门	雇佣状态	人员类别	性别	出生日期	业务或费用部门名称	到职日期	离职日期
1	□	111	艾中国	总经理办公室	101	在职	企业管…	男		总经理办公室		
2	□	121	赵主管	财务部	102	在职	企业管…	男		财务部		
3	□	122	钱出纳	财务部	102	在职	企业管…	女		财务部		
4	□	123	孙会计	财务部	102	在职	企业管…	女		财务部		
5	□	211	周销售	销售部	201	在职	经营人员	男		销售部		
6	□	212	张健	销售部	201	在职	经营人员	男		销售部		
7	□	221	李采购	采购部	202	在职	经营人员	男		采购部		
8	□	222	周萍	采购部	202	在职	经营人员	女		采购部		
9	□	311	周月	生产车间	301	在职	车间管…	女		生产车间		
10	□	312	孟强	生产车间	301	在职	生产人员	男		生产车间		

共 12 条记录

任职情况

□ 包含历史记录

序号	当前记录标识	部门	部门名称	职位	职位名称	职级	职等	职务	职务名称
1	是	101	总经理办公室						

图 3-4 人员列表

二维码 3-2
客商信息

二、客商信息

1. 地区分类设置

企业可以根据自身管理要求出发对客户、供应商的所属地区进行相应的分类，建立地区分类体系，以便对业务数据的统计、分析。在采购管理、销售管理、库存管理和应收应付款管理系统均涉及地区分类。

在企业应用平台中，依次执行"业务导航"→"经典树形"→"基础设置"→"基础档案"→"客商信息"→"地区分类"命令，弹出"地区分类"页面，单击"增加"按钮，输入地区分类信息，如图 3-5 所示。

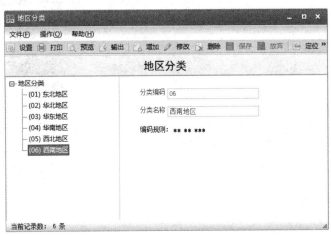

图 3-5　地区分类

2. 供应商分类设置

企业可以根据自身管理的需要对供应商进行分类管理，建立供应商分类体系。可将供应商按行业、地区等进行划分，设置供应商分类后，根据不同的分类建立供应商档案。没有对供应商进行分类管理需求的可以不使用本功能。

在企业应用平台中，依次执行"业务导航"→"经典树形"→"基础设置"→"基础档案"→"客商信息"→"供应商分类"命令，弹出"供应商分类"页面，单击"增加"按钮，输入供应商分类信息，如图 3-6 所示。

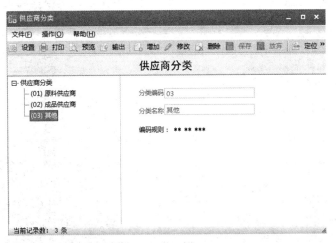

图 3-6　供应商分类

3. 客户分类设置

企业可以根据自身管理的需要对客户进行分类管理，建立客户分类体系。可将客户按行业、地区等进行划分，设置客户分类后，根据不同的分类建立客户档案。没有对客户进行分类管理需求的可以不使用本功能。

在企业应用平台中，依次执行"业务导航"→"经典树形"→"基础设置"→"基础档案"→"客商信息"→"客户分类"命令，弹出"客户分类"页面，单击"增加"按钮，输入客户分类信息，如图 3-7 所示。

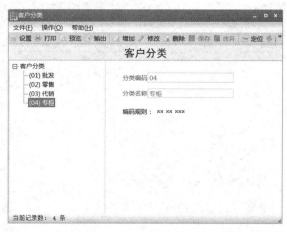

图 3-7 客户分类

4. 供应商档案设置

供应商档案设置主要用于设置往来供应商的档案信息，以便于对供应商资料管理和业务数据的输入、统计、分析。如果在建立账套时选择了供应商分类，则必须在设置完成供应商分类档案的情况下才能编辑供应商档案。建立供应商档案主要是为企业的采购管理、库存管理、应付账管理服务的。

在企业应用平台中，依次执行"业务导航"→"经典树形"→"基础设置"→"基础档案"→"客商信息"→"供应商档案"命令，打开"供应商档案"界面，单击"增加"按钮，打开"增加供应商档案"界面，输入供应商档案信息，如图 3-8 所示。

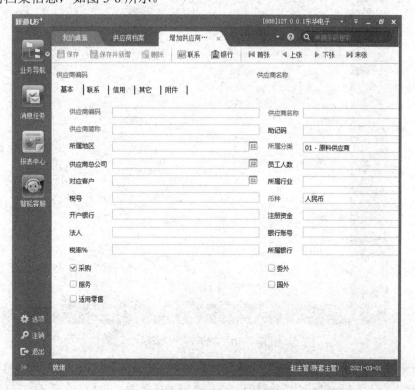

图 3-8 增加供应商档案

增加供应商银行档案，可以在界面直接输入，也可以单击"银行"按钮，弹出"供应商银行档案"页面，单击"增加"按钮，输入银行相关信息，依次单击"保存"→"退出"按钮返回"增加供应商档案"界面。

关闭"增加供应商档案"界面后，可看到企业供应商档案列表，如图 3-9 所示。

	序号	选择	供应商编码	供应商名称	供应商简称	供应商分类编码	地区编码	纳税人登记号	开户银行	银行账号	专营业务员名称	分管部门名称
	1		001	锦江公司	锦江公司	01	06	510567453698462	中国银行	48723367	李采购	采购部
	2		002	金牛公司	金牛公司	01	06	510479865267583	中国银行	76473293	李采购	采购部
	3		003	东方公司	东方公司	02	03	310103695431012	中国工商银行	85115076	周萍	采购部
	4		004	和平公司	和平公司	03	01	108369856003251	中国银行	43810548	周萍	采购部

图 3-9 供应商档案

5. 客户档案设置

客户档案设置主要用于设置往来客户的档案信息，以便对客户资料管理和业务数据进行输入、统计、分析。如果在建立账套时选择了客户分类，则必须在设置完成客户分类档案的情况下才能编辑客户档案。

在企业应用平台中，依次执行"业务导航"→"经典树形"→"基础设置"→"基础档案"→"客商信息"→"客户档案"命令，打开"客户档案"界面，单击"增加"按钮，打开"增加客户档案"界面，输入客户档案信息，如图 3-10 所示。

图 3-10 增加客户档案

增加客户银行档案，单击"银行"按钮，弹出"客户银行档案"页面，单击"增加"按钮，输入银行相关信息，依次单击"保存"→"退出"按钮返回"增加客户档案"界面。

关闭"增加客户档案"界面后，可看到企业客户档案列表，如图 3-11 所示。

图 3-11　客户档案

6. 交易单位设置

交易单位设置用于设置网上银行中常用的交易单位的信息，包括客户、供应商、集团内部单位等。可设置交易单位的基本信息、银行账户及联系方式。

在企业应用平台中，依次执行"业务导航"→"经典树形"→"基础设置"→"基础档案"→"客商信息"→"交易单位"命令，弹出"交易单位"页面，单击"增加"按钮，首先输入交易单位"基本信息"数据，然后选择"银行信息"选项卡，再单击"增加"按钮，随后在弹出的页面输入"银行信息"数据，最后依次单击"保存"→"保存"按钮完成交易单位信息的输入操作，如图 3-12 所示。

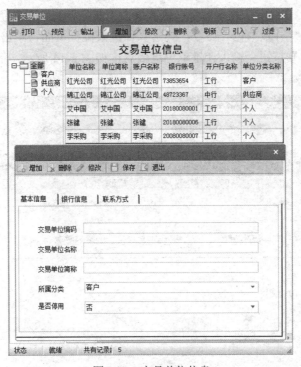

图 3-12　交易单位信息

三、存货

1. 存货分类设置

企业可以根据对存货的管理要求对存货进行分类管理，以便对业务数据的统计和分析。存货分类最多

二维码 3-3
存货

可分 8 级，编码总长不能超过 12 位，每级级长可自由定义。存货分类用于设置存货分类编码、名称及所属经济分类。

在企业应用平台中，依次执行"业务导航"→"经典树形"→"基础设置"→"基础档案"→"存货"→"存货分类"命令，弹出"存货分类"页面，单击"增加"按钮，输入存货分类信息，如图 3-13 所示。

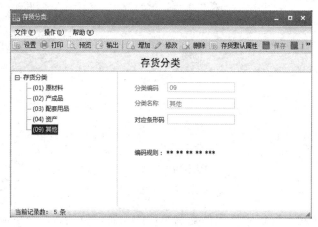

图 3-13　存货分类

2．计量单位设置

计量单位组分无换算、浮动换算、固定换算三种类别，每个计量单位组中有一个主计量单位、多个辅助计量单位，可以设置主辅计量单位之间的换算率；还可以设置采购、销售、库存和成本系统所默认的计量单位。先增加计量单位组，再增加组下的具体计量单位内容。

（1）设置计量单位组。在企业应用平台中，依次执行"业务导航"→"经典树形"→"基础设置"→"基础档案"→"存货"→"计量单位"命令，弹出"计量单位"页面，单击"分组"按钮，弹出"计量单位组"页面，单击"增加"按钮，输入计量单位组信息，如图 3-14 所示，依次单击"保存"→"退出"按钮返回"计量单位"界面。

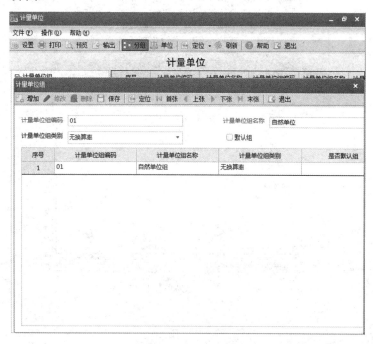

图 3-14　计量单位组

（2）增加计量单位。在"计量单位"界面，选择要设置计量单位的单位组，单击"单位"按钮，弹出"计量单位"页面，如图 3-15 所示。单击"增加"按钮，输入计量单位编码、计量单位名称，依次单击

"保存"→"退出"按钮，返回"计量单位"界面。

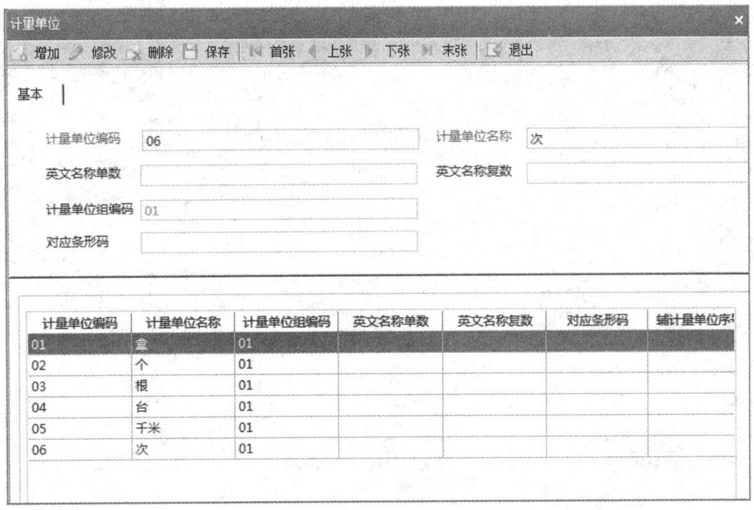

图 3-15 计量单位

3. 存货档案设置

存货档案设置主要用于设置企业在生产经营中使用到的各种存货信息，以便对这些存货进行资料管理、实物管理和业务数据的统计、分析。

在企业应用平台中，依次执行"业务导航"→"经典树形"→"基础设置"→"基础档案"→"存货"→"存货档案"命令，打开"存货档案"界面，单击"增加"按钮，打开"增加存货档案"界面，录完一条存货档案信息后单击"保存并新增"按钮继续输入下一条信息，直到全部输入完毕，如图 3-16 所示。

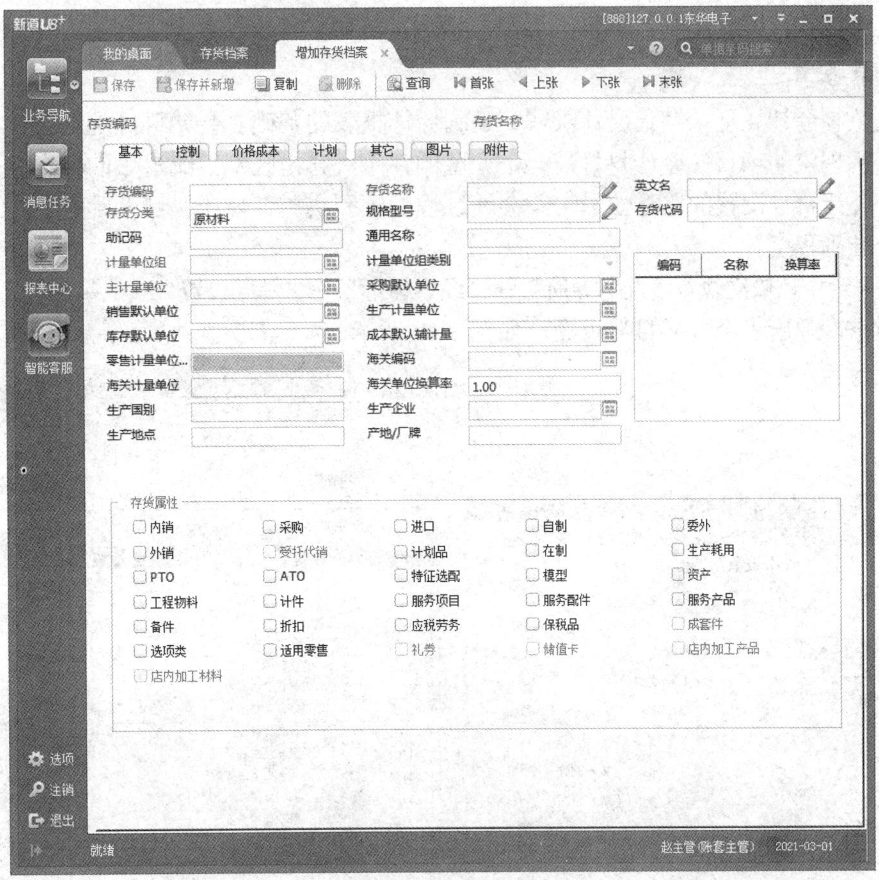

图 3-16 增加存货档案

关闭"增加存货档案"界面后，可看到存货档案列表，如图 3-17 所示。

图 3-17 存货档案

二维码 3-4
账务

四、财务

1. 外币设置

汇率管理是专为外币核算服务的。

在企业应用平台中，依次执行"业务导航"→"经典树形"→"基础设置"→"基础档案"→"财务"→"外币设置"命令，弹出"外币设置"页面，输入币符和币名，单击"确认"按钮，选中"固定汇率"单选按钮，在 3 月份栏输入记账汇率，单击"退出"按钮，关闭"外币设置"页面，如图 3-18 所示。

2. 会计科目设置

会计科目是填制会计凭证、登记会计账簿、编制会计报表的基础。会计科目是对会计对象具体内容分门别类进行核算所规定的项目。会计科目是一个完整的体系，它是区别于流水账的标志，是复式记账和分类核算的基础。会计科目设置的完整性影响着会计过程的顺利实施，会计科目设置的层次深度直接影响会计核算的详细、准确程度。

在企业应用平台中，依次执行"业务导航"→"经典树形"→"基础设置"→"基础档案"→"财务"→"会计科目"命令，弹出"会计科目"页面，如图 3-19 所示。

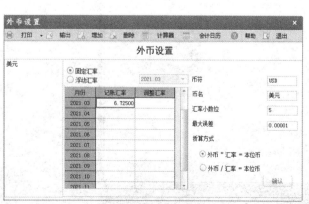

图 3-18 外币设置

图 3-19 会计科目

（1）修改会计科目：在"会计科目"页面中选择需要修改的会计科目，然后单击"修改"按钮（或者直接双击需要修改的会计科目）弹出"会计科目_修改"页面，按要求修改后单击"确定"按钮返回"会计科目"页面，如图 3-20 所示。

（2）增加会计科目：在"会计科目"页面，单击"增加"按钮进入"新增会计科目"页面，如图 3-21 所示。

图 3-20 会计科目_修改

图 3-21 新增会计科目

（3）设置会计科目辅助项：设置客户（供应商）往来辅助项、受控应收（应付）系统，如图 3-22 所示；设置数量核算辅助项，如图 3-23 所示；设置项目核算辅助项，如图 3-24 所示。

图 3-22 会计科目_修改-往来辅助项

图 3-23 会计科目_修改-数量核算辅助项

（4）会计科目成批复制：在"会计科目"页面，单击"复制"按钮旁边的倒三角符号，选择"成批复制"命令，弹出"成批复制"页面，按项目资料完善复制信息，单击"确认"按钮完成科目复制，如图 3-25 所示。

（5）指定科目：在"会计科目"页面，单击"指定科目"按钮，弹出"指定科目"页面，在此可用 ≫（全选）、≪（全删）、＜（单删）、＞（单选）按钮分别选择现金科目、银行科目和现金流量科目所对应的会计科目，选择完毕后，单击"确定"按钮返回"会计科目"页面，如图 3-26～图 3-28 所示。

图 3-24　会计科目_修改-项目核算辅助项　　　　图 3-25　成批复制

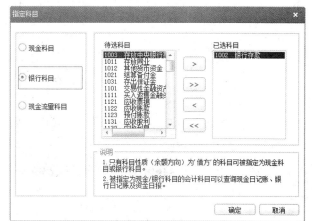

图 3-26　指定科目-现金科目　　　　　　　图 3-27　指定科目-银行科目

3. 凭证类别设置

为了便于管理或登账方便，一般对记账凭证进行分类编制，但各单位的分类方法不尽相同，所以本系统提供了"凭证类别"功能，完全可以按照本单位的需要对凭证进行分类。

在企业应用平台中，依次执行"业务导航"→"经典树形"→"基础设置"→"基础档案"→"财务"→"凭证类别"命令，弹出"凭证类别预置"页面，如图 3-29 所示。

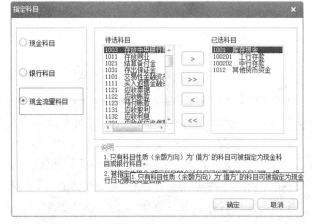

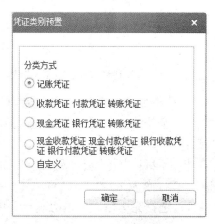

图 3-28　指定科目-现金流量科目　　　　　　图 3-29　凭证类别预置

在"凭证类别预置"页面中按要求选择分类方式后，单击"确定"按钮，弹出"凭证类别"页面，在表格中修改"限制类型"和"限制科目"，如图3-30所示。修改完毕，单击"退出"按钮完成操作。

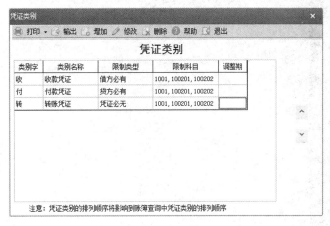

图3-30 凭证类别

4. 项目大类设置

企业在实际业务处理中会对多种类型的项目进行核算和管理，如在建工程、对外投资、技术改造项目、项目成本管理、合同等。用友ERP-U8⁺提供项目核算管理的功能，可以将具有相同特性的一类项目定义成一个项目大类，一个项目大类可以核算多个项目，为了便于管理，还可以对这些项目进行分类管理。可以将存货、成本对象、现金流量、项目成本等作为核算的项目大类。

（1）增加项目大类：在企业应用平台中，依次执行"业务导航"→"经典树形"→"基础设置"→"基础档案"→"财务"→"项目大类"命令，打开"项目大类"界面，单击"增加"按钮，弹出"项目大类定义_增加"页面，如图3-31所示。

图3-31 新项目大类名称

输入新项目大类名称，单击"下一步"按钮，弹出"定义项目级次"页面，默认系统设置；再单击"下一步"按钮，弹出"定义项目栏目"页面，默认系统设置，再单击"完成"按钮退出"项目大类定义_增加"页面完成增加项目大类的操作。

（2）定义核算科目：在"项目大类"界面，单击"项目大类"栏的倒三角按钮，选择"生产成本"项目大类，选择"核算科目"选项卡，从"待选科目"中选择该项目需要的核算科目至"已选科目"，如图3-32所示，单击"保存"按钮完成定义核算科目的操作。

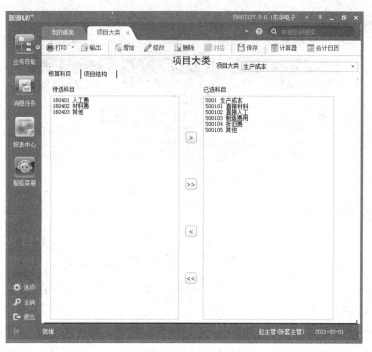

图 3-32　项目大类-核算科目

5. 项目分类设置

企业在实际业务为了便于统计，可对同一项目大类下的项目进行进一步划分，这就需要进行项目分类的定义。

在企业应用平台中，依次执行"业务导航"→"经典树形"→"基础设置"→"基础档案"→"财务"→"项目分类"命令，打开"项目分类"界面，依次输入"分类编码""分类名称"，单击"保存"按钮完成项目分类的操作，如图 3-33 所示。

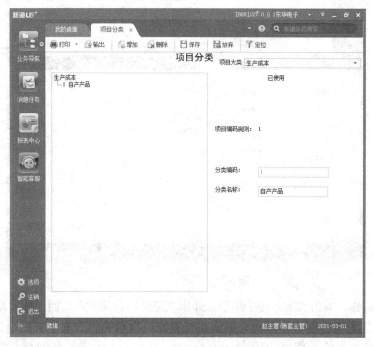

图 3-33　项目分类

6. 项目目录设置

在企业应用平台中，依次执行"业务导航"→"经典树形"→"基础设置"→"基础档案"→"财务"→

"项目目录"命令，弹出"查询条件-项目目录"页面，"项目大类"选择"生产成本"，单击"确定"按钮，打开"项目目录"界面，单击"增加"按钮，输入项目档案的内容，关闭界面自动保存，如图 3-34 所示。

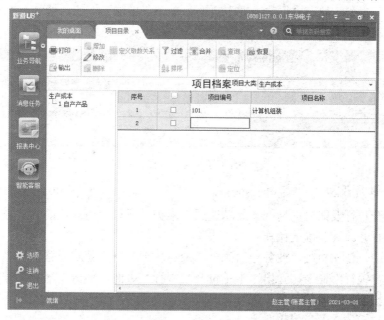

图 3-34　项目档案

五、收付结算

1. 结算方式设置

该功能用来建立和管理在经营活动中所涉及的结算方式。它与财务结算方式一致，如现金结算、支票结算等。结算方式最多可以分为两级。

在企业应用平台中，依次执行"业务导航"→"经典树形"→"基础设置"→"基础档案"→"收付结算"→"结算方式"命令，弹出"结算方式"页面，单击"增加"按钮，输入结算方式编码、结算方式名称和是否票据管理。结算方式编码用以标识某结算方式，票据管理标志选择该结算方式下的票据是否要进行支票登记簿管理。单击"保存"按钮，便可将本次增加的内容保存，并在左边部分的树形结构中添加和显示，如图 3-35 所示。

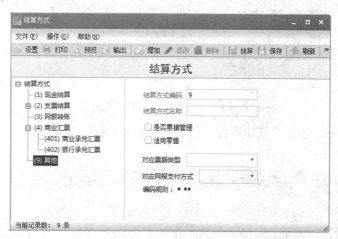

图 3-35　结算方式

2. 付款条件设置

付款条件也叫现金折扣，是指为敦促客户尽早付清货款而提供的一种价格优惠。系统最多同时支持 4

个时间段的折扣。

在企业应用平台中，依次执行"业务导航"→"经典树形"→"基础设置"→"基础档案"→"收付结算"→"付款条件"命令，弹出"付款条件"页面，单击"增加"按钮，增加一空行，输入唯一、最多3个字符的付款条件编码、付款条件名称、信用天数、优惠天数和优惠率，如图 3-36 所示。

图 3-36　付款条件

3. 本单位开户银行设置

本系统支持多个开户行及账号的情况。此功能用于维护及查询使用单位的开户银行信息。开户银行一旦被引用，便不能进行修改和删除的操作。

在企业应用平台中，依次执行"业务导航"→"经典树形"→"基础设置"→"基础档案"→"收付结算"→"本单位开户银行"命令，弹出"本单位开户银行"页面，单击"增加"按钮，弹出"增加本单位开户银行"页面，按项目资料输入开户银行信息，单击"保存"按钮可以继续输入下一条银行信息，如图 3-37 所示。

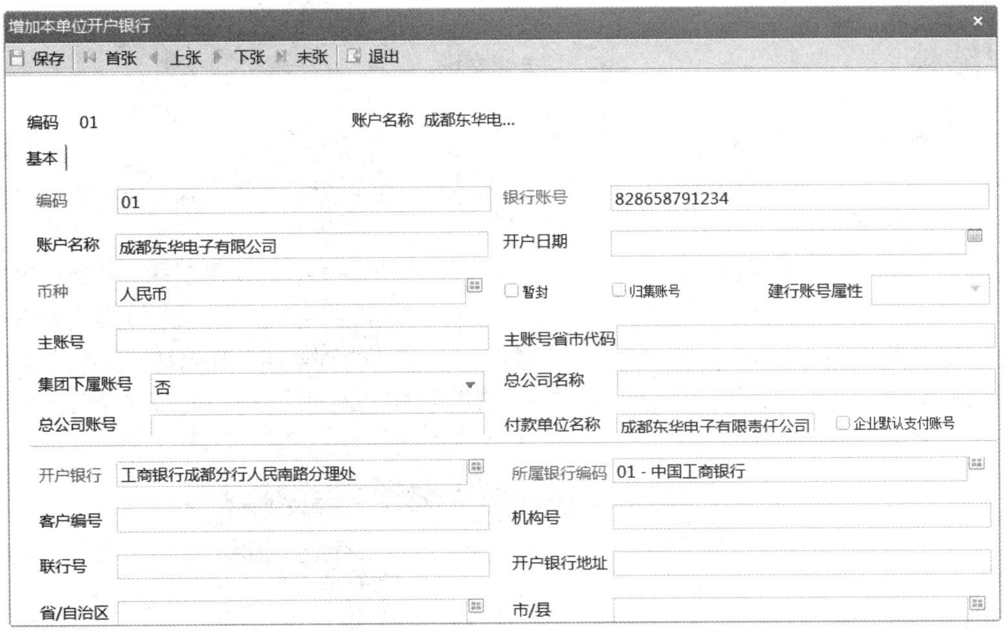

图 3-37　增加本单位开户银行

全部输入完毕后，单击"退出"按钮退出"增加本单位开户银行"页面返回"本单位开户银行"页面，如图 3-38 所示。

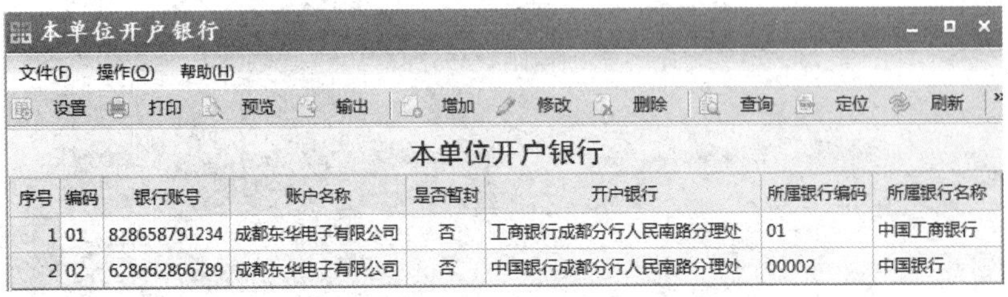

图 3-38　本单位开户银行

六、业务

1. 仓库档案设置

存货一般是由仓库来保管的，对存货进行核算管理，首先应对仓库进行管理，因此进行仓库设置是供销链管理系统的重要基础准备工作之一。第一次使用本系统时，应先将本单位使用的仓库输入系统之中，即进行"仓库档案设置"。

在企业应用平台中，依次执行"业务导航"→"经典树形"→"基础设置"→"基础档案"→"业务"→"仓库档案"命令，打开"仓库档案"界面，单击"增加"按钮，打开"增加仓库档案"界面，按项目资料输入相关内容后，单击"保存"按钮可以继续输入下一条仓库档案信息，如图 3-39 所示。

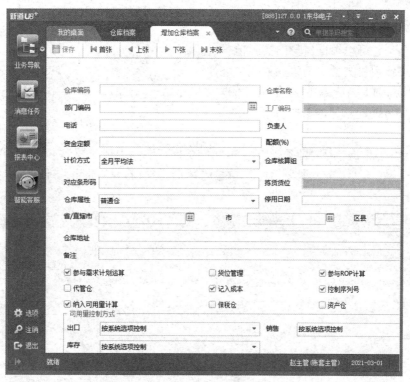

图 3-39　增加仓库档案

全部输入完毕后，关闭"增加仓库档案"界面返回"仓库档案"界面，如图 3-40 所示。

序号	仓库编码	仓库名称	计价方式	是否货位管理	对应条形码	参与需求计划运算	是否参与ROP计算	仓库属性	资产仓	控制序列号	记入成本	纳入可用量计算	代管仓
1	1	原料库	移动平均法	否	1	是	是	普通仓	否	是	是	是	否
2	2	成品库	全月平均法	否	2	是	是	普通仓	否	是	是	是	否
3	3	配套用品库	全月平均法	否	3	是	是	普通仓	否	是	是	是	否
4	4	资产仓	个别计价法	否	4	否	是	普通仓	是	是	否	是	否
5	5	代管仓库	移动平均法	否	5	是	是	普通仓	否	是	是	是	是

图 3-40　仓库档案

2. 收发类别设置

收发类别设置是为了对材料的出入库情况进行分类汇总统计，表示材料的出入库类型，可根据各单位的实际需要自由灵活地进行设置。

在企业应用平台中，依次执行"业务导航"→"经典树形"→"基础设置"→"基础档案"→"业务"→"收发类别"命令，弹出"收发类别"页面，单击"增加"按钮，按项目资料输入相关内容，入库"收发类别"选择"收"，出库"收发类别"选择"发"，如图 3-41 所示。

3. 采购类型设置

采购类型是由根据企业需要自行设定的项目，在使用用友采购管理系统填制采购入库单等单据时，会涉及采购类型栏目。

在企业应用平台中，依次执行"业务导航"→"经典树形"→"基础设置"→"基础档案"→"业务"→"采购类型"命令，弹出"采购类型"页面，单击"增加"按钮，按项目资料输入相关内容，如图 3-42 所示。

4. 销售类型设置

在处理销售业务时，可以根据自身的实际情况自定义销售类型，以便按销售类型对销售业务数据进行统计和分析。本功能完成对销售类型的设置和管理，可以根据业务的需要方便地增加、修改、删除、查询、打印销售类型。

图 3-41　收发类别

在企业应用平台中，依次执行"业务导航"→"经典树形"→"基础设置"→"基础档案"→"业务"→"销售类型"命令，弹出"销售类型"页面，单击"增加"按钮，按项目资料输入相关内容，如图 3-43 所示。

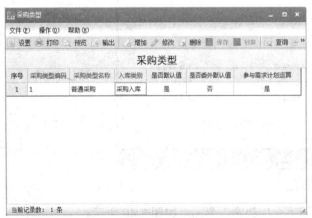

图 3-42　采购类型

图 3-43　销售类型

5. 产品结构设置

新增、修改、删除、查询物料的组成子件资料，可以复制现有产品结构，可以建立产品结构中子件可替代的物料资料。

在企业应用平台中，依次执行"业务导航"→"经典树形"→"基础设置"→"基础档案"→"业务"→"产品结构"命令，打开"产品结构"界面，单击"增加"按钮，按项目资料输入相关内容，依次单击"保存"→"审核"按钮完成产品结构的定义，如图 3-44 所示。

6. 费用项目设置

在处理销售业务中的代垫费用、销售支出费用时，应先行在本功能中设定这些费用项目，完成对费用项目的设置和管理。

在企业应用平台中，依次执行"业务导航"→"经典树形"→"基础设置"→"基础档案"→"业务"→"费用项目分类"命令，弹出"费用项目分类"页面，单击"增加"按钮，按项目资料输入相关内容，单击"保存"按钮完成增加费用项目分类的操作，如图 3-45 所示。

继续依次执行"业务导航"→"经典树形"→"基础设置"→"基础档案"→"业务"→"费用项目"命令，弹出"费用项目"页面，在左侧选择费用项目分类后，单击"增加"按钮，按项目资料输入相关内容，单击"保存"按钮完成增加费用项目的操作，如图 3-46 所示。

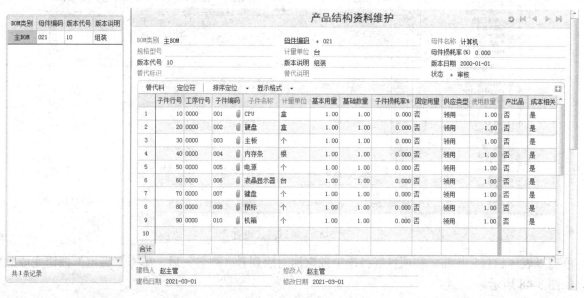

图 3-44 产品结构

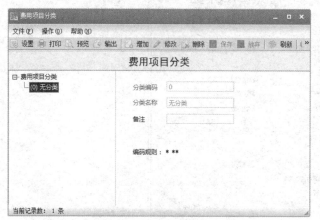

图 3-45 费用项目分类

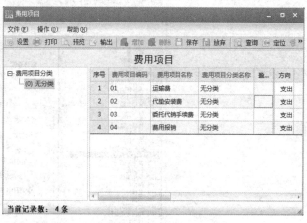

图 3-46 费用项目

任务二 单据设置

二维码 3-7
单据设置

一、单据格式设置

单据格式设置主要是根据系统预置的单据模板，定义本企业所需要的单据格式。用友 ERP-U8⁺单据格式设计可对用友 ERP-U8⁺系列产品中的采购、存货、库存、项目管理、销售、应收、应付等模块中的各种单据进行格式设计。每一种单据格式设置分为显示单据格式设置和打印单据格式设置。

在企业应用平台中，依次执行"业务导航"→"经典树形"→"基础设置"→"单据设置"→"单据格式设置"命令，打开"单据格式设置"界面，在左边目录中选择要设置的单据"材料出库单"，选择设置"材料出库单显示模板"，如图 3-47 所示。

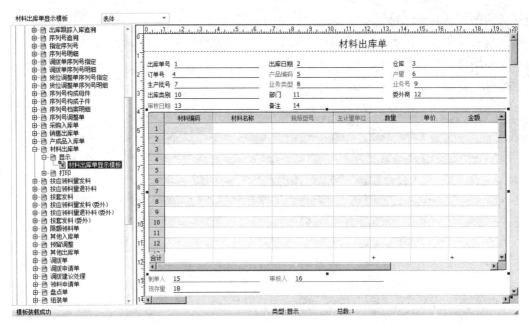

图 3-47　单据格式设置

单击"表体栏目"按钮，按项目资料选中或取消对应列号（列名）后，单击"确定"按钮完成此项操作，如图 3-48 所示。

图 3-48　表体

按以上方法分别对"组装单"表体、"销售订单"表头、"委托代销结算单"表头按项目资料进行设置。

二、单据编号设置

根据企业业务中使用的各种单据、档案的不同需求，由自己设置各种单据、档案类型的编码生成原则。

在企业应用平台中，依次执行"业务导航"→"经典树形"→"基础设置"→"单据设置"→"单据编号设置"命令，弹出"单据编号设置"页面，选择"编号设置"选项卡，在左边目录区选择要修改的单据、档案，单击"修改"按钮，激活修改状态，按要求进行选中设置后，单击"保存"按钮完成此项操作，如图 3-49 所示。

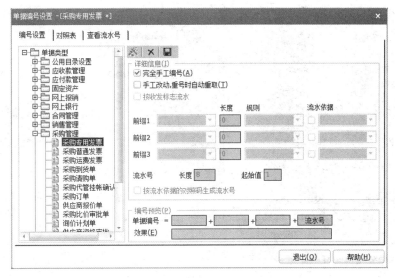

图 3-49 单据编号设置

任务三 预警与通知设置

用友 ERP-U8⁺提供预警与定时任务机制，实现对业务状态和处理时限的预警，如应收应付信用预警、采购订单临近与逾期预警等。

在企业应用平台中，依次执行"业务导航"→"经典树形"→"基础设置"→"预警和通知"→"预警和定时任务"命令，打开"预警和定时任务管理"界面，在左边目录区选择要预警和定时的任务，如图 3-50 所示。

单击"增加"按钮，在弹出的"预警定时任务"页面中分别设置任务源、计划、通知等内容后，单击"确定"按钮完成此项操作，如图 3-51～图 3-53 所示。

返回"预警和定时任务管理"界面后，单击"启用"或"停用"按钮，可以启动或停止预警（定时）任务，同时会在"任务列表"的"状态"栏显示"启用"或"停用"按钮，如图 3-50 所示。

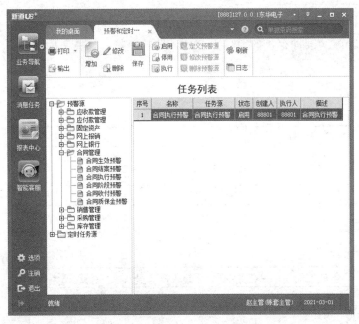

图 3-50 预警和定时任务管理

图 3-51 预警和定时任务管理-任务源

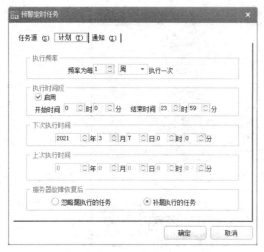

图 3-52 预警和定时任务管理-计划

图 3-53 预警和定时任务管理-通知

拓展实验 基础档案设置

【拓展知识】

计价方式：系统提供六种计价方式。工业有计划价法、全月平均法、移动平均法、先进先出法、后进先出法、个别计价法；商业有售价法、全月平均法、移动平均法、先进先出法、后进先出法、个别计价法。每个仓库必须选择一种计价方式。

先进先出、后进先出：出库单记账时（包括红字出库单），计算出库成本时，只按此仓库的同种存货的入库记录进行先进先出或后进先出选择成本，只要存货相同、仓库相同则将入库记录全部大排队进行先进先出或后进先出选择成本。

移动平均：计算出库成本时要根据该仓库的同种存货按最新结存金额和结存数量计算的单价计算出库成本。

个别计价：计算成本的方法不变。

全月平均：期末处理计算出库成本时，要根据该仓库同种存货的金额和数量计算的平均单价计算出库成本。

计划价：期末处理计算差异率时，要根据此仓库的同种存货的差异、金额计算的差异率计算出库成本。

售价：期末处理计算差价率时，要根据此仓库的同种存货的差异、金额计算的差价率计算出库成本。

【拓展实验任务资料】

（1）新增部门档案信息如表 3-16 所示。

表 3-16 部门档案

部 门 编 码	部 门 名 称	部 门 属 性
5	服务中心	服务管理
501	客服部	服务管理
502	售后部	服务管理

（2）新增人员档案信息如表 3-17 所示。

表 3-17 人员档案

人员编码	人员姓名	性别	人员类别	行政部门	是否业务员	是否操作员	对应操作员编码	
511	陈研	男	企业管理人员	服务部	是			在职
521	何时	男	企业管理人员	售后部	是	是	HS01	

项目四 业务予系统初始设置

项目准备

设置系统日期为当年 3 月 1 日，引入"项目三 基础数据信息化设置"备份账套。

项目资料

任务一 应收款管理初始设置

一、参数设置

制单规则：取消"核销生成凭证"；应收款核销方式：按单据；坏账处理方式：应收余额百分比法；自动计算现金折扣；其他参数为系统默认。

二、初始设置

（1）坏账准备设置信息：提取比率 0.5%，期初余额 10 000，科目 1231，对方科目 6702。

（2）账期内账龄区间信息：01——0～30 天，总 30 天；02——31～60 天，总 60 天；03——61～90 天，总 90 天；04——91～120 天，总 120 天；05——121 天以上。

（3）逾期账龄区间信息：01——1～30 天，总 30 天；02——31～60 天，总 60 天；03——61～90 天，总 90 天；04——91～120 天，总 120 天；05——121 天以上。

（4）预警级别设置信息如表 4-1 所示。

表 4-1 应收款预警级别

序 号	起止比率/%	总比率/%	级 别 名 称
01	0 以上	10	A
02	10～30	30	B
03	30～50	50	C
04	50～100	100	D
05	100 以上		E

三、科目设置

（1）基本科目信息：应收科目 1122，预收科目 220301，销售收入及销售退回科目 6001，税金科目 22210103，现金折扣科目 660303，销售定金科目 220302，商业承兑科目 112101，银行承兑科目 112102，票据费用科目 660301，其他暂时不设置。币种均为人民币。

（2）控制科目信息：所有客户分类的控制科目——应收科目 1122；预收科目 220301。

（3）结算科目信息：现金结算对应科目 1001，现金支票、转账支票、网银转账、其他对应科目 100201。

四、期初余额设置

应收账款（1122）期初余额如表 4-2 所示。

表 4-2 应收账款期初余额

日期	凭证号	客户	业务员	存货	数量	方向	金额/元	票号	票据日期
当年-01-25	转-118	红光公司	周销售	计算机/台	16	借	99 600.00	P111	当年-01-25
当年-02-10	转-15	华苑公司	周销售	激光打印机	25	借	57 500.00	Z111	当年-02-10

任务二　应付款管理初始设置

一、参数设置

制单规则：取消"核销生成凭证"；应付款核销方式：按单据；启用付款申请单；付款申请审批后自动生成付款单；付款申请单来源——采购管理：采购发票；自动计算现金折扣；其他参数为系统默认。

二、初始设置

账期内账龄区间及逾期账龄区间设置信息同应收款管理系统。

三、科目设置

（1）基本科目信息：应付科目 220201，预付科目 1123，采购科目 1402，税金科目 22210101，固定资产采购科目 1601，现金折扣科目 660303，其他暂时不设置。币种均为人民币。

（2）结算科目信息：现金结算对应科目 1001，现金支票、转账支票、网银转账、其他对应科目 100201。

四、期初余额设置

应付账款/一般应付款（220201）期初余额如表 4-3 所示。

表 4-3　应付账款/一般应付款期初余额

日期	凭证号	供应商	业务员	存货	数量	方向	金额/元	票号	票据日期
当年-01-20	转-45	锦江公司	李采购	硬盘	293	贷	198 654.00	Z312	当年-01-20

任务三　固定资产初始设置

一、参数设置

约定与说明："我同意"。

启用月份：当年 3 月。

折旧信息：本账套计提折旧；折旧方法：平均年限法（一）；折旧汇总分配周期：1 个月，当月初已计提月份=（可使用月份-1）时，将剩余折旧全部提足。

编码方式：资产类别编码方式：2112；固定资产编码方式：按"类别编码+部门编码+序号"自动编码，卡片序号长度为 3。

财务接口：与账务系统进行对账；固定资产对账科目：固定资产（1601）；累计折旧对账科目：累计折旧（1602）。

补充参数：选中业务发生后立即制单；月末结账前一定要完成制单登账业务；固定资产默认入账科目：1601；累计折旧缺省入账科目：1602；减值准备缺省入账科目：1603；增值税进项税额缺省入账科目：22210101；固定资产清理缺省入账科目：1606。

其他参数为系统默认。

二、初始设置

（1）部门对应折旧科目信息：管理中心、采购部、物流中心——管理费用/折旧费 660206；销售部——销售费用 660106；制造中心——制造费用/折旧费 510102。

（2）资产类别（卡片样式为含税卡片样式）信息如表 4-4 所示。

表 4-4　固定资产分类表

编　码	类 别 名 称	使用年限	净残值率/%	计量单位	计提属性	卡 片 样 式
01	交通运输设备	6	4	—	正常计提	含税卡片样式
011	经营用设备	6	4	—	正常计提	含税卡片样式
012	非经营用设备	6	4	—	正常计提	含税卡片样式
02	电子及其他通信设备	5	4	—	正常计提	含税卡片样式
021	经营用设备	5	4	台	正常计提	含税卡片样式
022	非经营用设备	5	4	台	正常计提	含税卡片样式

（3）增减方式的对应入账科目信息：增加方式——直接购入：工行存款（100201）；盘盈：以前年度

损益调整（6901）；减少方式——报废：固定资产清理（1606）；盘亏：待处理固定资产损益（190102）。

（4）固定资产期初原始卡片信息如表4-5所示。

表4-5 固定资产期初卡片

固定资产名称	类别编号	所在部门	增加方式	可使用年限/月	开始使用日期	原值/元	折旧累计/元	对应折旧科目名称
轿车	012	总经理办公室	直接购入	72	上年-08-01	215 470.00	37 254.75	管理费用/折旧费
笔记本电脑	022	总经理办公室	直接购入	60	上年-09-01	28 900.00	5 548.80	管理费用/折旧费
传真机	022	总经理办公室	直接购入	60	3年前-12-15	3 510.00	1 825.20	管理费用/折旧费
计算机	021	生产车间	直接购入	60	上年-09-01	6 490.00	1 246.08	制造费用/折旧费
计算机	021	生产车间	直接购入	60	上年-09-01	6 490.00	1 246.08	制造费用/折旧费
合计						260 860.00	47 120.91	

注：净残值率均为4%，使用状况均为"在用"，折旧方法均采用平均年限法（一）。

任务四 网上银行初始设置

一、业务种类

网上银行初始设置信息的业务种类为汇兑，对应结算方式为网银转账。

二、操作员管理

设置网上银行操作员权限，如表4-6所示。

表4-6 操作员管理

用 户	银行账户	查 询	制单支付	制单支付金额/元	审 核	审核金额/元
钱出纳	东华电子	Y	Y	200 000.00		
孙会计	东华电子	Y			Y	200 000.00

任务五 网上报销初始设置

一、参数设置

业务控制：取消"与出纳系统联用"；编码级次：2；凭证设置：选中"制单时允许修改总额"；其他参数为系统默认。

二、业务类型设置

编码：1001；名称：费用申请；单据类型：费用申请；显示模板：费用申请单。

编码：1002；名称：借款；单据类型：借款；显示模板：借款单。

编码：1003；名称：办公报销；单据类型：费用报销；显示模板：报销单；费用项目：费用报销。

编码：1004；名称：出差报销；单据类型：费用报销；显示模板：差旅费报销单；费用项目：费用报销。

编码：1005；名称：归还借款；单据类型：还款；显示模板：还款单。

三、地区级别设置

编码：01；地区级别：发达地区；地区：华北地区、华东地区、华南地区。

编码：02；地区级别：欠发达地区；地区：东北地区、西北地区、西南地区。

四、交通工具设置

编码：001；名称：汽车；编码：002；名称：火车。

编码：003；名称：轮船；编码：004；名称：飞机。

五、休息日设置

方案编号：01；方案名称：休息日。

（1）设置周六、周日为正常公休日。

（2）设置 5 月 1 日、10 月 1 日为法定节假日。

六、报销标准设置

办公费：费用报销严格控制，管理部门的金额上限为固定值 10 000.00 元，发达地区超定额 80% 以内全额报销，欠发达地区超定额 60% 以内全额报销。

七、期初余额设置

（1）期初员工借款数据如表 4-7 所示。

表 4-7 其他应收款/应收个人款期初

日　期	凭证号	部门	个　人	摘要	方　向	支付方式	金额/元
当年-02-26	付-118	总经理办公室	艾中国	出差借款	借	现金支付	2000.00
当年-02-27	付-156	销售部	张健	出差借款	借	现金支付	1800.00

（2）期初员工已报销但公司未付报销款数据如表 4-8 所示。

表 4-8 其他应付款期初

日　期	部　门	个　人	摘　要	方　向	金额/元
当年-02-28	总经理办公室	艾中国	办公费	贷	2100.00

任务六 合同管理初始设置

一、参数设置

付款申请来源：合同、合同结算单；其他参数为系统默认。

二、合同分组设置

分组编号：001；分组名称：购销合同；分组编号：002；分组名称：劳务合同。

三、合同类型设置

类型编码：01；类型名称：销售合同；合同性质：销售类合同。

类型编码：02；类型名称：采购合同；合同性质：采购类合同。

类型编码：03；类型名称：广告合同；合同性质：应付类合同。

四、合同阶段设置

（1）阶段设置信息：阶段编码：01；阶段名称：订立阶段；阶段编码：02；阶段名称：履约阶段；阶段编码：03；阶段名称：售后阶段。

（2）阶段组设置信息：阶段组编码：001；阶段组名称：普通采购。

五、期初合同设置

（1）月初已签订未执行的销售合同一份，如表 4-9 所示。

表 4-9 期初销售合同

合 同 名 称	对 方 单 位	标 的 名 称	数量/台	不含税单价/元
销售合同 1	华苑公司	计算机	10	6500.00

（2）月初已签订未执行的采购合同一份，如表 4-10 所示。

表 4-10 期初采购合同

合 同 名 称	日　期	对 方 单 位	标 的 名 称	数量/个	不含税单价/元
采购合同 1	当年-02-28	金牛公司	鼠标	300	50.00

任务七　销售管理初始设置

一、参数设置

选中"有零售日报业务""有委托代销业务""有分期收款业务""有直运销售业务""销售生成出库单""取消报价含税";其他参数为系统默认。

二、允限销设置

对于个人客户只销售计算机产品。

（1）增加客户档案：个人，设置允限销控制。

（2）在销售管理模块进行客户允限销商品设置。

三、价格策略设置

价格策略信息如表4-11所示。

表4-11　价格策略

客　　户	商　　品	数　量　下　限	成交价/元	批　量　下　限	扣率/%
华苑公司	计算机	20	5850.00	20	90

四、期初发货单输入

2月28日，销售部向华苑公司出售计算机10台，无税报价为6500.00元，由成品仓库发货。该发货单尚未开票。

任务八　采购管理初始设置

一、参数设置

选中"启用代管业务""启用询价业务";不选中"普通业务必有订单";单据默认税率为13;其他参数为系统默认。

二、期初采购入库单输入

2月25日，收到锦江公司提供的硬盘130盒，单价为600.00元，商品已验收入原料仓库，至今尚未收到发票。

三、采购期初记账

将期初采购入库单数据记入有关采购账。

任务九　库存管理初始设置

一、参数设置

选中"有无组装拆卸业务""有无委托代销业务""有无借入借出业务""按仓库控制最高最低库存量""出入库是否检查可用量";预计入库量：到货/在检量;其他参数为系统默认。

二、代管消耗规则设置

代管消耗的单据类型为其他出库单，红蓝标识为蓝字。

三、期初结存数据输入

2月28日，对各个仓库进行了盘点，结果如表4-12所示。结存金额合计为3 548 000.00元。

表4-12　库存期初数据

仓 库 名 称	存 货 名 称	数　　量	结存单价/元	结存金额/元
原料库	CPU	300	600.00	180 000.00
	硬盘	250	600.00	150 000.00
	主板	300	400.00	120 000.00
	内存条	300	400.00	120 000.00
	电源	300	200.00	60 000.00

续表

仓库名称	存货名称	数量	结存单价/元	结存金额/元
原料库	液晶显示器	200	1200.00	240 000.00
	键盘	330	100.00	33 000.00
	鼠标	300	50.00	15 000.00
	光驱	100	260.00	26 000.00
	机箱	300	200.00	60 000.00
成品库	计算机	380	4800.00	1 824 000.00
配套用品库	激光打印机	400	1800.00	720 000.00

任务十 存货核算初始设置

一、参数设置

委托代销成本核算方式：按发出商品核算；其他参数为系统默认。

二、存货科目设置

按照存货仓库设置存货科目，如表 4-13 所示。

表 4-13 存货科目

仓库编码	仓库名称	存货编码	存货名称	存货科目编码	分期收款发出商品科目编码	委托代销发出商品科目编码	直运科目编码
1	原料库	001	CPU	140301			
		002	硬盘	140302			
		003	主板	140303			
		004	内存条	140304			
		005	电源	140305			
		006	液晶显示器	140306			
		007	键盘	140307			
		008	鼠标	140308			
		009	光驱	140309			
		010	机箱	140310			
2	成品库	021	计算机	140501	1406	1406	
		022	HP 服务器	140502	1406		
3	配套用品库	031	激光打印机	140503			140503

三、对方科目设置

根据收发类别设置对方科目。对方科目信息：采购入库对方科目——在途物资（1402）；采购入库暂估科目——应付账款/暂估应付款 220202；产成品入库对方科目——生产成本/直接材料（500101）；盘盈入库对方科目——待处理流动资产损溢（190101）；销售出库对方科目——主营业务成本（6401）；领料出库对方科目——生产成本/直接材料（500101）。

四、期初数据输入

（1）期初余额信息：分仓库从库存管理子系统取数并对账。

（2）期初分期收款发出商品、期初委托代销发出商品信息：均从销售系统取数。

（3）对期初数据记账。

五、期初暂估科目输入

期初暂估科目信息如表 4-14 所示。

表 4-14　期初暂估科目

日期	供应商	入库类别	仓库	存货名称	计量单位	数量	单价/元	金额/元	暂估科目
02-25	锦江公司	采购入库	原料库	硬盘	盒	130	600.00	78 000.00	220202

任务十一　薪资管理初始设置

一、建立工资套

工资类别个数：多个；核算计件工资；核算币种：人民币 RMB；要求代扣个人所得税；不进行扣零处理，人员编码同公共平台的人员编码保持一致；其他参数为系统默认。

二、基础信息设置

（1）新建工资类别信息：① 正式人员工资：部门选择：所有部门；启用日期：当年 3 月 1 日。② 临时人员工资：部门选择：生产车间；启用日期：当年 3 月 1 日。

（2）公共工资项目信息如表 4-15 所示。

表 4-15　工资项目

项 目 名 称	类 型	长 度	小 数 位 数	增 减 项
基本工资	数字	8	2	增项
奖金	数字	8	2	增项
交补	数字	8	2	增项
请假天数	数字	8	2	其他
请假扣款	数字	8	2	减项
养老保险	数字	8	2	减项
前期已预扣预缴个税	数字	8	2	减项
本期应税所得额	数字	8	2	其他
前期应税所得额	数字	10	2	其他
累计应税所得额	数字	10	2	其他
本期代扣税	数字	8	2	其他
应付工资	数字	8	2	其他

说明：前期是指从本年初至上月。

三、正式人员工资类别相关设置

（1）正式人员档案信息如表 4-16 所示。

表 4-16　正式人员档案

人员编号	人员姓名	部门名称	人员类别	账 号	中方人员	是否计税	计件工资
111	艾中国	总经理办公室	企业管理人员	20180080001	是	是	否
121	赵主管	财务部	企业管理人员	20180080002	是	是	否
122	钱出纳	财务部	企业管理人员	20180080003	是	是	否
123	孙会计	财务部	企业管理人员	20180080004	是	是	否
211	周销售	销售部	经营人员	20180080005	是	是	否
212	张健	销售部	经营人员	20180080006	是	是	否
221	李采购	采购部	经营人员	20180080007	是	是	否
222	周萍	采购部	经营人员	20180080008	是	是	否
311	周月	生产车间	车间管理人员	20180080009	是	是	否
312	孟强	生产车间	生产人员	20180080010	是	是	否
411	吴仓库	仓管部	企业管理人员	20180080011	是	是	否
421	李忠	运输部	经营人员	20180080012	是	是	否

注：以上所有人员的代发银行均为中国工商银行成都分行人民南路分理处。

（2）正式人员工资项目信息：基本工资、奖金、交补、应发合计、请假天数、请假扣款、养老保险、代扣税、扣款合计、子女教育、继续教育、老人赡养费、住房租金、住房贷款利息、其他合法扣除、实发合计、本期应税所得额、前期应税所得额、前期已预扣预缴个税、累计应税所得额、本期代扣税、应付工资。

（3）正式人员工资计算公式信息：

交补=IFF(人员类别="企业管理人员" OR 人员类别="车间管理人员",500,300)

请假扣款=请假天数×50

养老保险=(基本工资+奖金)×0.05

本期应税所得额=基本工资+奖金+交补−请假扣款−养老保险

累计应税所得额=本期应税所得额+前期应税所得额

本期代扣税=代扣税+前期已预扣预缴个税（说明：前期已预扣预缴个税是负数表示的）

应付工资=应发合计−请假扣款

（4）正式人员工资代扣个人所得税信息：个人所得税申报表中"收入额合计"项所对应的工资项目为"累计应税所得额"。计税基数 60 000.00 元，附加费用 0.00 元。

2019 年 1 月开始实行的 7 级超额累进个人所得税税率表如表 4-17 所示。

表 4-17　个人所得税税率表

级　　数	累计预扣预缴应纳税所得额	税率/%	速算扣除数/元
1	36 000 元及以下	3	0.00
2	36 000～144 000 元	10	2520.00
3	144 000～300 000 元	20	16 920.00
4	300 000～420 000 元	25	31 920.00
5	420 000～660 000 元	30	52 920.00
6	660 000～960 000 元	35	85 920.00
7	960 000 元以上	45	181 920.00

个税专项附加扣除表（均为每月最高扣除金额）如表 4-18 所示。（注：此为参考数据，不需要操作）

表 4-18　专项附加扣除表

项　　目	每月扣除金额/元	满足条件
子女教育	1000.00	每个子女"年满 3 岁起"
继续教育	400.00	学历教育
	300.00	非学历教育
住房贷款利息或无房者租房（经夫妻双方约定，可以选择由其中一方扣除）	1000.00	必须是首套房
	1200.00	直辖市、省会城市、计划单列市
	1000.00	其他城市，户籍人口超 100 万
	800.00	其他城市，户籍人口不超 100 万
赡养老人	2000.00	60 岁（含）"纳税人为非独生子女的与其兄弟姐妹分摊"
大病医疗	平均最高 5000.00	每年医药费支出超 15 000.00 元，可扣除不超过 60 000.00 元

四、临时人员工资类别相关设置

（1）临时人员档案信息如表 4-19 所示。

表 4-19　临时人员档案

人员编号	人员姓名	部门名称	人员类别	账　　号	中方人员	是否计税	计件工资
321	黄河（男）	生产车间	生产人员	20180080031	是	是	是
322	何平（男）	生产车间	生产人员	20180080032	是	是	是

注：代发银行均为中国工商银行成都分行人民南路分理处。

（2）临时人员工资项目信息：计件工资、应发合计、养老保险、代扣税、扣款合计、其他合法扣除、实发合计、本期应税所得额、前期应税所得额、前期已预扣预缴个税、累计应税所得额、本期代扣税、应付工资。

（3）临时人员工资计算公式信息：

养老保险金=计件工资×0.05

本期应税所得额=应发合计−养老保险

累计应税所得额=本期应税所得额+前期应税所得额

本期代扣税=代扣税+前期已预扣预缴个税（说明：前期已预扣预缴个税是负数表示的）

应付工资=应发合计

（4）临时人员计件工资标准信息：工时，有"组装工时"和"检验工时"两项；计件工资单价是组装工时 40.00 元，检验工时 30.00 元。

（5）临时人员工资代扣个人所得税信息与正式人员工资代扣个人所得税信息相同。

任务十二　总账初始设置

一、参数设置

总账参数设置信息如表 4-20 所示。其他参数信息为系统默认。

表 4-20　总账参数

选 项 卡	参 数 设 置
凭证	取消"制单序时控制"选项；支票控制；赤字控制；资金往来科目；赤字控制方式：提示；取消"现金流量科目必须输入现金流量项目"选项；凭证编号方式采用系统编号
权限	出纳凭证必须经由出纳签字；不允许修改、作废他人填制的凭证；可查询他人凭证；明细账查询权限控制到科目
其他	外币核算采用固定汇率；部门、个人、项目按编码方式排序；单价、数量小数位：2

二、期初余额

（1）当年 3 月总账期初余额信息如表 4-21 所示。

表 4-21　总账期初余额表

科　目	方　向	币别计量	年初余额	借方累计金额/元	贷方累计金额/元	期初余额/元
库存现金（1001）	借		7150.70	18 889.65	18 860.65	7179.70
银行存款（1002）	借		392 464.86	488 592.65	370 000.35	511 057.16
工行存款（100201）	借		392 464.86	488 592.65	370 000.35	511 057.16
应收账款（1122）	借		297 100.00	60 000.00	200 000.00	157 100.00
其他应收款（1221）	借		2100.00	7000.00	5300.00	3800.00
应收个人款（122102）	借		2100.00	7000.00	5300.00	3800.00
坏账准备（1231）	贷		7000.00	3000.00	6000.00	10 000.00
原材料（1403）	借		922 299.26	293 180.00	211 479.26	1 004 000.00
CPU（140301）	借		165 263.26	52 652.00	37 915.26	180 000.00
	借	盒	300.00			300.00
硬盘（140302）	借		137 795.00	43 800.00	31 595.00	150 000.00
	借	盒	250.00			250.00

续表

科　目	方　向	币别计量	年初余额	借方累计金额/元	贷方累计金额/元	期初余额/元
主板（140303）	借		110 236.00	35 040.00	25 276.00	120 000.00
	借	个	300.00			300.00
内存条（140304）	借		110 237.00	35 040.00	25 277.00	120 000.00
	借	根	300.00			300.00
电源（140305）	借		55 118.00	17 520.00	12 638.00	60 000.00
	借	个	300.00			300.00
液晶显示器（140306）	借		220 472.00	70 080.00	50 552.00	240 000.00
	借	台	200.00			200.00
键盘（140307）	借		30 316.00	9636.00	6952.00	33 000.00
	借	个	330.00			330.00
鼠标（140308）	借		13 860.00	4300.00	3160.00	15 000.00
	借	个	300.00			300.00
光驱（140309）	借		23 884.00	7592.00	5476.00	26 000.00
	借	个	100.00			100.00
机箱（140310）	借		55 118.00	17 520.00	12 638.00	60 000.00
	借	个	300.00			300.00
材料成本差异（1404）	借		−768.27	2410.27		1642.00
库存商品（1405）	借		2 552 357.50	81 642.50	90 000.00	2 544 000.00
计算机（140501）	借		1 804 000.00	80 000.00	60 000.00	1 824 000.00
	借	台	380.00			380.00
激光打印机（140503）	借		748 357.50	1642.50	30 000.00	720 000.00
	借	台	400.00			400.00
固定资产（1601）	借		260 860.00			260 860.00
累计折旧（1602）	贷		7609.02		39 511.89	47 120.91
累计折耗（1632）	贷				80 149.00	80 149.00
无形资产（1701）	借			157 898.00		157 898.00
短期借款（2001）	贷				200 000.00	200 000.00
应付账款（2202）	贷		367 211.26	150 557.26	60 000.00	276 654.00
一般应付款（220201）	贷		211 211.26	72 557.26	60 000.00	198 654.00
暂估应付款（220202）	贷		156 000.00	78 000.00		78 000.00
应付职工薪酬（2211）	贷		4800.00		3400.00	8200.00
工资（221101）	贷		4800.00		3400.00	8200.00
应交税费（2221）	贷		93 648.64	36 781.37	15 581.73	72 449.00
应交增值税（222101）	贷		71 999.64	36 781.37	15 581.73	50 800.00
进项税额（22210101）	借		−70 581.37	36 781.37		−33 800.00
销项税额（22210103）	贷		1418.27		15 581.73	17 000.00
未交增值税（222102）	贷		9000.00			9000.00
应交所得税（222103）	贷		11 400.00			11 400.00
应交个人所得税（222104）	贷		169.00			169.00
应交城市维护建设税（222105）	贷		630.00			630.00
应交教育费附加（222106）	贷		270.00			270.00
应交地方教育费附加（222107）	贷		180.00			180.00
其他应付款（2241）	贷				2100.00	2100.00

续表

科　目	方　向	币 别 计 量	年初余额	借方累计金额/元	贷方累计金额/元	期初余额/元
实收资本（4001）	贷		2 609 052.00			2 609 052.00
本年利润（4103）	贷		1 478 000.00			1 478 000.00
利润分配（4104）	贷		−115 180.12	13 172.74	9330.55	−119 022.31
未分配利润（410415）	贷		−115 180.12	13 172.74	9330.55	−119 022.31
生产成本（5001）	借		18 576.75	8711.37	10 122.38	17 165.74
直接材料（500101）	借		11 171.00	4800.00	5971.00	10 000.00
直接人工（500102）	借		4040.48	861.00	900.74	4000.74
制造费用（500103）	借		2200.00	2850.00	3050.00	2000.00
折旧费（500104）	借		1165.27	200.37	200.64	1165.00
主营业务收入（6001）	贷			350 000.00	350 000.00	
其他业务收入（6051）	贷			250 000.00	250 000.00	
主营业务成本（6401）	借			300 000.00	300 000.00	
其他业务成本（6402）	借			180 096.55	180 096.55	
营业税金及附加（6403）	借			8561.28	8561.28	
销售费用（6601）	借			5000.00	5000.00	
折旧费（660106）	借			5000.00	5000.00	
管理费用（6602）	借			23 221.33	23 221.33	
职工薪酬（660201）/总经办	借			8542.96	8542.96	
福利费（660202）/总经办	借			1196.01	1196.01	
办公费（660203）/总经办	借			568.30	568.30	
差旅费（660204）总经办	借			5600.23	5600.23	
招待费（660205）/总经办	借			4621.56	4621.56	
折旧费（660206）/总经办	借			2636.27	2636.27	
其他（660209）/总经办	借			56.00	56.00	
财务费用（6603）	借			8000.00	8000.00	
利息支出（660301）	借			8000.00	8000.00	

说明：部门核算期初数据均假设为总经理办公室。

（2）辅助账期初余额信息。

应收账款（1122）辅助账期初余额如表4-2所示，应收账款借方累计、贷方累计如表4-22所示。

表4-22　应收账款累计

客　户	业 务 员	借方累计/元	贷方累计/元
红光公司	周销售		200 000.00
华苑公司	周销售	60 000.00	

其他应收款/应收个人款（122102）辅助账期初余额如表4-7所示，其他应收款/应收个人款借方累计、贷方累计如表4-23所示。

表4-23　其他应收款/应收个人款累计

部　门	个　人	借方累计/元	贷方累计/元
总经理办公室	艾中国	2000.00	3000.00
销售部	张健	5000.00	2300.00

应付账款/一般应付款（220201）辅助账期初余额如表4-3所示，应付账款/一般应付款借方累计、贷方

累计如表 4-24 所示。

表 4-24　应付账款/一般应付款累计

期初借方累计/元	期初贷方累计/元
72 557.26	60 000.00

应付账款/暂估应付款（220202）辅助账期初余额如表 4-25 所示，应付账款/暂估应付款借方累计、贷方累计如表 4-26 所示。

表 4-25　应付账款/暂估应付款期初

日　　期	凭　证　号	供应商	摘　　要	方　向	金额/元	业　务　员
当年 2-25	转-46	锦江公司	购买硬盘	贷	78 000.00	李采购

表 4-26　应付账款/暂估应付款累计

期初借方累计/元	期初贷方累计/元
78 000	

生产成本（5001）辅助账期初余额如表 4-27 所示。

表 4-27　生产成本期初

科　目　名　称	项　　目	借方累计金额/元	贷方累计金额/元	期初余额/元
直接材料（500101）	计算机组装	4800.00	5971.00	10 000.00
直接人工（500102）	计算机组装	861.00	900.74	4000.74
制造费用（500103）	计算机组装	2850.00	3050.00	2000.00
折旧费（500104）	计算机组装	200.37	200.64	1165.00

三、其他子系统与总账期初对账

主要包括应收款管理、应付款管理、固定资产、存货等期初余额与总账的对账。

项目要求

（1）系统日期设置为当年 3 月 1 日，以账套主管身份进行业务子系统初始设置。

（2）账套输出。

项目操作指导

二维码 4-1
应收款管理
初始设置

任务一　应收款管理初始设置

应收款管理系统，通过发票、其他应收单、收款单等单据的输入，对企业的往来账款进行综合管理，及时、准确地提供客户的往来账款余额资料，提供各种分析报表，如账龄分析表、周转分析、欠款分析、坏账分析、回款情况分析等，通过各种分析报表，帮助企业合理地进行资金的调配，提高资金的利用效率。

一、参数设置

在运行各子系统前，均应设置运行所需要的账套参数，以便系统根据所设定的选项进行相应的处理。

在企业应用平台中，依次执行"业务导航"→"经典树形"→"业务工作"→"财务会计"→"应收款管理"→"设置"→"选项"命令,弹出"账套参数设置"页面,单击"编辑"按钮,进行选项的设置,如图 4-1 所示,应分别单击每个选项后边的下拉框以设置所需要的账套参数。选择完各个账套参数后,单击"确定"按钮,系统即保存所选的操作,单击"取消"按钮,系统则取消所做的选择。

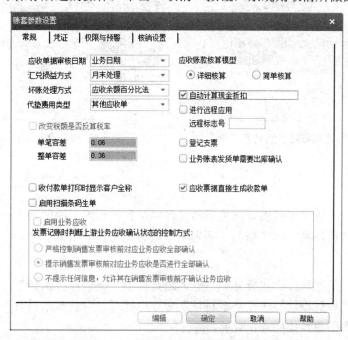

图 4-1 应收款账套参数设置-常规

按以上方法,根据项目资料分别在各选项卡中完成相应参数的设置。

二、初始设置

初始设置的作用是建立应收管理的基础数据,确定处理应收业务的单据,确定需要进行账龄管理的账龄区间,确定各个业务类型的凭证科目。

1. 坏账准备设置

在企业应用平台中,依次执行"业务导航"→"经典树形"→"业务工作"→"财务会计"→"应收款管理"→"设置"→"初始设置"命令,打开"初始设置"界面,选择"坏账准备设置"选项,按项目资料输入相关信息,单击"确定"按钮保存所做的操作,如图 4-2 所示。

2. 账期内账龄区间设置

在"初始设置"界面,选择"账期内账龄区间设置"选项,按项目资料输入相关信息,如图 4-3 所示。

图 4-2 初始设置-坏账准备设置

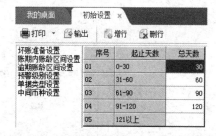

图 4-3 初始设置-账期内账龄区间设置

3. 逾期账龄区间设置

在"初始设置"界面,选择"逾期账龄区间设置"选项,按项目资料输入相关信息,如图 4-4 所示。

4. 预警级别设置

在"初始设置"界面，选择"预警级别设置"选项，按项目资料输入相关信息，如图4-5所示。

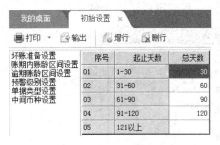

图 4-4 初始设置-逾期账龄区间设置

图 4-5 初始设置-预警级别设置

三、科目设置

由于应收款管理系统业务类型较固定，生成的凭证类型也较固定，因此为了简化凭证生成操作，可预设各业务类型凭证常用科目，系统将依据制单规则在生成凭证时自动带入。

1. 基本科目设置

在企业应用平台中，依次执行"业务导航"→"经典树形"→"业务工作"→"财务会计"→"应收款管理"→"设置"→"科目设置"→"基本科目"命令，打开"应收基本科目"界面，单击"增行"按钮，按项目资料输入相关信息，如图4-6所示。

基本科目

基本科目种类	科目	币种
应收科目	1122	人民币
预收科目	220301	人民币
销售收入科目	6001	人民币
销售退回科目	6001	人民币
税金科目	22210102	人民币
现金折扣科目	660303	人民币
销售定金科目	220302	人民币
商业承兑科目	112101	人民币
银行承兑科目	112102	人民币
票据费用科目	660301	人民币
代垫费用科目	1001	人民币

图 4-6 应收基本科目

2. 控制科目设置

在企业应用平台中，依次执行"业务导航"→"经典树形"→"业务工作"→"财务会计"→"应收款管理"→"设置"→"科目设置"→"控制科目"命令，打开"应收控制科目"界面，单击"增行"按钮，按项目资料输入相关信息，如图4-7所示。

应收控制科目

序号	客户分类编码	客户分类名称	币种	应收科目编码	应收科目名称	预收科目编码	预收科目名称
1	01	批发	人民币	1122	应收账款	220301	预收款
2	02	零售	人民币	1122	应收账款	220301	预收款
3	03	代销	人民币	1122	应收账款	220301	预收款
4	04	专柜	人民币	1122	应收账款	220301	预收款

图 4-7 应收控制科目

3. 结算科目设置

在企业应用平台中，依次执行"业务导航"→"经典树形"→"业务工作"→"财务会计"→"应收款管理"→"设置"→"科目设置"→"结算科目"命令，打开"应收结算科目"界面，按项目资料输入相关信息，如图 4-8 所示。

结算方式科目

结算方式	币　种	本单位账号	科　目
1 现金结算	人民币	828658791234	1001
201 现金支票	人民币	828658791234	100201
202 转账支票	人民币	828658791234	100201
3 网银转账	人民币	828658791234	100201
9 其他	人民币	828658791234	100201

图 4-8　应收结算科目

四、期初余额设置

通过期初余额功能，可将正式启用账套前的所有应收业务数据输入系统中，作为期初建账的数据，系统即可对其进行管理，这样既保证了数据的连续性，又保证了数据的完整性。

在企业应用平台中，依次执行"业务导航"→"经典树形"→"业务工作"→"财务会计"→"应收款管理"→"期初余额"→"期初余额"命令，弹出"期初余额—查询"页面，单击"确定"按钮，打开"期初余额"界面，单击"增加"按钮，弹出"单据类别"页面，如图 4-9 所示。

关于单据名称：销售发票是指还未核销的应收账款；应收单是指还未结算的其他应收单；预收款是指提前收取的客户款项；应收票据是指还未结算的票据。这些期初数据必须是账套启用会计期间前的数据。

选择完单据的名称、类型和方向后，单击"确定"按钮，打开该类型单据的界面，根据项目资料输入有关栏目后，单击"保存"按钮完成当前操作，再单击"增加"按钮，继续增加该类型的单据，如图 4-10 所示。

图 4-9　单据类别 　　　　　　　　　图 4-10　期初销售发票

输入完所有单据后，关闭输入界面返回到"期初余额"界面，单击"刷新"按钮，"期初余额明细表"将列示所增加的各类型单据，如图 4-11 所示。

本币合计： 借 157,100.00

期初余额明细表

单据类型	单据编号	单据日期	客户	部门	业务员	币种	科目	方向	原币金额	原币余额	本币金额	本币余额
销售专用发票	P111	2021-02-25	红光公司	销售部	周销售	人民币	1122	借	99,600.00	99,600.00	99,600.00	99,600.00
销售专用发票	Z111	2021-02-10	华苑公司	销售部	周销售	人民币	1122	借	57,500.00	57,500.00	57,500.00	57,500.00

图 4-11 期初余额明细表

二维码 4-2
应付款管理
初始设置

任务二 应付款管理初始设置

应付款管理系统通过发票、其他应付单、付款单等单据的输入，对企业的往来账款进行综合管理，及时、准确地提供供应商的往来账款余额资料，提供各种分析报表，帮助企业合理地进行资金的调配，提高资金的利用效率。

一、参数设置

在企业应用平台中，依次执行"业务导航"→"经典树形"→"业务工作"→"财务会计"→"应付款管理"→"设置"→"选项"命令，弹出"账套参数设置"页面，单击"编辑"按钮，进行选项的设置，应分别单击每个选项后边的下拉框以设置所需要的账套参数。选择完各个账套参数后，单击"确定"按钮，系统即保存所选的操作，单击"取消"按钮，系统则取消所做的选择，如图 4-12 所示。

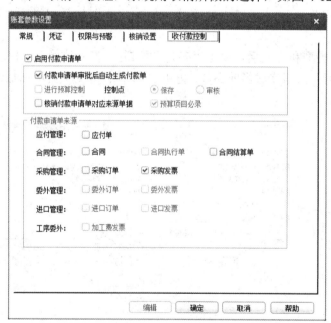

图 4-12 应付款账套参数设置-收付款控制

按以上方法，根据项目资料分别在各选项卡中完成相应参数的设置。

二、初始设置

初始设置的作用是建立应付款管理的基础数据，确定处理应付业务的单据，确定需要进行账龄管理的账龄区间。有了这些功能，可以选择使用自己定义的单据类型，使应付业务管理更符合需要。

1. 账期内账龄区间设置

在"初始设置"界面，选择"账期内账龄区间设置"选项，按项目资料输入相关信息，如图 4-13 所示。

2. 逾期账龄区间设置

在"初始设置"界面，选择"逾期账龄区间设置"选项，按项目资料输入相关信息，如图 4-14 所示。

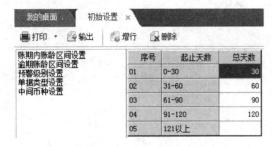

图 4-13　初始设置-账期内账龄区间设置

图 4-14　初始设置-逾期账龄区间设置

三、科目设置

1. 基本科目设置

在企业应用平台中，依次执行"业务导航"→"经典树形"→"业务工作"→"财务会计"→"应付款管理"→"设置"→"科目设置"→"基本科目"命令，打开"应付基本科目"界面，按项目资料输入相关信息，如图 4-15 所示。

2. 结算科目设置

在企业应用平台中，依次执行"业务导航"→"经典树形"→"业务工作"→"财务会计"→"应付款管理"→"设置"→"科目设置"→"结算科目"命令，打开"应付结算科目"界面，按项目资料输入相关信息，如图 4-16 所示。

基本科目

基本科目种类	科目	币种
应付科目	220201	人民币
预付科目	1123	人民币
采购科目	1402	人民币
税金科目	22210101	人民币
固定资产采购科目	1601	人民币
现金折扣科目	660301	人民币

图 4-15　应付基本科目

结算方式科目

结算方式	币　种	本单位账号	科　目
1 现金结算	人民币		1001
201 现金支票	人民币	828658791234	100201
202 转账支票	人民币	828658791234	100201
3 网银转账	人民币	828658791234	100201
4 商业汇票	人民币	828658791234	100201

图 4-16　应付结算科目

四、期初余额设置

初次使用应付款管理系统时，要将上期未处理完全的单据都输入应付款管理系统，以便于以后的处理。当进入第二年度处理时，系统自动将上年度未处理完全的单据转换为下一年度的期初余额，在下一年度的第一个会计期间，可以进行期初余额的调整。

在企业应用平台中，依次执行"业务导航"→"经典树形"→"业务工作"→"财务会计"→"应付款管理"→"期初余额"→"期初余额"命令，弹出"期初余额—查询"页面，单击"确定"按钮，打开"期初余额"界面，单击"增加"按钮，弹出"单据类别"页面，如图 4-17 所示。

关于单据名称：采购发票是指还未核销的应付账款；应付单是指还未结算的其他应付单；预付款是指提前支付的供应商款项；应付票据是指还未结算的票据。这些期初数据必须是账套启用会计期间前的数据。

选择完单据的名称、类型和方向后，单击"确定"按钮，打开该类型单据界面，根据项目资料输入有关栏目，单击"保存"按钮完成当前操作，如图 4-18 所示。

输入完所有单据后，关闭输入界面返回到"期初余额"界面，单击"刷新"按钮，"期初余额明细表"将列示所增加的各类型单据，如图 4-19 所示。

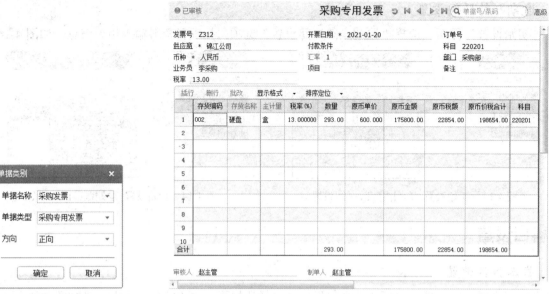

图 4-17　单据类别　　　　　　　　　　图 4-18　采购发票

图 4-19　期初余额明细表

任务三　固定资产初始设置

　　固定资产系统主要用于各固定资产管理、折旧计提等，可同时为总账系统提供折旧凭证，为成本管理系统提供固定资产的折旧费用依据。

一、参数设置

　　约定及说明：在企业应用平台中，依次执行"业务导航"→"经典树形"→"业务工作"→"财务会计"→"固定资产"命令，第一次进入固定资产子系统时，会弹出"固定资产"对话框，单击"是"按钮，弹出"初始化账套向导"页面，选中"我同意"单选按钮，单击"下一步"按钮完成此项操作，如图 4-20 所示。

　　启用月份：默认为建账时设置的会计启用期，如图 4-21 所示，单击"下一步"按钮。

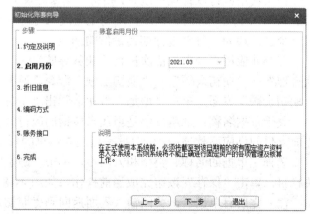

图 4-20　初始化账套向导-约定及说明　　　　　　图 4-21　初始化账套向导-启用月份

折旧信息：按项目资料设置折旧信息，如图4-22所示，单击"下一步"按钮。

编码方式：按项目资料设置编码方式，如图4-23所示，单击"下一步"按钮。

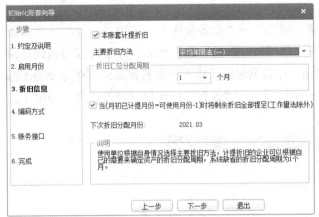

图4-22　初始化账套向导-折旧信息

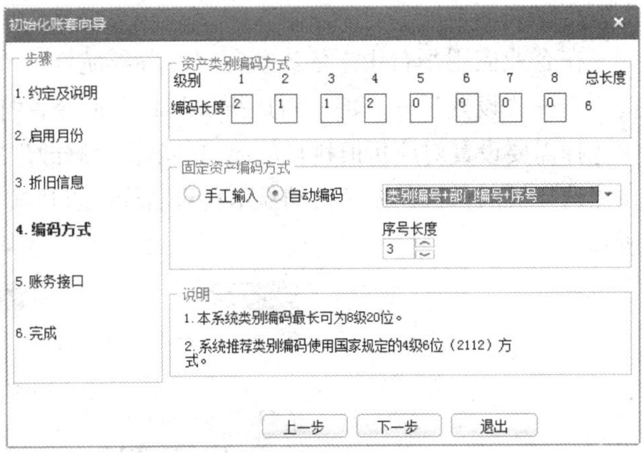

图4-23　初始化账套向导-编码方式

财务接口：按项目资料设置财务接口，如图4-24所示，单击"下一步"按钮。

完成：对初始化信息进行核对，如图4-25所示，如需修改设置可单击"上一步"按钮，如信息核对无误则单击"完成"按钮，弹出保存信息选择框单击"是"按钮，单击"确定"按钮完成对固定资产的初始化工作。

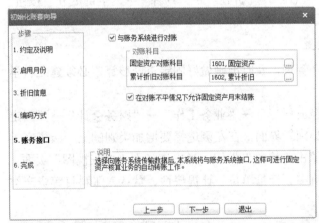

图4-24　初始化账套向导-财务接口

图4-25　初始化账套向导-完成

补充参数：在完成固定资产初始化设置后，还要在企业应用平台中，依次执行"业务导航"→"经典树形"→"业务工作"→"财务会计"→"固定资产"→"设置"→"选项"命令，弹出"选项"页面，选项中包括已在账套初始化中设置的参数和其他一些在账套运行中使用的参数或判断。选项中包括多个选项卡，单击"编辑"按钮按项目资料修改，单击"确定"按钮完成设置，如图4-26所示。

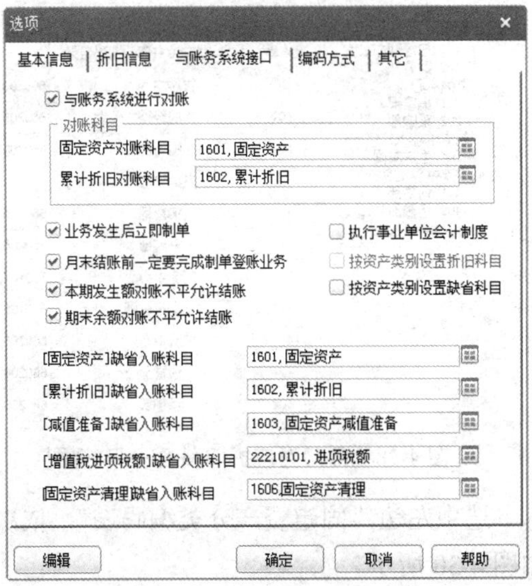

二、初始设置

1. 部门对应折旧科目设置

固定资产折旧部分需归入成本或费用，根据不同使用者的具体情况按部门或按类别归集。当按部门归集折旧费用时，某一部门所属的固定资产折旧费用将归集到一个比

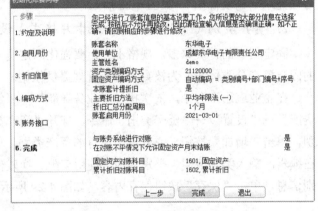

图4-26　固定资产选项

较固定的科目，所以部门对应折旧科目设置就是给部门选择一个折旧科目，输入卡片时，该科目自动显示在卡片中，不必一个一个输入，可提高工作效率。然后在生成部门折旧分配表时每一部门按折旧科目汇总，生成记账凭证。

在企业应用平台中，依次执行"业务导航"→"经典树形"→"业务工作"→"财务会计"→"固定资产"→"设置"→"部门对应折旧科目"命令，打开"部门对应折旧科目"界面，在左边部门编码目录中选择需要设置对应折旧科目的部门；单击"修改"按钮，在数据编辑区输入折旧科目编码或单击参照图标参照选择折旧科目，系统自动显示科目名称；直接按 Enter 键或单击"保存"按钮保存修改内容，如图 4-27 所示。

图 4-27　部门对应折旧科目-修改

选中左边"固定资产部门编码目录"，依次单击"查看"→"折叠"→"查看"→"全部展开"按钮，可以显示"列表视图"，如图 4-28 所示。

2. 资产类别（卡片样式为含税卡片格式）设置

固定资产的种类繁多，规格不一，要强化固定资产管理，及时准确做好固定资产核算，必须建立科学的固定资产分类体系，为核算和统计管理提供依据。

在企业应用平台中，依次执行"业务导航"→"经典树形"→"业务工作"→"财务会计"→"固定资产"→"设置"→"资产类别"命令，打开"资产类别"界面，在左侧选择要增加类别的上一级资产类别，单击"增加"按钮，或者选中已有的资产类别，单击"修改"按钮，弹出该类别"单张视图"页面；在编辑区输入类别编码、类别名称、使用年限、净残值率、计量单位、计提属性、默认入账科目等资产类别信息，单击"保存"按钮保存内容，如图 4-29 所示。

图 4-28　部门对应折旧科目-列表视图　　　　　　图 4-29　资产类别-修改

选中左边"固定资产分类编码表"，依次单击"查看"→"全部展开"按钮，可以显示"列表视图"，如图 4-30 所示。

图 4-30　资产类别-列表视图

3. 增减方式的对应入账科目设置

在企业应用平台中，依次执行"业务导航"→"经典树形"→"业务工作"→"财务会计"→"固定资产"→"设置"→"增减方式"命令，打开"增减方式"界面，在左侧选择要修改的方式，单击"修改"按钮，修改该方式的名称、对应入账科目或列支科目，单击"保存"按钮保存修改内容，如图 4-31 所示。

按项目资料输入完成所有增减方式的对应入账科目后，选中左边"增减方式目录表"，依次单击"查看"→"折叠"→"查看"→"全部展开"按钮，可以显示"列表视图"，如图 4-32 所示。

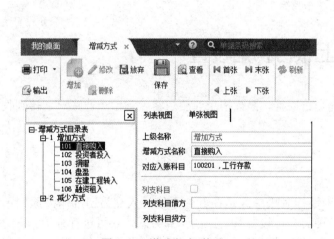

图 4-31　增减方式-修改

图 4-32　增减方式-列表视图

4. 原始卡片输入

原始卡片是指卡片记录的资产开始使用日期的月份先于其输入系统的月份，即已使用过并已计提折旧的固定资产卡片。在使用固定资产系统进行核算前，必须将原始卡片资料输入系统，保持历史资料的连续性。原始卡片的输入不限制必须在第一个期间结账前，任何时候都可以输入原始卡片。

在企业应用平台中，依次执行"业务导航"→"经典树形"→"业务工作"→"财务会计"→"固定资产"→"卡片"→"输入原始卡片"命令，弹出"资产类别参照"页面，从中选择要输入的卡片所属的资产类别，双击选中的资产类别或单击"确定"按钮，打开"固定资产卡片"界面，如图 4-33 所示，按项目资料输入或参照选择各项目的内容，单击"保存"按钮保存输入的内容。

输入完所有原始卡片后关闭"固定资产卡片"界面，继续依次执行"业务导航"→"经典树形"→"业务工作"→"财务会计"→"固定资产"→"卡片"→"卡片管理"命令，弹出"查询条件-卡片管理"页面，取消"开始使用日期"，单击"确定"按钮，打开"卡片管理"界面，依次单击"编辑"→"列头编辑"按钮，在显示的"表头设定"对话框中选择、排序表头，如图 4-34 所示。

固定资产卡片

卡片编号	00001			日期	2021-03-01
固定资产编号	012101001	固定资产名称	轿车		
类别编号	012	类别名称	非经营用设备	资产组名称	
规格型号		使用部门			总经理办公室
增加方式	直接购入	存放地点			
使用状况	在用	使用年限(月)	72	折旧方法	平均年限法(一)
开始使用日期	2020-08-01	已计提月份	6	币种	人民币
原值	215470.00	净残值率	4%	净残值	8618.80
累计折旧	37254.75	月折旧率	0.0133	本月计提折旧额	2865.75
净值	178215.25	对应折旧科目	660206,折旧费	项目	
增值税	0.00	价税合计	215470.00		
录入人	赵主管			录入日期	2021-03-01

图 4-33　固定资产卡片-增加

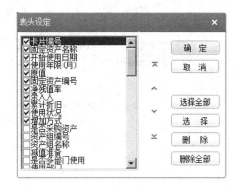

图 4-34　表头设定

单击"确定"按钮，返回"卡片管理"界面，即按表头设定显示卡片信息，如图 4-35 所示。

卡片编号	固定资产名称	开始使用日期	使用年限(月)	原值	固定资产编号	净残值率	录入人	累计折旧	使用状况	增加方式
00001	轿车	2020.08.01	72	215,470.00	012101001	0.04	赵主管	37,254.75	在用	直接购入
00002	笔记本电脑	2020.09.01	60	28,900.00	022101001	0.04	赵主管	5,548.80	在用	直接购入
00003	传真机	2018.12.15	60	3,510.00	022101002	0.04	赵主管	1,825.20	在用	直接购入
00004	计算机	2020.09.01	60	6,490.00	021301001	0.04	赵主管	1,246.08	在用	直接购入
00005	计算机	2020.09.01	60	6,490.00	021301002	0.04	赵主管	1,246.08	在用	直接购入
合计:(共计卡片5张)				260,860.00				47,120.91		

图 4-35　卡片管理

二维码 4-4
网上银行
初始设置

任务四　网上银行初始设置

网上银行主要业务过程是企业将收款人信息提交给银行，银行按企业要求将款项由企业账户划转到收款人账户。

一、业务种类

业务种类设置功能主要是为在将明细查询转为银行对账单或是在其他系统导入交易明细作为原始单据时，用于业务种类与结算方式的转换。对于业务种类，可设置其对应的结算方式，还可进行维护。

在企业应用平台中，依次执行"业务导航"→"经典树形"→"业务工作"→"财务会计"→"网上银行"→"设置"→"业务种类"命令，打开"业务种类"界面，双击"业务类别"中业务类型所对应的"对应结算方式"中的行，会出现▼下拉列表按钮，单击▼按钮打开列表选择对应的结算方式，单击"保存"按钮保存设置，如图 4-36 所示。

业务种类

业务种类	对应结算方式
汇兑	网银转账
托收承付	

图 4-36　业务种类

二、操作员管理

财务人员由于分工的不同，所拥有的权限也不同。在网上银行的管理中让不同操作员管理不同的银行账号，以便于区分不同金额的权限。操作员管理就是为了进一步地细化操作员的权限而设置的。

在企业应用平台中，依次执行"业务导航"→"经典树形"→"业务工作"→"财务会计"→"网上银行"→"设置"→"操作员管理"命令，打开"操作员管理"界面，在"操作员"下拉列表框中选择需要设置权限的操作员，根据项目资料为该操作员设置权限，单击"保存"按钮保存设置，如图 4-37 和图 4-38 所示。

操作员管理

操作员ID：88802　　　　操作员 [88802]钱出纳 ▼　　　　□ 停用该操作员

账号	账户名称	开户机构	查询	制单支付	制单支付金额	审核	审核金额
828658791234	成都东华电子有限公司	工商银行成都分行人民南路分理处	Y	Y	200,000.00		
628662866789	成都东华电子有限公司	中国银行成都分行人民南路分理处	Y	Y	200,000.00		

图 4-37　操作员管理-钱出纳

操作员管理

操作员ID：88803　　　　操作员 [88803]孙会计 ▼　　　　□ 停用该操作员

账号	账户名称	开户机构	查询	制单支付	制单支付金额	审核	审核金额
828658791234	成都东华电子有限公司	工商银行成都分行人民南路分理处	Y			Y	200,000.00
628662866789	成都东华电子有限公司	中国银行成都分行人民南路分理处	Y			Y	200,000.00

图 4-38　操作员管理-孙会计

二维码 4-5
网上报销
初始设置

任务五　网上报销初始设置

网上报销系统主要处理企业内部往来业务，对内部部门、个人的借款余额、欠款笔数和欠款日期进行控制，从而及时处理企业内部欠款，提高资金使用效率。该系统主要从两方面对企业的费用进行控制：报销标准的控制和费用预算的控制。可以与总账系统集成使用，将借款、报销单据生成凭证传递到总账中；可以与网上银行系统集成使用，将网上报销系统的付款单据传递到网上银行，通过网上银行直接支付。

一、参数设置

在企业应用平台中，依次执行"业务导航"→"经典树形"→"业务工作"→"财务会计"→"网上报销"→"基础设置"→"选项"命令，打开 IE 浏览器，首次进入网上报销系统，要求分配存储空间和以账套主管身份登录，如图 4-39～图 4-41 所示。

图 4-39　分配存储配额

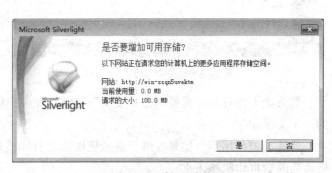

图 4-40　增加可用存储

打开"选项"界面，选择相应选项卡，按项目资料进行系统参数的修改和查看，如图 4-42 所示。

图 4-41 网上报销_登录

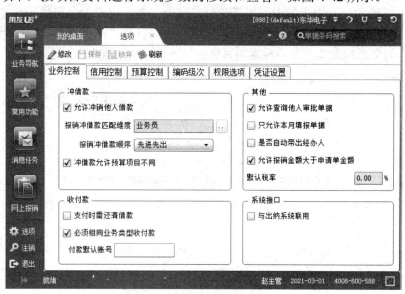

图 4-42 网上报销-选项

二、业务类型设置

业务类型是对单据类型的明细分类。不同的单据类型可以设置不同的业务类型，且不同的业务类型可以对应不同的显示模板、打印模板以及设置不同的参数。系统默认的单据类型有费用申请单、借款单、费用报销单、收入报销单、还款单。

在企业应用平台中，依次执行"业务导航"→"经典树形"→"业务工作"→"财务会计"→"网上报销"→"基础设置"→"业务类型"命令，打开"业务类型"界面，单击左侧的单据类型，单击"增加"或者"修改"按钮进行新增或者修改对应的业务类型，在弹出的"业务类型"页面中，按项目资料进行业务类型对应档案的维护，如图 4-43 和图 4-44 所示。

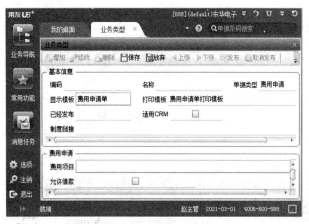

图 4-43 业务类型维护

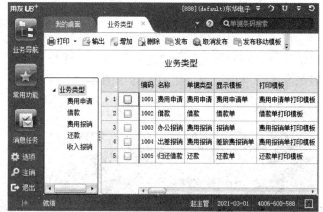

图 4-44 业务类型列表

业务类型保存后，需要单击"发布"按钮，在弹出的对话框中再单击"确定"按钮，才能真正地发布为一个菜单命令。

业务类型使用后，如果要进行显示模板或者打印模板的修改，需要单击"取消发布"按钮进行修改。修改后的数据将影响未来。

三、地区级别设置

地区级别主要应用在报销标准中。根据业务的实际要求，把不同的地区归属于不同的地区分类。报销标准可以针对地区级别进行设置，这样在填报报销单时，输入具体的地区，根据所属的地区级别就能匹配上对应的报销标准。

在企业应用平台中，依次执行"业务导航"→"经典树形"→"业务工作"→"财务会计"→"网上报销"→"基础设置"→"地区级别"命令，打开"地区级别"界面，单击"增加"按钮，在表头输入编码、名称，可以增加对应的地区级别；然后单击"增行"按钮，在列表中参照基础档案中的地区类别档案进行设置，表示此地区级别所包含的地区档案，如图4-45所示。

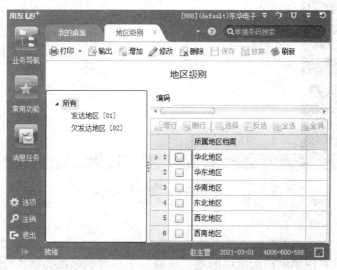

图 4-45　地区级别

四、交通工具设置

交通工具也可以作为报销标准的影响因素，纳入报销标准的参考范围。系统预置的交通工具包括汽车、火车、轮船、飞机。

在企业应用平台中，依次执行"业务导航"→"经典树形"→"业务工作"→"财务会计"→"网上报销"→"基础设置"→"交通工具"命令，打开"交通工具"界面，单击"修改"按钮后，"增行""删行"按钮置亮，按项目资料维护档案内容，如图4-46所示。

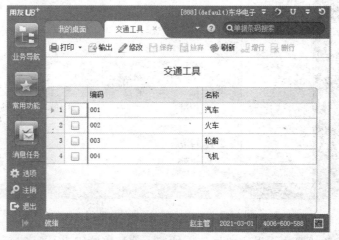

图 4-46　交通工具

五、休息日设置

在企业应用平台中，依次执行"业务导航"→"经典树形"→"业务工作"→"财务会计"→"网上报销"→"基础设置"→"休息日"命令，打开"休息日"界面，单击"增加"按钮，在表头输入方案编号、方案名称，可以增加对应的休息日方案；然后单击"增行"按钮，按项目资料进行设置，如图 4-47 所示。

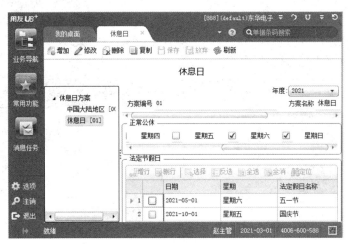

图 4-47　休息日

六、报销标准设置

报销标准是一个单位对报销金额的量化的规定，通常包括定额标准和比率标准。一个完整的报销标准在本产品中需要四项设置，分别是报销标准、标准影响部门、标准影响因素和标准设置。

在企业应用平台中，依次执行"业务导航"→"经典树形"→"业务工作"→"财务会计"→"网上报销"→"基础设置"→"报销标准"命令，打开"报销标准"界面，单击"增加"按钮，在表头输入项目资料；然后选择"标准影响部门"选项卡，选中所有部门，如图 4-48 所示。

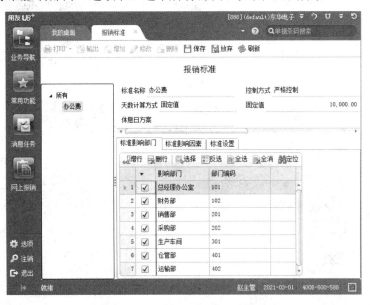

图 4-48　报销标准-标准影响部门

选择"标准影响因素"选项卡，单击"增行"按钮，选择影响因素，如图 4-49 所示。

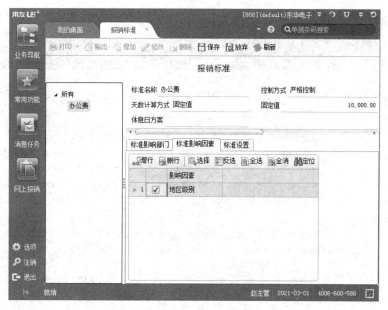

图 4-49　报销标准-标准影响因素

选择"标准设置"选项卡，单击"增行"按钮，按地区级别设置报销标准，如图 4-50 所示。

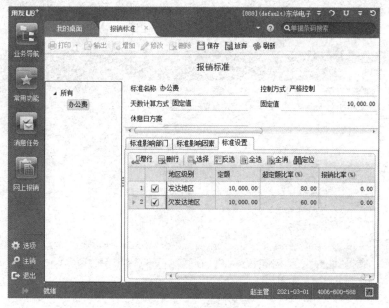

图 4-50　报销标准-标准设置

设置完毕，单击"保存"按钮保存设置。

七、期初余额设置

1. 借款期初设置

借款期初是指还未冲销完成的单据，需要输入系统参与后续的冲借款。借款期初用于输入系统启用时已经存在并入账的借款。进行借款期初设置的目的在于以后进行信用控制和统计查询。这些借款已经入账，不再生成凭证。

在企业应用平台中，依次执行"业务导航"→"经典树形"→"业务工作"→"财务会计"→"网上报销"→"期初余额"→"借款期初"命令，打开"借款期初"界面，单击"增加"按钮，通过选择业务类型切换不同的单据模板，可进行表头、表体项等有关栏目的输入，单击"保存"按钮完成操作。需要继续增加，则重复以上操作即可，如图 4-51 和图 4-52 所示。

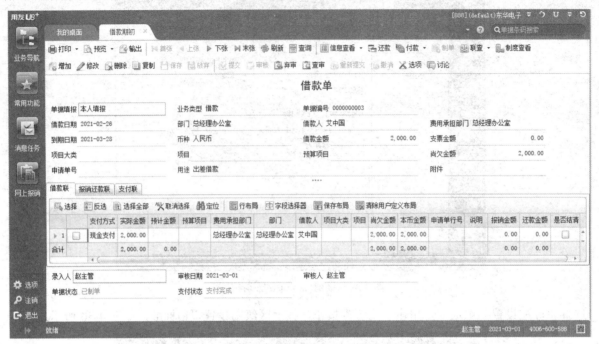

图 4-51　借款期初-艾中国

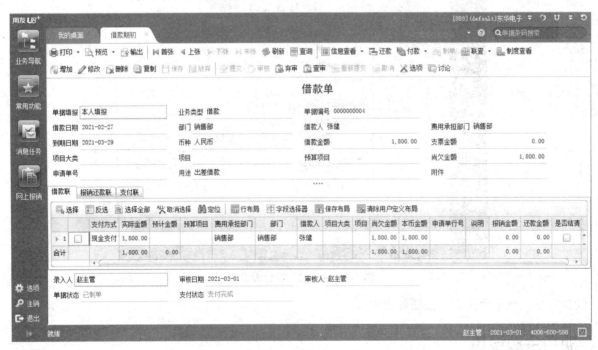

图 4-52　借款期初-张健

2. 报销期初设置

报销期初用于输入系统启用时已经存在的报销单，可以进行后续的核销和付款。期初报销单指在系统启用前已完成了审核，并已经入账，计入了相关费用和其他应付款科目，表示企业欠员工款项。

在企业应用平台中，依次执行"业务导航"→"经典树形"→"业务工作"→"财务会计"→"网上报销"→"期初余额"→"报销期初"命令，打开"报销期初"界面，单击"增加"按钮，通过选择业务类型切换不同的单据模板，可进行表头、表体项等有关栏目的输入，单击"保存"按钮完成操作。需要继续增加，则重复以上操作即可，如图 4-53 所示。

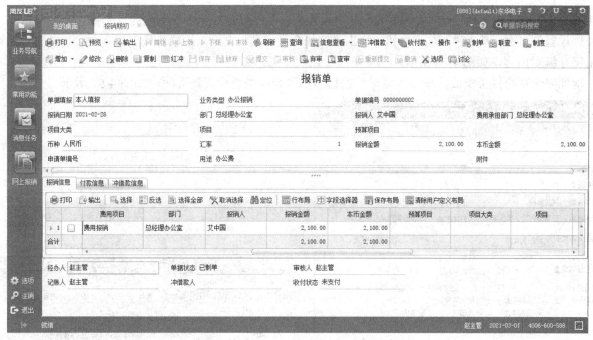

图 4-53 报销期初-艾中国

二维码 4-6
合同管理
初始设置

任务六 合同管理初始设置

合同管理系统初始化可以设置合同选项，定义合同执行阶段，进行报警设置，输入期初单据。

一、参数设置

设置合同管理系统参数选项，包括常规设置、生效结案、报警设置、数据精度和业务设置。

在企业应用平台中，依次执行"业务导航"→"经典树形"→"业务工作"→"供应链"→"合同管理"→"设置"→"选项"命令，弹出"合同选项设置"页面，单击"编辑"按钮，按项目资料设置系统选项，单击"确定"按钮保存编辑内容，如图 4-54 所示。

二、合同分组设置

在企业应用平台中，依次执行"业务导航"→"经典树形"→"业务工作"→"供应链"→"合同管理"→"设置"→"合同分组"命令，弹出"合同分组"页面，单击"增加"按钮，按项目资料输入内容，单击"保存"按钮保存编辑内容，如图 4-55 所示。

三、合同类型设置

在企业应用平台中，依次执行"业务导航"→"经典树形"→

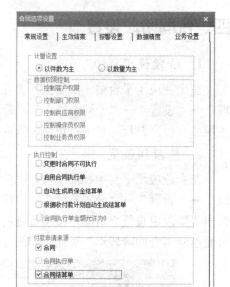

图 4-54 合同选项设置

图 4-55 合同分组

"业务工作"→"供应链"→"合同管理"→"设置"→"合同类型"→"合同类型设置"命令，弹出"合同类型设置"页面，单击"增加"按钮，弹出"增加合同类型"页面，按项目资料输入内容，单击"保存"按钮保存编辑内容，如图 4-56 所示。

增加完全部合同类型后，单击"退出"按钮返回"合同类型设置"页面，如图 4-57 所示。

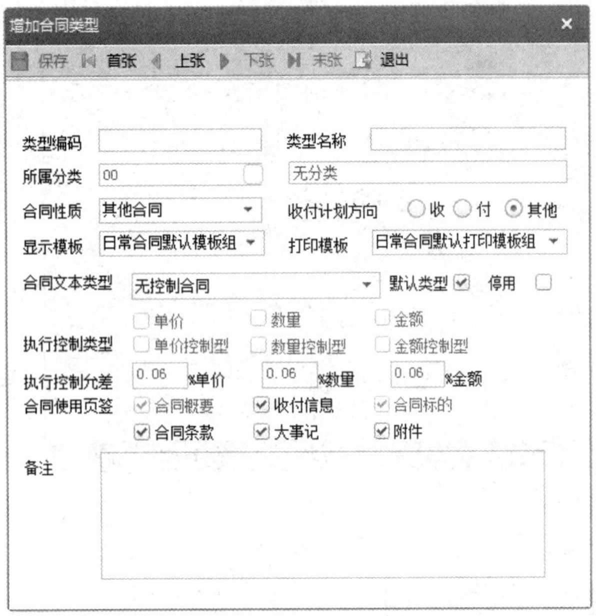

图 4-56 增加合同类型

图 4-57 合同类型设置

四、合同阶段设置

1. 阶段设置

在企业应用平台中，依次执行"业务导航"→"经典树形"→"业务工作"→"供应链"→"合同管理"→"设置"→"合同阶段"→"阶段设置"命令，弹出"合同阶段"页面，单击"增加"按钮在列表里增加一行空白行，按项目资料输入内容，单击"保存"按钮保存编辑内容，如图 4-58 所示。

2. 阶段组设置

在企业应用平台中，依次执行"业务导航"→"经典树形"→"业务工作"→"供应链"→"合同管理"→"设置"→"合同阶段"→"阶段组设置"命令，弹出"合同阶段组"页面，单击"增加"按钮，弹出"阶段组设置"页面，按项目资料输入内容，单击"保存"按钮保存编辑内容，关闭"阶段组设置"页面返回"合同阶段组"页面，如图 4-59 所示。

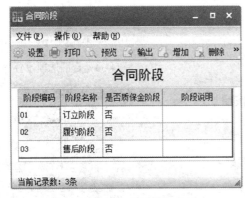

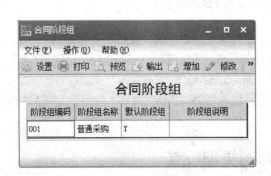

图 4-58 合同阶段

图 4-59 合同阶段组

五、期初合同设置

1. 输入月初已签订未执行的销售合同

在企业应用平台中，依次执行"业务导航"→"经典树形"→"业务工作"→"供应链"→"合同管理"→"合同期初"→"期初合同"命令，打开"期初合同列表"界面，单击"增加"按钮，弹出"合同设置"页面，"编码"选择"销售合同"，"标的录入方式"选择"无税"，如图 4-60 所示。

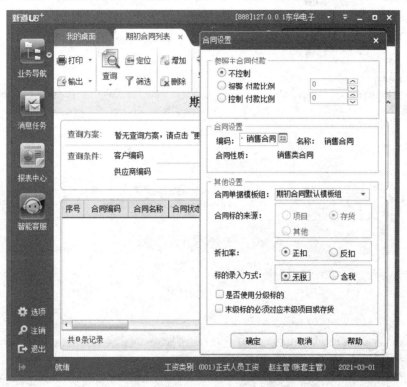

图 4-60　期初合同列表-合同设置

单击"确定"按钮，打开"合同工作台"界面，按项目资料输入合同内容，单击"保存"按钮保存编辑内容，如图 4-61 所示。

图 4-61　合同工作台-期初销售合同

2. 输入月初已签订未执行的采购合同

参照"月初已签订未执行的销售合同"方法输入月初已签订未执行的采购合同，如图 4-62 所示。

图 4-62　合同工作台-期初采购合同

关闭"合同工作台"返回"期初合同列表"界面，单击"查询"按钮显示期初合同列表，如图 4-63 所示。

图 4-63　期初合同列表-查询

任务七　销售管理初始设置

销售是企业生产经营成果的实现过程，是企业经营活动的中心。销售管理系统是供应链的重要组成部分，提供报价、订货、发货、开票的完整销售流程，支持普通销售、委托代销、分期收款、直运、零售、销售调拨等多种类型的销售业务，并可对销售价格和信用进行实时监控。可根据实际情况对系统进行定制，构建专用的销售业务管理平台。

一、参数设置

在企业应用平台中，依次执行"业务导航"→"经典树形"→"业务工作"→"供应链"→"销售管理"→"设置"→"选项"命令，弹出"销售选项"页面，按项目资料设置相应选项后，单击"确定"按钮完成此项操作，如图 4-64 所示。

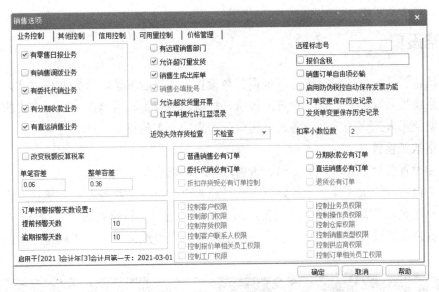

图 4-64 销售选项

二、允限销设置

允限销设置主要设置客户的允销限销范围，即可以向某客户销售哪些商品，不可以销售哪些商品。有以下两种设置方式。

（1）允销：对于经营面窄的客户，可以设置哪些商品可以销售给该客户；填制单据时，只能参照输入该客户在"允限销设置"中的存货。

（2）限销：对于经营面广的客户，可以设置哪些商品不可以销售给该客户；填制单据时，不能参照输入该客户在"允限销设置"中的存货。

参照项目三基础设置增加个人（零售）客户档案。

参照销售参数设置方法，在"其他控制"选项卡中选中"允销限销控制"。

在企业应用平台中，依次执行"业务导航"→"经典树形"→"业务工作"→"供应链"→"销售管理"→"设置"→"允限销设置"命令，弹出"允限销设置"页面，单击"增加"按钮打开"批量增加"页面，选择对应的客户、存货，单击"确定"按钮，返回"允限销设置"页面将设置带入对照表，默认控制方式为"允销"，双击当前行，则控制方式变为"限销"，如图 4-65 所示。

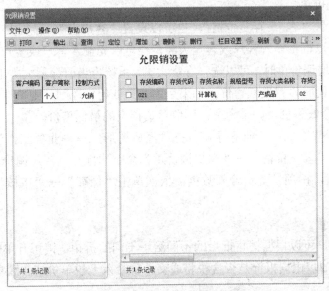

图 4-65 允限销设置

三、价格策略设置

在进行销售价格管理时，销售报价可以根据参数设置方式进行取值，称为取价方式。当输入期初单据或日常单据时，系统根据取价方式带入存货的报价、扣率、零售价，可修改。取价方式的设置减少了单据制作的工作量，避免了人工误差，为业务人员提供了可靠的参考价格。

第一步，价格政策设置。

价格管理选项设置取价方式、报价参照、价格政策、最低售价控制。

在企业应用平台中，依次执行"业务导航"→"经典树形"→"业务工作"→"供应链"→"销售管理"→"设置"→"选项"命令，弹出"销售选项"页面，选择"价格管理"选项卡，"取价方式"选择"价格政策"，"价格参照过滤设置"处选中"使用批量打折"复选框，单击"确定"按钮完成此项操作，如图 4-66 所示。

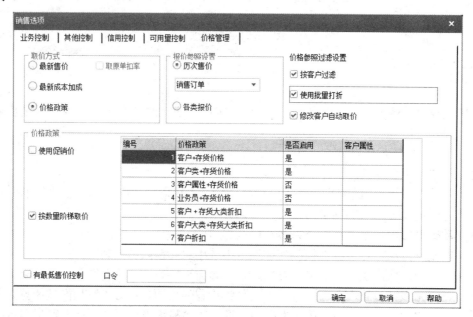

图 4-66　销售选项-价格管理

第二步，新增客户调价单。

客户调价单既可以设置"客户+存货价格"，也可以设置"客户大类+存货大类折扣"。在设置价格时，先选择相应存货，然后可以批量输入客户或客户大类，也可以先输入客户或客户大类，然后选择存货。最后设置相应的价格。在新增调价单时，可以选择存货大类，系统将当前存货大类下的所有存货带入调价单。在设置客户价格时，可以同时设置最低售价，如果启用了最低售价控制，则单据在取最低售价时，首先取客户或客户大类+存货的最低售价，如果为空，则取存货档案的最低售价。

在企业应用平台中，依次执行"业务导航"→"经典树形"→"业务工作"→"供应链"→"销售管理"→"价格管理"→"客户价格"→"客户调价单"命令，打开"客户调价单"界面，依次单击"增加"→"空白单据"按钮，按项目资料输入数据，依次单击"保存"→"审核"按钮完成此项操作，如图 4-67 所示。

第三步，批量折扣设置。

在销售价格的管理中，可以根据销售批量的不同给予不同的折扣。销售开单时根据选项"使用批量打折"取批量折扣带入扣率 2，根据报价是否含税将成交单价带入无税单价或含税单价。

客户调价单　已审核

单据号 * 000000000001	调价日期 * 2021-03-01	调价部门
调价业务员	表头备注	制单日期 * 2021-03-01

	操作类型	客户简称	客户大类	存货编码	存货名称	计量单位	数量下限	批发价	扣率	成交价	生效日期	是否促销价	参考成本	参考售价
1	新增	华苑公司	批发	021	计算机	台	20.00	6500.00	90.00	5850.00	2021-03-01	否	4800.00	6500.00

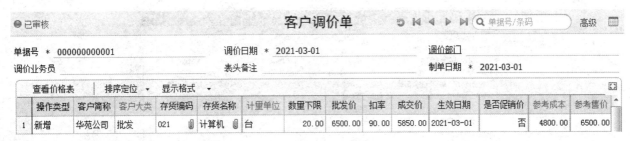

图 4-67　客户调价单

在企业应用平台中，依次执行“业务导航”→“经典树形”→“业务工作”→“供应链”→“销售管理”→“价格管理”→“批量折扣”命令，打开“批量折扣”界面，按项目资料输入数据，单击“保存”按钮完成此项操作，如图 4-68 所示。

批量折扣列表

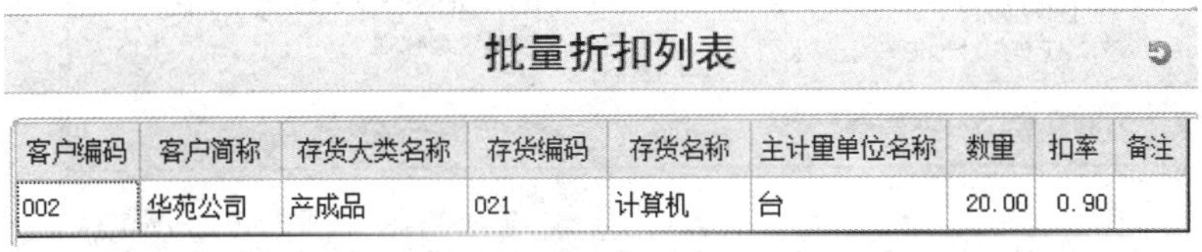

客户编码	客户简称	存货大类名称	存货编码	存货名称	主计量单位名称	数量	扣率	备注
002	华苑公司	产成品	021	计算机	台	20.00	0.90	

图 4-68　批量折扣列表

四、期初发货单输入

在企业应用平台中，依次执行“业务导航”→“经典树形”→“业务工作”→“供应链”→“销售管理”→“设置”→“期初发货单”命令，打开“期初发货单”界面，单击“增加”按钮，按项目资料输入数据，依次单击“保存”→“审核”按钮完成此项操作，如图 4-69 所示。

期初发货单　已审核

发货单号 * 0000000001	发货日期 * 2021-02-28	业务类型 * 普通销售
销售类型 * 经销	订单号	发票号
客户简称 * 华苑公司	销售部门 * 销售部	业务员 周销售
发货地址 天津市南开区华苑路1号	发运方式	付款条件
税率 13.00	币种 人民币	汇率 1
备注		

	仓库名称	存货编码	存货名称	主计量	数量	报价	含税单价	无税单价	无税金额	税额	价税合计	税率（%）
1	成品库	021	计算机	台	10.00	6500.00	7345.00	6500.00	65000.00	8450.00	73450.00	13.00

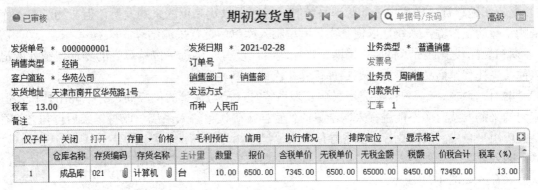

图 4-69　期初发货单

任务八　采购管理初始设置

二维码 4-8
采购管理和库存管理初始设置

采购管理系统主要是对采购业务的全部流程进行管理，提供请购、订货、到货、入库、开票、采购结算的完整采购流程，可根据实际情况进行采购流程的定制。

一、参数设置

在企业应用平台中，依次执行“业务导航”→“经典树形”→“业务工作”→“供应链”→“采购管理”→“设置”→“选项”命令，弹出“采购系统选项”页面，按项目资料设置相应选项后，单击“确定”按钮完成此项操作，如图 4-70 所示。

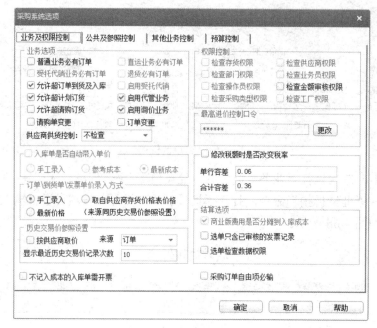

图 4-70　采购系统选项

二、期初采购入库单输入

期初数据包括以下几个方面。

（1）期初暂估入库：将启用采购管理系统时，因没有取得供货单位的采购发票而不能进行采购结算的入库单输入系统，以便取得发票后进行采购结算。

（2）期初在途存货：将启用采购管理系统时，已取得供货单位的采购发票，但货物没有入库，而不能进行采购结算的发票输入系统，以便货物入库填制入库单后进行采购结算。

（3）期初受托代销商品：将启用采购管理系统时，没有与供货单位结算完的受托代销入库记录输入系统，以便在受托代销商品销售后，能够进行受托代销结算。

（4）期初代管挂账确认单：将启用采购管理系统时，已与代管的供应商进行了耗用挂账，但还没有取得供应商的采购发票，而不能进行采购结算的代管挂账确认单输入系统，取得发票后再与之进行结算。

在企业应用平台中，依次执行"业务导航"→"经典树形"→"业务工作"→"供应链"→"采购管理"→"采购入库"→"采购入库单"命令，打开"期初采购入库单"界面，单击"增加"按钮，按项目资料输入后保存，如图 4-71 所示。

图 4-71　期初采购入库单

三、采购期初记账

期初记账是将采购期初数据记入有关采购账；期初记账后，期初数据不能增加、修改，除非取消期初记账。期初记账后输入的入库单、发票都是启用月份及以后月份的单据，在"月末结账"功能中记入有关采购账。

在企业应用平台中，依次执行"业务导航"→"经典树形"→"业务工作"→"供应链"→"采购管理"→"设置"→"采购期初记账"命令，弹出"期初记账"对话框，单击"记账"按钮完成采购期初记账，如图 4-72 所示。

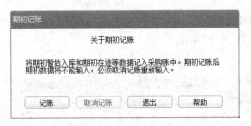

图 4-72　采购期初记账

任务九　库存管理初始设置

库存管理系统是供应链的重要组成部分，能够满足采购入库、销售出库、产成品入库、材料出库、其他出入库、盘点管理等业务需要，主要提供仓库货位管理、批次管理、保质期管理、出库跟踪入库管理、可用量管理、序列号管理等全面的业务应用。

一、参数设置

在企业应用平台中，依次执行"业务导航"→"经典树形"→"业务工作"→"供应链"→"库存管理"→"设置"→"选项"命令，弹出"库存系统选项"页面，按项目资料设置相应选项后，单击"确定"按钮完成此项操作，如图 4-73 所示。

图 4-73　库存系统选项

二、代管消耗规则设置

用于设置那些收发类别的其他出入库单记入代管消耗，记入代管消耗的其他出入库单将作为代管挂账统计的来源单据。

在企业应用平台中，依次执行"业务导航"→"经典树形"→"业务工作"→"供应链"→"库存管理"→"设置"→"代管消耗规则"命令，弹出"代管消耗规则"页面，按项目资料设置相应选项后，单击"保存"按钮完成此项操作，如图 4-74 所示。

代管消耗规则

单据类型	收发类别编码	收发类别名称	红蓝标识	系统预置	备注
销售出库单			蓝字	是	System
销售出库单			红字	是	System
材料出库单			蓝字	是	System
材料出库单			红字	是	System
其他出库单	402	其他出库	蓝字	否	

图 4-74　代管消耗规则

三、期初结存数据输入

库存管理系统启用时，应先输入全部存货的期初数据，包括以下几个方面。

（1）期初结存：仓库的期初库存数据。

（2）期初不合格品：期初未处理的不合格品结存量。

（3）如果有代管采购业务，则在《库存管理》中进行代管消耗规则的维护。

在企业应用平台中，依次执行"业务导航"→"经典树形"→"业务工作"→"供应链"→"库存管理"→"设置"→"期初结存"命令，弹出"库存期初数据录入"界面，分别选择仓库，单击"修改"按钮，在列表中按项目资料输入对应仓库的数据，所有仓库的数据输入完成后，依次单击"保存"→"批审"按钮完成此项操作，如图 4-75 所示。

库存期初　　　仓库 (1)原料库

	仓库	仓库编码	存货编码	存货名称	主计量单位	数量	单价	金额	制单人	审核人	审核日期
1	原料库	1	001	CPU	盒	300.00	600.00	180000.00	赵主管	赵主管	2021-03-01
2	原料库	1	002	硬盘	盒	250.00	600.00	150000.00	赵主管	赵主管	2021-03-01
3	原料库	1	003	主板	个	300.00	400.00	120000.00	赵主管	赵主管	2021-03-01
4	原料库	1	004	内存条	根	300.00	400.00	120000.00	赵主管	赵主管	2021-03-01
5	原料库	1	005	电源	个	300.00	200.00	60000.00	赵主管	赵主管	2021-03-01
6	原料库	1	006	液晶显示器	台	200.00	1200.00	240000.00	赵主管	赵主管	2021-03-01
7	原料库	1	007	键盘	个	330.00	100.00	33000.00	赵主管	赵主管	2021-03-01
8	原料库	1	008	鼠标	个	300.00	50.00	15000.00	赵主管	赵主管	2021-03-01
9	原料库	1	009	光驱	个	100.00	260.00	26000.00	赵主管	赵主管	2021-03-01
10	原料库	1	010	机箱	个	300.00	200.00	60000.00	赵主管	赵主管	2021-03-01

图 4-75　库存期初数据录入

如果"存货核算"子系统已经输入期初数据，则库存期初数据输入也可以从"存货核算"子系统取数，并与"存货核算"子系统进行对账。

二维码 4-9
存货核算
初始设置

任务十　存货核算初始设置

存货核算是从资金的角度管理存货的出入库业务，主要用于核算企业的入库成本、出库成本、结余成本，反映和监督存货的收发、领退和保管情况，存货资金的占用情况。存货核算系统可分为工业版存货核算系统与商业版存货核算系统。

一、参数设置

在企业应用平台中，依次执行"业务导航"→"经典树形"→"业务工作"→"供应链"→"存货核算"→"设置"→"选项"命令，弹出"选项查询"页面，单击"编辑"按钮弹出"选项录入"页面，按项目资料设置相应选项后，单击"确定"按钮完成此项操作，如图4-76所示。

图4-76　销售选项输入

二、存货科目设置

存货科目设置主要用于设置本系统中生成凭证所需要的各种存货科目、差异科目、分期收款发出商品科目、委托代销科目，因此在制单前应先在存货核算系统中将存货科目设置正确、完整，否则系统生成凭证时无法自动带出科目。

在企业应用平台中，依次执行"业务导航"→"经典树形"→"业务工作"→"供应链"→"存货核算"→"设置"→"存货科目"命令，打开"存货科目"界面，输入所要设置的存货科目、差异科目、分期收款发出商品科目、委托代销科目、直运科目等，单击"保存"按钮保存设置，如图4-77所示。

存货科目

仓库编码	仓库名称	存货编码	存货名称	存货科目编码	存货科目名称	分期收款发出商品科目编码	分期收款发出商品科目名称	委托代销发出商品科目编码	委托代销发出商品科目名称	直运科目编码	直运科目名称
1	原料库	001	CPU	140301	CPU						
1	原料库	002	硬盘	140302	硬盘						
1	原料库	003	主板	140303	主板						
1	原料库	004	内存条	140304	内存条						
1	原料库	005	电源	140305	电源						
1	原料库	006	液晶显示器	140306	液晶显示器						
1	原料库	007	键盘	140307	键盘						
1	原料库	008	鼠标	140308	鼠标						
1	原料库	009	光驱	140309	光驱						
1	原料库	010	机箱	140310	机箱						
2	成品库	021	计算机	140501	计算机	1406	发出商品	1406	发出商品		
2	成品库	022	HP服务器	140502	HP服务器	1406	发出商品				
3	配套用品库	031	激光打印机	140503	激光打印机					140503	激光打印机

共13条记录

图4-77　存货科目

三、对方科目设置

对方科目设置主要用于设置存货核算系统中生成凭证所需要的存货对方科目（即收发类别）所对应的会计科目，因此在制单前应先在存货核算系统中将存货对方科目设置正确、完整，否则无法生成科目完整的凭证。对方科目不能为空且是末级科目，对方科目可根据收发类别、存货分类、部门、项目分类、项目和存货设置对方科目。

在企业应用平台中，依次执行"业务导航"→"经典树形"→"业务工作"→"供应链"→"存货核算"→"设置"→"对方科目"命令，打开"对方科目"界面，选末级收发类别输入对方科目，单击"保存"按钮保存设置，如图 4-78 所示。

对方科目

收发类别编码	收发类别名称	对方科目编码	对方科目名称	暂估科目编码	暂估科目名称
101	采购入库	1402	在途物资	220202	暂估应付款
102	产成品入库	500101	直接材料		
201	盘盈入库	190101	待处理流动资产损益		
301	销售出库	6401	主营业务成本		
302	领料出库	500101	直接材料		

图 4-78　对方科目

四、期初数据输入

第一次使用存货核算系统时，必须输入全部末级存货的期初数据。

（1）输入期初余额。主要用于输入使用系统前各存货的期初结存情况。库存和存货核算可分别先后启用，即允许先启用存货再启用库存或先启用库存再启用存货，但系统提供两边互相取数和对账的功能。

在企业应用平台中，依次执行"业务导航"→"经典树形"→"业务工作"→"供应链"→"存货核算"→"设置"→"期初余额"命令，打开"期初余额"界面，分别选择仓库，单击"取数"按钮，从库存系统提取对应仓库期初数，如图 4-79 所示。

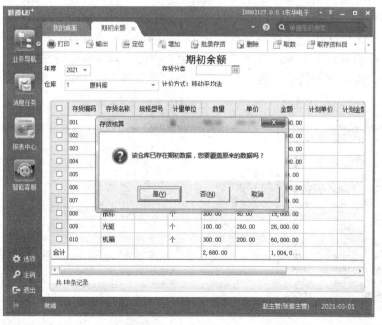

图 4-79　期初余额-取数

所有仓库全部取数完成后，单击"对账"按钮，将存货系统期初与库存系统期初进行对账，如图 4-80

所示。

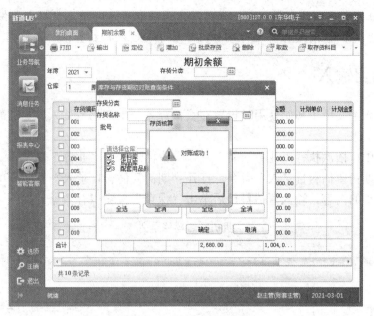

图 4-80 期初余额-对账

（2）输入期初分期收款发出商品、期初委托代销发出商品。当有分期收款发出商品业务或委托代销发出商品业务，而且有期初余额时，则应输入发出商品期初余额，该数据来源于销售系统。

在企业应用平台中，依次执行"业务导航"→"经典树形"→"业务工作"→"供应链"→"存货核算"→"设置"→"期初分期收款发出商品"（或"期初委托代销发出商品"）命令，打开"期初分期收款发出商品"（或"期初委托代销发出商品"）界面，只能通过"取数"按钮，从销售系统取期初数，而且不能增加、删除，除单价、发货金额、已结算金额和未结算金额可修改外，其他项目不能修改。以同样的方法完成"期初委托代销发出商品"的取数操作。

（3）期初记账操作。期初数据输入后，执行期初记账，系统将把期初单据的数据记入存货总账、存货明细账、差异账、委托代销/分期收款发出商品明细账。期初记账后，才能进行日常业务、账簿查询、统计分析等操作。

在"期初余额"界面，对账成功后，单击"记账"按钮，完成存货数据的期初记账，如图 4-81 所示。

图 4-81 期初余额-记账

注意："存货核算"子系统中应先输入各仓库的期初数据（或从"库存管理"子系统中取数），然后分别对期初分期发出商品和期初委托代销发出商品取数（即使无数据也要做这一步，否则存货核算期初不能记账），存货核算进行期初记账后才能输入期初暂估科目数据。

五、期初暂估科目输入

　　期初暂估科目输入主要用于初始使用时设置存货核算系统中期初暂估入库单的暂估科目，便于进行暂估科目与总账对账。

　　在企业应用平台中，依次执行"业务导航"→"经典树形"→"业务工作"→"供应链"→"存货核算"→"设置"→"期初暂估科目录入"命令，打开"期初暂估科目录入"界面，单击"查询"按钮，自动带入期初采购入库单的内容，输入暂估科目后单击"保存"按钮保存数据，如图 4-82 所示。

图 4-82　期初暂估科目录入

任务十一　薪资管理初始设置

　　在正式使用工资核算系统以前，需要结合企业的实际情况，将通用的薪资管理系统改造为适合本企业核算要求的专用系统，这一工作就是薪资系统的初始化。

【政策链接】

　　《国家税务总局关于进一步简便优化部分纳税人个人所得税预扣预缴方法的公告》（国家税务总局公告 2020 年第 19 号）规定 2021 年 1 月 1 日起，"对上一完整纳税年度内每月均在同一单位预扣预缴工资、薪金所得个人所得税且全年工资、薪金收入不超过 6 万元的居民个人，扣缴义务人在预扣预缴本年度工资、薪金所得个人所得税时，累计减除费用自 1 月起直接按照全年 6 万元计算扣除。即，在纳税人累计收入不超过 6 万元的月份，暂不预扣预缴个人所得税；在其累计收入超过 6 万元的当月及年内后续月份，再预扣预缴个人所得税。"

一、建立工资套

　　工资类别个数：多个；核算计件工资；核算币种：人民币 RMB；要求代扣个人所得税；不进行扣零处理，人员编码同公共平台的人员编码保持一致；其他参数为系统默认。

　　建账工资套是整个薪资管理正确运行的基础。建立一个完整的账套，是系统正常运行的根本保证。可通过系统提供的建账向导，逐步完成整套工资的建账工作。当启动薪资管理系统，如所选择账套为首次使用该系统，则将自动进入建账向导。系统提供的建账向导共分以下四步。

　　（1）参数设置：在企业应用平台中，依次执行"业务导航"→"经典树形"→"业务工作"→"人力资源"→"薪资管理"命令，弹出"建立工资套"页面，选择"参数设置"，在弹出的页面中按要求进行设置，单击"下一步"按钮完成此项操作，如图4-83所示。

（2）扣税设置：在"建立工资套"页面中选择"扣税设置"，在弹出的页面中按要求进行设置，单击"下一步"按钮完成此项操作，如图4-84所示。

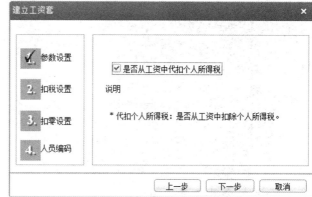

图4-83　建立工资套-参数设置　　　　　　　图4-84　建立工资套-扣税设置

（3）扣零设置：在"建立工资套"页面中选择"扣零设置"，在弹出的页面中按要求进行设置，单击"下一步"按钮完成此项操作，如图4-85所示。

（4）人员编码：在"建立工资套"页面中选择"人员编码"，在弹出的页面中按要求进行设置，单击"完成"按钮退出建账向导，如图4-86所示。

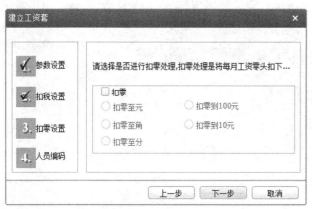

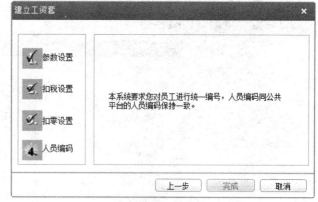

图4-85　建立工资套-扣零设置　　　　　　　图4-86　建立工资套-人员编码

二、基础信息设置

1. 新建工资类别

工资类别：指一套工资账中，根据不同情况而设置的工资数据管理类别。在同一工资账套中，为了适应不同企业或同一企业中不同工资管理的需要，可以进行多个类别的核算。

在企业应用平台中，依次执行"业务导航"→"经典树形"→"业务工作"→"人力资源"→"薪资管理"→"工资类别"→"新建工资类别"命令，弹出"新建工资类别"页面，输入工资类别名称，单击"下一步"按钮完成此项操作，如图4-87所示。

在"新建工资类别"页面中选择部门，单击"完成"按钮完成此项操作，如图4-88所示。

在弹出的"薪资管理"对话框中单击"是"按钮退出向导，完成新建工资类别的操作。

对于刚刚完成新建的工资类别系统默认为打开状态，需要在企业应用平台中，依次执行"业务导航"→"经典树形"→"业务工作"→"人力资源"→"薪资管理"→"工资类别"→"关闭工资类别"命令，把当前工资类别关闭后，再按上面的步骤重新进入"新建工资类别"页面完成"临时人员工资"类别的新建工作。

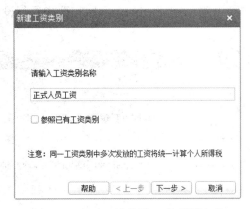

图 4-87　新建工资类别-工资类别名称

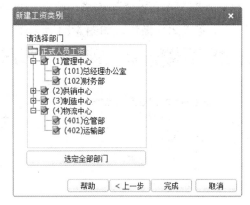

图 4-88　新建工资类别-选择部门

2. 增加公共工资项目

设置工资项目即定义工资项目的名称、类型、宽度，可根据需要自由设置工资项目。多类别工资管理时，关闭所有工资类别后，才能新增公共工资项目。

在企业应用平台中，依次执行"业务导航"→"经典树形"→"业务工作"→"人力资源"→"薪资管理"→"设置"→"工资项目设置"命令，弹出"工资项目设置"页面，单击"增加"按钮，在工资项目列表末增加一空行，在"名称参照"中选择工资项目名称或直接输入工资项目，并设置新建工资项目的类型、长度、小数位数和工资增减项。设置完成所有工资项目后，单击"确定"按钮保存设置并退出"工资项目设置"页面，如图 4-89 所示。

图 4-89　公共工资项目设置

注意："增项"直接计入"应发合计"；"减项"直接计入"扣款合计"。若工资项目类型为"字符"型，则小数位不可用，增减项为"其他"。

三、正式人员工资类别相关设置

1. 正式人员档案设置

人员档案用于登记工资发放人员的姓名、职工编号、所在部门、人员类别等信息，以及处理员工的增减变动等。

在企业应用平台中，依次执行"业务导航"→"经典树形"→"业务工作"→"人力资源"→"薪资管理"→"工资类别"→"打开工资类别"命令，打开"正式人员工资"类别后，再依次执行"设置"→"人员档案"命令，打开"人员档案"界面，单击"批增"按钮，弹出"人员批量增加"页面，左侧显示当前工资类别的部门树，任何条件都不输入直接单击"查询"按钮，则将所有未进入本工资类别的人员全部筛选显示，人员列表中的"选择"栏全部默认为选中状态，在不需要增加人员的对应"选择"栏双击取消选中状态，如图 4-90 所示。

图 4-90　人员批量增加

筛选完毕后，单击"确定"按钮即将本次选中人员批量增加为当前工资类别中的人员，如图 4-91 所示。

人员档案

总人数：12

选择	薪资部门名称	人员编号	人员姓名	人员类别	账号	居民	是否计税	工资停发	核算计件工资	现金发放
	总经理办公室	111	艾中国	企业管理人员	20180080001	是	是	否	否	否
	财务部	121	赵主管	企业管理人员	20180080002	是	是	否	否	否
	财务部	122	钱出纳	企业管理人员	20180080003	是	是	否	否	否
	财务部	123	孙会计	企业管理人员	20180080004	是	是	否	否	否
	销售部	211	周销售	经营人员	20180080005	是	是	否	否	否
	销售部	212	张健	经营人员	20180080006	是	是	否	否	否
	采购部	221	李采购	经营人员	20180080007	是	是	否	否	否
	采购部	222	周萍	经营人员	20180080008	是	是	否	否	否
	生产车间	311	周月	车间管理人员	20180080009	是	是	否	否	否
	生产车间	312	孟强	生产人员	20180080010	是	是	否	否	否
	仓管部	411	吴仓库	企业管理人员	20180080011	是	是	否	否	否
	运输部	421	李忠	经营人员	20180080012	是	是	否	否	否

图 4-91　正式人员档案

选择某条记录单击"修改"按钮，或者直接双击某记录，可以对人员档案信息进行修改。

2. 正式人员工资项目设置

在企业应用平台中，依次执行"业务导航"→"经典树形"→"业务工作"→"人力资源"→"薪资管理"→"工资类别"→"打开工资类别"命令，打开"正式人员工资"类别后，再依次执行"设置"→"工资项目设置"命令，再次进入"工资项目设置"窗口，单击"增加"按钮，在工资项目列表末增加一空行，并在"名称参照"中选择新建的工资项目（不能直接输入工资项目）；单击"上移""下移"按钮按项目资料所给顺序调整工资项目的排列顺序（"增项"放在应发合计之前，"减项"放在扣款合计之前，"其他"根据需要排列），如图 4-92 所示。

3. 正式人员工资计算公式设置

定义工资项目的计算公式是指对工资核算生成的结果设置计算公式。设置计算公式可以直观地表达工资项目的实际运算过程，灵活地进行工资计算处理。

图 4-92 工资项目设置-正式人员

进入"工资项目设置"页面，选择"公式设置"选项卡，单击"增加"按钮，在工资项目列表中新增一行，并在下拉列表中选择需要设置计算公式的工资项目；单击公式定义区，利用函数公式向导、公式输入参照、工资项目参照、工资人员档案项目、部门参照和人员类别参照编辑该工资项目的计算公式；单击"公式确认"按钮，系统将对已设置公式进行合法性校验，校验通过保存；单击"上移""下移"按钮参照工资项目排列顺序的方法调整计算公式的次序，进行工资变动计算时，将按照设置的计算顺序进行计算，如图 4-93 所示。

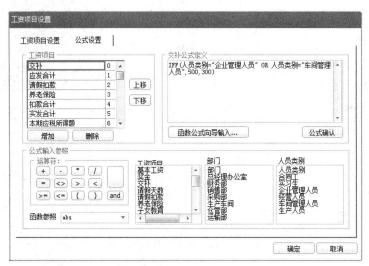

图 4-93 公式设置-正式人员

4. 正式人员工资代扣个人所得税设置

在企业应用平台中，依次执行"业务导航"→"经典树形"→"业务工作"→"人力资源"→"薪资管理"→"工资类别"→"打开工资类别"命令，打开"正式人员工资"类别后，再依次执行"设置"→"选项"命令，弹出"选项"页面，转到"扣税设置"选项卡，单击"编辑"按钮，选中"从工资中代扣个人所得税"复选框，按项目资料设置工资的扣税工资项目，如图 4-94 所示。

单击"税率设置"按钮，弹出"个人所得税申报表——税率表"页面，按项目资料设置"基数""附加费用"和修改税率表，单击"确定"按钮完成操作并返回"选项"页面，如图 4-95 所示。

在"选项"页面，单击"确定"按钮完成代扣个人所得税设置，系统将根据设置自动计算并生成新的个人所得税申报表。

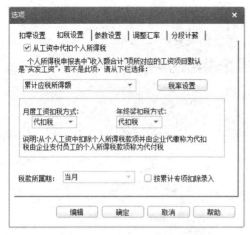

图 4-94　选项-扣税设置-扣税工资项目

图 4-95　个人所得税申报表——税率表

四、临时人员工资类别相关设置

1. 临时人员档案设置

在企业应用平台中，依次执行"业务导航"→"经典树形"→"业务工作"→"人力资源"→"薪资管理"→"工资类别"→"打开工资类别"命令，打开"临时人员工资"类别后，再依次执行"设置"→"人员档案"命令，打开"人员档案"界面，参照正式人员档案设置方法完成临时人员档案增加，如图 4-96 所示。

人员档案

总人数：2

选择	薪资部门名称	人员编号	人员姓名	人员类别	账号	居民	是否计税	工资停发	核算计件工资	现金发放
	生产车间	321	黄河	生产人员	20180080031	是	是	否	是	否
	生产车间	322	何平	生产人员	20180080032	是	是	否	是	否

图 4-96　临时人员档案

2. 临时人员工资项目设置

在企业应用平台中，依次执行"业务导航"→"经典树形"→"业务工作"→"人力资源"→"薪资管理"→"工资类别"→"打开工资类别"命令，打开"临时人员工资"类别后，再依次执行"设置"→"工资项目设置"命令，打开"工资项目设置"界面，参照正式人员工资项目设置方法完成临时人员工资项目设置，如图 4-97 所示。

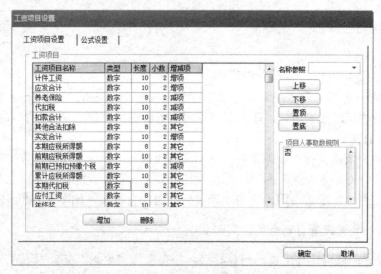

图 4-97　工资项目设置-临时人员

3. 临时人员工资计算公式设置

参照正式人员工资计算公式设置方法完成临时人员工资计算公式设置，如图 4-98 所示。

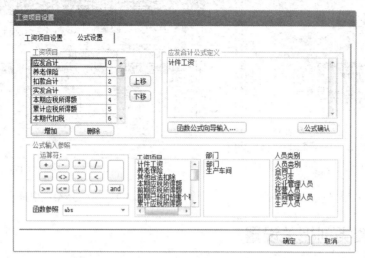

图 4-98　公式设置-临时人员

4. 临时人员计件工资标准设置

（1）标准工序资料维护：标准工序通常作为建立工艺路线时的工序模板，如果在建立工艺路线时指定标准工序的工序代码，则标准工序信息将被复制到当前定义的工序中，然后对其进行修改，以节省输入时间。

在企业应用平台中，依次执行"业务导航"→"经典树形"→"基础设置"→"基础档案"→"生产制造"→"标准工序资料维护"命令，打开"标准工序资料维护"界面，单击"增加"按钮，按项目资料输入档案并保存，如图 4-99 所示。

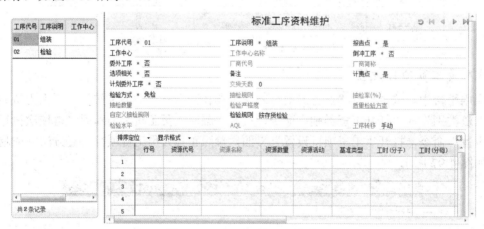

图 4-99　标准工序资料维护

（2）计件要素设置：计件工资系统将计件要素划分为标准（如产品、工序等）、工价、数量（或工时）和参考四类要素，工价由标准要素确定，参考类要素可查看存货和工序的辅助信息（如规格型号、存货代码），不参与计件工价的制定。

在企业应用平台中，依次执行"业务导航"→"经典树形"→"业务工作"→"人力资源"→"计件工资"→"设置"→"计件要素设置"命令，弹出"计件要素设置"页面，单击"编辑"按钮，设置"工序""工时""工价"三个计件要素启用，单击"确定"按钮保存设置，如图 4-100 所示。

🔔 **注意：** 如果"工时"要素没有自动生成，则需要手工增加。

（3）计件工价设置：设置计件工资的核算标准，根据标准类要素（如产品、工序、设备等）确定工价、废扣工价。

图 4-100 计件要素设置

在企业应用平台中，依次执行"业务导航"→"经典树形"→"业务工作"→"人力资源"→"计件工资"→"设置"→"计件工价设置"命令，打开"计件工价设置"界面，单击"增加"按钮，选择"工序"输入对应"工价"，依次单击"保存"→"全选"→"审核"按钮完成工价设置，如图 4-101 所示。

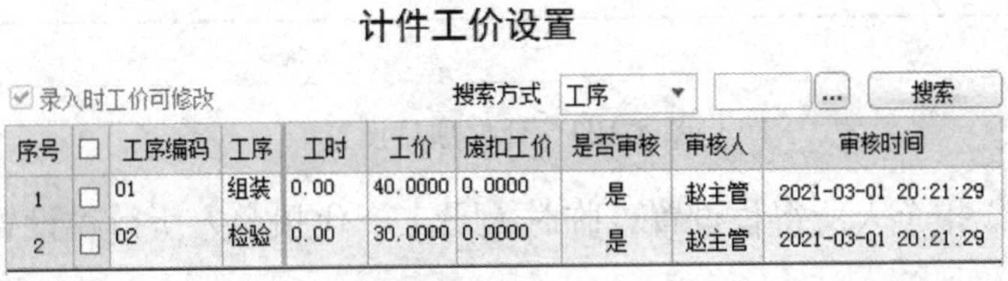

计件工价设置

☑录入时工价可修改　　　　　　　搜索方式 工序 ▾ 　　　 ... 搜索

序号	☐	工序编码	工序	工时	工价	废扣工价	是否审核	审核人	审核时间
1	☐	01	组装	0.00	40.0000	0.0000	是	赵主管	2021-03-01 20:21:29
2	☐	02	检验	0.00	30.0000	0.0000	是	赵主管	2021-03-01 20:21:29

图 4-101 计件工价设置

（4）计件项目设置：计件工资系统允许增加新的计件工资项目核算计件工资，如工废扣款，并且允许定义计件工资项目的计算公式。

在企业应用平台中，依次执行"业务导航"→"经典树形"→"业务工作"→"人力资源"→"计件工资"→"设置"→"计件项目设置"命令，弹出"计件项目设置"页面，单击"编辑"按钮，进入可编辑状态，转到"个人计件公式设置"选项卡，选择"计件工资"项目，单击"定义公式"按钮进入"查询定义"页面，如图 4-102 所示。

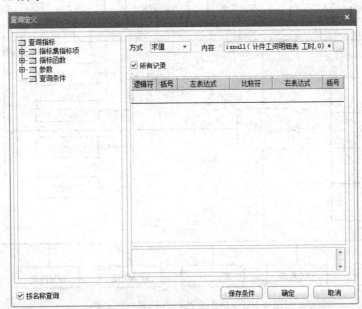

图 4-102 查询定义

单击"内容"选择框后面的█按钮，弹出"查询表达式"页面，将计算公式修改为"isnull(计件工资明细表.工时,0) * isnull(计件工资明细表.工价,0)"，单击"验证"按钮提示"公式定义有效"，再依次单击"确定"→"确定"→"确定"按钮，返回"计件项目设置"页面，单击"确定"按钮完成公式设置，如图 4-103所示。

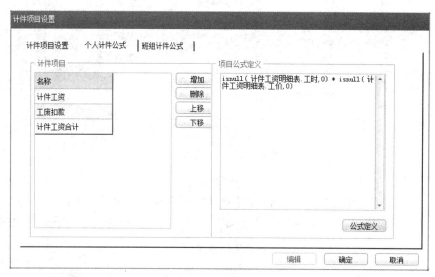

图 4-103　计件项目设置

（5）临时人员工资代扣个人所得税设置。临时人员工资代扣个人所得税设置与正式人员工资代扣个人所得税设置方法相同。

二维码 4-11
总账初始
设置

任务十二　总账初始设置

总账系统属于财务管理系统的一部分，而财务系统与其他系统成并行关系。账务系统既可独立运行，也可同其他系统协同运转。总账系统与其他系统的关系如图 4-104 所示。

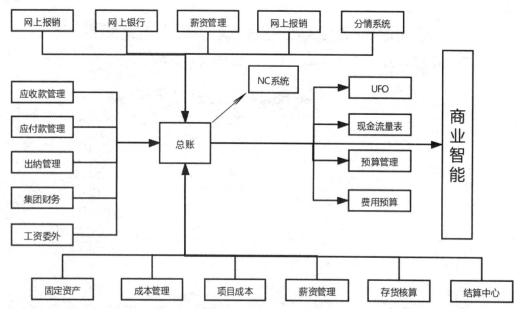

图 4-104　总账系统与其他系统关系图

一、参数设置

由于具体情况需要，或业务变更，总账系统在建立新的账套后发生账套信息与核算内容不符时，可以通过此参数设置进行凭证、账簿等选项的调整和查看，包括对“凭证控制”“账簿打印”“凭证打印”“预算控制”“权限控制”“其他控制”“自定义项核算”七部分内容的操作控制选项进行修改。

在企业应用平台中，依次执行“业务导航”→“经典树形”→“业务工作”→“财务会计”→“总账”→“设置”→“选项”命令，弹出“选项”页面，单击“编辑”按钮，分别选择“凭证”“权限”“其他”选项卡按项目资料设置，单击“确定”按钮保存设置，如图 4-105 所示。

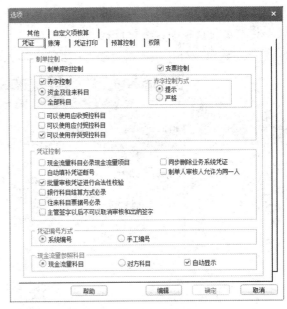

图 4-105　选项-凭证

二、期初余额

总账系统在建立新账套后为了保持业务连续性，需要将启用日期之前的余额输入系统，主要包括输入科目期初余额（用于年初输入余额或调整余额）、核对期初余额和进行试算平衡。

如果是年初启用账套，仅允许维护期初余额（年初余额）；如果不是年初启用账套，则需要维护年初至建账时的累计借贷发生额和期初余额，自动根据记账规则推算年初余额。

在企业应用平台中，依次执行“业务导航”→“经典树形”→“业务工作”→“财务会计”→“总账”→“期初”→“期初余额”命令，弹出“期初余额录入”页面。

（1）一般科目余额输入：输入无辅助核算的一般科目余额时只需在末级科目（白色背景）对应栏目直接输入余额，非末级会计科目（灰色背景）余额不需输入，由系统根据科目总分平衡原理自动计算得出，如图 4-106 所示。

每个科目的余额方向由科目性质确定，占用类科目余额方向为借，来源类科目余额方向为贷。单击“方向”按钮可修改科目的余额方向（即科目性质），如图 4-107 所示。

科目编码	科目名称	方向	币别/计量	年初余额	累计借方	累计贷方	期初余额
1001	库存现金	借		7, 150. 70	18, 889. 65	18, 860. 65	7, 179. 70
1002	银行存款	借		392, 464. 86	488, 592. 65	370, 000. 35	511, 057. 16
100201	工行存款	借		392, 464. 86	488, 592. 65	370, 000. 35	511, 057. 16
100202	中行存款	借					
		借	美元				
1003	存放中央银行款项	借					
1011	存放同业	借					
1012	其他货币资金	借					
1021	结算备付金	借					
1031	存出保证金	借					
1101	交易性金融资产	借					
1111	买入返售金融资产	借					
1121	应收票据	借					
1122	应收账款	借					

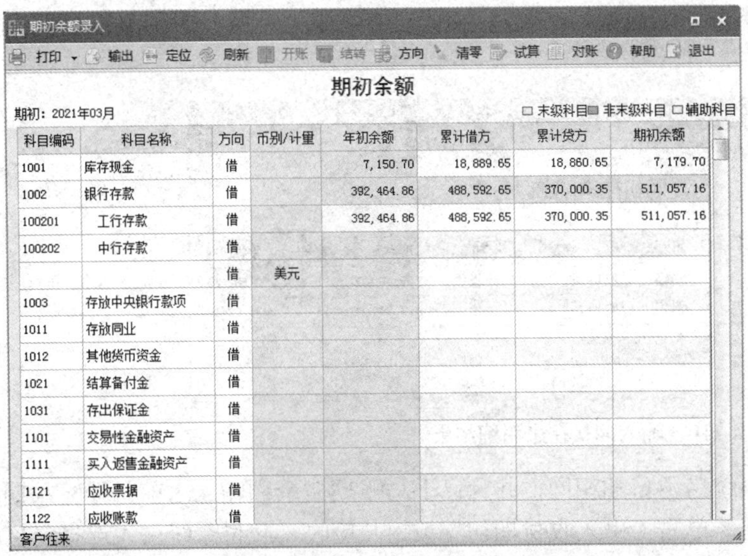

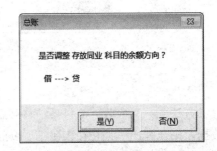

图 4-106　期初余额输入—一般科目余额输入

图 4-107　调整科目余额方向

当调整某一级科目的余额方向时，该科目及其下级科目需尚未输入期初余额。当某一级科目方向调整后，其下级科目也随该级科目相应调整方向。

（2）数量或外币核算科目输入：必须先输入本币余额，再输入数量余额或外币余额，如图 4-108 所示。

图 4-108　数量核算科目期初余额输入

（3）辅助核算科目期初余额输入：辅助核算科目必须按辅助项输入期初余额，用鼠标双击辅助核算科目的期初余额（年中启用）或年初余额（年初启用），弹出"辅助期初余额"页面，如图 4-109 所示。

图 4-109　辅助期初余额

方法一：单击"往来明细"按钮，弹出"期初往来明细"页面，单击"增行"按钮，屏幕增加一条新的期初明细可顺序输入各项内容，在最后一栏按 Enter 键后系统将自动新增一行记录，可继续输入下一条数据。如果输入过程中发现某项输入错误，可按 Esc 键取消当前项输入，将光标移到需要修改的编辑项上，直接输入正确的数据即可。如果想放弃整行增加数据，在取消当前输入后，再按 Esc 键即可，如图 4-110 所示。

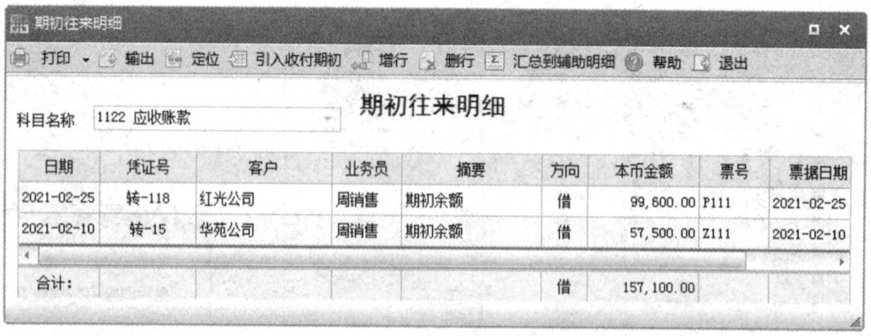

图 4-110　输入期初往来明细结果

方法二：当应收、应付系统与总账系统启用日期相同，并且已于总账期初余额输入之前已经输入期初数据，则在弹出"期初往来明细"页面后，单击"引入收付期初"按钮从应收、应付系统引入选择科目的期初明细，如图 4-111 和图 4-112 所示。

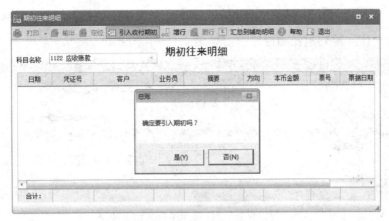

图 4-111 引入期初往来明细

图 4-112 引入期初往来明细结果

输入或引入期初往来明细后，单击"汇总到辅助明细"按钮，在弹出对话框时单击"是"按钮，自动汇总并给出当前客户（或供应商）的辅助期初余额，然后在"辅助期初余额"页面中输入累计借贷方发生额，如图 4-113 所示。

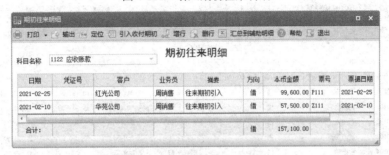

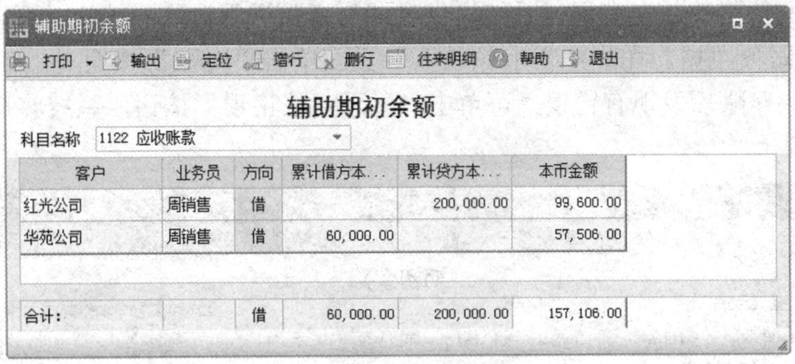

图 4-113 输入累计借贷方发生额

方法三：若为项目核算科目则在"辅助期初余额"页面中直接单击"增行"按钮，按项目资料选择项目输入期初数据，如图 4-114 所示。

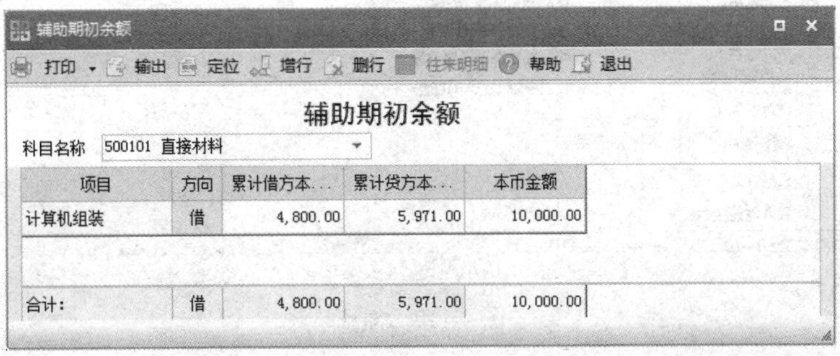

图 4-114 项目核算科目期初余额输入

在"辅助期初余额"页面中完成期初数据输入后，单击"退出"按钮，返回"期初余额录入"页面，系统自动将明细数据合计金额列示在相应栏中，如图 4-115 和图 4-116 所示。

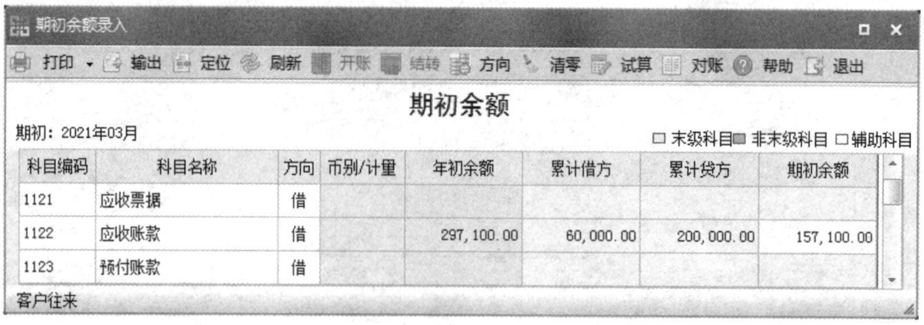

图 4-115　应收账款科目期初余额

图 4-116　生产成本科目期初余额

（4）对账：由于初次使用，对系统不太熟悉，在进行期初设置时的一些不经意的修改，可能会导致总账与辅助账、总账与明细账核对有误，系统提供对期初余额进行对账的功能，可以及时做到账账核对，并可尽快修正错误的账务数据。在"期初余额录入"页面单击"对账"按钮对当前期初余额进行对账，如图 4-117 所示。如果对账后发现有错误，可单击"显示对账错误"按钮，系统将把对账中发现的错误列出来。

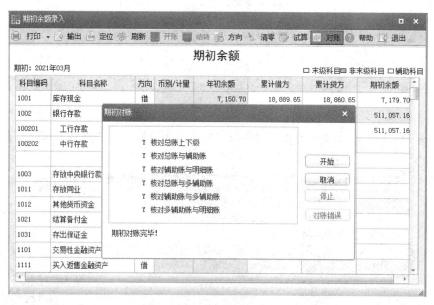

图 4-117　对账

（5）试算：在"期初余额录入"页面单击"试算"按钮，可查看期初余额试算平衡表，检查余额是否平衡，如图 4-118 所示。

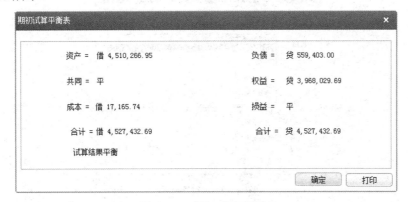

图 4-118　期初试算平衡表

三、其他子系统与总账期初对账

1. 应收款管理期初对账

应收款期初余额与总账对账是根据受控科目进行一一对账。

在企业应用平台中，依次执行"业务导航"→"经典树形"→"业务工作"→"财务会计"→"应收款管理"→"期初余额"→"期初余额"命令，弹出"期初余额—查询"页面，单击"确定"按钮，打开"期初余额"界面，单击"对账"按钮，打开"期初对账"界面，结果显示对应科目在应收系统与总账系统中的各项数据，如果存在差额，则表示对账不平，如图 4-119 所示。

科目		币种	应收期初		总账期初		差额	
编号	名称		原币	本币	原币	本币	原币	本币
1122	应收账款	人民币	157,100.00	157,100.00	157,100.00	157,100.00	0.00	0.00
	合计			157,100.00		157,100.00		0.00

图 4-119　期初对账-应收款

2. 应付款管理期初对账

在企业应用平台中，依次执行"业务导航"→"经典树形"→"业务工作"→"财务会计"→"应付款管理"→"期初余额"→"期初余额"命令，弹出"期初余额—查询"页面，单击"确定"按钮，打开"期初余额"界面，单击"对账"按钮，打开"期初对账"界面，结果显示对应科目在应付系统与总账系统中的各项数据，如果存在差额，则表示对账不平，如图 4-120 所示。

科目		币种	应付期初		总账期初		差额	
编号	名称		原币	本币	原币	本币	原币	本币
220201	一般应付款	人民币	198,654.00	198,654.00	198,654.00	198,654.00	0.00	0.00
	合计			198,654.00		198,654.00		0.00

图 4-120　期初对账-应付款

3. 固定资产期初对账

固定资产系统在运行过程中，应保证固定资产的价值和账务系统中固定资产科目的价值相等。判断两个系统的资产价值是否相等，需要通过执行对账功能来实现，对账操作不限制执行的时间，任何时候均可进行对账。系统在执行月末结账时会自动对账一次，给出对账结果，并根据初始化或选项中的判断确定对账不平情况下是否允许结账。

只有系统初始化或选项中选择了与账务对账，对账功能才可操作。

在企业应用平台中，依次执行"业务导航"→"经典树形"→"业务工作"→"财务会计"→"固定资产"→"资产对账"→"对账"命令，打开"对账条件"页面，选中对账"科目"，如图 4-121 所示。

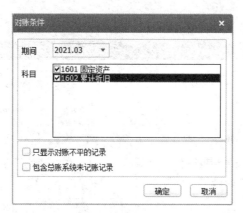

图 4-121　对账条件

单击"确定"按钮，打开"对账"界面，结果显示对应科目在固定资产系统与总账系统中的各项数据，如果存在差额，则表示对账不平，如图 4-122 所示。

□ 对账不平

科目		固定资产				总账				对账差异			
编码	名称	期初余额	借方金额	贷方金额	期末余额	期初余额	借方金额	贷方金额	期末余额	期初余额	借方金额	贷方金额	期末余额
1601	固定资产	260860.00	0.00	0.00	260860.00	260860.00	0.00	0.00	260860.00	0.00	0.00	0.00	0.00
1602	累计折旧	47120.91	0.00	0.00	47120.91	47120.91	0.00	0.00	47120.91	0.00	0.00	0.00	0.00

图 4-122　与总账对账结果

4. 存货期初对账

在企业应用平台中，依次执行"业务导航"→"经典树形"→"业务工作"→"供应链"→"存货核算"→"对账"→"存货与总账对账"命令，弹出"查询条件"页面，在"科目"中选中全部存货科目，"核对方式"选择"核对金额数量"，"只显示对账不平记录"选择"否"，单击"确定"按钮，打开"存货核算与总账对账"界面，结果显示对应科目在存货核算系统与总账系统中的各项数据，如果存在差额，则表示对账不平，如图 4-123 所示。

存货核算与总账对账

您尚未添加查询方案及快捷条件，请点击"更多>>"进行高级查询！　　　　查询　　更多>>

	科目		存货核算系统								总账系统								对账差异							
	编码	名称	期初金额	期初数量	借方金额	借方数量	贷方金额	贷方数量	期末金额	期末数量	期初金额	期初数量	借方金额	借方数量	贷方金额	贷方数量	期末金额	期末数量	期初金额	期初数量	借方金额	借方数量	贷方金额	贷方数量	期末金额	期末数量
1	140301	CPU	180,000.00	300.00	0.00	0.00	0.00	0.00	180,000.00	300.00	180,000.00	300.00	0.00	0.00	0.00	0.00	180,000.00	300.00	0.00	0.00	0.00	0.00	0.00	0.00	0.00	0.00
2	140302	硬盘	150,000.00	250.00	0.00	0.00	0.00	0.00	150,000.00	250.00	150,000.00	250.00	0.00	0.00	0.00	0.00	150,000.00	250.00	0.00	0.00	0.00	0.00	0.00	0.00	0.00	0.00
3	140303	主板	120,000.00	300.00	0.00	0.00	0.00	0.00	120,000.00	300.00	120,000.00	300.00	0.00	0.00	0.00	0.00	120,000.00	300.00	0.00	0.00	0.00	0.00	0.00	0.00	0.00	0.00
4	140304	内存条	120,000.00	300.00	0.00	0.00	0.00	0.00	120,000.00	300.00	120,000.00	300.00	0.00	0.00	0.00	0.00	120,000.00	300.00	0.00	0.00	0.00	0.00	0.00	0.00	0.00	0.00
5	140305	电源	60,000.00	300.00	0.00	0.00	0.00	0.00	60,000.00	300.00	60,000.00	300.00	0.00	0.00	0.00	0.00	60,000.00	300.00	0.00	0.00	0.00	0.00	0.00	0.00	0.00	0.00
6	140306	液晶显示器	240,000.00	200.00	0.00	0.00	0.00	0.00	240,000.00	200.00	240,000.00	200.00	0.00	0.00	0.00	0.00	240,000.00	200.00	0.00	0.00	0.00	0.00	0.00	0.00	0.00	0.00
7	140307	键盘	33,000.00	330.00	0.00	0.00	0.00	0.00	33,000.00	330.00	33,000.00	330.00	0.00	0.00	0.00	0.00	33,000.00	330.00	0.00	0.00	0.00	0.00	0.00	0.00	0.00	0.00
8	140308	鼠标	15,000.00	300.00	0.00	0.00	0.00	0.00	15,000.00	300.00	15,000.00	300.00	0.00	0.00	0.00	0.00	15,000.00	300.00	0.00	0.00	0.00	0.00	0.00	0.00	0.00	0.00
9	140309	光驱	26,000.00	100.00	0.00	0.00	0.00	0.00	26,000.00	100.00	26,000.00	100.00	0.00	0.00	0.00	0.00	26,000.00	100.00	0.00	0.00	0.00	0.00	0.00	0.00	0.00	0.00
10	140310	机箱	60,000.00	300.00	0.00	0.00	0.00	0.00	60,000.00	300.00	60,000.00	300.00	0.00	0.00	0.00	0.00	60,000.00	300.00	0.00	0.00	0.00	0.00	0.00	0.00	0.00	0.00
11	140501	计算机	1,824,000.00	380.00	0.00	0.00	0.00	0.00	1,824,000.00	380.00	1,824,000.00	380.00	0.00	0.00	0.00	0.00	1,824,000.00	380.00	0.00	0.00	0.00	0.00	0.00	0.00	0.00	0.00
12	140503	激光打印机	720,000.00	400.00	0.00	0.00	0.00	0.00	720,000.00	400.00	720,000.00	400.00	0.00	0.00	0.00	0.00	720,000.00	400.00	0.00	0.00	0.00	0.00	0.00	0.00	0.00	0.00
13		总计	3,548,000.00	3,460.00	0.00	0.00	0.00	0.00	3,548,000.00	3,460.00	3,548,000.00	3,460.00	0.00	0.00	0.00	0.00	3,548,000.00	3,460.00	0.00	0.00	0.00	0.00	0.00	0.00	0.00	0.00

图 4-123　存货核算与总账对账

项目五 总账管理系统日常业务信息化处理

项目准备

设置系统日期为当年 3 月 31 日，引入"项目四 业务子系统初始设置"备份账套。

项目资料

任务一 记账凭证填制、查询业务处理

当年 3 月企业发生的经济业务如下。

业务一

3 月 2 日，缴纳上月应交个人所得税 169.00 元、应交城市维护建设税 630.00 元、应交教育费附加 270.00 元、应交地方教育费附加 180.00 元（工行转账支票号：ZZ3032）。

借：应交税费/应交个人所得税（222104）	169.00
应交税费/应交城市维护建设税（222105）	630.00
应交税费/应交教育费附加（222106）	270.00
应交税费/应交地方教育费附加（222107）	180.00
贷：银行存款/工行存款（100201）	1249.00

业务二

3 月 5 日，购买锦江投资（600650）股票 1100 股，每股 10.00 元，佣金及印花税共计 300.00 元。

借：交易性金融资产（1101）	11 000.00
贷：投资收益（6111）	−300.00
其他货币资金（1012）	11 300.00

业务三

3 月 9 日，财务部钱出纳从工行提取现金 10 000.00 元，作为备用金，现金支票号为 XJ3021。

借：库存现金（1001）	1000.00
贷：银行存款/工行存款（100201）	1000.00

业务四

3 月 14 日，收到锦江集团投资资金 10 000.00 美元，汇率为 1∶6.725，转账支票号为 ZZ3051。

借：银行存款/中行存款（100202）	67 250.00
贷：实收资本（4001）	67 250.00

业务五

3 月 17 日，用现金支付职工培训费 1800.00 元。

借：应付职工薪酬/职工教育经费（221106）	1800.00
贷：库存现金（1001）	1800.00

任务二 记账凭证签审、记账处理

将出纳凭证签字，所有记账凭证审核后记账。

任务三 记账凭证修改、冲销、删除处理

3月17日，发现3月9日财务部钱出纳从工行提取现金应为 10 000.00 元，误填为 1000.00 元。

任务四 总账查询

完成对余额表、应交税费多栏账的查询操作。

项目要求

（1）以会计的身份进行填制凭证、查询凭证、记账操作。
（2）以出纳的身份进行出纳签字操作。
（3）以账套主管的身份进行审核、账簿查询操作。
（4）账套输出。

项目操作指导

完成账套基础档案和各子系统初始化后，就可以在各个子系统中进行相关业务处理了。企业按照精细化核算和管理要求，要对发生的不同类型的经济业务在不同的子系统中进行处理，而所有的业务处理结果最终都以生成的记账凭证形式传递到总账系统中。总账管理系统日常业务信息化处理主要是通过填制和处理各种记账凭证，完成记账工作，查询和打印输出各种日记账、明细账和总分类账，同时对辅助核算进行管理。具体包括：常用摘要和常用凭证的设置；凭证的填制、冲销、修改和删除；出纳签字和会计凭证的审核、主管签字和记账；凭证和账簿的查询；等等。首次使用总账系统时，其操作流程如图 5-1 所示。

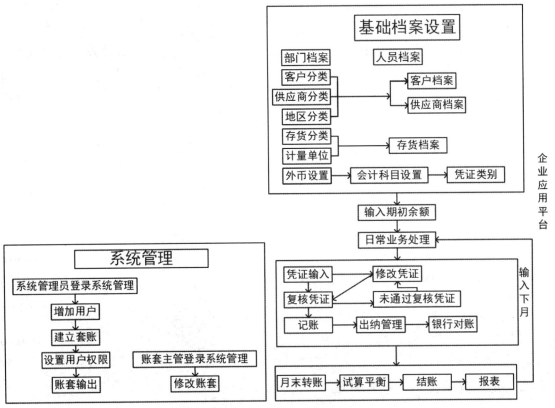

图 5-1 总账工作流程

在完成财务软件用友 ERP-U8⁺所有初始化后，进行日常业务处理之前，为防止出现系统时间滞后业务发生，把系统时间修改为当年 3 月 31 日；根据会计制度规定，为了避免出现超前做账的情况，登录时间可以业务发生时间为准，也可以统一为月末最后一天。

二维码 5-1
填制查询
记账凭证

任务一　记账凭证填制、查询业务处理

记账凭证是总账系统处理的起点，也是所有账务数据的主要来源。日常业务处理首先从填制凭证开始。

一、记账凭证填制

凭证输入数据的总原则是"先上后下、从左至右"，即以表头最左边的凭证字号为填制起点，依次输入数据。输入数据过程中尽量多使用快捷键而少用鼠标切换输入项，这样既可以提高凭证的输入速度，又可以减少输入数据时漏项的概率。

凭证输入数据时几个常用的快捷键：F2 键：参照；F5 键：增加；F6 键：保存；Enter 键：每完成一项数据输入后按 Enter 键会自动跳转到下一项数据的输入状态；"-"键：在金额栏输入红色数字；空格键：切换金额的方向；"="键：根据"有借必有贷、借贷必相等"的记账规则自动计算最后一条分录的金额。

3 月 2 日，以会计的身份登录企业应用平台，依次执行"业务导航"→"经典树形"→"业务工作"→"财务会计"→"总账"→"凭证"→"填制凭证"命令，打开"填制凭证"界面，单击"增加"按钮（或 F5 键），增加一张新凭证，光标定位在凭证类别上，如图 5-2 所示。

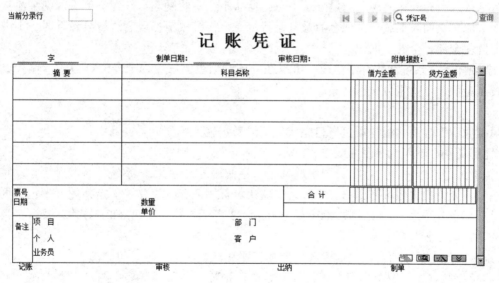

图 5-2　填制凭证

在"填制凭证"界面，单击"选项"按钮，弹出"凭证选项设置"页面，可以按实际需要进行选项设置，如图 5-3 所示。

主要凭证选项设置说明如下。

（1）凭证复制：系统支持两种复制模式。选择"仅复制凭证分录"时，凭证复制不复制当前凭证的现金流量以及预算信息。选择"复制包含预算项目/现金流量"时，复制凭证时同时复制当前凭证的现金流量以及预算项目信息。

（2）同时显示科目编码及名称：选中此复选框时，凭证输入科目编码后将同时显示科目编码以及科目名称，有利于后续参照。默认不选中此复选框，科目显示编码或者名称。

（3）分录行显示辅助项：选中此复选框时，分录行存在辅助核算时，科目名称栏中在科目后同时显示辅助项信息。默认不选中此复选框，科目名称栏仅显示科目信息。

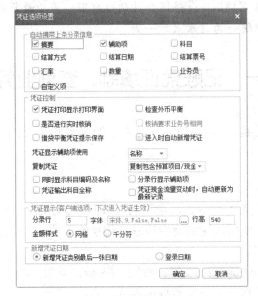

图 5-3 填制凭证-选项

（4）凭证输出科目全称：选中此复选框时，凭证输出科目信息为科目全称。默认不选中此复选框，凭证输出科目信息为科目末级名称。

（5）凭证现金流量变动时，自动更新为最新记录：选中此复选框时，为按照分录行输入现金流量模式，自动新增载入所有未输入现金流量分录信息。默认不选中此复选框，为整单输入现金流量模式，仅在首次进入现金流量页面时加载一次现金流量分录行信息，再继续增加现金流量分录行时，不进行增量数据加载，仅支持现金流量全部重取。

（6）金额样式：系统默认有网格线，可以在凭证选项页面修改为千分位符格式，输入页面金额自动取消网格线，金额显示为千分位符格式。

业务一

在"填制凭证"界面，根据项目资料完成凭证的数据输入工作。

（1）凭证类别：输入或参照（或按 F2 键）选择一个凭证类别字。

（2）凭证编号：因在"选项"设置中选择了"系统编号"，所以由系统按时间顺序自动编号。否则，需要手工编号，允许最大凭证号为 32767。系统默认每页凭证有五笔分录，当某凭证不止一页，系统自动将在凭证号后标上几分之一，如：收 0001 号 0002/0003 表示收款凭证第 0001 号凭证共有三张分单，当前光标所在分录在第二张分单上。

（3）制单日期：系统自动取当前业务日期为记账凭证填制的日期，可修改。

（4）附单据数：在"附单据数"处输入原始单据张数。当需要将某些图片、文件作为附件链接凭证时，可单击附单据数输入框右侧的图标，选择文件的链接地址即可。

（5）当前分录行：凭证左上角显示光标所在分录行行号，输入需要定位凭证分录行行号，按 Enter 键后光标即可显示在目标分录行上。

（6）摘要：输入或参照（或按 F2 键）输入常用摘要，但常用摘要的选入不会清除原来输入的内容，如图 5-4 所示。

常用摘要

摘要编码	摘要内容	相关科目
01	期初余额	
02	缴纳上月税费	

图 5-4 填制凭证-常用摘要

（7）科目名称：输入或参照（或按 F2 键）输入末级科目。

若科目为银行科目，且在结算方式设置中确定要进行票据管理，因在"选项"设置中选中了"支票控制"，则要求输入"结算方式""票号""发生日期"，如图 5-5 所示。

如果科目设置了辅助核算属性，则在这里还要输入辅助信息，如部门、个人、项目、客户、供应商、数量等。输入的辅助信息将在凭证下方的备注中显示。

如果科目设置了自定义项核算，则单击凭证右下角的扩展界面 图标，系统将自定义项信息与输入的现金流量信息显示。系统可跟踪最后一次退出时扩展界面的状态，下次进入时按上次退出时的状态显示或隐藏扩展界面。

（8）金额：输入该笔分录的借方或贷方本币发生额，金额不能为零，但可以是红字，如果方向不符，可调整金额方向。

若为银行科目设置了"支票控制"，录完金额后会弹出对话框，单击"是"按钮进入"票号登记"页面，完成支票登记，如图 5-6 所示。

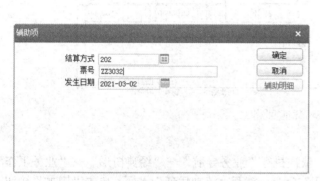

图 5-5　填制凭证-结算方式辅助项

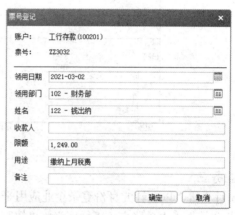

图 5-6　填制凭证-票号登记

（9）删除分录：可单击"删行"按钮或按 Ctrl+D 快捷键删除光标所在的当前分录。

（10）当凭证数据全部输入完毕后，单击"保存"按钮（或按 F6 键），在弹出的对话框中单击"确定"按钮保存凭证，如图 5-7 所示。

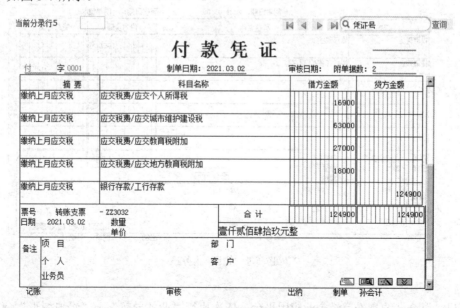

图 5-7　凭证-业务一

如果填制凭证使用的科目为现金流量科目，那么在凭证保存之前要求指定凭证分录的现金流量项目。

业务二

3 月 5 日，以会计的身份登录企业应用平台，依次执行"业务导航"→"经典树形"→"业务工作"→"财务会计"→"总账"→"凭证"→"填制凭证"命令，打开"填制凭证"界面，单击"增加"按钮（或按 F5 键），增加一张转账凭证，根据项目资料完成凭证的数据输入操作，如图 5-8 所示。

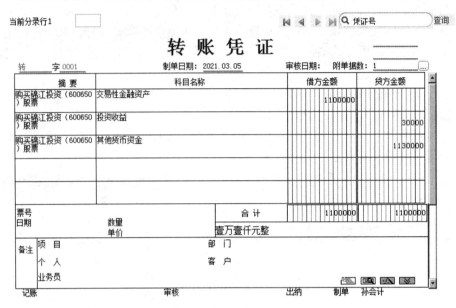

图 5-8　凭证-业务二

业务三

3 月 9 日，以会计的身份登录企业应用平台，依次执行"业务导航"→"经典树形"→"业务工作"→"财务会计"→"总账"→"凭证"→"填制凭证"命令，打开"填制凭证"界面，单击"增加"按钮（或按 F5 键），增加一张付款凭证，根据项目资料完成凭证的数据输入操作，如图 5-9 所示。

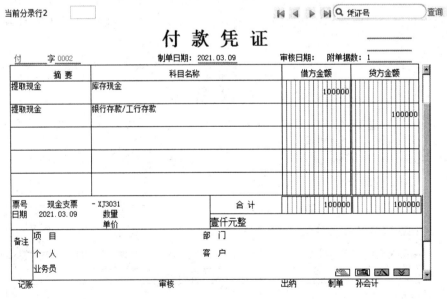

图 5-9　凭证-业务三

业务四

3 月 14 日，以会计的身份登录企业应用平台，依次执行"业务导航"→"经典树形"→"业务工作"→"财务会计"→"总账"→"凭证"→"填制凭证"命令，打开"填制凭证"界面，单击"增加"按钮（或按 F5 键），增加一张收款凭证，根据项目资料完成凭证的数据输入操作，当输入涉及外币核算的"100202

银行存款/中行存款"科目时，凭证自动转变为外币凭证格式，输入外币的数量和汇率后自动计算并填入本币金额，如图 5-10 所示。

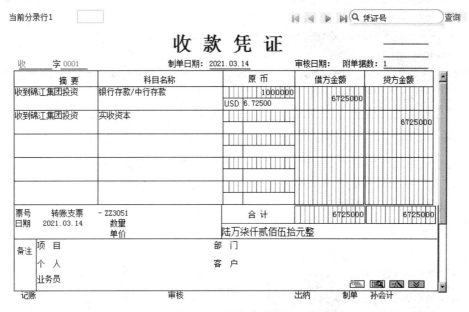

图 5-10　凭证-业务四

业务五

3 月 17 日，以会计的身份登录企业应用平台，依次执行"业务导航"→"经典树形"→"业务工作"→"财务会计"→"总账"→"凭证"→"填制凭证"命令，打开"填制凭证"界面，单击"增加"按钮（或按 F5 键），增加一张付款凭证，根据项目资料完成凭证的数据输入操作，如图 5-11 所示。

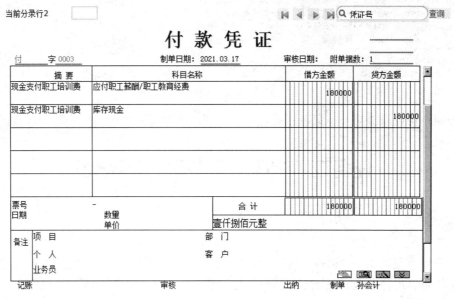

图 5-11　凭证-业务五

二、记账凭证查询

方法一：3 月 17 日，以会计的身份登录企业应用平台，依次执行"业务导航"→"经典树形"→"业务工作"→"财务会计"→"总账"→"凭证"→"查询凭证"命令，弹出"凭证查询"页面，可以根据需要设置一定的筛选条件，单击"确定"按钮，打开"查询凭证列表"界面，如图 5-12 所示。

查询凭证列表

制单日期△	凭证编号	摘要	借方金额合计	贷方金额合计	制单人	审核人	审核日期
2021-03-02	付－0001	缴纳上月应交税	1,249.00	1,249.00	孙会计		
2021-03-05	转－0001	购买锦江投资（600650）股票	11,000.00	11,000.00	孙会计		
2021-03-09	付－0002	提取现金	1,000.00	1,000.00	孙会计		
2021-03-14	收－0001	收到锦江集团投资	67,250.00	67,250.00	孙会计		
2021-03-17	付－0003	现金支付职工培训费	1,800.00	1,800.00	孙会计		
合计			82,299.00	82,299.00			

图 5-12　查询凭证列表

方法二： 在企业应用平台中，依次执行"业务导航"→"经典树形"→"业务工作"→"财务会计"→"总账"→"账表"→"科目账"→"序时账"命令，弹出"序时账"页面，选中"包含未记账凭证"，单击"确定"按钮，打开"序时账"界面，如图 5-13 所示。

序时账

日期：2021-03-01 - 2021-03-31

币种：全部 ▼

日期	凭证号数	科目编码	科目名称	摘要	币种	方向	原币	金额
2021-03-02	付-0001	222104	应交个人所得税	*缴纳上月应交税		借		169.00
2021-03-02	付-0001	222105	应交城市维护建设税	*缴纳上月应交税		借		630.00
2021-03-02	付-0001	222106	应交教育税附加	*缴纳上月应交税		借		270.00
2021-03-02	付-0001	222107	应交地方教育税附加	*缴纳上月应交税		借		180.00
2021-03-02	付-0001	100201	工行存款	*缴纳上月应交税_202_ZZ3032_2021.03.02		贷		1,249.00
2021-03-05	转-0001	1101	交易性金融资产	*购买锦江投资（600650）股票		借		11,000.00
2021-03-05	转-0001	6111	投资收益	*购买锦江投资（600650）股票		贷		-300.00
2021-03-05	转-0001	1012	其他货币资金	*购买锦江投资（600650）股票		贷		11,300.00
2021-03-09	付-0002	1001	库存现金	*提取现金		借		1,000.00
2021-03-09	付-0002	100201	工行存款	*提取现金_201_XJ3031_2021.03.09		贷		1,000.00
2021-03-14	收-0001	100202	中行存款	*收到锦江集团投资_202_ZZ3051_2021.03.14	美元	借	10,000.00	67,250.00
2021-03-14	收-0001	4001	实收资本	*收到锦江集团投资		贷		67,250.00
2021-03-17	付-0003	221106	职工教育经费	*现金支付职工培训费		借		1,800.00
2021-03-17	付-0003	1001	库存现金	*现金支付职工培训费		贷		1,800.00
				合计		借		82,299.00
						贷		82,299.00

图 5-13　序时账

在序时账中，可以双击某一条记录查询对应的凭证，直接看到凭证的每一笔分录情况。

二维码 5-2
记账凭证签审、
记账处理

任务二　记账凭证签审、记账处理

一、出纳签字

出纳凭证由于涉及企业现金的收入与支出，应加强对出纳凭证的管理。出纳人员可通过出纳签字功能对制单员填制的带有库存现金、银行存款科目的凭证进行检查核对，主要核对出纳凭证的出纳科目的金额是否正确，审查认为错误或有异议的凭证，应交予填制人员修改后再核对。

3 月 17 日，以出纳的身份登录企业应用平台，依次执行"业务导航"→"经典树形"→"业务工作"→"财务会计"→"总账"→"凭证"→"出纳签字"命令，弹出"出纳签字"页面，设置一定的筛选条件，单击"确定"按钮，打开"出纳签字列表"界面，完成出纳签字操作，如图 5-14 所示。

系统提供两种方式进行出纳签字：选中某张凭证前面的选择框，单击"签字"或"取消签字"按钮可对一张凭证进行签字或取消签字；双击某张凭证，进入"出纳签字"界面，单击"签字"按钮，凭证下方出纳处显示当前操作员姓名，表示这张凭证出纳员已签字。若想对已签字的凭证取消签字，单击"取消签字"按钮即可。

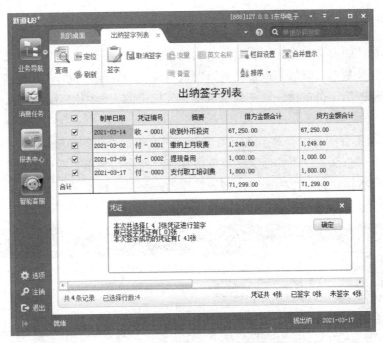

图 5-14 出纳签字列表-成批出纳签字

为了提高工作效率,系统提供对已审核的凭证进行成批签字的功能,有两种签字批量处理方式可选择:选中多张凭证前面的选项框,单击"签字"或"取消签字"按钮可对多张凭证进行签字或取消签字;双击某张凭证,进入单张凭证,单击"签字"下拉框的"成批出纳签字"按钮或"取消签字"下拉框的"成批取消签字"按钮,可进行签字的成批操作。

补结算方式和票号功能:如果在输入凭证时没有输入结算方式和票据号,系统提供在出纳签字时还可以补充输入。已签字凭证,不能填写票据,只能取消签字后才能进行。在"出纳签字"界面单击"票据结算"按钮,列示所有需要进行填充结算方式、票据号、票据日期的分录,包括已填写的分录;填制结算方式和票号时,针对票据的结算方式进行相应支票登记判断,如图 5-15 所示。

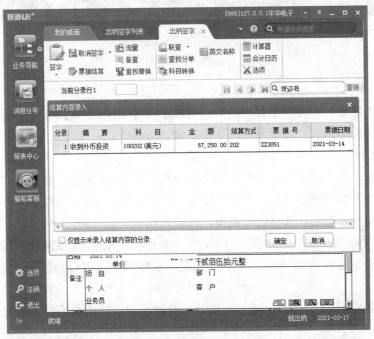

图 5-15 结算内容输入

二、审核凭证

审核凭证是审核员按照财会制度，对制单员填制的记账凭证进行检查核对，主要审核记账凭证是否与原始凭证相符，会计分录是否正确等，审查认为错误或有异议的凭证，应打上出错标记，同时可写入出错原因并交予填制人员修改后，再审核。只有具有审核凭证权限的人才能使用本功能，审核人和制单人不能是同一个人。

3 月 17 日，以账套主管的身份登录企业应用平台，依次执行"业务导航"→"经典树形"→"业务工作"→"财务会计"→"总账"→"凭证"→"审核凭证"命令，弹出"凭证审核"页面，设置一定的筛选条件，单击"确定"按钮，打开"凭证审核列表"界面，参照出纳签字的两种方法完成对所有凭证的审核操作，如图 5-16 所示。

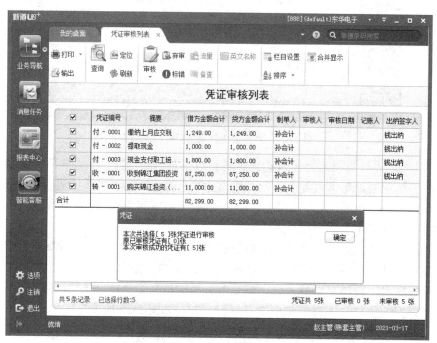

图 5-16 凭证审核列表-成批审核凭证

三、记账

记账凭证经审核签字后，即可用来登记总账、明细账、日记账、部门账、往来账、项目账以及备查账等。总账系统记账采用向导方式，使记账过程更加明确。

3 月 17 日，以会计的身份登录企业应用平台，依次执行"业务导航"→"经典树形"→"业务工作"→"财务会计"→"总账"→"凭证"→"记账"命令，弹出"记账"页面，如图 5-17 所示。页面中列示各期间的未记账凭证清单和其中的空号与已审核凭证编号。若编号不连续，则用逗号分隔；若显示宽度不够，可用鼠标拖动表头调整列宽查看。选择记账范围，可输入连续编号范围，如 1-4 表示 1 号至 4 号凭证；也可输入不连续编号，例如"5,6,9"，表示第 5 号、6 号、9 号凭证为此次要记账的凭证；不做选择，则默认全选。当以上工作都确认无误后，单击"记账"按钮，建账后首次记账会显示"期初试算平衡表"对话框，如图 4-118 所示。

单击"确定"按钮，系统开始登记总账、明细账、辅助账和多辅助账等有关账簿。提示"记账完毕！"，如图 5-18 所示。

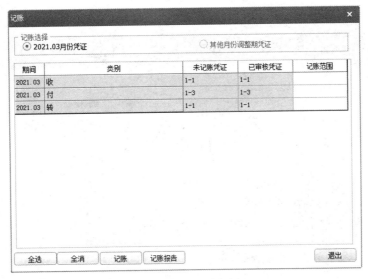

图 5-17 记账范围选择

图 5-18 记账报告

再单击"确定"按钮显示的记账报告，是经过合法性检验后的提示信息，如此次要记账的凭证中有些凭证没有审核或未经出纳签字，属于不能记账的凭证，可根据提示修改后再记账。

任务三 记账凭证修改、冲销、删除处理

对于已经记账的记账凭证，必须依次取消记账、审核、出纳签字后才能直接进行修改、删除。

一、有痕迹修改凭证

即对于已经记账的记账凭证不对其进行直接修改，而采用红字冲销法，先做冲销凭证，再做更正凭证。

3 月 17 日，以会计的身份登录企业应用平台，依次执行"业务导航"→"经典树形"→"业务工作"→"财务会计"→"总账"→"凭证"→"查询凭证"命令，打开"查询凭证列表"界面，如图 5-12 所示，找到所需修改凭证的编号后，再执行"填制凭证"命令，打开"填制凭证"界面，单击"冲销"按钮，弹出"冲销凭证"页面，选择需要修改的凭证编号"付 0004"，单击"确定"按钮，生成一张冲销凭证并保

二维码 5-3
修改、冲销、
删除记账凭证

存，如图 5-19 所示。

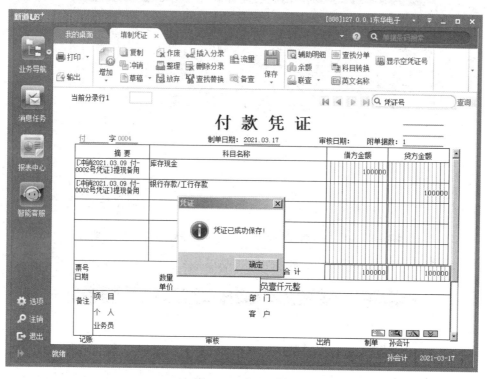

图 5-19　冲销凭证

单击"复制"按钮，生成一张新凭证进行修改并保存，如图 5-20 所示。

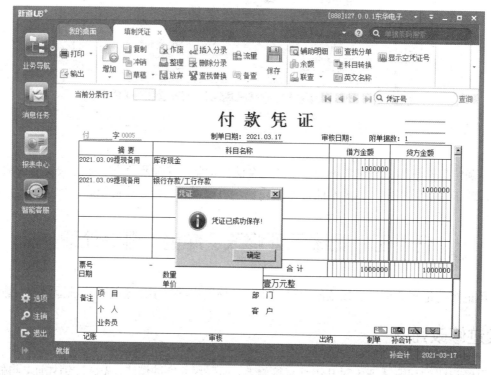

图 5-20　修改凭证

除凭证字号不能修改外，其余数据均可修改；当需要对所输入的辅助项进行修改时，可选中科目后移动鼠标至辅助项显示区变成一支笔头时双击鼠标左键（或直接双击所要修改的辅助项），系统即显示辅助信息输入窗，便可对辅助项进行修改。

二、无痕迹修改凭证

即对于已经记账的记账凭证依次采取取消记账、审核、出纳签字后，再对其进行直接修改。

第一步，删除凭证。

将方法一生成的两张记账凭证删除（先作废后整理）。

3月17日，以会计的身份登录企业应用平台，依次执行"业务导航"→"经典树形"→"业务工作"→"财务会计"→"总账"→"凭证"→"填制凭证"命令，打开"填制凭证"界面，单击浏览键依次找到方法一里生成的两张凭证，分别单击"作废"按钮，将其打上"作废"标记，如图5-21所示。

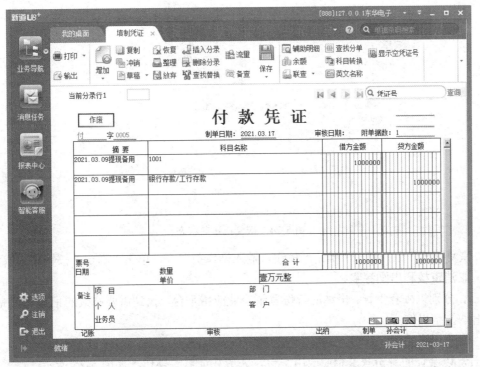

图 5-21　作废凭证

然后单击"整理"按钮，弹出"凭证期间选择"页面，选择需要整理凭证的期间，再单击"确定"按钮，在弹出的"作废凭证表"页面中选择需要整理的凭证，如图5-22所示。

最后单击"确定"按钮，弹出"提示"对话框，选中"按凭证号重排"单选按钮，单击"是"按钮，再在弹出的"是否还需整理凭证断号"对话框中单击"是"按钮完成凭证的删除操作，如图5-23所示。

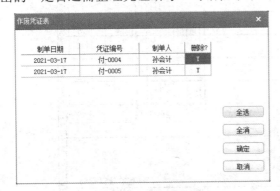

图 5-22　作废凭证表

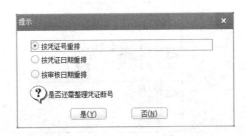

图 5-23　选择凭证断号整理方式

第二步，取消记账。

3月17日，以账套主管的身份登录企业应用平台，依次执行"业务导航"→"经典树形"→"系统服务"→"实施导航"命令，弹出"U8⁺实施导航工作台"页面，依次单击"实施工具"→"总账数据修正"按钮，弹出"恢复记账前状态"页面，图 5-24 所示。

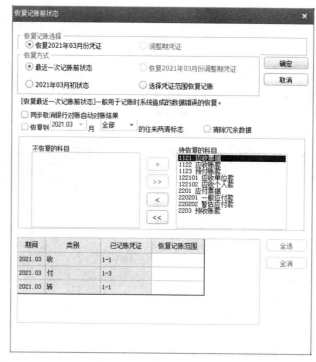

图 5-24　恢复记账前状态

选择好"恢复方式"后，单击"确定"按钮，输入操作员口令，单击"确定"按钮完成取消记账操作。

第三步，取消审核和出纳签字。

3 月 17 日，分别以账套主管、出纳的身份登录企业应用平台，找到需要修改的记账凭证完成取消凭证审核和取消出纳签字操作。

第四步，修改记账凭证。

3 月 17 日，以会计的身份登录企业应用平台，完成凭证修改操作，如图 5-25 所示。

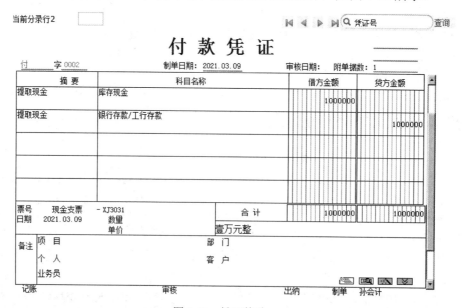

图 5-25　凭证修改

第五步，重新对记账凭证进行出纳签字、审核和记账操作。

二维码 5-4
总账查询

任务四　总账查询

一、余额表查询

余额表用于查询统计各级科目的本期发生额、累计发生额和余额等。传统的总账，是以总账科目分页设账，而余额表则可输出某月或某几个月的所有总账科目或明细科目的期初余额、本期发生额、累计发生额、期末余额，在实行计算机记账后，可以用余额表代替总账。

3 月 17 日，以会计的身份登录企业应用平台，依次执行"业务导航"→"经典树形"→"业务工作"→"财务会计"→"总账"→"账表"→"科目账"→"余额表"命令，弹出"发生额及余额表"条件选择页面，不选中"本期无发生无余额，累计有发生显示"，其他按照默认设置，单击"确定"按钮，弹出"发生额及余额表"页面，如图 5-26 所示。

发生额及余额表

金额式

月份：2021.03 - 2021.03

币种：全部

科目		期初余额		本期发生		期末余额	
编码	名称	借方	贷方	借方	贷方	借方	贷方
1001	库存现金	7,179.70		10,000.00	1,800.00	15,379.70	
1002	银行存款	511,057.16		67,250.00	11,249.00	567,058.16	
1012	其他货币资金			11,300.00			11,300.00
1101	交易性金融资产			11,000.00		11,000.00	
1122	应收账款	157,100.00				157,100.00	
1221	其他应收款	3,800.00				3,800.00	
1231	坏账准备		10,000.00				10,000.00
1403	原材料	1,004,000.00				1,004,000.00	
1404	材料成本差异	1,642.00				1,642.00	
1405	库存商品	2,544,000.00				2,544,000.00	
1601	固定资产	260,860.00				260,860.00	
1602	累计折旧		47,120.91				47,120.91
1632	累计折耗		80,149.00				80,149.00
1701	无形资产	157,898.00				157,898.00	
资产小计		4,647,536.86	137,269.91	88,250.00	24,349.00	4,722,737.86	148,569.91
2001	短期借款		200,000.00				200,000.00
2202	应付账款		276,654.00				276,654.00
2211	应付职工薪酬		8,200.00	1,800.00			6,400.00
2221	应交税费		72,449.00	1,249.00			71,200.00
2241	其他应付款		2,100.00				2,100.00
负债小计			559,403.00	3,049.00			556,354.00
4001	实收资本		2,609,052.00		67,250.00		2,676,302.00
4103	本年利润		1,478,000.00				1,478,000.00
4104	利润分配	119,022.31				119,022.31	
权益小计		119,022.31	4,087,052.00		67,250.00	119,022.31	4,154,302.00
5001	生产成本	17,165.74				17,165.74	
成本小计		17,165.74				17,165.74	
6111	投资收益				-300.00	300.00	
损益小计					-300.00	300.00	
合计		4,783,724.91	4,783,724.91	91,299.00	91,299.00	4,859,225.91	4,859,225.91

图 5-26　发生额及余额表

二、应交税费多栏账查询

多栏账是总账系统中一个很重要的功能，可以使用本功能设计自己企业需要的多栏明细账，按明细科目保存为不同的多栏账名称，在以后的查询中只需要选择多栏明细账直接查询即可。方便快捷，自由灵活，可按明细科目自由设置不同样式的多栏账。

3 月 17 日，以会计的身份登录企业应用平台，依次执行"业务导航"→"经典树形"→"业务工作"→"财务会计"→"总账"→"账表"→"科目账"→"多栏账"命令，弹出"多栏账"页面，单击"增加"按钮，弹出"多栏账定义"页面，选择核算科目后单击"自动编制"按钮完成此项操作，如图 5-27 所示。

单击"确定"按钮完成此项操作，如图 5-28 所示。

图 5-27 多栏账定义

图 5-28 多栏账目录

双击"应交税费多栏账"条目，选择查询期间，单击"确定"按钮，打开如图 5-29 所示的多栏账界面。

多栏账

多栏 应交税费多栏账 　　　　　　　　　　　　　　　　　　　　　　　　　月份：2021.03-2021.03

2021年		凭证号数	摘要	借方	贷方	方向	余额	贷方						
月	日							应交增值税	未交增值税	应交所得税	应交个人所得税	应交城市维护建设税	应交教育税附加	应交地方教育税附加
			期初余额			贷	72,449.00							
03	02	付-0001	*缴纳上月应交税	1,249.00		贷	71,200.00							
03			当前合计	1,249.00		贷	71,200.00							
03			当前累计	38,030.37	15,581.73	贷	71,200.00	15,581.73						

图 5-29 多栏账界面

拓展实验　总账系统日常业务处理

【拓展实验任务资料】

3 月 18 日，借支差旅费，如图 5-30 所示。

图 5-30 借支单

项目六　固定资产管理系统业务信息化处理

项目准备

设置系统日期为当年3月31日，引入"项目五 总账管理系统日常业务信息化处理"备份账套。

项目资料

当年3月发生的固定资产日常业务如下。

任务一　原值增加业务处理

3月17日，总经理办公室的轿车添置新配件10 000.00元，用工行转账支票支付（票号：ZZ03261）。

任务二　采购资产业务处理

3月19日，财务部从金牛公司购买扫描仪一台，无税单价1500.00元，净残值率为4%，预计使用年限为5年，收到专用发票一张（票号：Z319），当天以转账支票（票号：ZZ03271）支付货税款1695.00元。

任务三　部门转移业务处理

3月20日，总经理办公室的传真机转移到采购部。

任务四　计提减值准备

3月23日，因技术进步对总经理办公室的笔记本电脑计提1000.00元减值准备。

任务五　计提折旧

3月25日，计提本月折旧费用。

任务六　资产减少业务处理

3月26日，生产车间编号为021301002的计算机无法开机以报废处理。

任务七　撤销资产减少业务处理

3月28日，已报废的021301002计算机经修理后恢复使用。

任务八　资产盘点业务处理

3月31日，月末固定资产盘点发现：盘亏021301001计算机；盘盈传真机1台，类别编码"021"，使用部门销售部，使用年限48个月，原值3000.00元，残值率为4%，开始使用日期当年3月1日，折旧方法：平均年限法（一）。对盘点结果进行账务处理。

任务九　资产对账

将固定资产模块中的固定资产和累计折旧科目的数据与总账进行核对。

项目要求

（1）以会计的身份进行固定资产管理操作。

（2）账套输出。

项目操作指导

固定资产系统是一套用于各类企业和行政事业单位进行固定资产核算和管理的软件，能够帮助企业进行固定资产净值、累计折旧数据的动态管理，协助企业进行部分成本核算，协助设备管理部门做好固定资产管理工作。固定资产系统的主要作用是完成企业固定资产日常业务的核算和管理，生成固定资产卡片，按月反映固定资产的增加、减少、原值变化及其他变动，并输出相应的增减变动明细账，按月自动计提折旧，生成折旧分配凭证，同时输出相关的报表和账簿。

企业固定资产系统操作流程如图 6-1 所示。

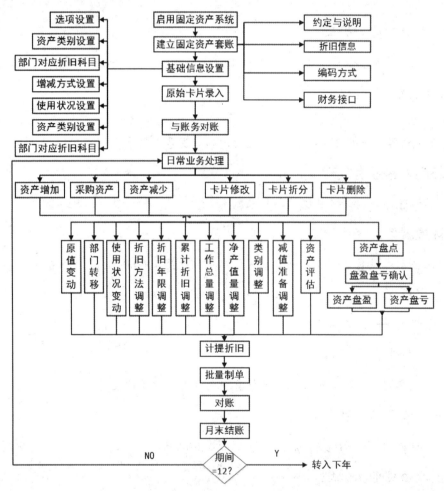

图 6-1　固定资产系统操作流程

二维码 6-1
原值增加
业务处理

任务一　原值增加业务处理

资产在使用过程中，除发生下列情况外，价值不得任意变动：根据国家规定对固定资产重新估价；增加补充设备或改良设备；将固定资产的一部分拆除；根据实际价值调整原来的暂估价值；发现原记固定资产价值有误的。

原值变动包括原值增加和原值减少两部分。

3 月 17 日，以会计的身份登录企业应用平台，依次执行"业务导航"→"经典树形"→"业务工作"→"固定资产"→"变动单"→"原值增加"命令，弹出"固定资产变动单"页面，按项目资料输入数据，如图 6-2 所示。

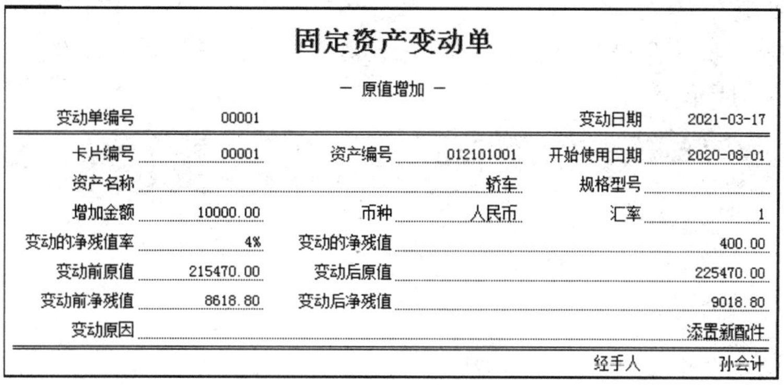

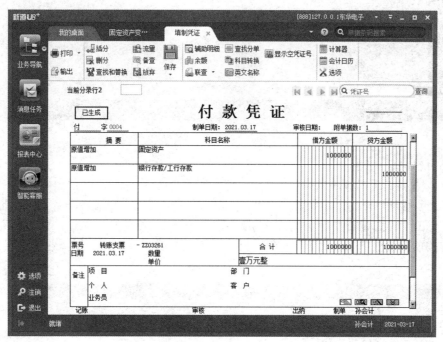

图 6-2　固定资产变动单-原值增加

依次单击"保存"→"确定"按钮，打开"填制凭证"界面，补齐凭证要素后单击"保存"按钮，生成原值增加凭证，如图 6-3 所示。

图 6-3　填制凭证-固定资产原值增加

任务二　采购资产业务处理

"资产增加"功能即新增加固定资产卡片，在系统日常使用过程中，可能会购进或通过其他方式增加企业资产，该部分资产通过"资产增加"操作输入系统。当固定资产开始使用日期的会计期间等于输入会计期间时，才能通过"资产增加"输入。

"采购资产"功能是指根据入库单中的存货结转生成的固定资产卡片。在采购管理系统存在业务类型是固定资产采购的入库单时，其数据可以直接传递到固定资产系统的"采购资产"功能点，可以选择入库单结转生成卡片。

固定资产增加业务的处理方法有以上两种方法，"资产增加"功能适合未启用供应链的情况时使用，"采购资产"功能适合启用了供应链的情况时使用，能较好地体现业财一体信息化应用的特性。

第一步，采购订单。

3 月 19 日，以采购的身份登录企业应用平台，依次执行"业务导航"→"经典树形"→"业务工作"→"供应链"→"采购管理"→"采购订货"→"采购订单"命令，打开"采购订单"界面，单击"增加"按钮，"业务类型"选择"固定资产"，按项目资料输入数据后，依次单击"保存"→"审核"按钮完成采购订单的制作，如图 6-4 所示。

图 6-4　采购订单

第二步，到货单。

3 月 19 日，以采购的身份登录企业应用平台，依次执行"业务导航"→"经典树形"→"业务工作"→"供应链"→"采购管理"→"采购到货"→"到货单"命令，打开"到货单"界面，单击"增加"按钮，将"业务类型"修改为"固定资产"，再依次单击"参照"→"采购订单"按钮，弹出"查询条件-单据列表过滤"页面，按默认设置单击"确定"按钮，弹出"拷贝并执行"页面，选择业务对应的采购订单，如图 6-5 所示。

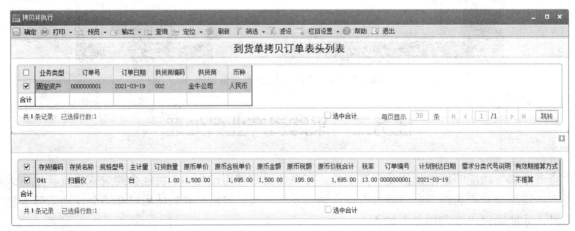

图 6-5　复制订单

单击"确定"按钮，将审核过的采购订单数据复制到当前到货单，返回"到货单"界面，检查数据无误后，依次单击"保存"→"审核"按钮完成到货单的制作，如图6-6所示。

图6-6 到货单

第三步，采购入库单。

3月19日，以仓库的身份登录企业应用平台，依次执行"业务导航"→"经典树形"→"业务工作"→"供应链"→"库存管理"→"采购入库"→"采购入库单"命令，打开"采购入库单"界面，依次单击"增加"→"采购"→"采购到货单"按钮，弹出"查询条件-采购到货单列表"页面，按默认设置单击"确定"按钮，弹出"到货单生单列表"页面，选中业务对应的采购到货单，如图6-7所示。

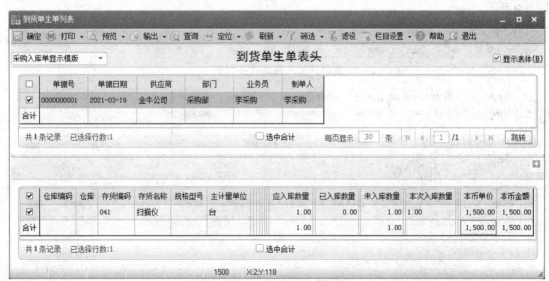

图6-7 复制到货单

单击"确定"按钮，将审核过的采购到货单数据复制到当前入库单，返回"采购入库单"界面，"仓库"选择"资产仓"后，依次单击"保存"→"审核"按钮完成采购入库单的制作，如图 6-8 所示。

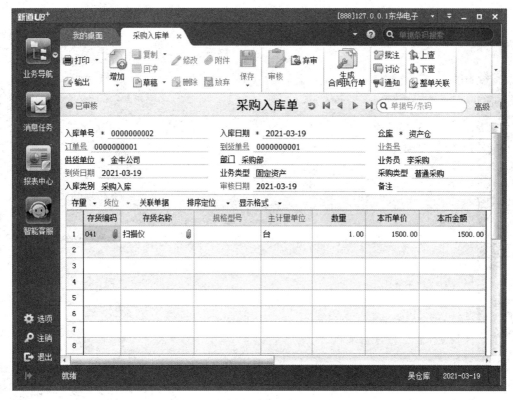

图 6-8　采购入库单

第四步，专用采购发票。

3 月 19 日，以采购的身份登录企业应用平台，依次执行"业务导航"→"经典树形"→"业务工作"→"供应链"→"采购管理"→"采购发票"→"专用采购发票"命令，打开"专用发票"界面，单击"增加"按钮，"业务类型"选择"固定资产"，再依次单击"参照"→"入库单"按钮，弹出"查询条件-单据列表过滤"页面，按默认设置单击"确定"按钮，弹出"拷贝并执行"页面，选中业务对应的采购入库单，如图 6-9 所示。

图 6-9　复制入库单

单击"确定"按钮，将审核过的采购入库单数据复制到当前发票，返回"专用发票"界面，补充数据并检查无误后，依次单击"保存"→"复核"→"结算"→"现付"按钮，弹出"采购现付"页面，如

图 6-10 所示。

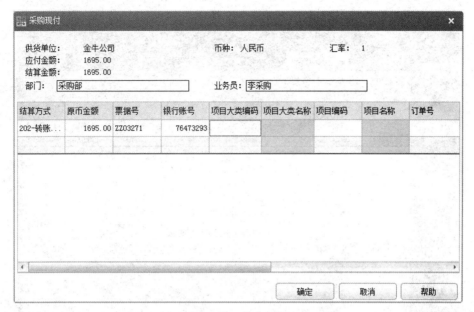

图 6-10 采购现付

在"采购现付"页面里输入付款信息,再单击"确定"按钮完成专用采购发票的制作,如图 6-11 所示。

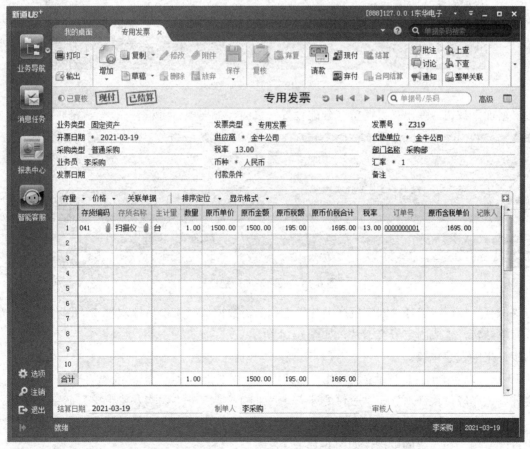

图 6-11 专用采购发票

第五步,入库单结转生成固定资产卡片。

3 月 19 日,以会计的身份登录企业应用平台,依次执行"业务导航"→"经典树形"→"业务工作"→

"财务会计"→"固定资产"→"卡片"→"采购资产"命令，打开"采购资产"界面，在"未转采购资产订单列表"中选中本笔业务所购固定资产，如图 6-12 所示。

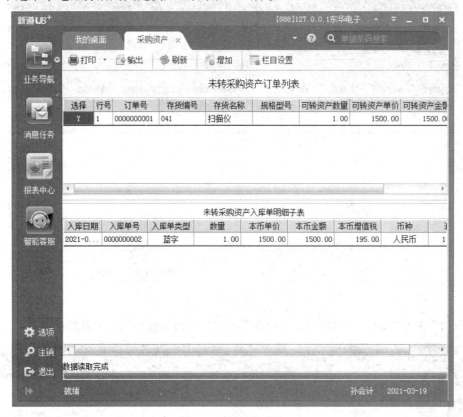

图 6-12　选择入库单

单击"增加"按钮，弹出"采购资产分配设置"页面，根据项目资料补充填入数据，如图 6-13 所示。

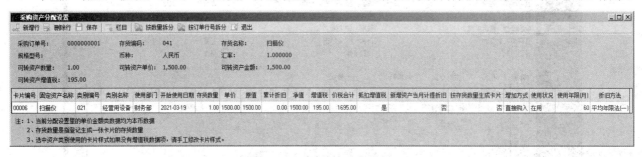

图 6-13　采购资产分配设置

单击"保存"按钮，选择"固定资产卡片"选项卡，数据核对无误后依次单击"保存"→"确定"按钮完成入库单结转，生成固定资产卡片，如图 6-14 所示。

第六步，采购发票审核。

3 月 19 日，以会计的身份登录企业应用平台，依次执行"业务导航"→"经典树形"→"业务工作"→"财务会计"→"应付款管理"→"应付处理"→"采购发票"→"采购发票审核"命令，打开"采购发票审核"界面，在"采购发票列表"中单击"查询"按钮，选中需要审核的发票后单击"审核"按钮，完成对固定资产专用采购发票的审核，如图 6-15 所示。

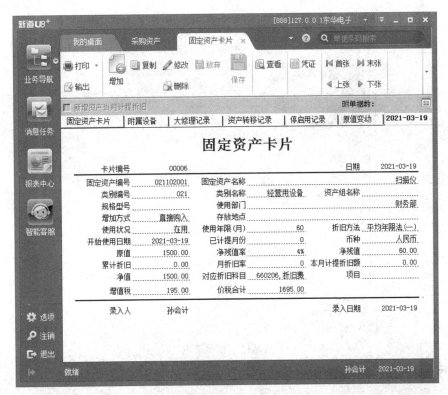

图 6-14　采购资产-固定资产卡片

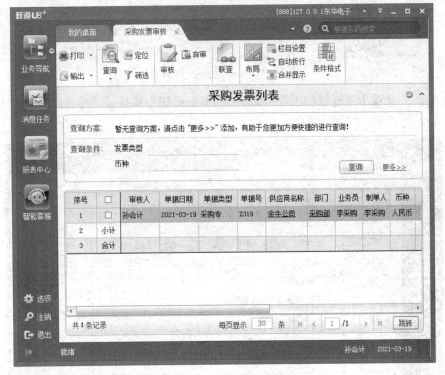

图 6-15　采购发票审核

第七步，生成凭证。

3 月 19 日，以会计的身份登录企业应用平台，依次执行"业务导航"→"经典树形"→"业务工作"→"财务会计"→"应付款管理"→"凭证处理"→"生成凭证"命令，弹出"制单查询"页面，选中"发票"和"现结"，如图 6-16 所示。

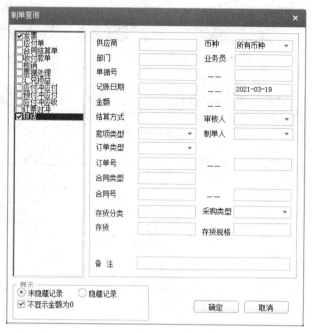

图 6-16　制单查询

单击"确定"按钮，打开"生成凭证"界面，如图 6-17 所示。

应付列表

凭证类别　付款凭证　　　　制单日期 2021-03-19　　　　　　共 1 条

选择标志	凭证类别	单据类型	单据号	日期	供应商编码	供应商名称	部门	业务员	金额
	付款凭证	现结	0000000001	2021-03-19	002	金牛公司	采购部	李采购	1,695.00

图 6-17　生成凭证-应付列表

选择"凭证类别"并双击"选择标志"，单击"制单"按钮生成凭证，单击"保存"按钮保存凭证，如图 6-18 所示。

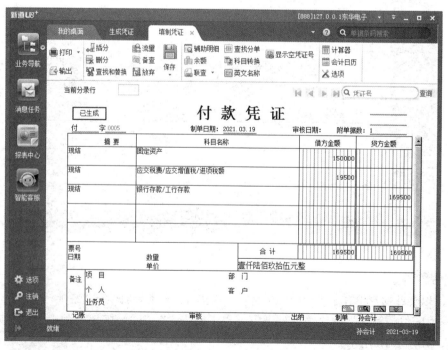

图 6-18　生成凭证

二维码6-3
部门转移
业务处理

任务三　部门转移业务处理

资产在使用过程中，因内部调配而发生的部门变动，通过部门转移功能实现。

3月20日，以会计的身份登录企业应用平台，依次执行"业务导航"→"经典树形"→"业务工作"→"财务会计"→"固定资产"→"变动单"→"部门转移"命令，弹出"固定资产变动单"页面，按项目资料输入数据，如图6-19所示，再依次单击"保存"→"确定"按钮，完成固定资产变动单。

固定资产变动单

－ 部门转移 －

变动单编号 　00002		变动日期	2021-03-20
卡片编号　00003	资产编号　022101002	开始使用日期	2018-12-15
资产名称	传真机	规格型号	
变动前部门	总经理办公室	变动后部门	采购部
存放地点		新存放地点	
保管人		新保管人	
变动原因			工作需要
		经手人	孙会计

图6-19　固定资产变动单-部门转移

二维码6-4
计提减值
准备

任务四　计提减值准备

企业应当在期末至少在每年年终对固定资产逐项进行检查，由于市价持续下跌或技术陈旧等原因导致其可回收金额低于账面价值的，应当将可回收金额低于账面价值的差额作为固定资产减值准备。固定资产减值准备按单项资产计提。

3月23日，以会计的身份登录企业应用平台，依次执行"业务导航"→"经典树形"→"业务工作"→"财务会计"→"固定资产"→"减值准备"→"计提减值准备"命令，弹出"固定资产变动单"页面，按项目资料输入数据，如图6-20所示。

固定资产变动单

－计提减值准备－

变动单编号　00003		变动日期	2021-03-23
卡片编号　00002	资产编号　022101001	开始使用日期	2020-09-01
资产名称	笔记本电脑	规格型号	
减值准备金额　1000.00	币种　人民币	汇率	1
原值　28900.00		累计折旧	5548.80
累计减值准备金额　1000.00	累计转回准备金额		0.00
可回收市值　22351.20			
变动原因		技术进步	
		经手人	孙会计

图6-20　固定资产变动单-计提减值准备

依次单击"保存"→"确定"按钮，打开"填制凭证"界面，补齐凭证要素后单击"保存"按钮，生成计提减值准备凭证，如图6-21所示。

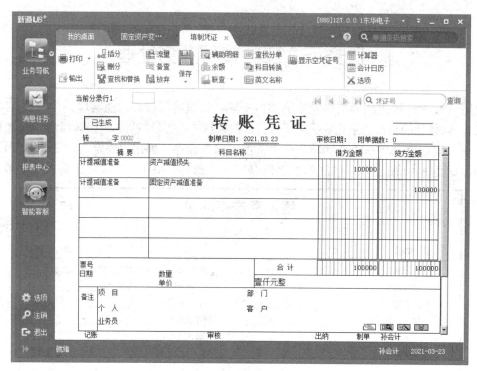

图 6-21 填制凭证-计提减值准备

二维码 6-5
计提折旧

任务五　计提折旧

自动计提折旧是固定资产系统的主要功能之一。系统每期计提折旧一次，系统将自动计提各个资产当期的折旧额，并将当期的折旧额自动累加到累计折旧项目。根据输入系统的资料自动计算每项资产的折旧，并自动生成折旧分配表，然后制作记账凭证，将本期的折旧费用自动登账。

3 月 25 日，以会计的身份登录企业应用平台，依次执行"业务导航"→"经典树形"→"业务工作"→"财务会计"→"固定资产"→"折旧计提"→"计提本月折旧"命令，在出现的两次对话框中均单击"是"按钮开始计提本月折旧，稍候显示"折旧清单"，如图 6-22 所示。

图 6-22 计提折旧-折旧清单

单击"退出"按钮，提示"计提折旧完成！"，单击"确定"按钮进入"折旧分配表"，如图 6-23 所示。

部门编号	部门名称	项目编号	项目名称	科目编号	科目名称	折旧额
101	总经理办公			660206	折旧费	3,328.15
202	采购部			660206	折旧费	56.16
301	生产车间			510102	折旧费	207.68
合计						3,591.99

图 6-23 计提折旧-折旧分配表

单击"凭证"按钮，打开"填制凭证"界面，补齐凭证要素后单击"保存"按钮，生成计提折旧凭证，如图 6-24 所示。

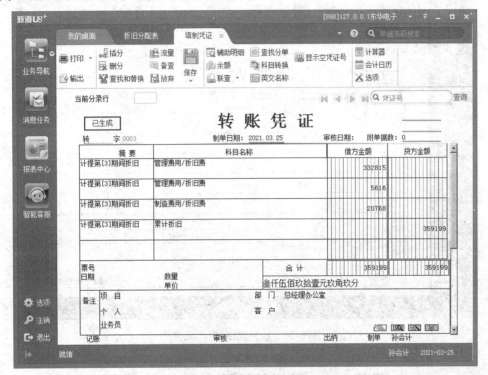

图 6-24 填制凭证-计提折旧

任务六 资产减少业务处理

二维码 6-6
资产减少
业务处理

资产在使用过程中，总会由于各种原因，如毁损、出售、盘亏等，退出企业，该部分操作称为"资产减少"。固定资产系统提供资产减少的批量操作，为同时清理一批资产提供方便。

3 月 26 日，以会计的身份登录企业应用平台，依次执行"业务导航"→"经典树形"→"业务工作"→"财务会计"→"固定资产"→"资产处置"→"资产减少"命令，打开"资产减少"界面，选择要减少的资产，有以下两种方法。

（1）如果要减少的资产较少或没有共同点，则输入资产编号或卡片号，然后单击"增加"按钮，将资产添加到资产减少表中。

（2）如果要减少的资产较多且有共同点，则单击"条件"按钮，屏幕显示的页面与卡片管理中自定义查询的条件查询页面一样。输入一些查询条件，将符合该条件集合的资产挑选出来进行减少操作。

选择"卡片编号"，单击"增加"按钮显示资产减少记录，按项目资料补充数据，如图 6-25 所示。

单击"确定"按钮，弹出减少成功的对话框后单击"确定"按钮，补齐凭证要素后单击"保存"按钮，生成资产减少凭证，如图 6-26 所示。

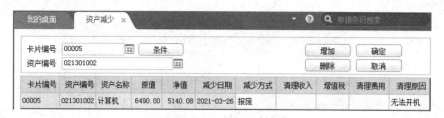

图 6-25　资产减少

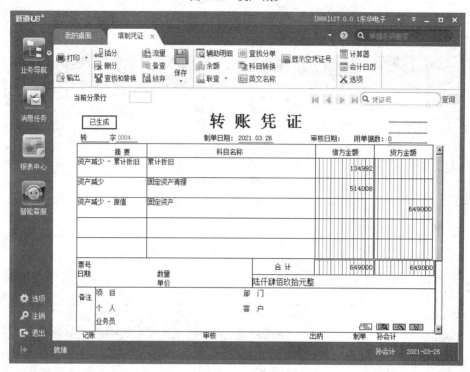

图 6-26　填制凭证-资产减少

任务七　撤销资产减少业务处理

如果要删除已制作凭证的卡片、变动单、评估单，或重新计提、分配折旧，进行资产减少的恢复等操作，必须先删除相应的凭证，否则系统禁止这些操作。

第一步，删除凭证。

由非总账系统制作的传送到总账系统的凭证，统称为外部凭证。总账系统无权删除和修改外部凭证，外部凭证的修改和删除只能在制作该凭证时的子系统完成，且能修改的内容也仅限于摘要、增加的分录、系统默认的分录的科目。系统默认的分录的金额是与原始单据相关的，不能修改；删除也只是标记"作废"，需要在总账系统整理凭证后才能彻底删除。

由于资产减少是在计提折旧之后的操作，如果之后又发生了影响折旧数据的业务，则需重新生成折旧分配表，因此必须先删除计提折旧的凭证并取消计提折旧后，才能进行撤销资产减少的操作。

3 月 28 日，以会计的身份登录企业应用平台，依次执行"业务导航"→"经典树形"→"业务工作"→"财务会计"→"固定资产"→"凭证处理"→"查询凭证"命令，打开"查询凭证"界面，选择要撤销减少的凭证，单击"删除"按钮，在弹出的对话框中单击"是"按钮删除"资产减少"的凭证，用同样的方法将计提折旧的凭证同时删除，如图 6-27 所示。

图 6-27　删除资产减少凭证

然后在总账系统中对上述两张凭证进行整理操作，如图 6-28 所示。

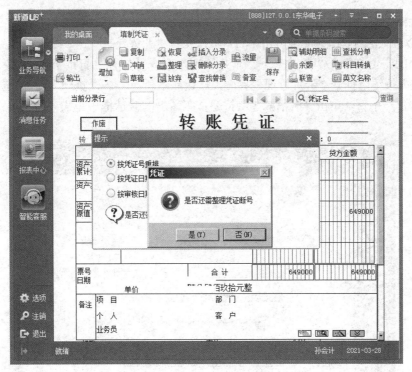

图 6-28　整理凭证

第二步，删除资产减少和计提折旧批量制单记录。

3 月 28 日，以会计的身份登录企业应用平台，依次执行"业务导航"→"经典树形"→"业务工作"→"财务会计"→"固定资产"→"凭证处理"→"批量制单"命令，打开"查询条件-批量制单"页面，按默认设置单击"确定"按钮，打开"批量制单"界面，双击"选择"栏打上"Y"标记，单击"删除"按钮，在弹出的对话框中单击"是"按钮取消资产减少和计提折旧的制单业务，如图 6-29 所示。

图 6-29　批量制单-删除制单业务

第三步，卡片撤销减少。

3 月 28 日，以会计的身份登录企业应用平台，依次执行"业务导航"→"经典树形"→"业务工作"→"财务会计"→"固定资产"→"卡片"→"卡片管理"命令，打开"查询条件-卡片管理"界面，按默认设置单击"确定"按钮，打开"卡片管理"界面，默认显示所有"在役资产"，因此选择"已减少资产"，选中需撤销减少的资产条目，单击"撤销减少"按钮，在弹出的对话框中单击"是"按钮，完成撤销操作，如图 6-30 所示。

图 6-30　卡片管理-撤销减少

任务八　资产盘点业务处理

企业要定期对固定资产进行清查，至少每年清查一次，清查通过盘点实现。固定资产系统将固定资产盘点简称为资产盘点，是在对固定资产进行实地清查后，将清查的实物数据输入固定资产系统与账面数据进行比对，并由系统自动生成盘点结果清单的过程。固定资产系统中盘点单的输入项可以按业务需要选择卡片项目，包括系统项目和自定义项目。

第一步，新增盘点单。

3 月 31 日，以会计的身份登录企业应用平台，依次执行"业务导航"→"经典树形"→"业务工作"→"财务会计"→"固定资产"→"资产盘点"→"资产盘点"命令，打开"资产盘点"界面，单击"增加"按钮，弹出"新增盘点单-数据录入"页面，单击"范围"按钮，在弹出的对话框中设置"盘点日期"和选中"按资产类别盘点"复选框，单击"资产类别"选择框后面的 🔳 按钮，弹出"固定资产类别档案"页面，选中所有固定资产类别，如图 6-31 所示。

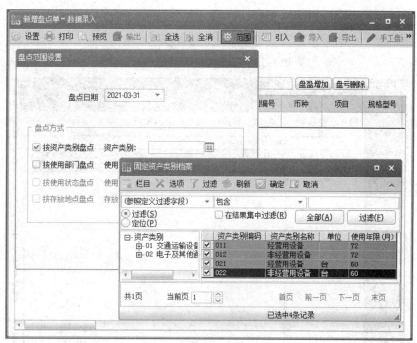

图 6-31　盘点范围设置

依次单击"确定"→"确定"按钮，返回"新增盘点单-数据录入"页面，单击"盘盈增加"按钮按项目资料输入盘盈固定资产，再按项目资料选中盘亏固定资产后单击"盘亏删除"按钮完成此项操作，如图 6-32 所示。

依次单击"保存"→"确定"→"退出"按钮，返回"资产盘点"界面，如图 6-33 所示。

第二步，资产盘点汇总。

企业的多个部门在不同的办公地点，每个地点生成不同盘点单，需要分次将多个地点的盘点结果导回，同时生成盘点结果报告，综合处理盘点业务。企业进行资产盘点，生成盘点单之后，需要对多张盘点单进行汇总，并确认后续处理结果。

3 月 31 日，以会计的身份登录企业应用平台，依次执行"业务导航"→"经典树形"→"业务工作"→"财务会计"→"固定资产"→"资产盘点"→"资产盘点汇总"命令，打开"资产盘点汇总"界面，单击"增加"按钮，弹出"查询条件"页面，设置"汇总范围"为"类别"，单击"确定"按钮，弹出"选择盘点单"页面，在需要汇总的盘点单记录的"选择"栏打上"Y"标记，单击"汇总"按钮，弹出"新增盘点单-汇总盘点单"页面，如图 6-34 所示。

图 6-32　新增盘点单-数据输入

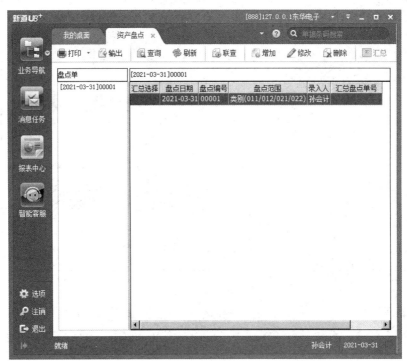

图 6-33　资产盘点

汇总盘点单

类别: (011/012/021...　汇总日期　　　定位　　　　核对　　　　　　　　　　　　　　　　　　　　　　卡片数:6

固定资产编号	固定资产名称	部门编号	类别编号	币种	使用年限(月)	开始使用日期	录入日期	录入人	原值	净残值	净残值率	类别名称	增加方式	使用状况	折旧方法	已计提月份	累计折旧	净值	累计减值准备金额	使用部门
012101001	轿车	101	012	人民币	72	2020-08-01	2021-03-01	赵主管	225470	9018.8	0.04	非经营用设备	直接购入	在用	平均年限法（一）	6	37254.75	188215.25	0	总经理办公室
022101001	笔记本电脑	101	022	人民币	60	2020-09-01	2021-03-01	赵主管	28900	1156	0.04	非经营用设备	直接购入	在用	平均年限法（一）	5	5548.8	23351.2	1000	总经理办公室
021102001	扫描仪	102	021	人民币	60	2021-03-19	2021-03-19	孙会计	1500	60	0.04	经营用设备	直接购入	在用	平均年限法（一）	0	0	1500	0	财务部
021201001	传真机	201	021	人民币	48	2021-03-01	2021-03-31		3000	0	0.04	经营用设备	盘盈	在用		0	0	3000	0	销售部
022101002	传真机	202	022	人民币	60	2018-12-15	2021-03-01	赵主管	3510	140.4	0.04	非经营用设备	直接购入	在用	平均年限法（一）	26	1825.2	1684.8	0	采购部
021301002	计算机	301	021	人民币	60	2020-09-01	2021-03-01	赵主管	6490	259.6	0.04	经营用设备	直接购入	在用	平均年限法（一）	5	1246.08	5243.92	0	生产车间

图 6-34　新增盘点单-汇总盘点单

　　单击"保存"按钮，切换为"查看盘点单（单据号：000001）-汇总盘点单"页面，单击"核对"按钮，弹出"查看盘点单（单据号：000001）-盘点结果清单"页面，单击"保存"按钮完成核对操作，如图 6-35 所示。

盘点结果清单

类别: (011/012/021...　　■过滤掉相符情况　　■盘盈　　□盘亏　　□不符

卡片编号	固定资产编号	账面资产状况		合并汇总状况		汇总盘点结果	处理
		部门编号	使用部门	部门编号	使用部门		
	021201001			201	销售部	盘盈	盘盈
00001	012101001	101	总经理办公室	101	总经理办公室	相同	不处理
00002	022101001	101	总经理办公室	101	总经理办公室	相同	不处理
00003	022101002	202	采购部	202	采购部	相同	不处理
00004	021301001	301	生产车间			盘亏	盘亏
00005	021301002	301	生产车间	301	生产车间	相同	不处理
00006	021102001	102	财务部	102	财务部	相同	不处理

图 6-35　盘点结果清单

第三步，汇总结果确认。

企业进行资产盘点单的汇总核对之后，处理方式为盘亏、盘盈、部门转移、位置转移、保管人变动的资产，需要在"汇总结果确认"功能节点进行审核确认。

3 月 31 日，以会计的身份登录企业应用平台，依次执行"业务导航"→"经典树形"→"业务工作"→"财务会计"→"固定资产"→"资产盘点"→"汇总结果确认"命令，打开"汇总结果确认"界面，双击"选择"栏打上"Y"标记；双击"审核"栏对需要审核的盘盈、盘亏或者需要生成变动单的记录进行审核，选择"同意"或"不同意"；在"处理意见"栏输入处理意见；单击"保存"按钮，保存审核结果、处理意见，如图 6-36 所示。

图 6-36　汇总结果确认

第四步，盘盈处理。

企业进行资产的盘点，生成汇总盘点单之后，要对盘盈盘亏结果进行审核。

3 月 31 日，以会计的身份登录企业应用平台，依次执行"业务导航"→"经典树形"→"业务工作"→

"财务会计"→"固定资产"→"资产盘点"→"资产盘盈"命令，打开"资产盘盈"界面，双击"选择"栏打上"Y"标记，如图 6-37 所示。

图 6-37　资产盘盈

单击"盘盈处理"按钮，打开"固定资产卡片"界面，单击"保存"按钮，弹出"填制凭证"界面并提示"数据成功保存！"，单击"确定"按钮完善凭证要素（修改科目），再单击"保存"按钮保存凭证，如图 6-38 所示。

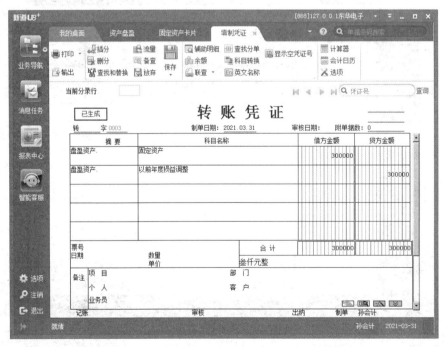

图 6-38　盘盈资产凭证

第五步，盘亏处理。

由于盘亏资产将进行资产减少操作，所以需要重新计提折旧后才可进行。

3 月 31 日，以会计的身份登录企业应用平台，依次执行"业务导航"→"经典树形"→"业务工作"→"财务会计"→"固定资产"→"计提折旧"→"计提本月折旧"命令，参照业务五的方法重新计提折旧，生成凭证，如图 6-39 所示。

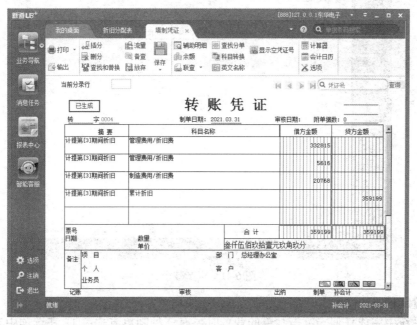

图 6-39　计提折旧凭证

3 月 31 日，以会计的身份登录企业应用平台，依次执行"业务导航"→"经典树形"→"业务工作"→"财务会计"→"固定资产"→"资产盘点"→"资产盘亏"命令，打开"资产盘亏"界面，双击"选择"栏打上"Y"标记，如图 6-40 所示。

图 6-40　资产盘亏

单击"盘亏处理"按钮，打开"资产减少"界面，如图 6-41 所示，依次单击"确定"→"确定"按钮完成资产减少的操作。

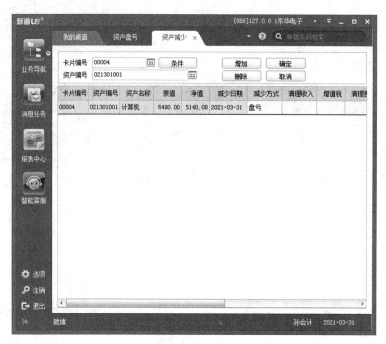

图 6-41　资产减少

第六步，批量制单。

在固定资产系统中完成任何一笔需制单的业务时，有三种制单方式：① 在选项中未选中"业务发生后立即制单"，则在业务完成时通过单击"凭证"按钮制作记账凭证；② 在选项中选中了"业务发生后立即制单"，则在业务完成时自动生成记账凭证；③ 不管选项设置如何均在业务发生时放弃制单，则可以通过批量制单功能完成制单工作。批量制单功能可同时将一批需要制单的业务连续制作凭证传输到总账系统，避免了多次制单的烦琐。

3 月 31 日，以会计的身份登录企业应用平台，依次执行"业务导航"→"经典树形"→"业务工作"→"财务会计"→"固定资产"→"凭证处理"→"批量制单"命令，弹出"查询条件-批量制单"页面，按默认设置单击"确定"按钮，打开"批量制单"界面，进行制单选择，双击"选择"栏打上"Y"标记，如图 6-42 所示。

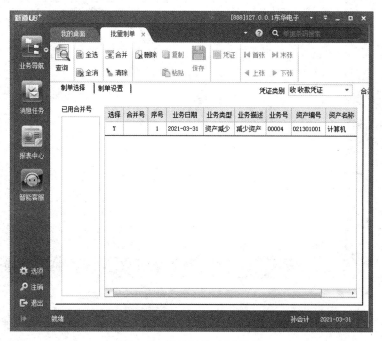

图 6-42　批量制单-制单选择

凡是业务发生时没有制单的，该业务自动排列在批量制单表中，表中列示应制单而没有制单的业务发生的日期、类型、原始单据号，默认的借贷方科目和金额以及选择标志。

选择"制单设置"选项卡，选择"凭证类别"，根据实际情况和需要进行选择制单是否需要合并分录，也可以通过复制行、粘贴行，将科目（修改科目）进行批量的复制粘贴，如图 6-43 所示。

序号	业务日期	业务类型	业务描述	业务号	方向	发生额	科目	部门核算	项目核算
1	2021-03-31	资产减少	减少资产	00004	借	1,349.92	1602 累计折旧		
2	2021-03-31	资产减少	减少资产	00004	借	5,140.08	190102 待处理固定资产损益		
3	2021-03-31	资产减少	减少资产	00004	贷	6,490.00	1601 固定资产		

图 6-43　批量制单-制单设置

补充完善凭证相关要素后，单击"凭证"按钮生成盘亏的凭证，如图 6-44 所示。

图 6-44　批量制单-凭证

任务九　资产对账

二维码 6-9
资产对账

3 月 31 日，以会计的身份登录企业应用平台，依次执行"业务导航"→"经典树形"→"业务工作"→"财务会计"→"固定资产"→"资产对账"→"对账"命令，打开"对账条件"页面，选中对账"科目"和"包含总账系统未记账记录"，单击"确定"按钮，打开"对账"界面，如图 6-45 所示。

科目		固定资产				总账				对账差异			
编码	名称	期初余额	借方金额	贷方金额	期末余额	期初余额	借方金额	贷方金额	期末余额	期初余额	借方金额	贷方金额	期末余额
1601	固定资产	260860.00	14500.00	6490.00	268870.00	260860.00	14500.00	6490.00	268870.00	0.00	0.00	0.00	0.00
1602	累计折旧	47120.91	1349.92	3591.99	49362.98	47120.91	1349.92	3591.99	49362.98	0.00	0.00	0.00	0.00

图 6-45　与总账对账结果

拓展实验　固定资产管理

【拓展实验任务资料】

3 月 15 日，公司因需要购入一套商品房作为新增办公用房，如图 6-46～图 6-49 所示。（假定不考虑其他税费）

图 6-46　专用发票

图 6-47　纳税凭证

中华人民共和国契税完税证

签发日期：2021年3月15日　　（2021）电子　　　　NO　100132201

征收机关	成都市财政局	纳税人名称	成都东华电子有限公司	地址	成都市金牛区红光路1号
征收项目	房地产权属转移　面积180m²		税款所属时间：2021年3月	契约（合同）成立日期：2021.3.15	
应纳税额	2250000		税率	2%	
契税	45000		逾期 15天，每日按滞纳税款加收2‰的滞纳金。		
金额合计：人民币（大写）肆万伍仟元整					
征收机关（盖章）		委托代征代扣单位（盖章）		备注：	
经办人（章）		经办人（章）			

图 6-48　完税凭证

固定资产验收交接单

固定资产类别：房屋及建筑物					资产编号：		
固定资产项目名称	房屋	规格及型号	三室两厅	销售单位	成都万科房地产股份有限公司	取得来源	直接购入
原值	2295000.00	安装费		预计净残值率	4%		
购买日期	2021.3.15	验收日期	2021.3.15	开始使用日期	2021.3.15	预计使用年限（年）	40
年折旧额		年折旧率		月折旧额		月折旧率	
投入日期	2021.3.15	投入时已使用年限		尚能使用年限		投入时已提折旧额	
验收意见	符合规定质量标准，验收合格。				负责人： 2021年3月15日		
移交部门				接受单位负责人		移交人	
接管部门	总经理办公室			接管单位负责人		移交人	

图 6-49　验收单

项目七 薪资管理系统业务信息化处理

项目准备

设置系统日期为当年 3 月 31 日，引入"项目六 固定资产管理系统业务信息化处理"备份账套。

项目资料

任务一 正式人员工资业务处理

（1）正式人员 3 月工资数据如表 7-1 所示。

表 7-1 正式人员工资情况

姓　名	基本工资/元	奖金/元	专项扣除						前期应税所得额/元
			子女教育/元	继续教育/元	住房贷款利息/%	住房租金/元	老人赡养费/元	其他合法扣除/元	
艾中国	8000.00	1500.00	1000.00				2000.00		58 050.00
赵主管	6000.00	1300.00		300.00					54 270.00
钱出纳	5000.00	1200.00			100.00				52 580.00
孙会计	5500.00	1200.00				1000.00			51 730.00
周销售	7500.00	1400.00							57 510.00
张健	6000.00	1300.00						2800.00	54 470.00
李采购	6000.00	1300.00	1000.00						52 470.00
周萍	5000.00	1200.00			120.00				52 140.00
周月	7500.00	1500.00							58 100.00
孟强	4500.00	1000.00							51 050.00
吴仓库	4000.00	1000.00					2000.00		46 500.00
李忠	5000.00	1200.00		400.00					45 790.00
合计	70 000.00	15 100.00	2000.00	700.00	220.00	1000.00	4000.00	2800.00	634 660.00

◉ 说明：因前两月累计收入均未达到 60 000.00 元，故"前期已预扣预交个税"无数据；若前期已预扣预交个税有数据，则用负数表示。

（2）正式人员 3 月工资变动情况。

① 考勤情况：周销售请假 1 天；李采购请假 2 天。

② 发放奖金情况：因上年销售部推广产品业绩较好，该部门员工每人每月增加奖金 800.00 元。

（3）正式人员工资分摊计提：应付工资总额等于工资项目"应付工资"。

工资费用分配的转账分录如表 7-2 所示。

表7-2　正式人员工资分摊类型表

部　门		工 资 分 摊			
		1. 应付工资100%		2. 应付福利费14%	
		借方科目	贷方科目	借方科目	贷方科目
总经办、财务部、仓管部	企业管理人员	660201	工资 221101	660202	职工福利费 221102
采购部、运输部	经营人员	660201		660202	
销售部	经营人员	660101		660102	
生产车间	车间管理人员	510101		510101	
	生产人员	500102		500102	

（4）生成个人所得税申报表。

（5）生成银行代发表。

（6）3月31日，财务部开出工行转账支票一张（金额：86 411.85元，票号：ZZ03081），委托银行代发本月所有员工工资，完成银行代发工资处理。（在总账中填制凭证）

借：应付职工薪酬/工资（221101）　　　　　　　　　　　　　　　86 411.85

　　贷：银行存款/工行存款（100201）　　　　　　　　　　　　　　　86 411.85

任务二　临时人员工资业务处理

（1）临时人员3月工资数据如表7-3所示。

表7-3　临时人员工资情况

姓　名	岗　位	工价/元	工　时	其他合法 扣除/元	前期应税 所得额/元	前期已预扣预交个税
黄河	组装	40.00	180.00	1200.00	55 800.00	无
何平	检验	30.00	200.00	1600.00	49 800.00	（说明：若前期已预扣预交个税 有数据，则用负数表示）
截至3月20日						

注：临时人员的其他合法扣除是包含各种专项扣除的总和。

（2）临时人员工资分摊计提：参照正式人员工资分摊计提。

（3）生成临时人员个人所得税申报表。

（4）生成临时人员银行代发表。

（5）3月31日，财务部开出工行转账支票一张（金额：12 496.80元，票号：ZZ03181），委托银行代发本月临时员工工资，完成银行代发临时员工工资处理。（在总账中填制凭证）

借：应付职工薪酬/工资（221101）　　　　　　　　　　　　　　　12 496.80

　　贷：银行存款/工行存款（100201）　　　　　　　　　　　　　　　12 496.80

项目要求

（1）以会计身份进行薪资管理系统业务操作。

（2）账套输出。

项目操作指导

薪资管理系统可以根据企业的薪资制度、薪资结构设置企业的薪资标准体系，在发生人事变动或薪资标准调整时执行调资处理，记入员工薪资档案作为工资核算的依据；根据不同企业的需要设计工资项目、计算公式，更加方便地输入、修改各种工资数据和资料；自动计算、汇总工资数据，对形成工资、福利费等各项费用进行月末、年末账务处理，并通过转账方式向总账系统传输会计凭证，向成本管理系统传输工资费用数据。齐全的工资报表形式、简便的工资资料查询方式、健全的核算体系，为企业多层次、多角度的工资管理提供了方便。

信息化下的工资核算，是在手工工资核算流程基础上进一步优化。进入系统后，必须按正确的顺序调用系统的各项功能，并保证数据的正确性。特别是第一次使用时，更应遵守使用次序。

多类别工资核算管理企业的薪资管理系统操作流程如图 7-1 所示。

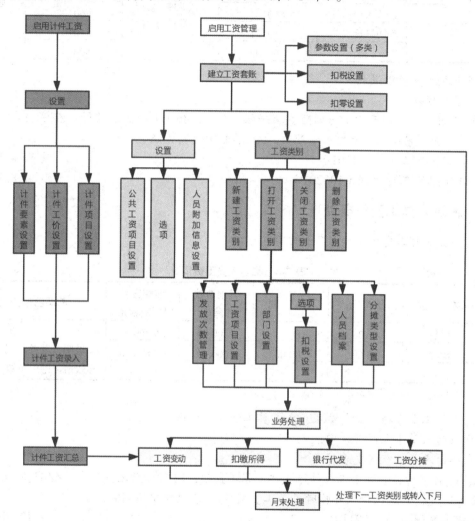

图 7-1 薪资管理系统操作流程

二维码 7-1
正式人员工
资业务处理

任务一 正式人员工资业务处理

一、工资变动

工资变动用于日常工资数据的调整变动以及工资项目增减等。比如平常水电费扣发、事病假扣发、奖金输入等，都在此进行；而人员的增减、部门变更则必须在人员档案中操作。首次进入本功能前，需先设置工资项目及其计算公式，然后再进行数据输入。进入工资变动后屏幕显示所有人员的所有项目供查看。

3 月 31 日，以会计的身份登录企业应用平台，依次执行"业务导航"→"经典树形"→"业务工作"→"人力资源"→"薪资管理"→"工资类别"→"打开工资类别"命令，弹出"打开工资类别"页面，选择"正式人员工资"，单击"确定"按钮，打开"正式人员工资"类别，如图 7-2 所示。

1. 项目过滤设置，输入正式人员工资基础数据

再依次执行"业务导航"→"经典树形"→"业务工作"→"人力资源"→"薪资管理"→"业务处理"→"工资变动"命令，打开"工资变动"界面，单击"过滤器"选项框旁边的▼按钮，单击"过滤设置"打开"项目过滤"页面，依次将需要输入工资数据的"工资项目"通过单击▷按钮添加到"可选项目"中，如图7-3所示。

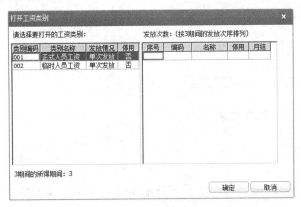

图7-2 打开工资类别

图7-3 项目过滤

在"工资变动"界面，右击表体依次选择"排序""人员编号""升序"，再按过滤并排序后的工资项目输入项目资料中的工资数据，如图7-4所示。

选择	姓名	基本工资	奖金	请假天数	子女教育	继续教育	老人赡养费	住房租金	住房贷款利息	其他合法扣除	前期应税所得额
	艾中国	8,000.00	1,500.00		1,000.00		2,000.00				58,050.00
	赵主管	6,000.00	1,300.00			300.00					54,270.00
	钱出纳	5,000.00	1,200.00						100.00		52,580.00
	孙会计	5,500.00	1,200.00					1,000.00			51,730.00
	周销售	7,500.00	1,400.00	1.00							57,510.00
	张健	6,000.00	1,300.00							2,800.00	54,470.00
	李采购	6,000.00	1,300.00	2.00	1,000.00						52,470.00
	周萍	5,000.00	1,200.00						120.00		52,140.00
	周月	7,500.00	1,500.00								58,100.00
	孟强	4,500.00	1,000.00								51,050.00
	吴仓库	4,000.00	1,000.00				2,000.00				46,500.00
	李忠	5,000.00	1,200.00			400.00					45,790.00
合计		70,000.00	15,100.00	3.00	2,000.00	700.00	4,000.00	1,000.00	220.00	2,800.00	634,660.00

当前月份：3月　总人数：12　当前人数：12

图7-4 工资变动-项目过滤输入数据

2. 数据替换处理

在"工资变动"界面，依次单击"全选"→"替换"按钮，弹出"工资项数据替换"页面，按项目资料进行数据替换设置，如图7-5所示，单击"确定"按钮，在弹出的两次对话框里均单击"是"按钮后完成数据替换。

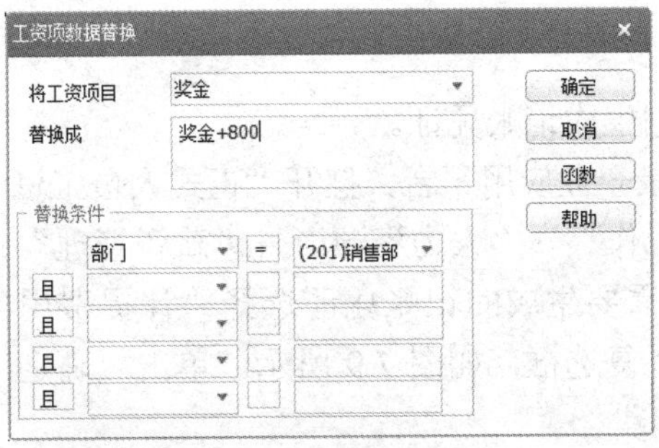

图7-5 工资项数据替换

3．工资计算、汇总处理

在"工资变动"界面，依次单击"全选"→"计算"→"汇总"按钮，系统自动按定义好的公式完成有关项目的数据计算并按部门进行数据汇总，如图 7-6 所示。

选择	人员编号	姓名	部门	人员类别	基本工资	奖金	交补	应发合计	请假天数	请假扣款	养老保险	代扣税	扣款合计	子女教育	继续教育	老人赡养费	住房租金	住房贷款利息	其他合法扣除	实发合计	本期应税所得额	期期应税所得额	累计应税所得额	本期代扣税	应付工资
	111	艾中国	总经理办公室	企业管理人员	8,000.00	1,500.00	500.00	10,000.00			475.00	137.25	612.25	1,000.00		2,000.00				9,387.75	9,525.00	58,050.00	67,575.00	137.25	10,000.00
	121	赵主管	财务部	企业管理人员	6,000.00	1,300.00	500.00	7,800.00			365.00	42.15	407.15		300.00					7,392.85	7,435.00	54,270.00	61,705.00	42.15	7,800.00
	122	钱出纳	财务部	企业管理人员	5,000.00	1,200.00	500.00	6,700.00			310.00		310.00						100.00	6,390.00	6,390.00	52,580.00	58,970.00		6,700.00
	123	孙会计	财务部	企业管理人员	5,000.00	1,200.00	500.00	7,200.00			335.00		335.00				1,000.00			6,865.00	6,865.00	51,730.00	58,595.00		7,200.00
	211	周尚德	销售部	经营人员	7,500.00	2,200.00	300.00	10,000.00	1.00	50.00	485.00	209.25	744.25							9,255.75	9,465.00	57,510.00	66,975.00	209.25	9,950.00
	212	张健	销售部	经营人员	6,000.00	2,100.00	300.00	8,400.00			405.00		405.00					2,800.00		7,995.00	7,995.00	54,470.00	62,465.00		8,400.00
	221	李采购	采购部	经营人员	6,000.00	1,300.00	300.00	7,600.00	2.00	100.00	365.00		465.00	1,000.00						7,135.00	7,135.00	52,470.00	59,605.00		7,500.00
	222	周军	采购部	经营人员	5,000.00	1,200.00	300.00	6,500.00			310.00		310.00					120.00		6,190.00	6,190.00	52,140.00	58,330.00		6,500.00
	311	周月	生产车间	车间管理人员	7,500.00	1,500.00	500.00	9,500.00			450.00	214.50	664.50							8,835.50	9,050.00	58,100.00	67,150.00	214.50	9,500.00
	312	孟煌	生产车间	生产人员	4,500.00	1,000.00	300.00	5,800.00			275.00		275.00							5,525.00	5,525.00	51,050.00	56,575.00		3,800.00
	411	吴仓辉	仓输部	企业管理人员	4,000.00	1,000.00	300.00	5,500.00			250.00		250.00		2,000.00					5,250.00	5,250.00	46,500.00	51,750.00		5,500.00
	421	李忠	运输部	经营人员	6,000.00	1,200.00	300.00	6,500.00			310.00		310.00		400.00					6,190.00	6,190.00	45,790.00	51,980.00		6,500.00
合计					70,000.00	16,700.00	4,800.00	91,500.00	3.00	150.00	4,335.00	603.15	5,088.15	2,000.00	700.00	4,000.00	1,000.00	220.00	2,800.00	86,411.85	87,015.00	634,660.00	721,675.00	603.15	91,350.00

当前月份：3月　　　总人数：12　　　当前人数：12

图 7-6　工资变动-计算汇总

二、工资分摊

财务部门根据工资费用分配表，将工资费用根据用途进行分配，并编制转账会计凭证，传递到总账系统供登账处理之用。

1．工资分摊类型设置

设置企业支付工资费用的分摊规则，如将车间工人的工资分摊到生产成本，将职能部门员工的工资分摊到管理费用。

3 月 31 日，以账套主管的身份登录企业应用平台，打开"正式人员工资"工资类别后，再依次执行"业务导航"→"经典树形"→"业务工作"→"人力资源"→"薪资管理"→"设置"→"分摊类别设置"命令，打开"分摊类型设置"界面，单击"增加"按钮，在"分摊类型设置"编辑区按项目资料设置分摊类型，如图 7-7 和图 7-8 所示。

分摊类型编码*	1		分摊类型名称*	应付工资
分摊比例%*	100		凭证类别字	转

部门名称	人员类别	工资项目	借方科目	借方项目大类	借方项目	贷方科目
总经理办公室,财务部,仓管部	企业管理人员	应付工资	660201			221101
销售部	经营人员	应付工资	660101			221101
采购部,运输部	经营人员	应付工资	660201			221101
生产车间	车间管理人员	应付工资	510101			221101
生产车间	生产人员	应付工资	500102	生产成本	计算机组装	221101

图 7-7　分摊类别设置-应付工资

分摊类型编码*	2		分摊类型名称*	应付福利费
分摊比例%*	14		凭证类别字	转

部门名称	人员类别	工资项目	借方科目	借方项目大类	借方项目	贷方科目
总经理办公室,财务部,仓管部	企业管理人员	应付工资	660202			221102
销售部	经营人员	应付工资	660102			221102
采购部,运输部	经营人员	应付工资	660202			221102
生产车间	车间管理人员	应付工资	510101			221102
生产车间	生产人员	应付工资	500102	生产成本	计算机组装	221102

图 7-8　分摊类别设置-应付福利费

依次单击"保存"→"返回"按钮，返回"分摊类型设置"界面。

2．工资分摊处理

根据分摊类型设置的分摊规则生成记账凭证。

3 月 31 日，以会计的身份登录企业应用平台，打开"正式人员工资"工资类别后，再依次执行"业务导航"→"经典树形"→"业务工作"→"人力资源"→"薪资管理"→"业务处理"→"工资分摊"命令，打开"工资分摊"页面，按需要生成的记账凭证选择"计提费用类型"，核算部门全选，选中"明细到工资项目"和"按项目核算"复选框，如图 7-9 所示。单击"确定"按钮，打开"应付工资一览表"界面，如图 7-10 所示。

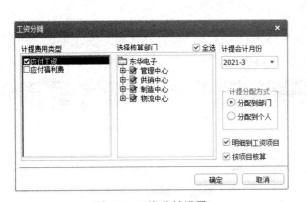

图 7-9　工资分摊设置

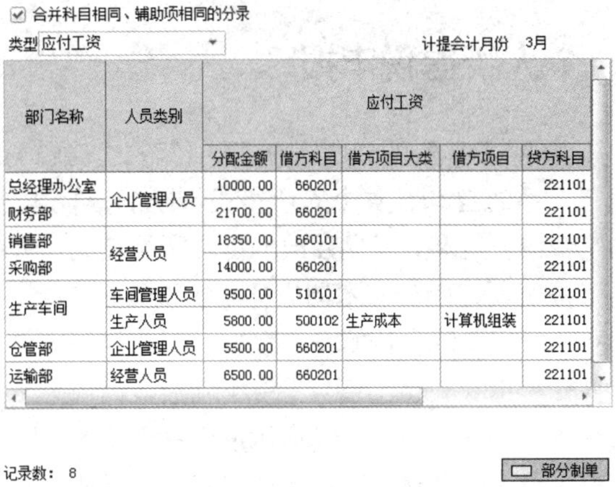

图 7-10　应付工资一览表

选中"合并科目相同、辅助项相同的分录"复选框，单击"制单"按钮，生成"应付工资"凭证，如图 7-11 所示。

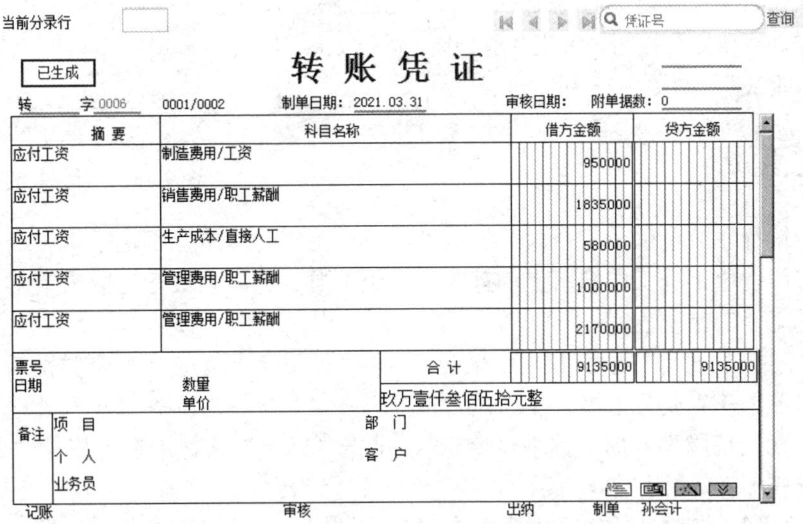

图 7-11　填制凭证-应付工资

按同样的方法，生成"应付福利费"凭证，如图 7-12 所示。

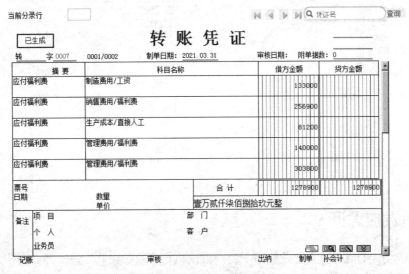

图 7-12　填制凭证-应付福利费

三、个人所得税申报

计算职工工资薪金所得税工作量较大，薪资管理系统特提供个人所得税自动计算功能，只需自定义所得税率，系统自动计算个人所得税，既能减轻工作负担，又可提高工作效率。同一工资类别下所有发放次数的工资统一计税，本期发放的以前所得期间的工资按所属期间计算本期应补缴的税额。

3月31日，以会计的身份登录企业应用平台，打开"正式人员工资"工资类别后，再依次执行"业务导航"→"经典树形"→"业务工作"→"人力资源"→"薪资管理"→"业务处理"→"扣缴所得税"命令，打开"个人所得税申报模板"界面，选择"系统扣缴个人所得税报表"，单击"打开"按钮，在弹出的"所得税申报"页面设置好"查询范围"和"过滤方式"，单击"确定"按钮，生成"系统扣缴个人所得税报表"，如图7-13所示。

所得税申报

打印　预览　输出　税率　栏目　过滤　定位　帮助　退出

系统扣缴个人所得税报表
2021年3月－2021年3月

总人数：12

序号	纳税义务人姓名	所得期间	收入额	费用扣除标准	应纳税所得额	税率	应扣税额	已扣税额	备注
1	艾中国	3	10000.00	63000.00	4575.00	3	137.25	137.25	
2	赵主管	3	7800.00	60300.00	1405.00	3	42.15	42.15	
3	钱出纳	3	6700.00	60100.00	0.00	0	0.00	0.00	
4	孙会计	3	7200.00	61000.00	0.00	0	0.00	0.00	
5	周销售	3	10000.00	60000.00	6975.00	3	209.25	209.25	
6	张健	3	8400.00	62800.00	0.00	0	0.00	0.00	
7	李采购	3	7600.00	61000.00	0.00	0	0.00	0.00	
8	周萍	3	6500.00	60120.00	0.00	0	0.00	0.00	
9	周月	3	9500.00	60000.00	7150.00	3	214.50	214.50	
10	孟强	3	5800.00	60000.00	0.00	0	0.00	0.00	
11	吴仓库	3	5500.00	62000.00	0.00	0	0.00	0.00	
12	李忠	3	6500.00	60400.00	0.00	0	0.00	0.00	
合计			91500.00	730720.00	20105.00		603.15	603.15	

图 7-13　所得税申报

四、银行代发工资

银行代发即由银行发放单位员工个人工资。目前发放工资时基本上都是采用工资银行卡方式，这种做法既减轻了财务部门发放工资工作的繁重，有效地避免了财务部门到银行提取大笔款项所承担的风险，又提高了对员工个人工资的保密程度。

3月31日，以会计的身份登录企业应用平台，打开"正式人员工资"工资类别后，再依次执行"业务导航"→"经典树形"→"业务工作"→"人力资源"→"薪资管理"→"业务处理"→"银行代发"命令，打开"请选择部门范围"界面，选中"全选"，单击"确定"按钮，在弹出的"银行文件格式设置"页面设置好"银行模板"，如图7-14所示。

单击"确定"按钮，在弹出的对话框中单击"是"按钮，生成"银行代发一览表"，如图7-15所示。

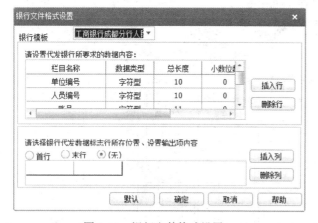

银行文件格式设置

银行模板　工商银行成都分行人↓

请设置要代发银行所要求的数据内容：

栏目名称	数据类型	总长度	小数位数
单位编号	字符型	10	0
人员编号	字符型	10	0
账号	字符型	11	

插入行　删除行

请选择银行代发数据标志行所在位置、设置输出项内容

○首行　○末行　●(无)

插入列　删除列

默认　确定　取消　帮助

图 7-14　银行文件格式设置

名称：工商银行成都分行人民南路分...　　人数：12

单位编号	人员编号	账号	金额	录入日期
1234934325	111	20180080001	9387.75	20210420
1234934325	121	20180080002	7392.85	20210420
1234934325	122	20180080003	6390.00	20210420
1234934325	123	20180080004	6865.00	20210420
1234934325	211	20180080005	9255.75	20210420
1234934325	212	20180080006	7995.00	20210420
1234934325	221	20180080007	7135.00	20210420
1234934325	222	20180080008	6190.00	20210420
1234934325	311	20180080009	8835.50	20210420
1234934325	312	20180080010	5525.00	20210420
1234934325	411	20180080011	5250.00	20210420
1234934325	421	20180080012	6190.00	20210420
合计			86,411.85	

图 7-15　银行代发一览表

五、填制工资发放凭证

3月31日，以会计的身份登录企业应用平台，依次执行"业务导航"→"经典树形"→"业务工作"→"财务会计"→"总账"→"凭证"→"填制凭证"命令，打开"填制凭证"界面，单击"增加"按钮，

完成发放工资凭证的填制并登记支票，如图 7-16 所示。

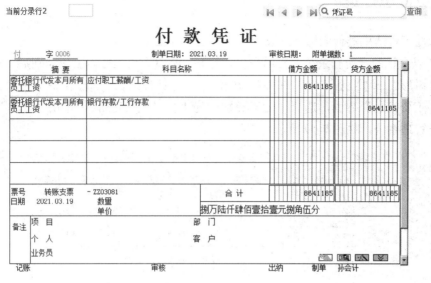

图 7-16　填制凭证

任务二　临时人员工资业务处理

二维码 7-2
临时人员工
资业务处理

一、计件工资输入

输入员工的计件数据，核算计件工资及扣款。

3月31日，以会计的身份登录企业应用平台，打开"临时人员工资"工资类别后，再依次执行"业务导航"→"经典树形"→"业务工作"→"人力资源"→"计件工资"→"个人计件"→"计件工资录入"命令，打开"计件工资录入"界面，选择"工资类别"为"临时人员工资"，单击"批增"→"人员录入"按钮，弹出"批量增加计件工资（人员）"页面，按项目资料输入计件工资信息，如图 7-17 所示。

批量增加计件工资（人员）

人员编码 * 321　　　姓名 * 黄河　　　部门 * 生产车间

计件日期 * 2021-03-20

序号	工序编码	工序	产品编码	产品	工时	工价	废扣工价	合格数量	废品数	工废扣款	个人计件工资合计	计件工资
1	01	组装			180.00	40.0000		0.00	0.00	0.00	0.00	0.00

图 7-17　人员录入-黄河

重复以上方法输入所有人员的计件工资后，单击"确定"按钮，返回"计件工资录入"界面，全选全部记录，依次单击"计算"→"审核"→"全部审核"按钮完成此项操作，如图 7-18 所示。

计件工资录入

工资类别 临时人员工资 ▼　部门 全部 ▼　会计期间 2021-03 ▼　搜索方式 默认 ▼　[搜索]

序号	□	部门编码	部门	人员编码	人员姓名	计件日期	工时	工价	个人计件工资合计	计件工资	是否审核	修改人姓名	审核人姓名
1	□	301	生产车间	321	黄河	2021-03-20	180.00	40.0000	7200.00	7200.00	是		孙会计
2	□	301	生产车间	322	何平	2021-03-20	200.00	30.0000	6000.00	6000.00	是	孙会计	孙会计
合计									13200.00	13200.00			

图 7-18　计件工资录入

二、计件工资汇总处理

对每人的计件工资结果进行汇总，生成个人当月的计件工资。

3 月 31 日，以会计的身份登录企业应用平台，打开"临时人员工资"工资类别后，再依次执行"业务导航"→"经典树形"→"业务工作"→"人力资源"→"计件工资"→"汇总"→"计件工资汇总"命令，打开"计件工资汇总"界面，选择"工资类别"为"临时人员工资"，单击"汇总"按钮，汇总数据自动传递到薪资管理系统，如图 7-19 所示。

| 工资类别 临时人员二 ▼ | 部门 全部 ▼ | 会计期间 2021-03 ▼ | 汇总日期 |

序号	部门编码	部门	人员编码	人员	个人计件工资合计	计件工资	工资合计
1	301	生产车间	321	黄河	7200.00	7200.00	7200.00
2	301	生产车间	322	何平	6000.00	6000.00	6000.00
合计					13200.00	13200.00	13200.00

图 7-19　计件工资汇总

三、工资变动

1. 项目过滤设置，输入临时人员工资基础数据

3 月 31 日，以会计的身份登录企业应用平台，打开"临时人员工资"工资类别后，再依次执行"业务导航"→"经典树形"→"业务工作"→"人力资源"→"薪资管理"→"业务处理"→"工资变动"命令，打开"工资变动"界面，单击"过滤器"选项框旁边的▼按钮，单击"过滤设置"打开"项目过滤"页面，依次将需要输入工资数据的"工资项目"通过单击 ▷ 按钮添加到"可选项目"中，如图 7-20所示。

图 7-20　项目过滤

在"工资变动"界面，右击表体依次选择"排序"→"人员编号"→"升序"，再按过滤并排序后的工资项目输入项目资料中的工资数据，如图 7-21 所示。

| 过滤器　▼ | | | □定位器 | |

选择	人员编号	姓名	其他合法扣除	前期应税所得额
	321	黄河	1,200.00	55,800.00
	322	何平	1,600.00	49,800.00
合计			2,800.00	105,600.00

图 7-21　工资变动-项目过滤输入数据

2. 工资计算、汇总处理

在"工资变动"界面，依次单击"全选"→"计算"→"汇总"按钮，系统自动按定义好的公式完成有关项目的数据计算并按部门进行数据汇总，如图 7-22 所示。

工资变动

选择	人员编号	姓名	部门	人员类别	计件工资	应发合计	养老保险	代扣税	扣款合计	其他合法扣除	实发合计	本期应税所得额	前期应税所得额	累计应税所得额	本期代扣税	应付工资	工资代扣税	扣税合计
	321	黄河	生产车间	生产人员	7,200.00	7,200.00	360.00	43.20	403.20	1,200.00	6,796.80	6,840.00	55,800.00	62,640.00	43.20	7,200.00	43.20	43.20
	322	何平	生产车间	生产人员	6,000.00	6,000.00	300.00		300.00	1,600.00	5,700.00	5,700.00	49,800.00	55,500.00		6,000.00		
合计					13,200.00	13,200.00	660.00	43.20	703.20	2,800.00	12,496.80	12,540.00	105,600.00	118,140.00	43.20	13,200.00	43.20	43.20

图 7-22　工资变动-计算汇总

四、工资分摊

1. 工资分摊类型设置

3 月 31 日，以账套主管的身份登录企业应用平台，打开"临时人员工资"工资类别后，再依次执行"业务导航"→"经典树形"→"业务工作"→"人力资源"→"薪资管理"→"设置"→"分摊类别设置"命令，打开"分摊类型设置"界面，单击"增加"按钮，在"分摊类型设置"编辑区按项目资料设置分摊类型，如图 7-23 和图 7-24 所示。依次单击"保存"→"返回"按钮，返回"分摊类型设置"界面。

图 7-23　分摊类别设置-应付工资

图 7-24　分摊类别设置-应付福利费

2. 工资分摊处理

3 月 31 日，以会计的身份登录企业应用平台，打开"临时人员工资"工资类别后，再依次执行"业务导航"→"经典树形"→"业务工作"→"人力资源"→"薪资管理"→"业务处理"→"工资分摊"命令，打开"工资分摊"界面，按需要生成的记账凭证选择"计提费用类型"，核算部门选中"生产车间"，选中"明细到工资项目"和"按项目核算"复选框；单击"确定"按钮，打开"工资分摊"界面；选中"合并科目相同、辅助项相同的分录"复选框，单击"制单"按钮，生成"应付工资"凭证，如图 7-25 所示。

图 7-25　填制凭证-应付工资

按同样的方法，生成"应付福利费"凭证，如图 7-26 所示。

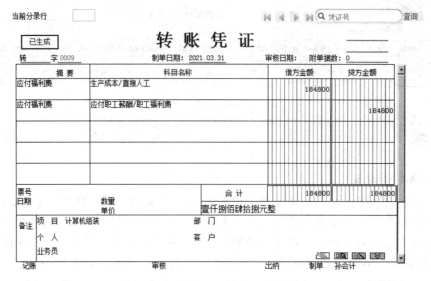

图 7-26　填制凭证-应付福利费

五、个人所得税申报

3 月 31 日，以会计的身份登录企业应用平台，打开"临时人员工资"工资类别后，再依次执行"业务导航"→"经典树形"→"业务工作"→"人力资源"→"薪资管理"→"业务处理"→"扣缴所得税"命令，打开"个人所得税申报模板"界面，选择"系统扣缴个人所得税报表"，单击"打开"按钮，在弹出的"所得税申报"页面设置好"查询范围"和"过滤方式"，单击"确定"按钮，生成"系统扣缴个人所得税报表"，如图 7-27 所示。

图 7-27　所得税申报

六、银行代发工资

3 月 31 日，以会计的身份登录企业应用平台，打开"临时人员工资"工资类别后，再依次执行"业务导航"→"经典树形"→"业务工作"→"人力资源"→"薪资管理"→"业务处理"→"银行代发"命令，打开"请选择部门范围"页面，选中"全选"，单击"确定"按钮，在弹出的"银行文件格式设置"页面设置好"银行模板"；单击"确定"按钮，在弹出的对话框中单击"是"按钮，生成"银行代发一览表"，如图 7-28 所示。

名称：工商银行成都分行人民南路分…　　　　　　　　　　人数：2

单位编号	人员编号	账号	金额	录入日期
1234934325	321	20180080031	6796.80	20210331
1234934325	322	20180080032	5700.00	20210331
合计			12,496.80	

图 7-28　银行代发一览表

七、填制工资发放凭证

3 月 31 日，以会计的身份登录企业应用平台，依次执行"业务导航"→"经典树形"→"业务工作"→"财务会计"→"总账"→"凭证"→"填制凭证"命令，打开"填制凭证"界面，单击"增加"按钮，完成发放工资凭证的填制并登记支票，如图 7-29 所示。

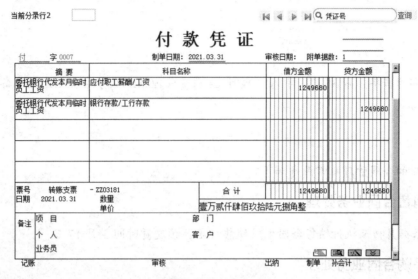

图 7-29　填制凭证

拓展实验　薪资管理

【拓展知识】

薪资管理系统是用友 ERP-U8+的重要组成部分。它具有功能强大、设计周到、操作方便的特点，适用于各类企业、行政、事业与科研单位，并提供了同一企业存在多种工资核算类型的解决方案。

薪资管理系统是由工资管理系统更名而来，如果启用了人力资源系统下的 HR 基础设置和人事信息管理两个模块，则系统菜单下又会显示"薪资标准设置""薪资调整""薪资业务单"三组功能节点，这三组功能中的信息与薪资管理系统中其他功能相互独立，不能直接引用，需要手工指定对应关系才可建立关联。

【拓展实验任务资料】

3 月 31 日，支付服务中心员工本月工资（工资表单略，自定义服务中心员工工资），如图 7-30 所示。

图 7-30　支票存根

项目八　合同管理系统业务信息化处理

项目准备

设置系统日期为当年 3 月 31 日，引入"项目七　薪资管理系统业务信息化处理"备份账套。

项目资料

当年 3 月发生的合同管理日常业务如下。

任务一　销售合同业务处理

3 月 1 日，根据月初未执行销售合同生成销售订单，预发货时间 3 月 17 日。

任务二　采购合同业务处理

3 月 1 日，根据月初未执行采购合同生成采购订单，计划到货时间 3 月 5 日。

任务三　广告合同业务处理

一、签订广告合同业务

3 月 3 日，签订"计算机组装"项目宣传广告合同，如表 8-1 所示。合同为期三个月，当日生效立即执行。

表 8-1　广告合同

合同名称	对方单位	标的名称	数　量	税率/%	含税单价/元
广告合同 1	锦江公司	广告	1	6	10 600.00

二、支付广告费业务

3 月 5 日，经申请批准财务部开出工行转账支票一张（票号：ZZ03135），向锦江公司支付广告费 10 600.00 元。

项目要求

（1）严格按权限分工对相关子系统进行操作。
（2）账套输出。

项目操作指导

合同管理系统主要提供对合同资料的输入、生效、变更、结案的管理，同时对合同的执行、结算、收付款等一系列业务进行管理及后续的跟踪，以保证合同的顺利履行，为企业规避风险，实现利益的最大化。

可制作应收/应付/销售/采购/出口/进口/其他类合同，对合同的标的、条款、附件、大事记等进行管理。应收/应付类合同可制作执行单、结算单，记录合同的执行与结算信息。销售/采购/出口/进口类合同，可在相应模块中生成订单并执行。

二维码 8-1
销售合同生
成销售订单

任务一 销售合同业务处理

3月1日，以销售的身份登录企业应用平台，依次执行"业务导航"→"经典树形"→"业务工作"→"供应链"→"销售管理"→"销售订货"→"销售订单"命令，打开"销售订单"界面，依次单击"增加"→"参照"→"合同"按钮，弹出"查询条件-合同查询条件"页面，单击"确定"按钮打开"合同参照向导"页面，在"合同参照"列表里选中需要生成订单的合同；单击"确定"按钮返回"销售订单"界面，按项目资料修改数据，依次单击"保存"→"审核"按钮完成销售订单的制作，如图 8-1 所示。

● 已审核 　　　　　　　　**销售订单** 　↺ ◁◁ ◁ ▷ ▷▷ 🔍 单据号/条码　　高级 ▦

订单号 * 0000000001	订单日期 * 2021-03-01	业务类型 * 普通销售
销售类型 * 经销	客户简称 * 华苑公司	付款条件
销售部门 * 销售部	业务员 周销售	税率 13.00
币种 人民币	汇率 1	备注
必有定金 否　定金比例...	定金原币金额	定金累计实收本币...

仅子件　关闭　打开 ‖ 存量 ▾ 价格 ▾ 毛利预估　信用 ‖ ATP模拟运算　执行跟踪 ▾ 关联单据 ‖ 排序定位 ▾ 显示格式 ▾ 🔲

	存货编码	存货名称	主计量	数量	报价	含税单价	无税单价	无税金额	税额	价税合计	税率（%）	扣率（%）	扣率2（%）	预发货日期
1	021	📎计算机📎	台	10.00	6500.00	7345.00	6500.00	65000.00	8450.00	73450.00	13.00	100.00	100.00	2021-03-17

图 8-1 销售订单

二维码 8-2
采购合同生
成采购订单

任务二 采购合同业务处理

3月1日，以采购的身份登录企业应用平台，依次执行"业务导航"→"经典树形"→"业务工作"→"供应链"→"采购管理"→"采购订货"→"采购订单"命令，打开"采购订单"界面，依次单击"增加"→"参照"→"合同"按钮，弹出"查询条件-合同查询条件"页面，单击"确定"按钮，打开"合同参照向导"页面，在"合同参照"列表里选中需要生成订单的合同；单击"确定"按钮返回"采购订单"界面，按项目资料修改数据，依次单击"保存"→"审核"按钮完成采购订单的制作，如图 8-2 所示。

● 已审核 　　　　　　**采购订单** 　↺ ◁◁ ◁ ▷ ▷▷ 🔍 单据号/条码　　高级 ▦

业务类型 普通采购	订单日期 * 2021-03-01	订单编号 * 0000000002
采购类型 普通采购	供应商 * 金牛公司	部门 采购部
业务员 李采购	税率 13.00	付款条件
币种 * 人民币	汇率 * 1	备注

关闭　打开 ‖ 存量 ▾ 价格 ▾ 需求源 ▾ 关联单据 ‖ 排序定位 ▾ 显示格式 ▾ 🔲

	存货编码	存货名称	主计量	数量	原币含税单价	原币单价	原币金额	原币税额	原币价税合计	税率	计划到货日期
1	008	📎鼠标📎	个	300.00	56.50	50.00	15000.00	1950.00	16950.00	13.00	2021-03-05

图 8-2 采购订单

任务三　广告合同业务处理

一、签订广告合同业务处理

第一步，输入广告合同（合同管理）。

合同工作台提供对合同的操作功能，包括合同的增加、修改、删除、生效、结案、变更等。

3 月 3 日，以采购的身份登录企业应用平台，依次执行"业务导航"→"经典树形"→"业务工作"→"供应链"→"合同管理"→"合同"→"合同工作台"命令，打开"合同工作台"界面，依次单击"增加"→"应付类合同"→"广告合同"按钮，按项目资料输入数据后，再依次单击"保存"→"生效"按钮保存数据并立即生效，如图 8-3 所示。

图 8-3　合同工作台

第二步，合同结算（合同管理）。

合同签订、执行之后，开始合同处理的第三步——合同结算。合同结算主要包括合同结算单输入、合同结算单生效等业务处理。

由于本例为未启用执行单的应收、应付类合同，所以其执行信息来源于合同结算单。

3 月 3 日，以采购的身份登录企业应用平台，依次执行"业务导航"→"经典树形"→"业务工作"→"供应链"→"合同管理"→"合同结算"→"合同结算单"命令，打开"合同结算单"界面，依次单击"增加"→"结算单"→"合同"按钮，弹出"查询条件"页面，单击"确定"按钮，弹出"合同结算单参照合同生单"页面；选中对应记录，单击"确定"按钮返回"合同结算单"界面，依次单击"保存"→"生效"按钮保存数据并立即生效，如图 8-4 所示。

图 8-4　合同结算单

第三步，合同结算单审核（应付款管理）。

3 月 3 日，以会计的身份登录企业应用平台，依次执行"业务导航"→"经典树形"→"业务工作"→

"财务会计"→"应付款管理"→"应付处理"→"合同结算单"→"合同结算单审核"命令，打开"合同结算单审核"界面，单击"查询"按钮显示合同结算单列表，选中对应记录，单击"审核"按钮完成审核操作，如图 8-5 所示。

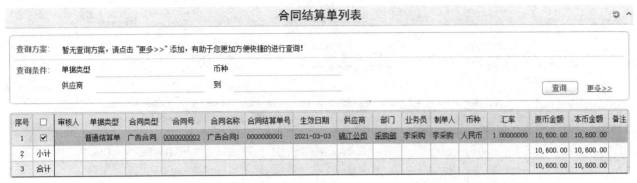

图 8-5　合同结算单参照合同生单

第四步，生成凭证（应付款管理）。

3月3日，以会计的身份登录企业应用平台，依次执行"业务导航"→"经典树形"→"业务工作"→"财务会计"→"应付款管理"→"凭证处理"→"生成凭证"命令，弹出"制单查询"页面，选中"合同结算单"；单击"确定"按钮，打开"生成凭证"界面，"凭证类别"选择"转账凭证"，双击"选择标志"栏，单击"制单"按钮，打开"填制凭证"界面，完善凭证要素，单击"保存"按钮完成凭证制作，如图 8-6 所示。

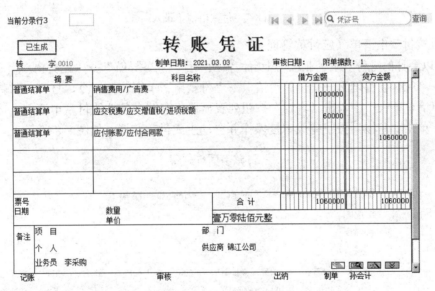

图 8-6　填制凭证

二、支付广告费业务处理

第一步，填制付款申请单（合同管理）。

付款申请单输入，是依据供应商的合同、订单、发票或其他单据，生成付款申请单，然后进行审核以支付供应商相应的款项。

来源于订单或合同的付款申请，默认生成的付款单，其款项类型为预付款；来源于发票或合同执行单、合同结算单或其他单据的付款申请，默认生成的付款单，其款项类型为应付款。

3月5日，以采购的身份登录企业应用平台，依次执行"业务导航"→"经典树形"→"业务工作"→"供应链"→"合同管理"→"付款申请"→"付款申请单"命令，打开"付款申请单录入"界面，依次

二维码 8-4
支付广告费
业务处理

单击"增加"→"合同结算单"按钮，弹出"查询条件"页面，单击"确定"按钮，弹出"拷贝并执行"页面，在"合同结算单表头列表"里选中需要生成付款申请单的结算单；单击"确定"按钮，返回"付款申请单录入"界面，按项目资料修改数据，单击"保存"按钮完成付款申请单的制作，如图 8-7 所示。

图 8-7 付款申请单录入

第二步，审核付款申请单（应付款管理）。

3 月 5 日，以会计的身份登录企业应用平台，依次执行"业务导航"→"经典树形"→"业务工作"→"财务会计"→"应付款管理"→"付款申请"→"付款申请单审核"命令，打开"付款申请单审核"界面，在"付款申请单列表"中单击"查询"按钮列表显示所有符合条件的付款申请单，选中需要审核的付款申请单记录，单击"审核"按钮完成审核操作并自动生成付款单据，如图 8-8 所示。

序号	□	审核人	单据日期	单据类型	单据编号	供应商	部门	业务员	结算方式	币种	汇率
1	☑	孙会计	2021-03-05	付款申请单	0000000001	锦江公司	采购部	李采购	转账支票	人民币	1.0000000
2		小计									
3		合计									

图 8-8 付款申请单审核

第三步，审核付款单并制单（应付款管理）。

付款单据输入，是将支付供应商款项依据供应商退回的款项，输入应付款管理系统。包括付款单与收款单（即红字付款单）的输入。

付款单据审核主要完成付/收款单的自动审核、批量审核功能。只有审核后的单据才允许进行核销、制单等处理。在付款单据审核列表界面，也可进行付款单、收款单的增加、修改、删除等操作。

3 月 5 日，以会计的身份登录企业应用平台，依次执行"业务导航"→"经典树形"→"业务工作"→"财务会计"→"应付款管理"→"付款处理"→"付款单据录入"命令，打开"付款单据录入"界面，单击⟲ ◄◄ ◄ ► ►►按钮，选择需要审核的付款申请单，系统将显示自动生成的付款单，如图8-9所示。

图 8-9 付款单

单击"审核"按钮，在弹出的"应付款管理"对话框中单击"是"按钮立即制单，打开"填制凭证"界面，完善并修改凭证要素，单击"保存"按钮完成记账凭证的制作，如图8-10所示。

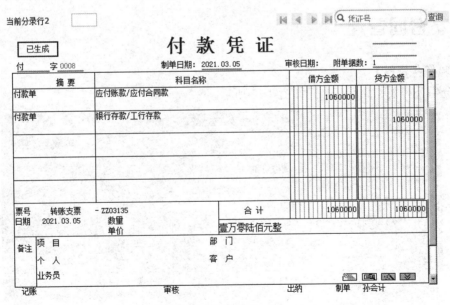

图 8-10 填制凭证

第四步，核销处理-自动核销（应付款管理）。

核销处理是指日常进行的付款核销应付款的工作。单据核销的作用是处理付款核销应付款，建立付款与应付款的核销记录，监督应付款及时核销，加强往来款项的管理。

手工核销，手工确定系统内付款与应付款的对应关系，选择进行核销。通过手工核销可以根据查询条件选择需要核销的单据，然后手工核销，加强了往来款项核销的灵活性。

自动核销，系统自动确定系统内付款与应付款的对应关系，选择进行核销，即根据查询条件选择需要核销的单据，然后系统自动核销，以加强往来款项核销的效率性。

　　3月5日，以会计的身份登录企业应用平台，依次执行"业务导航"→"经典树形"→"业务工作"→"财务会计"→"应付款管理"→"核销处理"→"自动核销"命令，弹出"核销条件"页面，选择需要核销的供应商"锦江公司"，单击"确定"按钮，在弹出的"应付款管理"对话框中单击"是"按钮开始自动核销，弹出"自动核销报告"页面，单击"明细"按钮可以查看核销记录，单击"确定"按钮完成核销操作，如图 8-11 所示。

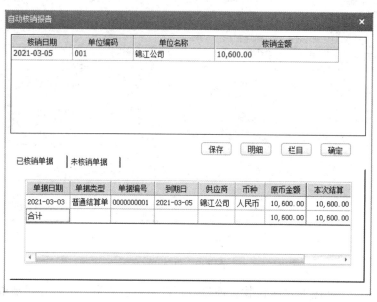

图 8-11　自动核销报告

拓展实验　合同管理

【拓展实验任务资料】

　　6 日，向金牛公司采购商品，合同如图 8-12 所示。

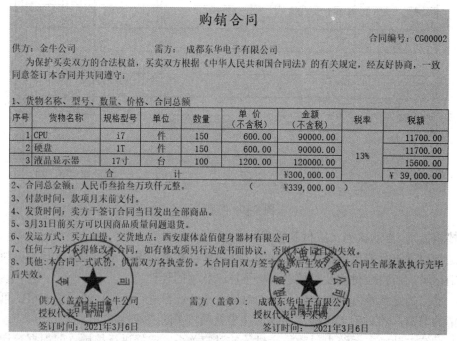

图 8-12　购销合同

项目九　采购管理系统业务信息化处理

项目准备

设置系统日期为当年 3 月 31 日，引入"项目八 合同管理系统业务信息化处理"备份账套。

项目资料

当年 3 月采购业务如下。

任务一　普通采购（现金折扣、付款申请）业务处理

（1）3 月 1 日，业务员李采购向金牛公司询问键盘的价格（95.00 元/个），评估后确认价格合理，随即向公司上级主管提出请购要求，请购数量为 300 个。

（2）3 月 2 日，向金牛公司订购键盘 300 个，无税单价为 95.00 元，要求到货日期为 3 月 3 日，付款条件 2/10，1/20，n/30。

（3）3 月 3 日，收到所订购的键盘 300 个，填制到货单。

（4）3 月 3 日，将所收到的货物验收入原料库，填制采购入库单。

（5）当天收到该笔货物的专用发票一张，发票号为 CG03031。

（6）3 月 6 日，采购部申请向金牛公司支付采购货款 31 600.00 元，经审批同意以转账方式支付，财务部门开出转账支票一张，支票号为 ZZ03031，付清采购货款 31 600.00 元。（修改应付款管理参数：选中"核销生成凭证"）

任务二　采购现付（运费）业务处理

3 月 8 日，向金牛公司购买的鼠标 300 个已到货，验收入原料库（月初已签订未执行的采购合同）。同时收到专用发票一张，票号为 CG03061，立即以转账支票（支票号：ZZ03051）形式支付货款。另外，在采购的过程中，发生了一笔运输费 100.00 元（含税），运输距离 100 千米，税率为 9%，收到相应的专用发票一张，票号为 YF03061，费用按金额分摊。确定采购成本及应付账款，记材料明细账。

任务三　请购比价业务处理

（1）3 月 10 日，业务员李采购欲购买 100 个鼠标，提出请购要求，经同意填制并审核请购单。根据以往的资料得知提供鼠标的供应商有两家，分别为锦江公司和金牛公司，其报价分别为 50.00 元/个、55.00 元/个。通过比价，决定向锦江公司订购，要求到货日期为 3 月 11 日。

（2）3 月 12 日，未收到上述所订货物，向供应商发出催货函。

任务四　采购暂估报销业务处理

3 月 15 日，收到锦江公司提供的 2 月 25 日已验收入库的 130 盒硬盘的专用发票一张，票号为 CG03091，发票单价为 620.00 元。进行暂估报销处理，确定采购成本及应付账款。

任务五　采购退货退票业务处理

3 月 17 日，2 月 25 日从锦江公司购入的硬盘质量有问题，退回 2 盒，单价为 620.00 元，同时收到票号为 CG03131 的红字专用发票一张。

任务六　代管业务处理

锦江公司将 CPU 放在东华电子代管仓内，东华电子可按需领用，汇总结算。

（1）3 月 18 日，向锦江公司发来 120 盒 CPU，验收入代管仓库。

（2）3 月 22 日，生产车间领用 100 盒 CPU。

（3）3 月 23 日，对领用的 CPU 汇总挂账送锦江公司确认，锦江公司确认挂账数量后，开具增值税专用发票，发票号为 FP020002，不含税单价 600.00 元。

（4）将发票与挂账单结算，确认应付款。

任务七　采购暂估业务处理

（1）3 月 25 日，收到东方公司提供的激光打印机 100 台，入配套用品库。

（2）3 月 31 日，本月 25 日收到东方公司提供的激光打印机 100 台，已入配套用品库。由于到了月末发票仍未收到，故确定该批货物的暂估成本为 1850.00 元/台，并进行暂估记账处理。

项目要求

（1）对每一笔采购任务，都应严格按照该类型业务操作流程进行操作，基本流程如下。

① 采购流程以请购单为起点，订单按请购单生成。

② 到货单按订单生成，入库单按到货单生成。

③ 采购退货参照到货单办理退货。

④ 采购发票按订单开票。

🔔 **注意**：要不断更改登录日期，采购管理系统用李采购的身份，库存管理系统用吴仓库的身份，应付款管理系统、存货核算系统用孙会计的身份。

（2）账套输出。

项目操作指导

采购业务的日常操作的管理，系统提供了请购、采购订货、采购到货、采购入库、采购开票、采购结算等业务，可以根据业务需要选用不同的业务单据和业务流程。

二维码 9-1
普通采购业
务处理

任务一　普通采购（现金折扣、付款申请）业务处理

第一步，采购请购单（采购管理）。

采购请购是指企业内部向采购部门提出采购申请，或采购部门汇总企业内部采购需求提出采购清单。请购是采购业务处理的起点，也是 MPS/MRP 计划与采购订单的中间过渡环节。用于描述和生成采购的需求，如采购什么货物、采购多少、何时使用、谁用等内容；同时，也可为采购订单提供建议内容，如建议供应商、建议订货日期等。

已审核未关闭的采购请购单可以参照生成采购订单，可以通过采购请购单批量订货或请购单卡片及列表上的"订货"按钮生成采购订单。采购请购单是可选单据，可以根据业务需要选用。

3月1日，以采购的身份登录企业应用平台，依次执行"业务导航"→"经典树形"→"业务工作"→"供应链"→"采购管理"→"请购"→"请购单"命令，打开"采购请购单"界面，单击"增加"→"空白单据"按钮，按项目资料输入数据，依次单击"保存"→"审核"按钮完成增加采购请购单的制作，如图9-1所示。

图 9-1　采购请购单

第二步，采购订单（采购管理）。

采购订单是企业与供应商之间签订的采购合同、购销协议等，主要内容包括采购名称、采购数量、供应商、到货时间、到货地点、运输方式、价格、运费等。可以是企业采购合同中关于货物的明细内容，也可以是一种订货的口头协议。

3月2日，以采购的身份登录企业应用平台，依次执行"业务导航"→"经典树形"→"业务工作"→"供应链"→"采购管理"→"采购订货"→"采购订单"命令，打开"采购订单"界面，依次单击"增加"→"请购单"按钮，弹出"查询条件-单据列表过滤"页面，单击"确定"按钮，弹出"拷贝并执行"页面，在"订单拷贝请购单表头列表"里选中需要生成订单的请购单，单击"确定"按钮返回"采购订单"界面，补充设置好"供应商"和"付款条件"，依次单击"保存"→"审核"按钮完成增加采购订单的制作，如图9-2所示。

图 9-2　采购订单

第三步，到货单（采购管理）。

采购到货是采购订货和采购入库的中间环节，一般由采购业务员根据供方通知或送货单填写，确认对方所送货物、数量、价格等信息，以入库通知单的形式传递到仓库作为保管员收货的依据。

采购到货单是可选单据，可以根据业务需要选用。

3月3日，以采购的身份登录企业应用平台，依次执行"业务导航"→"经典树形"→"业务工作"→"供应链"→"采购管理"→"采购到货"→"到货单"命令，打开"到货单"界面，依次单击"增加"→"采购订单"按钮，弹出"查询条件-单据列表过滤"页面，单击"确定"按钮，弹出"拷贝并执行"页面，在"到货单拷贝订单表头列表"里选中需要生成到货单的订单，单击"确定"按钮返回"到货单"界面，依次单击"保存"→"审核"按钮完成增加到货单的制作，如图9-3所示。

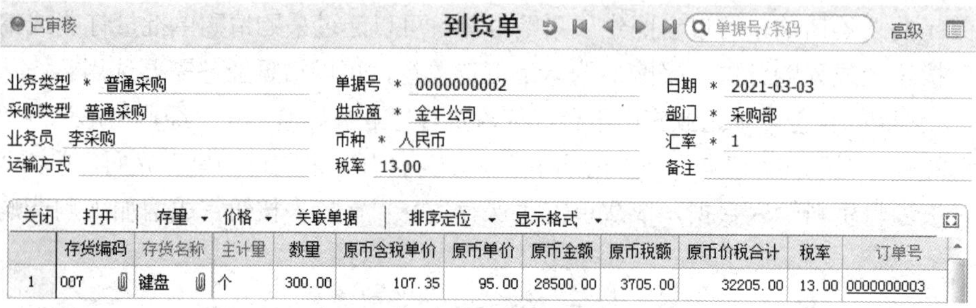

图 9-3　到货单

第四步，采购入库单（库存管理）。

仓库收到采购或生产的货物，仓库保管员验收货物的数量、质量、规格型号等，确认验收无误后入库，并登记库存账。仓库入库业务包括采购入库、产成品入库（限工业版账套）、其他入库三种。

采购入库单是根据采购到货的实收数量填制的单据。采购入库单按进出仓库方向分为蓝字采购入库单、红字采购入库单；按业务类型分为普通采购入库单、受托代销入库单（商业和医药流通）、代管业务采购入库单、固定资产采购入库单。

红字入库单是采购入库单的逆向单据。在采购业务活动中，如果发现已入库的货物因质量等因素要求退货，则对采购业务进行退货单处理。

3 月 3 日，以仓库的身份登录企业应用平台，依次执行"业务导航"→"经典树形"→"业务工作"→"供应链"→"库存管理"→"采购入库"→"采购入库单"命令，打开"采购入库单"界面，依次单击"增加"→"采购"→"采购到货单"按钮，弹出"查询条件–采购到货单列表"页面，单击"确定"按钮，弹出"到货单生单列表"页面，在"到货单生单表头"列表里选中需要生成入库单的到货单，单击"确定"按钮返回"采购入库单"界面，补充设置好仓库，依次单击"保存"→"审核"按钮完成增加采购入库单的制作，如图 9-4 所示。

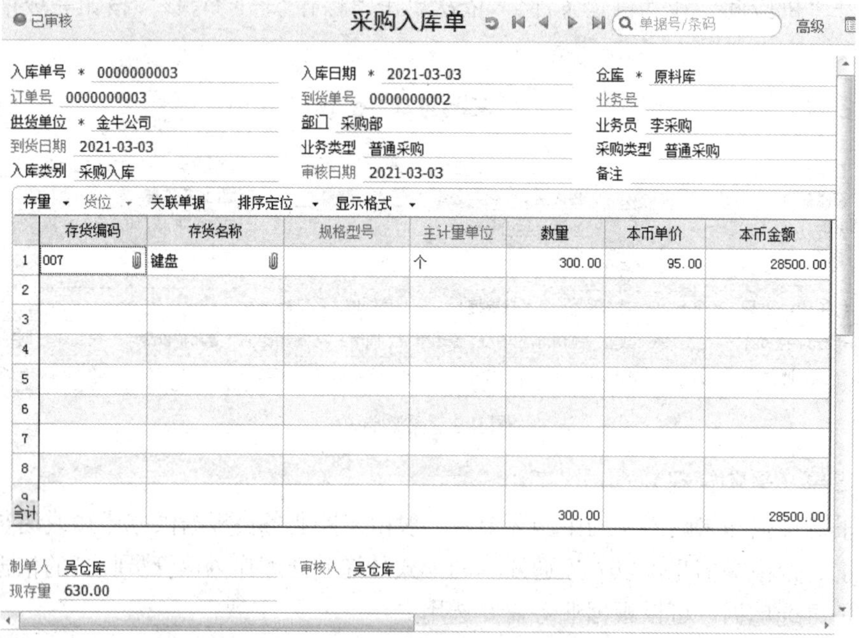

图 9-4　采购入库单

如果发现已审核的入库单数据有错误（多填数量等），也可以填制退货单（红字入库单）原数冲抵原入库单数据。原数冲回是将原错误的入库单，以相等的负数量填单。

第五步，专用采购发票（采购管理）。

采购发票是供应商开出的销售货物的凭证，采购管理系统将根据采购发票确认采购成本，并据以登记应付账款。当收到供货单位的发票后，如果没有收到供货单位的货物，可以对发票压单处理，待货物到达后，再输入系统做报账结算处理；也可以先将发票输入系统，以便实时统计在途货物。

采购发票按业务性质分为蓝字发票、红字发票。

采购发票按发票类型分为增值税专用发票、普通发票、运费发票。

增值税专用发票：增值税专用发票扣税类别默认为应税外加，不可修改。

普通发票：普通发票包括普通发票、废旧物资收购凭证、农副产品收购凭证、其他收据，其扣税类别默认为应税内含，不可修改。普通发票的默认税率为0，可修改。

运费发票：运费主要是指向供货单位或提供劳务单位支付的代垫款项、运输装卸费、手续费、违约金（延期付款利息）、包装费、包装物租金、储备费、进口关税等。运费发票的单价、金额都是含税的，运费发票的默认税率为7，可修改。

3月3日，以采购的身份登录企业应用平台，依次执行"业务导航"→"经典树形"→"业务工作"→"供应链"→"采购管理"→"采购发票"→"专用采购发票"命令，打开"专用发票"界面，依次单击"增加"→"入库单"按钮，弹出"查询条件-单据列表过滤"页面，单击"确定"按钮，弹出"拷贝并执行"页面，在"发票拷贝入库单表头列表"里选中需要生成发票的入库单，单击"确定"按钮返回"专用发票"界面，输入发票号，依次单击"保存"→"复核"按钮完成增加专用采购发票的制作，如图9-5所示。

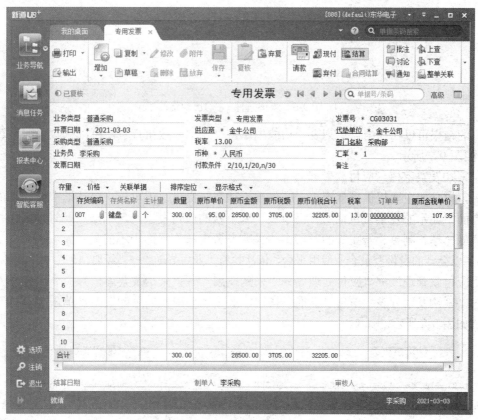

图9-5 专用采购发票

第六步，采购结算_自动结算（采购管理）。

采购结算也称采购报账，是指采购核算人员根据采购发票、采购入库单核算采购入库成本；采购结算的结果是采购结算单，它是记载采购入库单记录与采购发票记录对应关系的结算对照表。

采购结算从操作处理上分为自动结算、手工结算两种方式。另外，运费发票可以单独进行费用折扣结算。

自动结算是由系统自动将符合结算条件（供应商、存货、数量完全相同）的采购入库单记录和采购发票记录进行结算。系统按照三种结算模式进行自动结算：入库单和发票、红蓝入库单、红蓝发票。

方法一：在"专用发票"界面，直接单击"结算"按钮也可以完成采购结算的操作，效果等同于自动结算，如图 9-5 所示。

方法二：3 月 3 日，以采购的身份登录企业应用平台，依次执行"业务导航"→"经典树形"→"业务工作"→"供应链"→"采购管理"→"采购结算"→"自动结算"命令，弹出"查询条件-采购自动结算"页面，"结算模式"选择"入库单和发票"，如图 9-6 所示，单击"确定"按钮，弹出"采购管理"提示框，单击"确定"按钮完成采购结算。

图 9-6 查询条件-采购自动结算

采购结算的结果可以在"结算单列表"功能中单击"查询"按钮查看，可以删除采购结算单（即取消采购结算），如图 9-7 所示。

第七步，采购发票审核（应付款管理）。

采购发票审核功能主要提供批量审核。应付款管理系统提供手工审核、自动批审核的功能。在"采购发票审核"界面中显示的发票可包括所有已审核、未审核的应付发票，包括从采购管理系统传入的发票。作过后续处理如核销、制单、转账等的发票在"采购发票审核"界面中不能显示。

3 月 3 日，以会计的身份登录企业应用平台，依次执行"业务导航"→"经典树形"→"业务工作"→"财务会计"→"应付款管理"→"应付处理"→"采购发票"→"采购发票审核"命令，打开"采购发票审核"界面，在"采购发票列表"单击"查询"按钮，选中需要审核的采购发票，单击"审核"按钮完成发票审核操作，如图 9-8 所示。

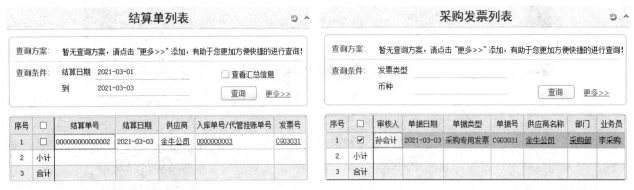

图 9-7 结算单列表　　　　　　　　　　图 9-8 采购发票审核

第八步，生成凭证（应付款管理）。

生成凭证即制单，并将凭证传递至总账记账。各子系统对不同的单据类型或不同的业务处理提供实时制单的功能。除此之外，各子系统提供了一个统一制单的平台，可以在此快速、成批生成凭证，并可依据规则进行合并制单等处理。

3月3日，以会计的身份登录企业应用平台，依次执行"业务导航"→"经典树形"→"业务工作"→"财务会计"→"应付款管理"→"凭证处理"→"生成凭证"命令，弹出"制单查询"页面，选中"发票"后单击"确定"按钮，打开"生成凭证"界面，"凭证类别"选择"转账凭证"，双击"选择标志"栏，单击"制单"按钮，打开"填制凭证"界面，完善凭证要素，单击"保存"按钮完成凭证制作，如图9-9所示。

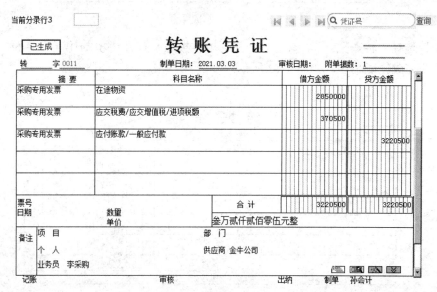

图9-9 填制凭证

第九步，正常单据记账（存货核算）。

单据记账用于将所输入的单据登记存货明细账、差异明细账/差价明细账、受托代销商品明细账、受托代销商品差价账。先进先出、后进先出、移动平均、个别计价这四种计价方式的存货在单据记账时进行出库成本核算；全月平均、计划价/售价法计价的存货在期末处理处进行出库成本核算。

3月3日，以会计的身份登录企业应用平台，依次执行"业务导航"→"经典树形"→"业务工作"→"供应链"→"存货核算"→"记账"→"正常单据记账"命令，弹出"未记账单据一览表"页面，在"正常单据记账列表"中单击"查询"按钮，在显示的列表中选中需要记账的记录，单击"记账"按钮完成记账操作，如图9-10所示。

图9-10 未记账单据一览表

第十步，生成凭证（存货核算）。

3月3日，以会计的身份登录企业应用平台，依次执行"业务导航"→"经典树形"→"业务工作"→"供应链"→"存货核算"→"凭证处理"→"生成凭证"命令，打开"生成凭证"界面，单击"选单"按钮，弹出"查询条件-生成凭证查询条件"页面，单击"确定"按钮，弹出"选择单据"页面，双击需要生成凭证的记录"选择"栏，单击"确定"按钮，返回"生成凭证"界面，如图9-11所示。

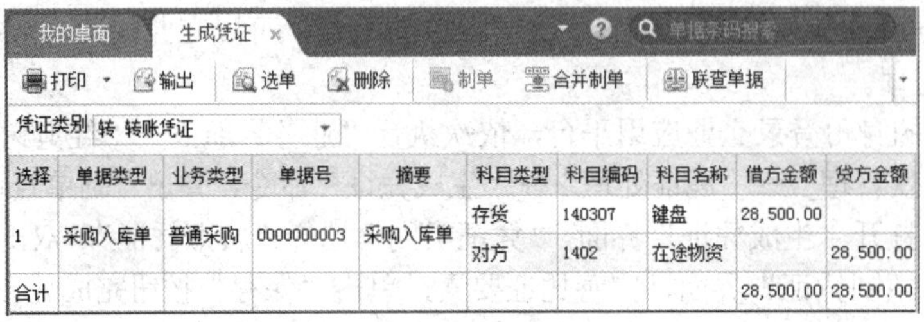

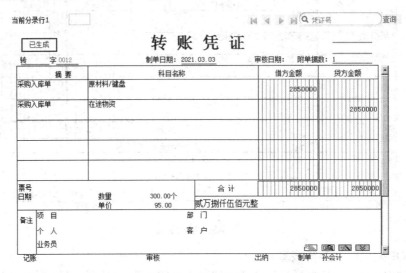

图 9-11　生成凭证

"凭证类别"选择"转账凭证"，单击"合并制单"按钮，打开"填制凭证"界面，完善凭证要素，单击"保存"按钮完成凭证制作，如图 9-12 所示。

图 9-12　填制凭证

第十一步，付款申请单输入（采购管理）。

付款申请单据处理主要是对付款申请业务进行管理，包括付款申请单据输入及审核。

3 月 6 日，以采购的身份登录企业应用平台，依次执行"业务导航"→"经典树形"→"业务工作"→"供应链"→"采购管理"→"付款申请"→"付款申请单"命令，打开"付款申请单录入"界面，依次单击"增加"→"采购发票"按钮，弹出"查询条件-采购发票列表过滤"页面，单击"确定"按钮，弹出"拷贝并执行"页面，在"本次申请金额总计"栏填入申请金额，再在"采购发票表头列表"里选中需要生成付款申请单的发票，如图 9-13 所示。

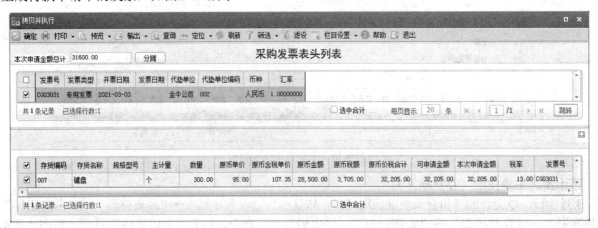

图 9-13　采购发票表头列表

依次单击"分摊"→"确定"按钮，返回"付款申请单录入"界面，按项目资料输入结算方式（如果不输入结算方式则审核时不会自动生成付款单据），单击"保存"按钮完成付款申请单的制作，如图 9-14 所示。

图 9-14 付款申请单

第十二步，付款申请单审核（应付款管理）。

3月6日，以会计的身份登录企业应用平台，依次执行"业务导航"→"经典树形"→"业务工作"→ "财务会计"→"应付款管理"→"付款申请"→"付款申请单审核"命令，打开"付款申请单审核"界面，在"付款申请单列表"中单击"查询"按钮，然后在显示出来的列表中选中需要审核的付款申请单，再单击"审核"按钮完成审核并自动生成付款单据，如图 9-15 所示。

第十三步，付款单据审核（应付款管理）。

付款单据处理主要是对结算单据（付款单、收款单即红字付款单）进行管理，包括付款单、收款单的输入、审核。

3月6日，以会计的身份登录企业应用平台，依次执行"业务导航"→"经典树形"→"业务工作"→ "财务会计"→"应付款管理"→"付款处理"→"付款单据审核"命令，打开"付款单据审核"界面，在"收付款单列表"中单击"查询"按钮，然后在显示出来的列表中选中需要审核的付款单，再单击"审核"按钮完成审核，如图 9-16 所示。

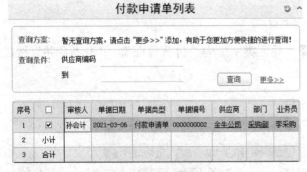

图 9-15 付款申请单审核

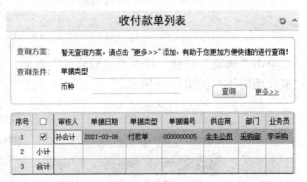

图 9-16 付款单据审核

第十四步，核销处理_手工核销（应付款管理）。

3月6日，以会计的身份登录企业应用平台，依次执行"业务导航"→"经典树形"→"业务工作"→ "财务会计"→"应付款管理"→"核销处理"→"手工核销"命令，弹出"核销条件"页面，选择需要核销的供应商"金牛公司"，单击"确定"按钮，打开"手工核销"界面，在采购专用发票所在记录的"本次结算"栏填入和付款单"本次结算"相等的金额，单击"确认"按钮完成核销，如图 9-17 所示。

单据日期	单据类型	单据编号	供应商	款项类型	结算方式	币种	汇率	原币金额	原币余额	本次结算	订单号
2021-03-06	付款单	0000000005	金牛公司	应付款	转账支票	人民币	1.00000000	31,600.00	31,600.00	31,600.00	0000000003
合计								31,600.00	31,600.00	31,600.00	

单据日期	单据类型	单据编号	到期日	供应商	币种	原币金额	原币余额	可享受折扣	本次折扣	本次结算	订单号	凭证号
2021-03-03	采购专用发票	CG03031	2021-04-02	金牛公司	人民币	32,205.00	32,205.00	644.10	605.00	31600.00	0000000003	转-0011
合计						32,205.00	32,205.00	644.10	605.00	31,600.00		

图 9-17 手工核销

第十五步，生成凭证（应付款管理）。

参照项目四"应付款管理初始设置"的"参数设置"方法，勾选"核销生成凭证"参数。

3 月 6 日，以会计的身份登录企业应用平台，依次执行"业务导航"→"经典树形"→"业务工作"→"财务会计"→"应付款管理"→"凭证处理"→"生成凭证"命令，弹出"制单查询"页面，同时选中"收付款单"和"核销"，选择需要生成凭证的供应商"金牛公司"，如图 9-18 所示。

图 9-18 制单查询

单击"确定"按钮，打开"生成凭证"界面，选择"凭证类别"为"付款凭证"，单击"合并"按钮完成此项操作，如图 9-19 所示。

应付列表

凭证类别 付款凭证   制单日期 2021-03-06   共 2 条

选择标志	凭证类别	单据类型	单据号	日期	供应商编码	供应商名称	部门	业务员	金额
1	付款凭证	付款单	0000000005	2021-03-06	002	金牛公司	采购部	李采购	31,600.00
1	付款凭证	核销	ZKAP0000000000001	2021-03-06	002	金牛公司	采购部	李采购	32,205.00

图 9-19 生成凭证

单击"制单"按钮，打开"填制凭证"界面，完善凭证要素，将"660301 财务费用/利息支出"科目金额改为借方红字，单击"保存"按钮完成凭证制作，如图 9-20 所示。

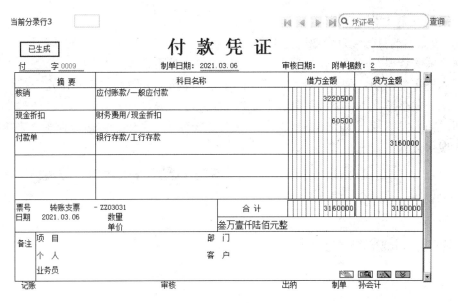

图 9-20 填制凭证

任务二 采购现付（运费）业务处理

第一步，采购入库单（库存管理）。

3月8日，以仓库的身份登录企业应用平台，依次执行"业务导航"→"经典树形"→"业务工作"→"供应链"→"库存管理"→"采购入库"→"采购入库单"命令，打开"采购入库单"界面，依次单击"增加"→"采购"→"采购订单"按钮，弹出"查询条件-采购订单列表"页面，单击"确定"按钮，弹出"订单生单列表"页面，在"订单生单表头"列表里选中需要生成入库单的订单，单击"确定"按钮返回"采购入库单"界面，补充设置好仓库，依次单击"保存"→"审核"按钮完成增加采购入库单的制作，如图 9-21 所示。

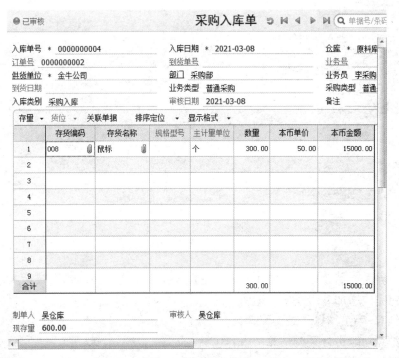

图 9-21 采购入库单

第二步，采购发票（采购管理）。

3 月 8 日，以采购的身份登录企业应用平台，依次执行"业务导航"→"经典树形"→"业务工作"→"供应链"→"采购管理"→"采购发票"→"专用采购发票"命令，打开"专用发票"界面，依次单击"增加"→"入库单"按钮，弹出"查询条件-单据列表过滤"页面，单击"确定"按钮，弹出"拷贝并执行"页面，在"发票拷贝入库单表头列表"里选中需要生成发票的入库单，单击"确定"按钮返回"专用发票"界面，输入发票号，依次单击"保存"→"复核"→"现付"按钮，弹出"采购现付"页面，按项目资料输入现付数据，如图 9-22 所示。

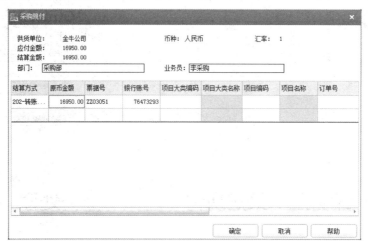

图 9-22　采购现付

单击"确定"按钮返回"专用发票"界面，在发票的左上角会出现"已复核""现付"标记，如图 9-23 所示。

图 9-23　专用采购发票

在"专用发票"界面，继续单击"增加"→"空白单据"按钮，按项目资料输入运费数据，单击"保存"→"复核"按钮完成增加专用发票（运费）的制作，如图 9-24 所示。

第三步，采购结算-手工结算（采购管理）。

需要使用手工结算功能进行采购结算，内容包括入库单与发票结算、蓝字入库单与红字入库单结算、蓝字发票与红字发票结算、溢余短缺处理、费用折扣分摊。

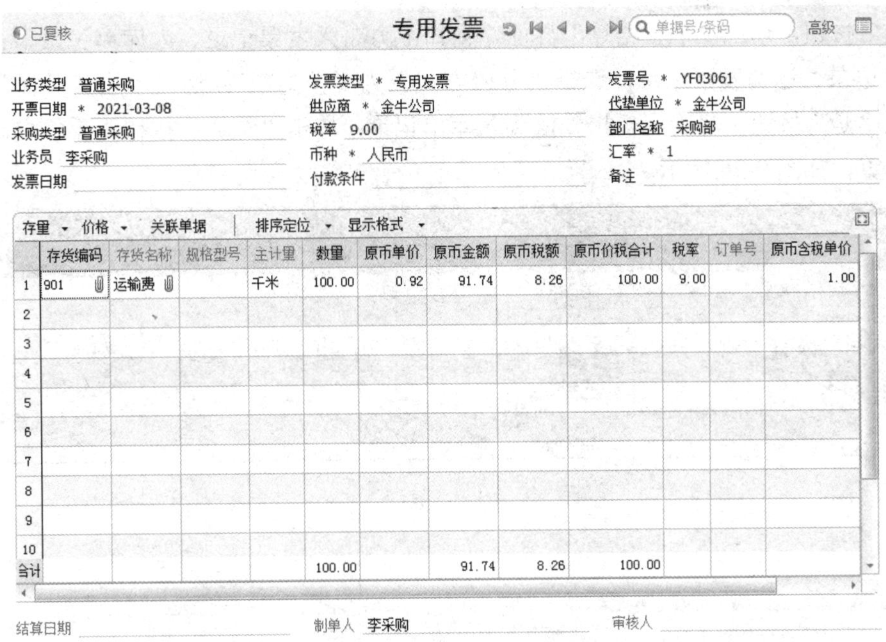

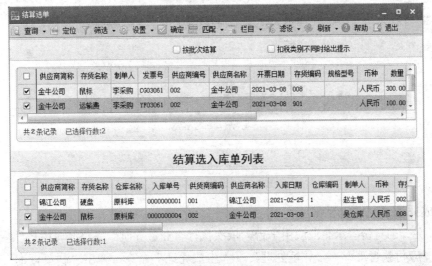

图 9-24　专用发票-运费

　　手工结算时，可以同时选择发票和运费一并与入库单进行结算，将运费发票的费用按数量或按金额分摊到入库单中。此时将发票和运费分摊的费用写入采购入库单的成本中。

　　如果在开具运费发票时，对应的入库单已经与发票结算，运费发票可以通过费用折扣结算将运费分摊到入库单中，此时运费发票分摊的费用不再记入入库单中，需要到存货核算系统中进行结算成本的暂估处理，系统会将运费金额分摊到成本中。

　　手工结算时可拆单拆记录，一行入库记录可以分次结算；可以同时对多张入库单和多张发票进行手工结算。手工结算支持到下级单位采购、付款给其上级主管单位的结算；支持三角债结算，即甲单位的发票可以结算乙单位的货物。

　　3 月 8 日，以采购的身份登录企业应用平台，依次执行"业务导航"→"经典树形"→"业务工作"→"供应链"→"采购管理"→"采购结算"→"手工结算"命令，打开"手工结算"界面，单击"选单"按钮，弹出"结算选单"页面，单击"查询"按钮，弹出"查询条件-采购手工结算"页面，单击"确定"按钮返回"结算选单"页面，将符合过滤条件的采购发票记录带入发票列表（屏幕上方）和入库单记录带入入库单列表（屏幕下方），分别选择要结算的发票和入库单，如图 9-25 所示。

图 9-25　结算选单

单击"确定"按钮，返回"手工结算"界面，窗口上方带入发票记录、入库单记录，窗口下方带入费用折扣存货发票记录、运费发票记录，选择"分摊方式"为"按金额"；然后单击"分摊"按钮，在弹出的对话框中单击"是"按钮，将费用折扣分摊到入库单记录；单击"结算"按钮，系统自动将本次选择的数据进行采购结算，如图 9-26 所示。

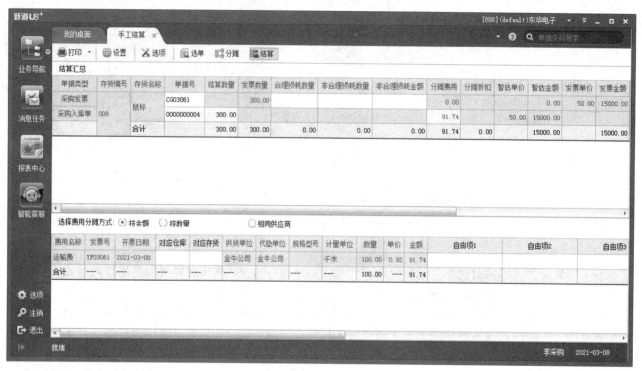

图 9-26 手工结算

第四步，采购发票审核（应付款管理）。

3 月 8 日，以会计的身份登录企业应用平台，依次执行"业务导航"→"经典树形"→"业务工作"→"财务会计"→"应付款管理"→"应付处理"→"采购发票"→"采购发票审核"命令，打开"采购发票审核"界面，在"采购发票列表"中单击"查询"按钮，选中需要审核的采购发票，单击"审核"按钮完成发票审核操作，如图 9-27 所示。

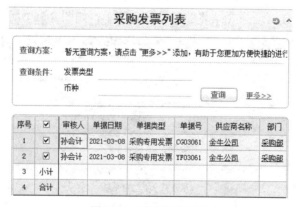

图 9-27 采购发票审核

第五步，生成凭证（应付款管理）。

3 月 8 日，以会计的身份登录企业应用平台，依次执行"业务导航"→"经典树形"→"业务工作"→"财务会计"→"应付款管理"→"凭证处理"→"生成凭证"命令，弹出"制单查询"页面，选中"发票"和"现结"后单击"确定"按钮，打开"生成凭证"界面，"凭证类别"选择"付款凭证"，依次单击"合并"→"制单"按钮，打开"填制凭证"界面，完善凭证要素，单击"保存"按钮完成凭证制作，如图 9-28 所示。

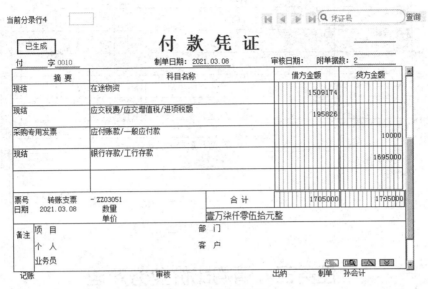

图 9-28 填制凭证

第六步，正常单据记账（存货核算）。

3 月 8 日，以会计的身份登录企业应用平台，依次执行"业务导航"→"经典树形"→"业务工作"→"供应链"→"存货核算"→"记账"→"正常单据记账"命令，弹出"未记账单据一览表"页面，在"正常单据记账列表"中单击"查询"按钮，在列表中选中需要记账的记录，单击"记账"按钮完成记账操作，如图 9-29 所示。

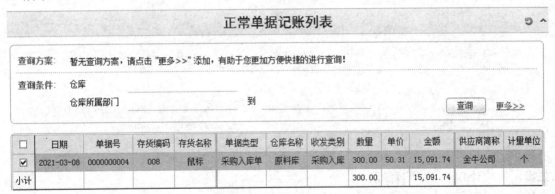

图 9-29 未记账单据一览表

第七步，生成凭证（存货核算）。

3 月 8 日，以会计的身份登录企业应用平台，依次执行"业务导航"→"经典树形"→"业务工作"→"供应链"→"存货核算"→"凭证处理"→"生成凭证"命令，打开"生成凭证"界面，单击"选单"按钮，弹出"查询条件-生成凭证查询条件"页面，单击"确定"按钮，弹出"选择单据"页面，双击需要生成凭证的记录"选择"栏，单击"确定"按钮，返回"生成凭证"界面，"凭证类别"选择"转账凭证"，单击"合并制单"按钮，打开"填制凭证"界面，完善凭证要素，单击"保存"按钮完成凭证制作，如图 9-30 所示。

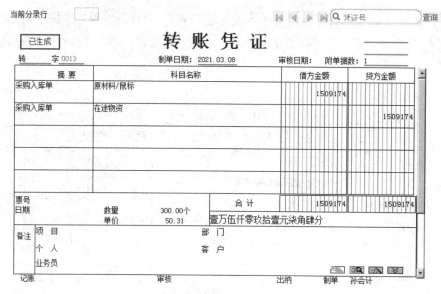

图 9-30 填制凭证

任务三 请购比价业务处理

第一步，采购请购单（采购管理）。

3 月 10 日，以采购的身份登录企业应用平台，依次执行"业务导航"→"经典树形"→"业务工作"→"供应链"→"采购管理"→"请购"→"请购单"命令，打开"采购请购单"界面，单击"增加"→"空白单据"按钮，按项目资料输入数据（不填单价），依次单击"保存"→"审核"按钮完成增加采购请购单的制作，如图 9-31 所示。

图 9-31 采购请购单

第二步，询价计划单（采购管理）。

询价计划是对需要进行采购的一批物料的详细需求，如物料编码、规格、需求日期等，能通过请购单生成，也可以手动输入。它是询价的开始阶段，后续业务将根据此计划单进行采购询价。

3 月 10 日，以采购的身份登录企业应用平台，依次执行"业务导航"→"经典树形"→"业务工作"→"供应链"→"采购管理"→"采购询价"→"询价计划单"命令，打开"询价计划单"界面，单击"增加"→"采购请购单"按钮，弹出"查询条件"页面，单击"确定"按钮，弹出"采购请购单"页面，在列表中选中需要生成询价计划单的采购请购单，单击"确定"按钮返回"询价计划单"界面，按项目资料补充数据，依次单击"保存"→"审核"按钮完成询价计划单的制作，如图 9-32 所示。

第三步，供应商报价单（采购管理）。

采购询价是记录向某一供应商进行一次询价议价的详细信息记录。询价的对象是某一采购询价计划单中的待采购物料，供应商报价单记录特定供应商的具体报价等情况，可以是询价计划单中的某几条记录，也可以是全部记录。

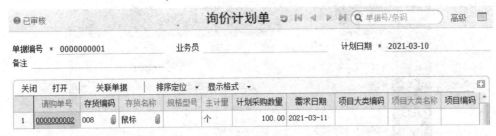

图 9-32　询价计划单

3 月 10 日，以采购的身份登录企业应用平台，依次执行"业务导航"→"经典树形"→"业务工作"→"供应链"→"采购管理"→"采购询价"→"供应商报价单"命令，打开"供应商报价单"界面，单击"增加"按钮，弹出"查询条件"页面，单击"确定"按钮，弹出"参照生单"页面，选中需要生成供应商报价单的询价计划单，单击"确定"按钮返回"供应商报价单"界面，按项目资料输入供应商和报价，依次单击"保存"→"审核"按钮完成供应商报价单的制作，如图 9-33 和图 9-34 所示。

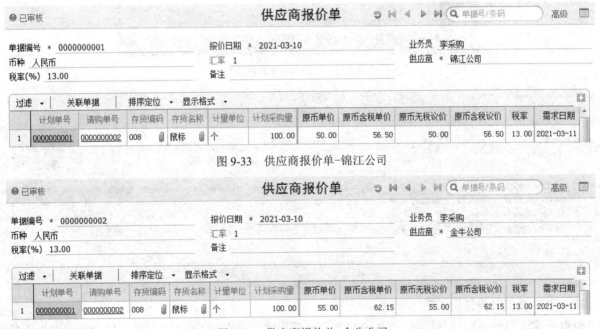

图 9-33　供应商报价单-锦江公司

图 9-34　供应商报价单-金牛公司

第四步，采购比价审批单（采购管理）。

采购比价审批是在某批计划采购存货在询价过程完成后，制作一张供领导审批所制作的单据。审批后，决定向供应商采购。

3 月 10 日，以采购的身份登录企业应用平台，依次执行"业务导航"→"经典树形"→"业务工作"→"供应链"→"采购管理"→"采购询价"→"采购比价审批单"命令，打开"采购比价审批单"界面，单击"增加"→"询价计划单"按钮，弹出"查询条件"页面，单击"确定"按钮，弹出"参照生单"页面，选中需要进行采购比价审批的询价计划单，单击"确定"按钮返回"采购比价审批单"界面，双击价格合理的记录的"选择"栏，依次单击"保存"→"审核"→"生成采购订单"按钮完成采购比价审批后生成采购订单，如图 9-35 所示。

第五步，采购订单-审核（采购管理）。

3 月 10 日，以采购的身份登录企业应用平台，依次执行"业务导航"→"经典树形"→"业务工作"→"供应链"→"采购管理"→"采购订货"→"采购订单列表"命令，打开"采购订单列表"界面，在列表里单击"查询"按钮，在列出的采购订单列表中选中需要审核的订单，再单击"审核"按钮完成采购订单的审核操作，如图 9-36 所示。

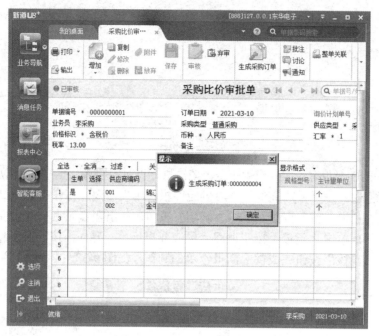

图 9-35　采购比价审批单

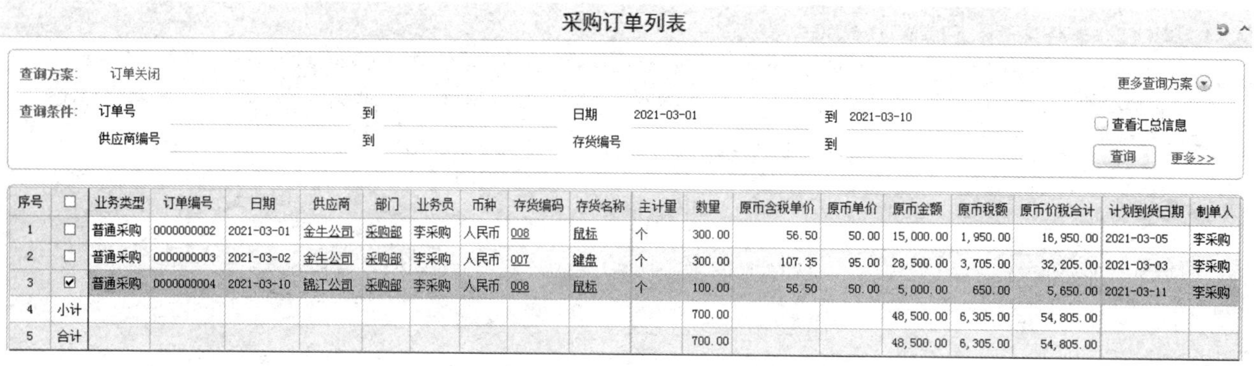

采购订单列表

查询方案：订单关闭

查询条件：订单号 到 日期 2021-03-01 到 2021-03-10

供应商编号 到 存货编号 到

序号	选择	业务类型	订单编号	日期	供应商	部门	业务员	币种	存货编码	存货名称	主计量	数量	原币含税单价	原币单价	原币金额	原币税额	原币价税合计	计划到货日期	制单人
1	☐	普通采购	0000000002	2021-03-01	金生公司	采购部	李采购	人民币	008	鼠标	个	300.00	56.50	50.00	15,000.00	1,950.00	16,950.00	2021-03-05	李采购
2	☐	普通采购	0000000003	2021-03-02	金生公司	采购部	李采购	人民币	007	键盘	个	300.00	107.35	95.00	28,500.00	3,705.00	32,205.00	2021-03-03	李采购
3	☑	普通采购	0000000004	2021-03-10	锦江公司	采购部	李采购	人民币	008	鼠标	个	100.00	56.50	50.00	5,000.00	650.00	5,650.00	2021-03-11	李采购
4	小计											700.00			48,500.00	6,305.00	54,805.00		
5	合计											700.00			48,500.00	6,305.00	54,805.00		

图 9-36　采购订单-审核

第六步，供应商催货函（采购管理）。

根据采购订单的计划到货日期，在规定的到货日期货物还未完全入库时，可以向供货单位发出催货函。企业在实际操作时，可以根据货物的在途运输时间提前发出催货函。

3 月 12 日，以采购的身份登录企业应用平台，依次执行“业务导航”→“经典树形”→“业务工作”→“供应链”→“采购管理”→“供应商管理”→“供应商催货函”命令，弹出“查询条件-供应商催货函”页面，修改“到货日期”为“当年-03-11”，“供应商”为“锦江公司”，单击“确定”按钮，打开“供应商催货函”界面，如图 9-37 所示。

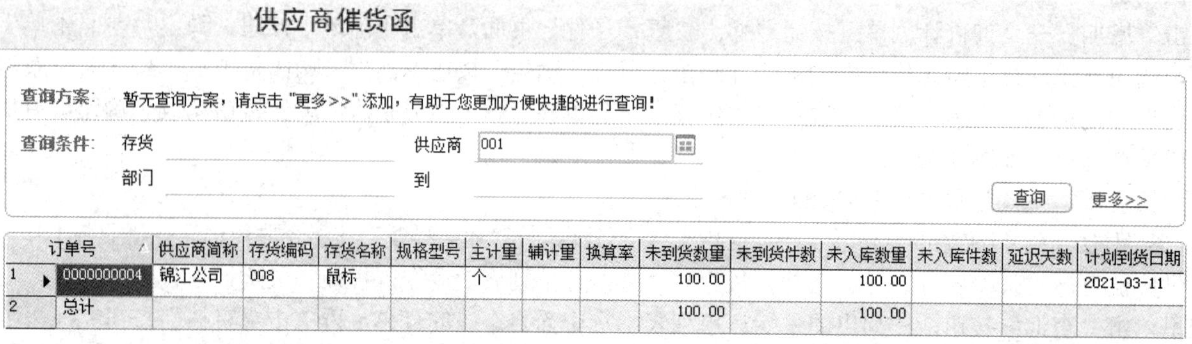

供应商催货函

查询方案：暂无查询方案，请点击“更多>>”添加，有助于您更加方便快捷的进行查询！

查询条件：存货 供应商 001

部门 到

	订单号	供应商简称	存货编码	存货名称	规格型号	主计量	辅计量	换算率	未到货数量	未到货件数	未入库数量	未入库件数	延迟天数	计划到货日期
1	0000000004	锦江公司	008	鼠标		个			100.00		100.00			2021-03-11
2	总计								100.00		100.00			

图 9-37　供应商催货函

依次单击"打印"→"预览"按钮,弹出"供应商催货函"打印预览页面,如图9-38所示。

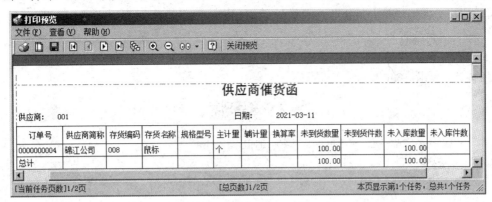

图9-38 供应商催货函-打印预览

任务四 采购暂估报销业务处理

二维码9-4
采购暂估报
销业务处理

存货暂估是外购入库的货物发票未到,在无法确定实际的采购成本时,财务人员期末暂时按估计价格入账,后续按照选择的暂估处理方式进行回冲或者补差处理。用友ERP-U8⁺提供的暂估结算处理方式:月初回冲、单到回冲、单到补差。可以在存货核算系统选项"暂估方式"中的选项进行处理,默认采购单到回冲方式。

第一步,专用采购发票、采购结算(采购管理)。

3月15日,以采购的身份登录企业应用平台,依次执行"业务导航"→"经典树形"→"业务工作"→"供应链"→"采购管理"→"采购发票"→"专用采购发票"命令,打开"专用发票"界面,依次单击"增加"→"入库单"按钮,弹出"查询条件-单据列表过滤"页面,单击"确定"按钮,弹出"拷贝并执行"页面,在"发票拷贝入库单表头列表"里选中需要生成发票的期初入库单,单击"确定"按钮,返回"专用发票"界面,输入发票号、修改单价,依次单击"保存"→"复核"→"结算"按钮完成增加专用采购发票的制作、复核和采购结算,如图9-39所示。

图9-39 专用采购发票

第二步，采购发票审核（应付款管理）。

3 月 15 日，以会计的身份登录企业应用平台，依次执行"业务导航"→"经典树形"→"业务工作"→"财务会计"→"应付款管理"→"应付处理"→"采购发票"→"采购发票审核"命令，打开"采购发票审核"界面，在"采购发票列表"中单击"查询"按钮，选中需要审核的采购发票，单击"审核"按钮完成发票审核操作，如图 9-40 所示。

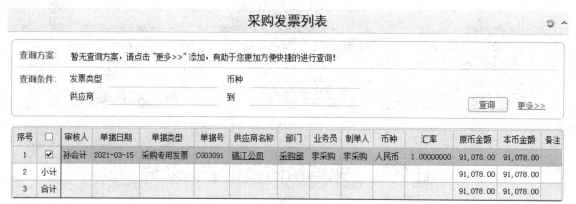

图 9-40 采购发票审核

第三步，生成凭证（应付款管理）。

3 月 15 日，以会计的身份登录企业应用平台，依次执行"业务导航"→"经典树形"→"业务工作"→"财务会计"→"应付款管理"→"凭证处理"→"生成凭证"命令，弹出"制单查询"页面，选中"发票"后单击"确定"按钮，打开"生成凭证"界面，"凭证类别"选择"转账凭证"，双击"选择标志"栏，单击"制单"按钮，打开"填制凭证"界面，完善凭证要素，单击"保存"按钮完成凭证制作，如图 9-41 所示。

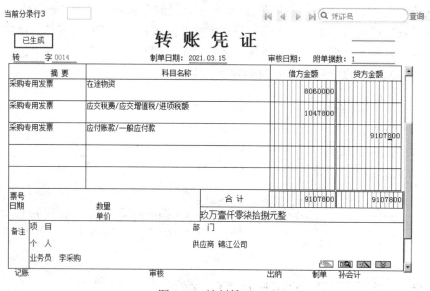

图 9-41 填制凭证

第四步，结算成本处理（存货核算）。

3 月 15 日，以会计的身份登录企业应用平台，依次执行"业务导航"→"经典树形"→"业务工作"→"供应链"→"存货核算"→"记账"→"结算成本处理"命令，弹出"结算成本处理"页面，在左侧"仓库"列表中选中"原料库"，单击"确定"按钮，打开"结算成本处理"界面，如图 9-42 所示。

在列表中选中需要处理的记录，单击"结算处理"按钮，在弹出的提示框中单击"确定"按钮完成结算成本处理操作。

图 9-42 结算成本处理

第五步，生成凭证（存货核算）。

3 月 15 日，以会计的身份登录企业应用平台，依次执行"业务导航"→"经典树形"→"业务工作"→"供应链"→"存货核算"→"凭证处理"→"生成凭证"命令，打开"生成凭证"界面，单击"选单"按钮，弹出"查询条件-生成凭证查询条件"页面，单击"确定"按钮，弹出"选择单据"页面，双击"红字回冲单"记录的"选择"栏，如图 9-43 所示。

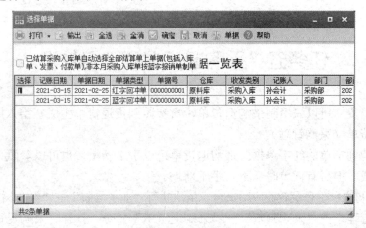

图 9-43 选择单据

单击"确定"按钮，返回"生成凭证"界面；"凭证类别"选择"转账凭证"，单击"合并制单"按钮，打开"填制凭证"界面，完善凭证要素，单击"保存"按钮完成凭证制作，如图 9-44 所示。

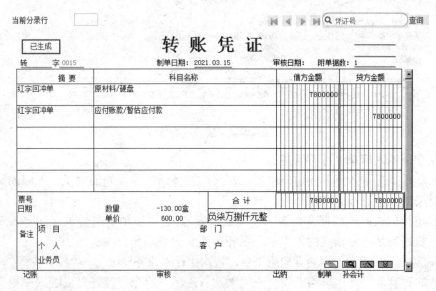

图 9-44 填制凭证-红字回冲单

关闭"填制凭证"界面，返回"生成凭证"界面，重新选择"蓝字回冲单"单据，生成蓝字回冲单凭证，如图 9-45 所示。

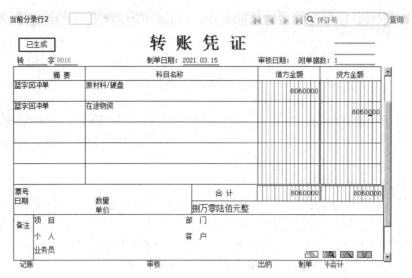

图 9-45　填制凭证-蓝字回冲单

二维码 9-5
采购退货退
票业务处理

任务五　采购退货退票业务处理

对于已入库后的退货，可以先填制采购退货单，再参照到货退货单生成红字入库单。

第一步，采购退货单（采购管理）。

采购退货单是采购到货单的红字单据。采购退货单可以手工新增，也可以参照采购订单、原采购到货单、不良品处理单生成。但必有订单时，不可手工新增。

3 月 17 日，以采购的身份登录企业应用平台，依次执行"业务导航"→"经典树形"→"业务工作"→"供应链"→"采购管理"→"采购到货"→"采购退货单"命令，打开"采购退货单"界面，依次单击"增加"→"空白单据"按钮，按项目资料输入数据，依次单击"保存"→"审核"按钮完成增加采购退货单的制作，如图 9-46 所示。

图 9-46　采购退货单

第二步，红字采购入库单（库存管理）。

红字采购入库单是采购入库单的逆向单据。在采购业务活动中，如果发现已入库的货物因质量等因素要求退货，则对采购业务进行退货单处理。

如果发现已审核的入库单数据有错误（多填数量等），也可以填制退货单（红字入库单）原数冲抵原入库单数据。原数冲回是将原错误的入库单，以相等的负数量填单。

3 月 17 日，以仓库的身份登录企业应用平台，依次执行"业务导航"→"经典树形"→"业务工作"→"供应链"→"库存管理"→"采购入库"→"采购入库单"命令，打开"采购入库单"界面，依次单击"增加"→"采购"→"采购到货单（红字）"按钮，弹出"查询条件-采购到货单列表"页面，单击"确定"按钮，弹出"到货单生单列表"页面，在"到货单生单表头"列表里选中需要生成入库单的到货单，单击"确定"按钮返回"采购入库单"界面，补充设置好仓库，依次单击"保存"→"审核"按钮完成增加红字采购入库单的制作，如图 9-47 所示。

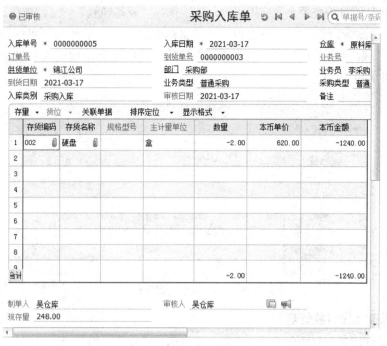

图 9-47 红字采购入库单

第三步，红字专用采购发票、采购结算（采购管理）。

红字专用采购发票即红字增值税专用发票，是专用采购发票的逆向单据；单价是无税单价、金额是无税金额。

3 月 17 日，以采购的身份登录企业应用平台，依次执行"业务导航"→"经典树形"→"业务工作"→"供应链"→"采购管理"→"采购发票"→"红字专用采购发票"命令，打开"专用发票"界面，依次单击"增加"→"入库单"按钮，弹出"查询条件-单据列表过滤"页面，单击"确定"按钮，弹出"拷贝并执行"页面，在"发票拷贝入库单表头列表"里选中需要生成发票的入库单，单击"确定"按钮返回"专用发票"界面，输入发票号，依次单击"保存"→"复核"→"结算"按钮完成增加红字专用采购发票的制作和采购结算，如图 9-48 所示。

图 9-48 红字专用采购发票

第四步，采购发票审核（应付款管理）。

3 月 17 日，以会计的身份登录企业应用平台，依次执行"业务导航"→"经典树形"→"业务工作"→"财务会计"→"应付款管理"→"应付处理"→"采购发票"→"采购发票审核"命令，打开"采购发票审核"界面，在"采购发票列表"中单击"查询"按钮，选中需要审核的采购发票，单击"审核"按钮完成此项操作，如图 9-49 所示。

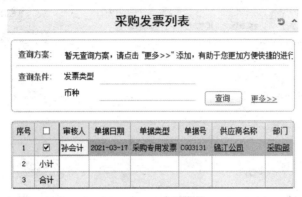

图 9-49　采购发票审核

第五步，生成凭证（应付款管理）。

3 月 17 日，以会计的身份登录企业应用平台，依次执行"业务导航"→"经典树形"→"业务工作"→"财务会计"→"应付款管理"→"凭证处理"→"生成凭证"命令，弹出"制单查询"页面，选中"发票"后单击"确定"按钮，打开"生成凭证"界面，"凭证类别"选择"转账凭证"，双击"选择标志"栏，单击"制单"按钮，打开"填制凭证"界面，完善凭证要素，单击"保存"按钮完成凭证制作，如图 9-50 所示。

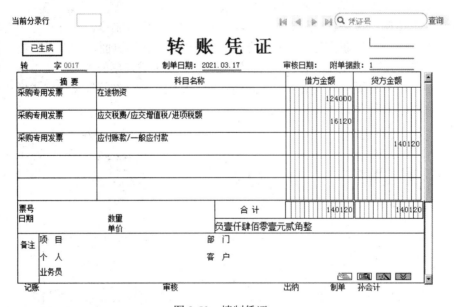

图 9-50　填制凭证

第六步，正常单据记账（存货核算）。

3 月 17 日，以会计的身份登录企业应用平台，依次执行"业务导航"→"经典树形"→"业务工作"→"供应链"→"存货核算"→"记账"→"正常单据记账"命令，弹出"未记账单据一览表"页面，在"正常单据记账列表"中单击"查询"按钮，在列表中选中需要记账的记录，单击"记账"按钮完成记账操作，如图 9-51 所示。

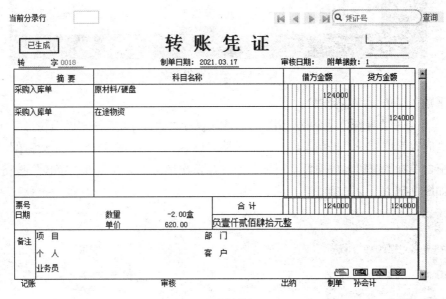

图 9-51　未记账单据一览表

第七步，生成凭证（存货核算）。

3月17日，以会计的身份登录企业应用平台，依次执行"业务导航"→"经典树形"→"业务工作"→"供应链"→"存货核算"→"凭证处理"→"生成凭证"命令，打开"生成凭证"界面，单击"选单"按钮，弹出"查询条件-生成凭证查询条件"页面，单击"确定"按钮，弹出"选择单据"页面，双击需要生成凭证的记录"选择"栏，单击"确定"按钮，返回"生成凭证"界面，"凭证类别"选择"转账凭证"，单击"合并制单"按钮，打开"填制凭证"界面，完善凭证要素，单击"保存"按钮完成凭证制作，如图9-52所示。

图 9-52　填制凭证

任务六　代管业务处理

二维码 9-6
代管业务
处理

代管业务是一种新的采购模式。该模式的主要特点是，企业替供应商保管其提供的物料，先使用物料，然后根据实际使用情况定期汇总、挂账，最后根据挂账数与供应商进行结算、开票以及后续的财务支付。

第一步，设置存货默认供应商。

3月1日，以账套主管的身份登录企业应用平台，依次执行"业务导航"→"经典树形"→"基础设置"→"基础档案"→"存货"→"存货档案"命令，打开"存货档案"界面，选中"001-存货"档案记录，单击"修改"按钮，打开"修改存货档案"界面，在"控制"选项卡的"主要供货单位"中设置默认供应商为"001-锦江公司"，单击"保存"按钮完成存货默认供应商设置，如图 9-53 所示。

图 9-53　修改存货档案

第二步，采购入库单（库存管理）。

3 月 18 日，以仓库的身份登录企业应用平台，依次执行"业务导航"→"经典树形"→"业务工作"→"供应链"→"库存管理"→"采购入库"→"采购入库单"命令，打开"采购入库单"界面，依次单击"增加"→"空白单据"按钮，按项目资料输入数据，依次单击"保存"→"审核"按钮完成增加采购入库单的制作，如图 9-54 所示。

	存货编码	存货名称	规格型号	主计量单位	数量	本币单价	本币金额
1	001	CPU		盒	120.00		

图 9-54　采购入库单

第三步，材料出库单（库存管理）。

3 月 22 日，以仓库的身份登录企业应用平台，依次执行"业务导航"→"经典树形"→"业务工作"→"供应链"→"库存管理"→"材料出库"→"材料出库单"命令，打开"材料出库单"界面，依次单击"增加"→"空白单据"按钮，按项目资料输入数据，"指定代管商"选择"存货档案默认的供应商"，依次单击"保存"→"审核"按钮完成增加材料出库单的制作，如图 9-55 所示。

图 9-55 材料出库单

第四步，代管挂账确认单。

企业对代管的供应商物料进行领用、消耗，在协议的时间内会与供应商对消耗的物料进行汇总、统计，双方确认后，便形成代管挂账确认单。代管挂账确认单是代管业务中非常重要的一个单据，是与供应商进行结算的双方确认的单据。

3 月 23 日，以采购的身份登录企业应用平台，依次执行"业务导航"→"经典树形"→"业务工作"→"供应链"→"采购管理"→"代管业务"→"代管挂账确认单"命令，打开"采购代管挂账确认单"界面，依次单击"增加"→"消耗单"按钮，弹出"查询条件-单据列表过滤"页面，单击"确定"按钮，弹出"拷贝并执行"页面，在"采购代管挂账确认单参照消耗清单表头"里选中需要生成确认单的记录，单击"确定"按钮返回"采购代管挂账确认单"界面，依次单击"保存"→"审核"按钮完成增加采购代管挂账确认单的制作，如图 9-56 所示。

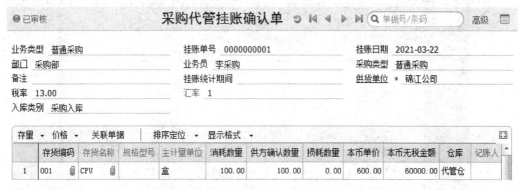

图 9-56 采购代管挂账确认单

第五步，专用采购发票（采购管理）。

3 月 23 日，以采购的身份登录企业应用平台，依次执行"业务导航"→"经典树形"→"业务工作"→"供应链"→"采购管理"→"采购发票"→"专用采购发票"命令，打开"专用发票"界面，依次单击"增加"→"空白单据"按钮，按项目资料输入数据，依次单击"保存"→"复核"按钮完成增加专用采购发票的制作，如图 9-57 所示。

图 9-57 专用采购发票

第六步，采购结算-手工结算（采购管理）。

3 月 23 日，以采购的身份登录企业应用平台，依次执行"业务导航"→"经典树形"→"业务工作"→"供应链"→"采购管理"→"采购结算"→"手工结算"命令，打开"手工结算"界面，单击"选单"按钮，打开"结算选单"界面，单击"查询"按钮，弹出"查询条件-采购手工结算"页面，单击"确定"按钮返回"结算选单"界面，将符合过滤条件的采购发票记录带入发票列表（屏幕上方）和入库单记录带入入库单列表（屏幕下方），分别选择要结算的发票和入库单，单击"确定"按钮，返回"手工结算"界面，单击"结算"按钮，系统自动对本次选择的数据进行采购结算，如图 9-58 所示。

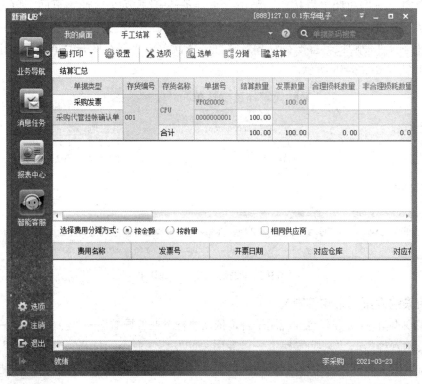

图 9-58 手工结算

第七步，采购发票审核（应付款管理）。

3 月 23 日，以会计的身份登录企业应用平台，依次执行"业务导航"→"经典树形"→"业务工作"→"财务会计"→"应付款管理"→"应付处理"→"采购发票"→"采购发票审核"命令，打开"采购发票审核"界面，在"采购发票列表"中单击"查询"按钮，选中需要审核的采购发票，单击"审核"按钮完成此项操作，如图 9-59 所示。

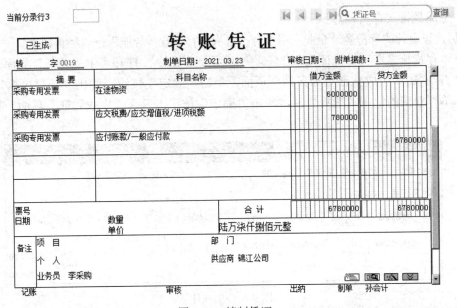

（图9-59上半部分：采购发票列表）

序号	□	审核人	单据日期	单据类型	单据号	供应商名称	部门	业务员	制单人	币种	汇率	原币金额	本币金额	备注
1	☑	孙会计	2021-03-23	采购专用发票	FP020002	锦江公司	采购部	李采购	李采购	人民币	1.00000000	67,800.00	67,800.00	
2	小计											67,800.00	67,800.00	
3	合计											67,800.00	67,800.00	

图 9-59 采购发票审核

第八步，生成凭证（应付款管理）。

3 月 23 日，以会计的身份登录企业应用平台，依次执行"业务导航"→"经典树形"→"业务工作"→"财务会计"→"应付款管理"→"凭证处理"→"生成凭证"命令，弹出"制单查询"页面，选中"发票"后单击"确定"按钮，打开"生成凭证"界面，"凭证类别"选择"转账凭证"，双击"选择标志"栏，单击"制单"按钮，打开"填制凭证"界面，完善凭证要素，单击"保存"按钮完成凭证制作，如图 9-60 所示。

图 9-60 填制凭证

第九步，正常单据记账（存货核算）。

3 月 23 日，以会计的身份登录企业应用平台，依次执行"业务导航"→"经典树形"→"业务工作"→"供应链"→"存货核算"→"记账"→"正常单据记账"命令，弹出"未记账单据一览表"页面，在"正常单据记账列表"中单击"查询"按钮，在列表中选中需要记账的记录，如图 9-61 所示。

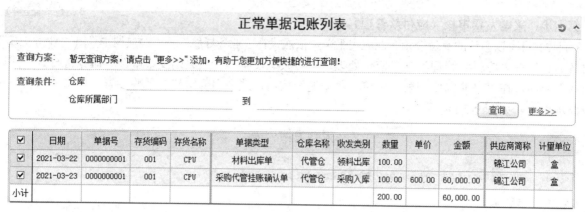

图 9-61　未记账单据一览表

单击"记账"按钮，弹出"手工输入单价列表"页面，按项目资料输入单价，如图 9-62 所示，单击"确定"按钮完成记账操作。

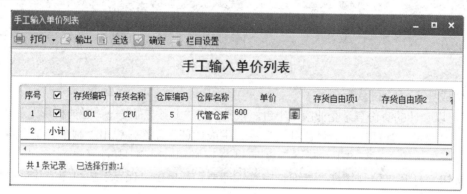

图 9-62　手工输入单价列表

第十步，生成凭证（存货核算）。

3 月 23 日，以会计的身份登录企业应用平台，依次执行"业务导航"→"经典树形"→"业务工作"→"供应链"→"存货核算"→"凭证处理"→"生成凭证"命令，打开"生成凭证"界面，单击"选单"按钮，弹出"查询条件-生成凭证查询条件"页面，单击"确定"按钮，弹出"选择单据"页面，双击需要"材料出库单"对应的记录"选择"栏，单击"确定"按钮，返回"生成凭证"界面，补充输入科目，如图 9-63 所示。

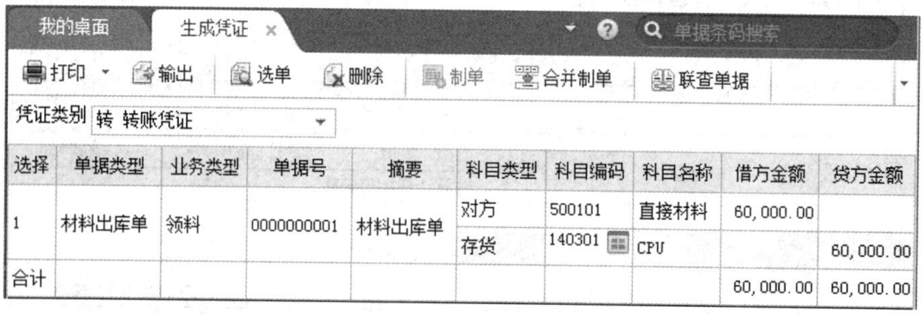

图 9-63　生成凭证

"凭证类别"选择"转账凭证"，单击"合并制单"按钮，打开"填制凭证"界面，完善凭证要素，单击"保存"按钮完成领料凭证制作，如图 9-64 所示。

关闭"填制凭证"界面，返回"生成凭证"界面，重新选择"采购代管挂账确认单"单据，生成代管挂账确认凭证，如图 9-65 所示。

当前分录行1

转 账 凭 证

已生成

转　字 0020　　　　　　制单日期：2021.03.23　　　审核日期：　附单据数：1

摘　要	科目名称	借方金额	贷方金额
材料出库单	生产成本/直接材料	6000000	
材料出库单	原材料/CPU		6000000
票号 日期	合　计	6000000	6000000
数量 单价	陆万元整		

备注　项　目　计算机组装　　　部　门
　　　个　人　　　　　　　　　客　户
　　　业务员

记账　　　　　　审核　　　　　　出纳　　　制单　孙会计

图 9-64　填制凭证-领料

当前分录行1

转 账 凭 证

已生成

转　字 0021　　　　　　制单日期：2021.03.23　　　审核日期：　附单据数：1

摘　要	科目名称	借方金额	贷方金额
采购代管挂账确认单	原材料/CPU	6000000	
采购代管挂账确认单	在途物资		6000000
票号 日期	合　计	6000000	6000000
数量　100.00盒 单价　600.00	陆万元整		

备注　项　目　　　　　　　　　部　门
　　　个　人　　　　　　　　　客　户
　　　业务员

记账　　　　　　审核　　　　　　出纳　　　制单　小会计

图 9-65　填制凭证-代管挂账确认

任务七　采购暂估业务处理

二维码 9-7
采购暂估
业务处理

第一步，采购入库单（采购管理）。

3 月 25 日，以仓库的身份登录企业应用平台，依次执行"业务导航"→"经典树形"→"业务工作"→"供应链"→"库存管理"→"采购入库"→"采购入库单"命令，打开"采购入库单"界面，依次单击"增加"→"空白单据"按钮，按项目资料输入数据，依次单击"保存"→"审核"按钮完成增加采购入库单的制作，如图9-66所示。

第二步，暂估成本输入（存货核算）。

为了保证账实一致，因此期末对于没有收到采购发票的采购入库单，即没有成本的采购入库单，需要在这里进行暂估成本输入。

图 9-66　采购入库单

3 月 31 日，以会计的身份登录企业应用平台，依次执行"业务导航"→"经典树形"→"业务工作"→"供应链"→"存货核算"→"记账"→"暂估成本录入"命令，打开"暂估成本录入"界面，在"暂估成本录入"列表中单击"查询"按钮，打开"采购入库单成本成批录入"界面，列示满足条件的采购入库单；单击右上角下拉框选择成本单价，存货核算系统提供计划成本、参考成本、上次入库成本、上次出库成本、结存成本供选择；单击"取数"按钮，自动按所选成本进行输入；也可以按项目资料直接修改单价和金额，单击"保存"按钮完成操作，如图 9-67 所示。

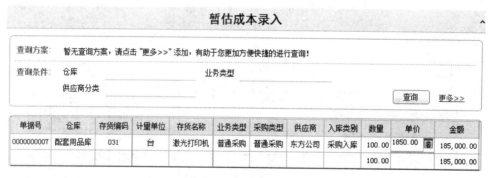

图 9-67　暂估成本输入

第三步，正常单据记账（存货核算）

3 月 31 日，以会计的身份登录企业应用平台，依次执行"业务导航"→"经典树形"→"业务工作"→"供应链"→"存货核算"→"记账"→"正常单据记账"命令，弹出"未记账单据一览表"页面，在"正常单据记账列表"中单击"查询"按钮，在列表中选中需要记账的记录，单击"记账"按钮完成记账操作，如图 9-68 所示。

图 9-68　未记账单据一览表

第四步，生成凭证（存货核算）。

3 月 31 日，以会计的身份登录企业应用平台，依次执行"业务导航"→"经典树形"→"业务工作"→"供应链"→"存货核算"→"凭证处理"→"生成凭证"命令，打开"生成凭证"界面，单击"选单"按钮，弹出"查询条件-生成凭证查询条件"页面，单击"确定"按钮，弹出"选择单据"页面，双击需要生成凭证的记录"选择"栏，单击"确定"按钮，返回"生成凭证"界面，"凭证类别"选择"转账凭证"，单击"合并制单"按钮，打开"填制凭证"界面，完善凭证要素，单击"保存"按钮完成凭证制作，如图9-69所示。

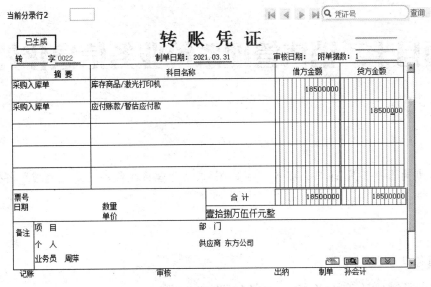

图9-69 填制凭证-暂估

拓展实验 采购管理

【拓展知识】

采购管理是用友 ERP-U8+供应链的重要产品，采购管理帮助对采购业务的全部流程进行管理，提供请购、采购订货、采购到货、采购入库、采购发票、采购结算的完整采购流程，可根据自身实际情况进行采购流程的定制。本系统适用于各类工业企业和商业批发、零售企业、医药、物资供销、对外贸易、图书发行等商品流通企业的采购部门和采购核算财务部门。采购管理既可以单独使用，又能与用友 ERP-U8+其他系统集成使用，提供完整全面的业务和财务流程处理。

对未记账的入库单据进行记账时，应遵守如下规则。

（1）当以实际价核算的入库单没有成本时，系统将根据在选项中入库单成本的设置方式进行处理，如果选择参照手工输入（默认方式），系统将不允许记账，显示颜色为蓝色；如果选择其他方式，如上次入库成本，系统将参照上次入库成本进行记账。

（2）当入库单记账时，已部分结算，要拆分成两条记录进行记账，按结算数量、结算单价、结算金额部分作为已结算的采购入库单记账，将未结算数量、未结算单价和未结算暂估金额作为暂估入库单记账。恢复记账时必须两条记录同时恢复。

【拓展实验任务资料】

3月6日，收到金牛公司货物验收入库，验收时发现液晶显示器存在商品质量问题5台，如图9-70所示。

编号	名称	规格	数量	单位成本	十	万	千	百	十	元	角	分	附注
					\multicolumn{8}{c}{实际成本}	
1	CPU	i7	150	600									
2	硬盘	1T	150	600									
3	液晶显示器	17寸	95	1200									

商品入库单   300602
单位：元   2021年3月6日

财务经理：略   部门经理：略   制表人：略

第三联 记账联

图9-70 商品入库单

项目十 销售管理系统业务信息化处理

项目准备

设置系统日期为当年3月31日，引入"项目九 采购管理系统业务信息化处理"备份账套。

项目资料

当年3月销售日常业务如下。

任务一 普通销售（商业折扣）业务处理

（1）3月4日，华苑公司欲购买10台计算机，向销售部了解价格。销售部无税报价为6500.00元/台。

（2）该客户了解情况后，要求按成交价为报价的90%订购20台，发货日期为3月6日。

（3）3月6日，销售部从成品仓库向华苑公司发出其所订货物，并据此开具专用销售发票一张，票号为XS03161。

（4）业务部门将销售发票交给财务部门，财务部门结转此业务的收入及成本。

（5）3月7日，财务部收到华苑公司转账支票一张，金额为132 210.00元，支票号为ZZ03171。

任务二 现结业务处理

3月8日，销售部向华苑公司出售的计算机10台、无税报价为6500.00元/台，已从成品库发货（月初已签订未执行的销售合同）。根据发货单开具专用发票一张，票号为XS03162；同时收到客户以转账支票所支付的全部货款73 450.00元，支票号为ZZ03672。

任务三 补开票（代垫运费）业务处理

3月10日，销售部向华苑公司开具销售专用发票，票号为XS03163（该业务是2月28日出售的计算机10台，报价为6500.00元/台，物品从成品库发出，尚未开票，见销售管理期初数据），现经商定无税单价为6400.00元，同时用现金代垫了运费100.00元。客户尚未支付该笔款项。

任务四 定金业务处理

3月12日，销售部向红光公司出售CPU 20盒，由原料库发货，报价为1000.00元/盒，按销售额的10%收取销售定金，同日收到转账支票（支票号：ZZ03591）已存入工行账户。开具销售专用发票一张，票号为XS03164。

任务五 开票直接发货业务处理

3月13日，销售部向华苑公司出售激光打印机10台，报价为2300元/台，物品从配套用品库发出，并据此开具专用销售发票一张，票号为XS03165。

任务六 零售日报业务处理

3月14日，销售部向个人零售计算机1台，含税售价7580.00元，同时开具销售普通发票，票号为XS03166，货款现金收讫（现结）。

任务七 分期收款业务处理

3月15日，销售部向天平公司出售计算机200台。由成品仓库发货，报价为6500元/台。由于金额较大，客户要求以分期付款形式购买该商品。经协商，客户分4次付款，并据此开具相应销售发票。第一次开具的专用发票数量为50台，单价为6500元，票号为XS03167。

任务八 委托代销业务处理

（1）3月16日，销售部委托和平公司代为销售计算机50台，售价为6500元/台（不含税），受托方和平公司以销售货款（不含增值税）的10%收取手续费，货物从成品仓库发出。

（2）3月18日，收到和平公司的委托代销清单，结算已销售的计算机30台，售价为6500元/台（不含税）（货税款：220 350元）；手续费发票一张（票号：SXF03251，金额：19 500+19 500×6%=20 670元）。立即开具销售专用发票（票号：XS03168）给和平公司。

（3）3月19日，收到和平公司交来的转账支票一张（票号：ZZ03661，已扣除手续费）。

任务九 直运销售业务处理

（1）3月20日，销售部接到业务信息，天平公司欲购买HP服务器1台。经协商以单价为100 000元成交，增值税率为13%。

（2）3月22日，采购部经联系以90 000元的价格向东方公司发出采购订单，并要求对方直接将货物送到天平公司（直运采购）。

（3）3月23日，货物送至天平公司，东方公司凭送货签收单根据订单开具了一张专用发票给采购部，票号为ZYCG03271。

（4）3月23日，销售部根据销售订单开具专用发票一张，票号为ZYXS03169。

任务十 销售退货退票业务处理

3月25日，华苑公司退回3月8日购买的计算机2台，原因为质量问题，即日办理退货，并于当日开具红字发票（票号：XS03170）及退还价税款（票号：ZZ03736）。

任务十一 委托代销退货退票业务处理

3月27日，委托和平公司销售并且已结算的计算机退回3台，入成品仓库。由于已经结算，故开具红字专用发票一张（票号：XS03171）。

项目要求

（1）对每一笔销售业务，都应严格按照该类型业务操作流程进行操作，基本流程如下。
① 销售流程以销售订单为起点，订单可以同时满足手工输入、按合同生成和按报价单生成。
② 按订单发货，发货单直接生成销售出库单。
③ 销售退货按发货单办理退货。
④ 销售发票和销售退回发票按发/退货单开票。销售发票也可手工输入。

注意：要不断更改登录日期，销售管理系统用周销售的身份，库存管理系统用吴仓库的身份，应收款管理系统、存货核算系统用孙会计的身份。

（2）账套输出。

项目操作指导

销售业务的日常操作，包括报价、订货、发货、开票等业务；支持普通销售、委托代销、分期收款、直运、零售、销售调拨等多种类型的销售业务；可以进行现结业务、代垫费用、销售支出的业务处理；可以制订销售计划，对价格和信用进行实时监控。在销售管理系统中将销售管理分为四种业务类型：普通销售业务（又分为先发货后开票业务、开票直接发货业务）、分期收款业务、委托代销业务、直运业务。

二维码 10-1
普通销售
业务处理

任务一　普通销售（商业折扣）业务处理

第一步，销售报价单（销售管理）。

销售报价是企业向客户提供货品、规格、价格、结算方式等信息，双方达成协议后，销售报价单转为有效力的销售订单。企业可以针对不同客户、不同存货、不同批量提出不同的报价、扣率。销售报价单是可选单据，可根据业务的实际需要选用。已审核未关闭的报价单可以参照生成销售订单或销售合同。

3月4日，以销售的身份登录企业应用平台，依次执行"业务导航"→"经典树形"→"业务工作"→"供应链"→"销售管理"→"销售报价"→"销售报价单"命令，打开"销售报价单"界面，依次单击"增加"→"空白单据"按钮，按项目资料输入数据，依次单击"保存"→"审核"按钮完成增加销售报价单的制作，如图 10-1 所示。

图 10-1　销售报价单

第二步，销售订单（销售管理）。

销售订货是指由购销双方确认的客户的要货过程，根据销售订单组织货源，并对订单的执行进行管理、控制和追踪。销售订单是反映由购销双方确认的客户要货需求的单据，它可以是企业销售合同中关于货物的明细内容，也可以是一种订货的口头协议。

销售订单是可选单据，但参数设置为必有订单时，销售订单则必有。

3月4日，以销售的身份登录企业应用平台，依次执行"业务导航"→"经典树形"→"业务工作"→"供应链"→"销售管理"→"销售订货"→"销售订单"命令，打开"销售订单"界面，依次单击"增加"→"报价单"按钮，弹出"查询条件-订单参照报价单"页面，单击"确定"按钮，弹出"参照生单"页面，在"订单参照报价单表头"列表里选中需要生成订单的报价单，单击"确定"按钮返回"销售订单"界面，按项目资料修改订单"数量""扣率""预发货日期"数据后，依次单击"保存"→"审核"按钮完成增加销售订单的制作，如图 10-2 所示。

图 10-2　销售订单

第三步，发货单（销售管理）。

销售发货是企业执行与客户签订的销售合同或销售订单，将货物发往客户的行为，是销售业务的执行阶段。发货单是销售方给客户发货的凭据，是销售发货业务的执行载体。无论工业企业还是商业企业，发货单都是销售管理系统的核心单据。

3月6日，以销售的身份登录企业应用平台，依次执行"业务导航"→"经典树形"→"业务工作"→"供应链"→"销售管理"→"销售发货"→"发货单"命令，打开"发货单"界面，依次单击"增加"→"订单"按钮，弹出"查询条件-参照订单"页面，单击"确定"按钮，弹出"参照生单"页面，在"发货单参照订单表头"列表里选中需要生成发货单的订单，单击"确定"按钮返回"发货单"界面，按项目资料输入"仓库名称"，依次单击"保存"→"审核"按钮完成增加发货单的制作，如图10-3所示。

图 10-3 发货单

第四步，出库单（库存管理）。

仓库出库业务包括销售出库、材料出库（限工业版账套）和其他出库三种。销售出库单是销售出库业务的主要凭证，在库存管理系统用于存货出库数量核算，在存货核算系统用于存货出库成本核算（如果存货核算系统销售成本的核算选择依据销售出库单）。对于工业企业，销售出库单一般指产成品销售出库时所填制的出库单据；对于商业企业，销售出库单一般指商品销售出库时所填制的出库单；启用出口管理时，销售出库单指出口货物销售出库时所填制的出库单据。

销售出库单按进出仓库方向分为蓝字销售出库单、红字销售出库单；按业务类型分为普通销售出库单（含一般贸易的出口业务）、委托代销出库单、分期收款出库单、进料加工出库单。

3月6日，以仓库的身份登录企业应用平台，依次执行"业务导航"→"经典树形"→"业务工作"→"供应链"→"库存管理"→"销售出库"→"销售出库单"命令，打开"销售出库单"界面，单击 ⇤ ◀ ▶ ⇥ 按钮，选择本笔业务对应的"销售出库单"，单击"审核"按钮完成此项操作，如图10-4所示。

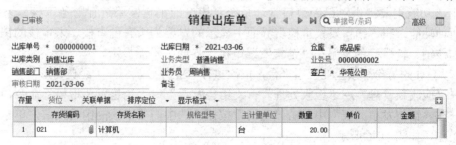

图 10-4 销售出库单

🔔 **注意：** 在销售管理系统参数设置时，如果选中了"销售生成出库单"（见图 4-64），则为先发货后开票业务模式，发货单审核时会自动生成销售出库单，销售出库单需要审核，但不能修改出库数量，所以也称为一次性出库销售方式。先发货后开票业务模式，是指根据销售订单或其他销售合同，向客户发出货物；发货之后根据发货单开票并结算。先发货后开票业务适用于普通销售、分期收款、委托代销业务。

第五步，销售专用发票（销售管理）。

销售开票是在销售过程中企业给客户开具销售发票及其所附清单的过程，它是销售收入确认、销售成本计算、应交销售税金确认和应收账款确认的依据，是销售业务的重要环节。销售发票是在销售开票过程中所开具的原始销售单据，包括增值税专用发票、普通发票及其所附清单。对于未输入税号的客户，可以开具普通发票，不可开具专用发票。销售发票需要复核后才能在应收款管理系统核算应收账款，在应收款管理系统审核登记应收明细账，制单生成凭证。

3月6日，以销售的身份登录企业应用平台，依次执行"业务导航"→"经典树形"→"业务工作"→"供应链"→"销售管理"→"销售开票"→"销售专用发票"命令，打开"销售专用发票"界面，依次单击"增加"→"发货单"按钮，弹出"查询条件-发票参照发货单"页面，单击"确定"按钮，弹出"参照生单"页面，在"发票参照发货单表头"列表里选中需要生成发票的发货单，单击"确定"按钮返回"销售专用发票"界面，输入发票号，依次单击"保存"→"复核"按钮完成增加销售专用发票的制作，如图 10-5 所示。

图 10-5　销售专用发票

第六步，销售发票审核（应收款管理）。

销售发票审核功能主要提供对已经销售管理系统复核过的销售发票进行财务审核。系统提供手工审核、批量审核两种功能。在"销售发票审核"界面中显示的发票为所有已审核、未审核的销售发票。已经做过后续处理如核销、转账等的发票在"销售发票审核"界面中不能显示。

3月6日，以会计的身份登录企业应用平台，依次执行"业务导航"→"经典树形"→"业务工作"→"财务会计"→"应收款管理"→"应收处理"→"销售发票"→"销售发票审核"命令，打开"销售发票审核"界面，在"销售发票列表"中单击"查询"按钮，选中需要审核的销售发票，单击"审核"按钮完成发票审核操作，如图 10-6 所示。

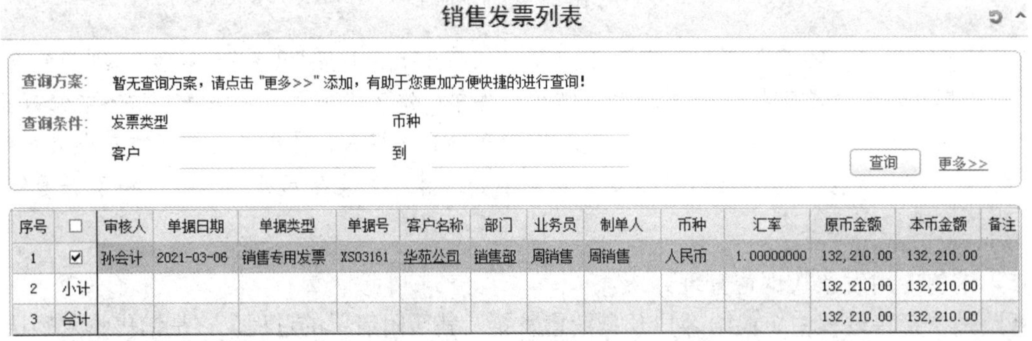

图 10-6　销售发票审核

第七步，生成凭证（应收款管理）。

3月6日，以会计的身份登录企业应用平台，依次执行"业务导航"→"经典树形"→"业务工作"→"财务会计"→"应收款管理"→"凭证处理"→"生成凭证"命令，弹出"制单查询"页面，选中"发票"后单击"确定"按钮，打开"生成凭证"界面，"凭证类别"选择"转账凭证"，双击"选择标志"栏，单击"制单"按钮，打开"填制凭证"界面，完善凭证要素，单击"保存"按钮完成凭证制作，如图10-7所示。

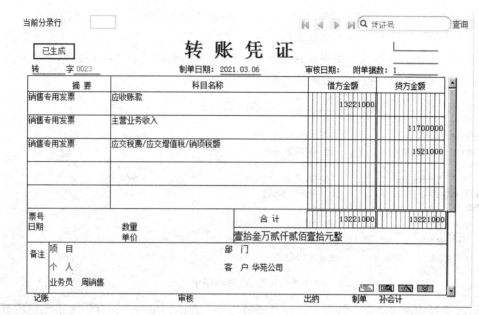

图 10-7　填制凭证

第八步，正常单据记账（存货核算）。

3月31日，以会计的身份登录企业应用平台，依次执行"业务导航"→"经典树形"→"业务工作"→"供应链"→"存货核算"→"记账"→"正常单据记账"命令，弹出"未记账单据一览表"页面，在"正常单据记账列表"中单击"查询"按钮，在列表中选中需要记账的记录，单击"记账"按钮完成记账操作，如图10-8所示。

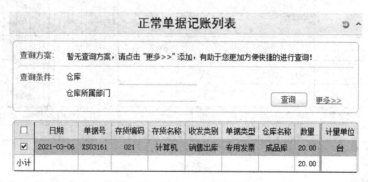

图 10-8　未记账单据一览表

注意：由于不同种类的存货归属于不同的仓库，请根据仓库档案中的计价方式在存货核算系统中决定是否生成销售成本结转凭证。本笔业务所涉及的存货"计算机"归属于"成品库"，"成品库"计价方式为"全月平均法"，需要在期末处理时才能计算出库成本，故本笔业务不能在此生成销售成本结转凭证。

第九步，收款单据输入、审核、制单（应收款管理）。

收款单据处理主要是对结算单据（收款单、付款单即红字收款单）进行管理，包括收款单、付款单的输入、审核。应收系统的收款单用来记录企业所收到的客户款项，款项性质包括应收款、预收款、销售定金、现款结算、其他费用等。其中，应收款、预收款性质的收款单将与发票、应收单、付款单进行核销勾对。应收系统付款单用来记录发生销售退货时，企业开具的退付给客户的款项。该付款单可与应收、预收性质的收款单、红字应收单、红字发票进行核销。收款单据输入，是将已收到的客户款项（包括客户支付的销售定金）或退回客户的款项，输入应收款管理系统。输入包括收款单与付款单（即红字收款单）的输入。

3月7日，以会计的身份登录企业应用平台，依次执行"业务导航"→"经典树形"→"业务工作"→"财务会计"→"应收款管理"→"收款处理"→"收款单据录入"命令，打开"收款单据录入"界面，依次单击"增加"→"空白单据"按钮，按项目资料输入表头数据，在"款项类型"处选择"应收款"，依次单击"保存"→"审核"按钮完成此项操作，如图 10-9 所示。

图 10-9　收款单据录入

在弹出的对话框中单击"是"按钮，打开"填制凭证"界面，单击"保存"按钮完成收款凭证的制作，如图 10-10 所示。

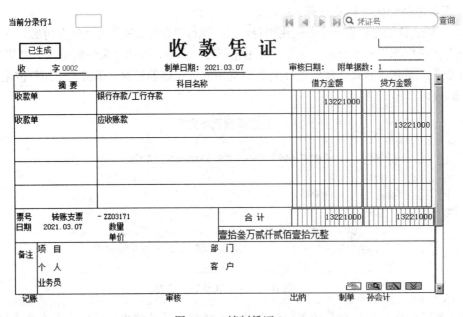

图 10-10　填制凭证

第十步，核销处理-手工核销（应收款管理）。

3月7日，以会计的身份登录企业应用平台，依次执行"业务导航"→"经典树形"→"业务工作"→"财务会计"→"应收款管理"→"核销处理"→"手工核销"命令，弹出"核销条件"页面，选择需要核销的客户"华苑公司"，单击"确定"按钮，打开"手工核销"界面，在销售专用发票所在记录的"本次结算"栏填入和收款单"本次结算金额"相等的金额，单击"确认"按钮完成核销，如图 10-11 所示。

图 10-11 手工核销

任务二 现结业务处理

第一步，发货单（销售管理）。

3月8日，以销售的身份登录企业应用平台，依次执行"业务导航"→"经典树形"→"业务工作"→"供应链"→"销售管理"→"销售发货"→"发货单"命令，打开"发货单"界面，依次单击"增加"→"订单"按钮，弹出"查询条件-参照订单"页面，单击"确定"按钮，弹出"参照生单"页面，在"发货单参照订单表头"列表里选中需要生成发货单的期初订单，单击"确定"按钮返回"发货单"界面，按项目资料输入"仓库名称"，依次单击"保存"→"审核"按钮完成增加发货单的制作，如图 10-12 所示。

图 10-12 发货单

第二步，出库单（库存管理）。

3月8日，以仓库的身份登录企业应用平台，依次执行"业务导航"→"经典树形"→"业务工作"→"供应链"→"库存管理"→"销售出库"→"销售出库单"命令，打开"销售出库单"界面，单击 ◄◄ ◄ ► ►◄ 按钮，选择本笔业务对应的"销售出库单"，单击"审核"按钮完成此项操作，如图 10-13 所示。

图 10-13 销售出库单

第三步，销售专用发票（销售管理）。

3月8日，以销售的身份登录企业应用平台，依次执行"业务导航"→"经典树形"→"业务工作"→"供应链"→"销售管理"→"销售开票"→"销售专用发票"命令，打开"销售专用发票"界面，依次单击"增加"→"发货单"按钮，弹出"查询条件-发票参照发货单"页面，单击"确定"按钮，弹出"参照生单"页面，在"发票参照发货单表头"列表里选中需要生成发票的发货单，单击"确定"按钮返回"销售专用发票"界面，输入发票号，依次单击"保存"→"现结"按钮，在弹出的"现结"页面中按项目资料输入现结数据，如图 10-14 所示。

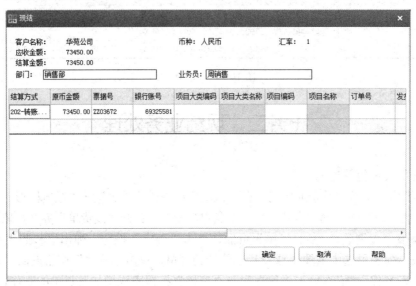

图 10-14 现结

单击"确定"按钮返回"销售专用发票"界面，单击"复核"按钮完成增加销售专用发票的制作，如图 10-15 所示。

销售专用发票

发票号	* XS03162	开票日期	* 2021-03-08	业务类型	普通销售
销售类型	* 经销	订单号	0000000001	发货单号	0000000003
客户简称	* 华苑公司	销售部门	* 销售部	业务员	周销售
付款条件		客户地址	天津市南开区华苑路1号	联系电话	
开户银行	工行华苑分行	账号	69325581	税号	120008456732310
币种	人民币	汇率	1	税率	13.00
备注					

	仓库名称	存货编码	存货名称	主计量	数量	报价	含税单价	无税单价	无税金额	税额	价税合计	税率（%）	扣率（%）	扣率2（%）
1	成品库	021	计算机	台	10.00	6500.00	7345.00	6500.00	65000.00	8450.00	73450.00	13.00	100.00	100.00
2														
3														
4														
5														
6														
7														
8														
合计					10.00				65000.00	8450.00	73450.00			

单位名称	成都东华电子有限责任公司	本单位税号	51028 028 200 842 31	本单位开户银行	* 工商银行成都分行人民南路分理
制单人	周销售	复核人	周销售	银行账号	828658791234

图 10-15 销售专用发票

第四步，销售发票审核（应收款管理）。

3月8日，以会计的身份登录企业应用平台，依次执行"业务导航"→"经典树形"→"业务工作"→"财务会计"→"应收款管理"→"应收处理"→"销售发票"→"销售发票审核"命令，打开"销售发票审核"界面，在"销售发票列表"中单击"查询"按钮，选中需要审核的销售发票，单击"审核"按钮完成此项操作，如图10-16所示。

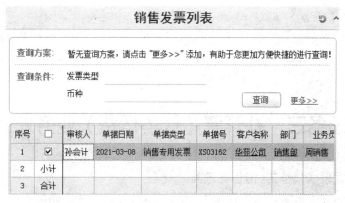

图10-16 销售发票审核

第五步，生成凭证（应收款管理）。

3月8日，以会计的身份登录企业应用平台，依次执行"业务导航"→"经典树形"→"业务工作"→"财务会计"→"应收款管理"→"凭证处理"→"生成凭证"命令，弹出"制单查询"页面，同时选中"发票"和"现结"后单击"确定"按钮，打开"生成凭证"界面，"凭证类别"选择"收款凭证"，双击"选择标志"栏，单击"制单"按钮，打开"填制凭证"界面，完善凭证要素，单击"保存"按钮完成凭证制作，如图10-17所示。

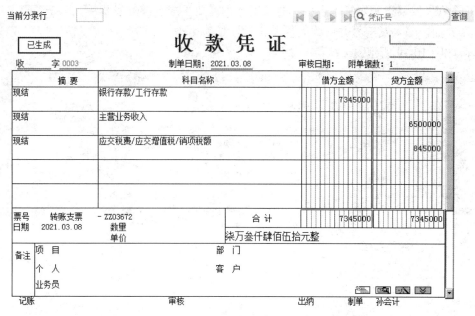

图10-17 填制凭证

第六步，正常单据记账（存货核算）。

3月31日，以会计的身份登录企业应用平台，依次执行"业务导航"→"经典树形"→"业务工作"→"供应链"→"存货核算"→"记账"→"正常单据记账"命令，弹出"未记账单据一览表"页面，在"正常单据记账列表"中单击"查询"按钮，在列表中选中需要记账的记录，单击"记账"按钮完成记账操作，如图10-18所示。

图 10-18　未记账单据一览表

二维码 10-3
补开票业务
处理

任务三　补开票（代垫运费）业务处理

第一步，销售专用发票（代垫）（销售管理）。

在销售业务中，代垫费用指随货物销售所发生的，不通过发票处理而形成的，暂时代垫将来需向客户收取的费用项目，如运杂费、保险费等。代垫费用实际上形成了对客户的应收款，代垫费用的收款核销由应收款管理系统处理。代垫费用单可以在"代垫费用单"功能中直接输入，可分摊到具体的货物；也可以在销售发票、销售调拨单、零售日报界面中单击"代垫"按钮输入，与发票建立关联，可分摊到具体的货物。

3 月 10 日，以销售的身份登录企业应用平台，依次执行"业务导航"→"经典树形"→"业务工作"→"供应链"→"销售管理"→"销售开票"→"销售专用发票"命令，打开"销售专用发票"界面，依次单击"增加"→"发货单"按钮，弹出"查询条件-发票参照发货单"页面，单击"确定"按钮，弹出"参照生单"页面，在"发票参照发货单表头"列表里选中需要生成发票的发货单，单击"确定"按钮返回"销售专用发票"界面，输入发票号并修改无税单价后，依次单击"保存"→"复核"按钮完成增加销售专用发票的制作，如图 10-19 所示。

图 10-19　销售专用发票

在"销售专用发票"界面中，单击"代垫"按钮，打开"代垫费用单"界面，依次单击"保存"→"审核"按钮完成增加代垫费用单的制作，如图 10-20 所示。

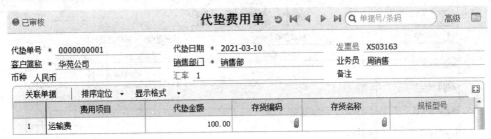

图 10-20 代垫费用单

第二步，销售发票（代垫）审核（应收款管理）。

3 月 10 日，以会计的身份登录企业应用平台，依次执行"业务导航"→"经典树形"→"业务工作"→"财务会计"→"应收款管理"→"应收处理"→"销售发票"→"销售发票审核"命令，打开"销售发票审核"界面，在"销售发票列表"中单击"查询"按钮，选中需要审核的销售发票，单击"审核"按钮完成此项操作，如图 10-21 所示。

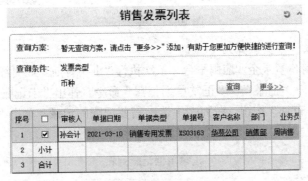

图 10-21 销售发票列表

在企业应用平台中，依次执行"业务导航"→"经典树形"→"业务工作"→"财务会计"→"应收款管理"→"应收处理"→"应收单"→"应收单审核"命令，打开"应收单审核"界面，在"应收单列表"单击"查询"按钮，选中需要审核的其他应收单，单击"审核"按钮完成此项操作，如图 10-22 所示。

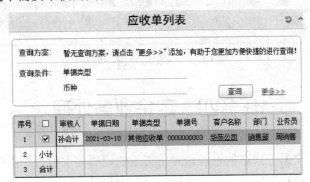

图 10-22 应收单列表

第三步，生成凭证（应收款管理）。

3 月 10 日，以会计的身份登录企业应用平台，依次执行"业务导航"→"经典树形"→"业务工作"→"财务会计"→"应收款管理"→"凭证处理"→"生成凭证"命令，弹出"制单查询"页面，同时选中"发票"和"应收单"后单击"确定"按钮，打开"生成凭证"界面，"凭证类别"选择"付款凭证"，依次单击"合并"→"制单"按钮，打开"填制凭证"界面，完善凭证要素，单击"保存"按钮完成凭证制作，如图 10-23 所示。

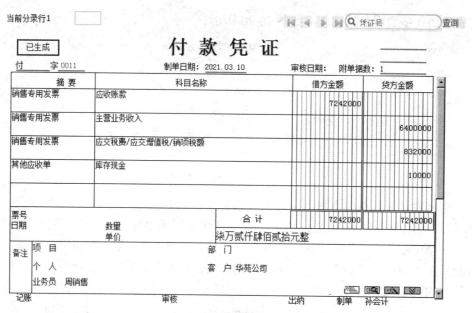

图 10-23　填制凭证

第四步，正常单据记账（存货核算）。

3 月 31 日，以会计的身份登录企业应用平台，依次执行"业务导航"→"经典树形"→"业务工作"→"供应链"→"存货核算"→"记账"→"正常单据记账"命令，弹出"未记账单据一览表"页面，在"正常单据记账列表"中单击"查询"按钮，在列表中选中需要记账的记录，单击"记账"按钮完成记账操作，如图 10-24 所示。

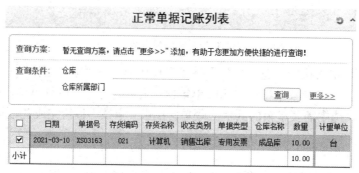

图 10-24　未记账单据一览表

二维码 10-4
定金业务
处理

任务四　定金业务处理

针对某些面向客户多、交易方式多的企业，对于货款的控制要求很严，由于产品的价值比较高，发货数量大，一旦出现问题，企业损失较大。要求客户提交一定数量的订单执行定金，而该定金在最后的发货金额等于或小于定金数额时才会转换为货款。

第一步，销售订单（销售管理）。

3 月 12 日，以销售的身份登录企业应用平台，依次执行"业务导航"→"经典树形"→"业务工作"→"供应链"→"销售管理"→"销售订货"→"销售订单"命令，打开"销售订单"界面，依次单击"增加"→"空白单据"按钮，按项目资料输入数据，单击"保存"按钮完成增加销售订单的制作，如图 10-25 所示。

图 10-25 销售订单

第二步，定金收款单据输入、审核、制单（应收款管理）。

新增定金的收款单输入时参照的是未审核的且有必有定金设置的销售订单。款型类型为销售定金，不可更改。销售订单审核后，不可修改删除收款单。若收款单据选择表体记录的款项类型为销售定金，则该款项用途为收取客户的销售定金，且其表体的科目不能是收付系统的控制科目。

3 月 12 日，以会计的身份登录企业应用平台，依次执行"业务导航"→"经典树形"→"业务工作"→"财务会计"→"应收款管理"→"收款处理"→"收款单据录入"命令，打开"收款单据录入"界面，依次单击"增加"→"销售定金"按钮，弹出"查询条件-参照订单"页面，单击"确定"按钮，弹出"拷贝并执行"页面，在"销售定金列表"里选中需要生成收款单据的订单，单击"确定"按钮返回"收款单据录入"界面，按项目资料补充结算方式和票据号后，单击"保存"按钮完成增加收款单据的制作，如图 10-26 所示。

图 10-26 收款单据录入

单击"审核"按钮，在弹出的对话框中单击"是"按钮，显示"填制凭证"界面，完善凭证要素，单击"保存"按钮完成收款凭证的制作，如图 10-27 所示。

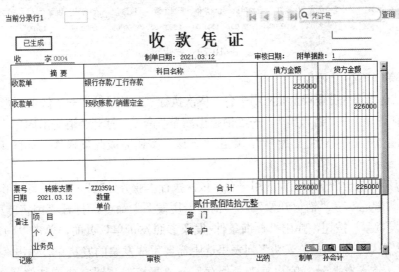

图 10-27 填制凭证

第三步，销售订单审核（销售管理）。

3 月 12 日，以销售的身份登录企业应用平台，依次执行"业务导航"→"经典树形"→"业务工作"→"供应链"→"销售管理"→"销售订货"→"销售订单列表"命令，打开"销售订单列表"界面，在"销售订单列表"中单击"查询"按钮，在列表中选中需要审核的记录，单击"审核"按钮，再单击"确定"按钮完成销售订单的审核操作，如图 10-28 所示。

图 10-28 销售订单审核

第四步，发货单（销售管理）。

3 月 12 日，以销售的身份登录企业应用平台，依次执行"业务导航"→"经典树形"→"业务工作"→"供应链"→"销售管理"→"销售发货"→"发货单"命令，打开"发货单"界面，依次单击"增加"→"订单"按钮，弹出"查询条件-参照订单"页面，单击"确定"按钮，弹出"参照生单"页面，在"发货单参照订单表头"列表里选中需要生成发货单的订单，单击"确定"按钮返回"发货单"界面，按项目资料输入"仓库名称"，依次单击"保存"→"审核"按钮完成增加发货单的制作，如图 10-29 所示。

发货单

仓库名称	存货编码	存货名称	主计量	数量	报价	含税单价	无税单价	无税金额	税额	价税合计	税率（%）	折扣额	扣率（%）	扣率2（%）
1	原料库	001	CPU	盒	20.00	1000.00	1130.00	1000.00	20000.00	2600.00	22600.00	13.00	0.00	100.00	100.00

图 10-29 发货单

第五步，出库单（库存管理）。

3 月 12 日，以仓库的身份登录企业应用平台，依次执行"业务导航"→"经典树形"→"业务工作"→"供应链"→"库存管理"→"销售出库"→"销售出库单"命令，打开"销售出库单"界面，单击 ⏮ ◀ ▶ ⏭ 按钮，选择本笔业务对应的"销售出库单"，单击"审核"按钮完成此项操作，如图 10-30 所示。

第六步，销售专用发票（销售管理）。

3 月 12 日，以销售的身份登录企业应用平台，依次执行"业务导航"→"经典树形"→"业务工作"→"供应链"→"销售管理"→"销售开票"→"销售专用发票"命令，打开"销售专用发票"界面，依次单击"增加"→"发货单"按钮，弹出"查询条件-发票参照发货单"页面，单击"确定"按钮，弹出"参照生单"页面，在"发票参照发货单表头"列表里选中需要生成发票的发货单，单击"确定"按钮返回"销售专用发票"界面，输入发票号，依次单击"保存"→"复核"按钮完成增加销售专用发票的制作，如

图 10-31 所示。

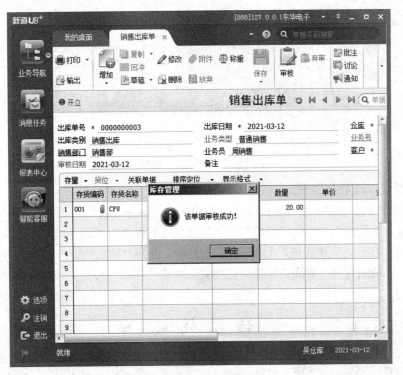

图 10-30 销售出库单

图 10-31 销售专用发票

第七步，销售发票审核（应收款管理）。

3 月 12 日，以会计的身份登录企业应用平台，依次执行"业务导航"→"经典树形"→"业务工作"→
"财务会计"→"应收款管理"→"应收处理"→"销售发票"→"销售发票审核"命令，打开"销售发
票审核"界面，在"销售发票列表"中单击"查询"按钮，选中需要审核的销售发票，单击"审核"按钮
完成此项操作，如图 10-32 所示。

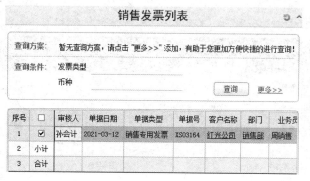

图 10-32　销售发票审核

第八步，生成凭证（应收款管理）。

3 月 12 日，以会计的身份登录企业应用平台，依次执行"业务导航"→"经典树形"→"业务工作"→"财务会计"→"应收款管理"→"凭证处理"→"生成凭证"命令，弹出"制单查询"页面，选中"发票"后单击"确定"按钮，打开"生成凭证"界面，"凭证类别"选择"转账凭证"，双击"选择标志"栏，单击"制单"按钮，打开"填制凭证"界面，完善凭证要素，单击"保存"按钮完成凭证制作，如图 10-33 所示。

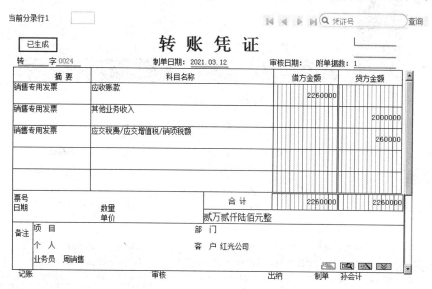

图 10-33　填制凭证

第九步，正常单据记账（存货核算）。

3 月 31 日，以会计的身份登录企业应用平台，依次执行"业务导航"→"经典树形"→"业务工作"→"供应链"→"存货核算"→"记账"→"正常单据记账"命令，弹出"未记账单据一览表"页面，在"正常单据记账列表"中单击"查询"按钮，在列表中选中需要记账的记录，单击"记账"按钮完成记账操作，如图 10-34 所示。

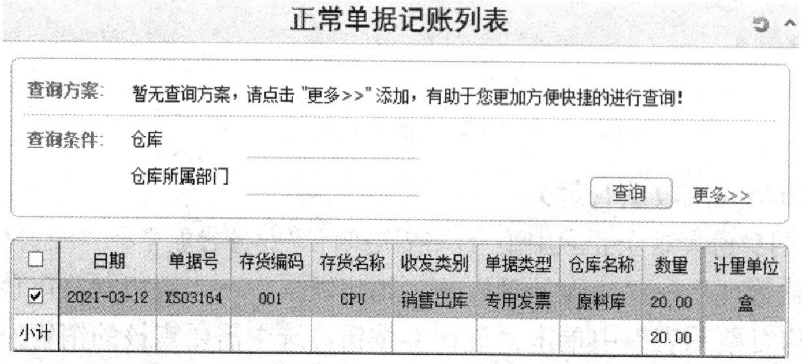

图 10-34　未记账单据一览表

第十步，生成凭证（存货核算）。

3 月 12 日，以会计的身份登录企业应用平台，依次执行"业务导航"→"经典树形"→"业务工作"→"供应链"→"存货核算"→"凭证处理"→"生成凭证"命令，打开"生成凭证"界面，单击"选单"按钮，弹出"查询条件–生成凭证查询条件"页面，单击"确定"按钮，弹出"选择单据"页面，双击需要生成凭证的记录"选择"栏，单击"确定"按钮，返回"生成凭证"界面，"凭证类别"选择"转账凭证"，单击"合并制单"按钮，打开"填制凭证"界面，完善凭证要素，单击"保存"按钮完成凭证制作，如图 10-35 所示。

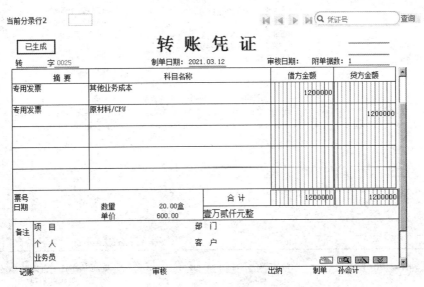

图 10-35　填制凭证

任务五　开票直接发货业务处理

二维码 10-5
开票直接发货业务处理

开票直接发货业务，是指根据销售订单或其他销售合同，向客户开具销售发票，客户根据发票到指定仓库提货。开票直接发货业务只适用于普通销售。开票直接发货业务模式，需要在销售管理系统参数中，取消选中"销售生成出库单"复选框，如图 10-36 所示，销售发票复核时会自动生成销售发货单，销售发货单不需要审核，但出库单需要手动生单，并可以修改出库数量，所以也称为多次出库销售方式。

图 10-36　销售选项

第一步，销售专用发票（销售管理）。

3 月 13 日，以销售的身份登录企业应用平台，依次执行"业务导航"→"经典树形"→"业务工作"→"供应链"→"销售管理"→"销售开票"→"销售专用发票"命令，打开"销售专用发票"界面，依次单击"增加"→"空白单据"按钮，按项目资料输入数据，依次单击"保存"→"复核"按钮完成增加销售专用发票的制作，如图 10-37 所示。

图 10-37　销售专用发票

第二步，查询发货单（销售管理）。

3 月 13 日，以销售的身份登录企业应用平台，依次执行"业务导航"→"经典树形"→"业务工作"→"供应链"→"销售管理"→"销售发货"→"发货单"命令，打开"发货单"界面，单击 ⏮ ◀ ▶ ⏭ 按钮，选择本笔业务对应的"发货单"，观察发现"审核"按钮已呈灰化状态，如图 10-38 所示。

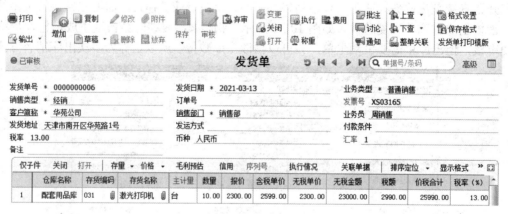

图 10-38　发货单

第三步，出库单（库存管理）。

3 月 13 日，以仓库的身份登录企业应用平台，依次执行"业务导航"→"经典树形"→"业务工作"→"供应链"→"库存管理"→"销售出库"→"销售出库单"命令，打开"销售出库单"界面，依次单击"增加"→"销售发货单"按钮，弹出"查询条件-销售发货单列表"页面，单击"确定"按钮，弹出"销售生单"页面，在"销售发货单表头"列表中选中需要生成出库单的记录，单击"确定"按钮，返回"销售出库单"界面，依次单击"保存"→"审核"按钮完成增加销售出库单的制作，如图 10-39 所示。

图 10-39 销售出库单

第四步，销售发票审核（应收款管理）。

3 月 13 日，以会计的身份登录企业应用平台，依次执行"业务导航"→"经典树形"→"业务工作"→"财务会计"→"应收款管理"→"应收处理"→"销售发票"→"销售发票审核"命令，打开"销售发票审核"界面，在"销售发票列表"中单击"查询"按钮，选中需要审核的销售发票，单击"审核"按钮完成此项操作，如图 10-40 所示。

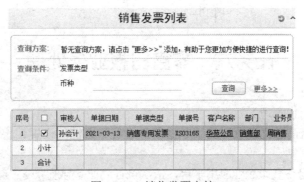

图 10-40 销售发票审核

第五步，生成凭证（应收款管理）。

3 月 13 日，以会计的身份登录企业应用平台，依次执行"业务导航"→"经典树形"→"业务工作"→"财务会计"→"应收款管理"→"凭证处理"→"生成凭证"命令，弹出"制单查询"页面，选中"发票"后单击"确定"按钮，打开"生成凭证"界面，"凭证类别"选择"转账凭证"，双击"选择标志"栏，单击"制单"按钮，打开"填制凭证"界面，完善凭证要素，单击"保存"按钮完成凭证制作，如图 10-41 所示。

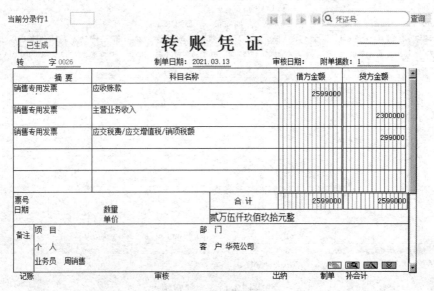

图 10-41 填制凭证

第六步，正常单据记账（存货核算）。

3 月 31 日，以会计的身份登录企业应用平台，依次执行“业务导航”→“经典树形”→“业务工作”→“供应链”→“存货核算”→“记账”→“正常单据记账”命令，弹出“未记账单据一览表”页面，在“正常单据记账列表”中单击“查询”按钮，在列表中选中需要记账的记录，单击“记账”按钮完成记账操作，如图 10-42 所示。

正常单据记账列表

查询方案：暂无查询方案，请点击“更多>>”添加，有助于您更加方便快捷的进行查询！

查询条件：仓库

仓库所属部门

查询　更多>>

☐	日期	单据号	存货编码	存货名称	收发类别	单据类型	仓库名称	数量	计量单位
☑	2021-03-13	XS03165	031	激光打印机	销售出库	专用发票	配套用品库	10.00	台
小计								10.00	

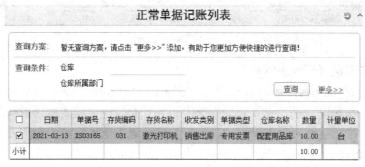

图 10-42　未记账单据一览表

任务六　零售日报业务处理

二维码 10-6
零售日报
业务处理

第一步，零售日报（销售管理）。

参照项目三“基础数据信息化设置”的“单据编号设置”方法，设置销售零售日报的日报号为“完全手工编号”。

3 月 14 日，以销售的身份登录企业应用平台，依次执行“业务导航”→“经典树形”→“业务工作”→“供应链”→“销售管理”→“零售日报”→“零售日报”命令，打开“零售日报”界面，依次单击“增加”→“空白单据”按钮，按项目资料输入数据（因有允限销设置，注意观察“个人”客户的存货选择），依次单击“保存”→“现结”按钮，在弹出的“现结”页面按项目资料输入现结数据，单击“确定”按钮返回“零售日报”界面，单击“复核”按钮完成增加零售日报的制作，如图 10-43 所示。

已审核　现结　零售日报　单据号/条码　高级

日报号 * XS03166　日报日期 * 2021-03-14　销售类型 * 经销

客户简称 * 个人　销售部门 * 销售部　业务员

客户地址　税率 13.00　备注

存量　价格　毛利预估　信用　序列号　结算情况　排序定位　显示格式

	仓库名称	存货编码	存货名称	主计量	数量	报价	含税单价	无税单价	无税金额	税额	价税合计	税率（%）	扣率（%）	扣率2（%）
1	成品库	021	计算机	台	1.00	0.00	7580.00	6707.96	6707.96	872.04	7580.00	13.00	100.00	100.00
2														
3														
4														
5														
6														
7														
8														
9														
10														
11														
12														
合计					1.00				6707.96	872.04	7580.00			

制单人 周销售　复核人 周销售

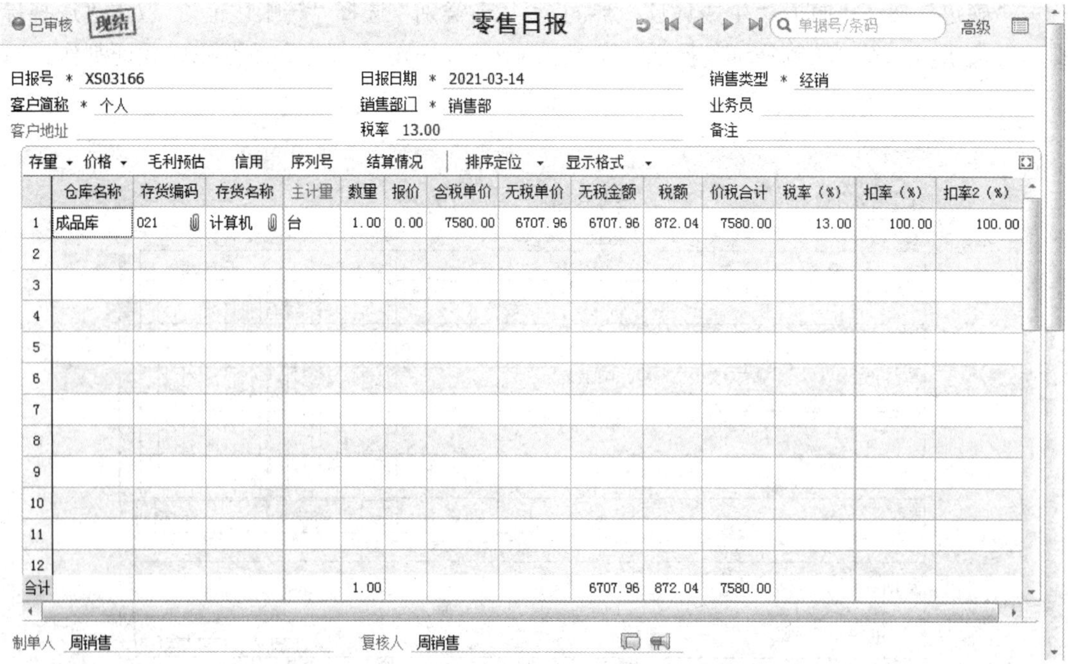

图 10-43　零售日报

第二步，查询发货单（销售管理）。

3 月 14 日，以销售的身份登录企业应用平台，依次执行"业务导航"→"经典树形"→"业务工作"→"供应链"→"销售管理"→"销售发货"→"发货单"命令，打开"发货单"界面，单击 |◀ ◀ ▶ ▶| 按钮，选择本笔业务对应的"发货单"，观察发现"审核"按钮呈灰化状态。

第三步，出库单（库存管理）。

3 月 14 日，以仓库的身份登录企业应用平台，依次执行"业务导航"→"经典树形"→"业务工作"→"供应链"→"库存管理"→"销售出库"→"销售出库单"命令，打开"销售出库单"界面，依次单击"增加"→"销售发货单"按钮，弹出"查询条件-销售发货单列表"页面，单击"确定"按钮，弹出"销售生单"页面，在"销售发货单表头"列表中选中需要生成出库单的记录，单击"确定"按钮，返回"销售出库单"界面，依次单击"保存"→"审核"按钮完成增加销售出库单的制作，如图 10-44 所示。

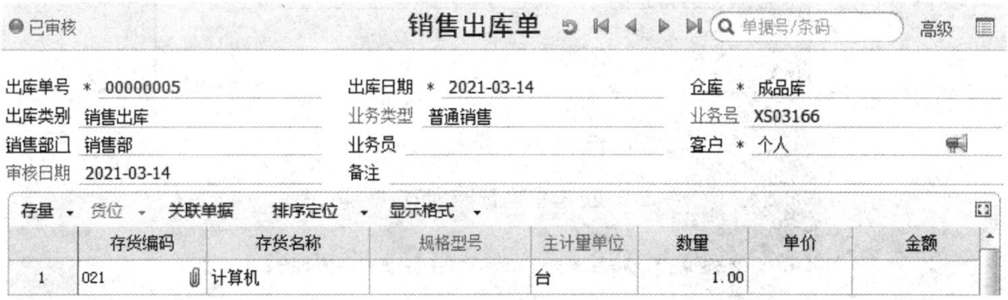

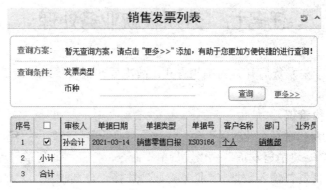

图 10-44 销售出库单

第四步，销售发票审核（应收款管理）。

3 月 14 日，以会计的身份登录企业应用平台，依次执行"业务导航"→"经典树形"→"业务工作"→"财务会计"→"应收款管理"→"应收处理"→"销售发票"→"销售发票审核"命令，打开"销售发票审核"界面，在"销售发票列表"中单击"查询"按钮，选中需要审核的销售零售日报，单击"审核"按钮完成此项操作，如图 10-45 所示。

图 10-45 销售发票审核

第五步，生成凭证（应收款管理）。

3 月 14 日，以会计的身份登录企业应用平台，依次执行"业务导航"→"经典树形"→"业务工作"→"财务会计"→"应收款管理"→"凭证处理"→"生成凭证"命令，弹出"制单查询"页面，同时选中"发票"和"现结"后单击"确定"按钮，打开"生成凭证"界面，"凭证类别"选择"收款凭证"，双击"选择标志"栏，单击"制单"按钮，打开"填制凭证"界面，完善凭证要素，单击"保存"按钮完成凭证制作，如图 10-46 所示。

第六步，正常单据记账（存货核算）。

3 月 31 日，以会计的身份登录企业应用平台，依次执行"业务导航"→"经典树形"→"业务工作"→"供应链"→"存货核算"→"记账"→"正常单据记账"命令，弹出"未记账单据一览表"页面，在"正常单据记账列表"中单击"查询"按钮，在列表中选中需要记账的记录，单击"记账"按钮完成记账操作，如图 10-47 所示。

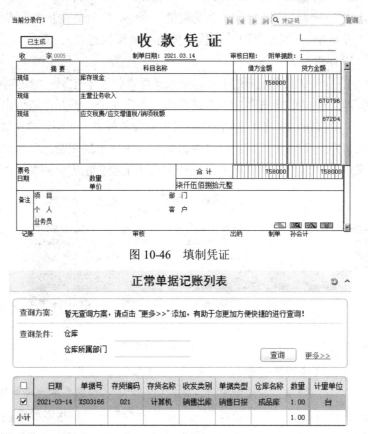

图 10-46　填制凭证

图 10-47　未记账单据一览表

任务七　分期收款业务处理

由于分期收款业务属于先发货后开票的销售方式，故需要在销售管理系统选项中选中"销售生成出库单"（见图 4-64）。

第一步，发货单（销售管理）。

3 月 15 日，以销售的身份登录企业应用平台，依次执行"业务导航"→"经典树形"→"业务工作"→"供应链"→"销售管理"→"销售发货"→"发货单"命令，打开"发货单"界面，依次单击"增加"→"空白单据"按钮，按项目资料输入数据（"业务类型"选择"分期收款"），单击"保存"→"审核"按钮完成增加发货单的制作，如图 10-48 所示。

图 10-48　发货单

第二步，出库单（库存管理）。

3 月 15 日，以仓库的身份登录企业应用平台，依次执行"业务导航"→"经典树形"→"业务工作"→"供应链"→"库存管理"→"销售出库"→"销售出库单"命令，打开"销售出库单"界面，单击 ◄◄ ◄ ► 按钮，选择本笔业务对应的"销售出库单"，单击"审核"按钮完成此项操作，如图 10-49 所示。

图 10-49　销售出库单

第三步，销售专用发票（销售管理）。

3 月 15 日，以销售的身份登录企业应用平台，依次执行"业务导航"→"经典树形"→"业务工作"→"供应链"→"销售管理"→"销售开票"→"销售专用发票"命令，打开"销售专用发票"界面，依次单击"增加"→"发货单"按钮，弹出"查询条件-发票参照发货单"页面，"业务类型"选择"分期收款"后单击"确定"按钮，弹出"参照生单"页面，在"发票参照发货单表头"列表里选中需要生成发票的发货单，单击"确定"按钮返回"销售专用发票"界面，输入发票号，修改本次开票"数量"，依次单击"保存"→"复核"按钮完成增加销售专用发票的制作，如图 10-50 所示。

图 10-50　销售专用发票

第四步，销售发票审核（应收款管理）。

3 月 15 日，以会计的身份登录企业应用平台，依次执行"业务导航"→"经典树形"→"业务工作"→"财务会计"→"应收款管理"→"应收处理"→"销售发票"→"销售发票审核"命令，打开"销售发票审核"界面，在"销售发票列表"中单击"查询"按钮，选中需要审核的销售发票，单击"审核"按钮完成此项操作，如图 10-51 所示。

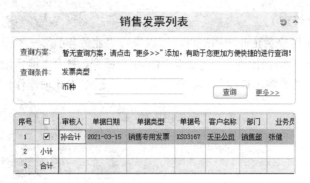

图 10-51　销售发票审核

第五步，生成凭证（应收款管理）。

3 月 15 日，以会计的身份登录企业应用平台，依次执行"业务导航"→"经典树形"→"业务工作"→"财务会计"→"应收款管理"→"凭证处理"→"生成凭证"命令，弹出"制单查询"页面，选中"发票"后单击"确定"按钮，打开"生成凭证"界面，"凭证类别"选择"转账凭证"，双击"选择标志"栏，单击"制单"按钮，打开"填制凭证"界面，完善凭证要素，单击"保存"按钮完成凭证制作，如图 10-52 所示。

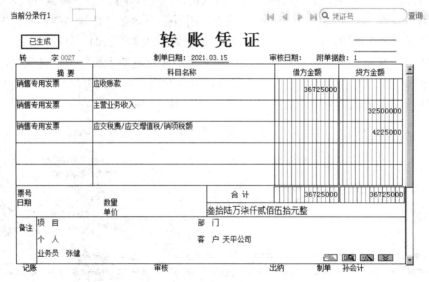

图 10-52　填制凭证

第六步，发出商品记账（存货核算）。

3 月 31 日，以会计的身份登录企业应用平台，依次执行"业务导航"→"经典树形"→"业务工作"→"供应链"→"存货核算"→"记账"→"发出商品记账"命令，弹出"未记账单据一览表"页面，在"发出商品记账"列表中单击"查询"按钮，在列表中选中需要记账的记录，单击"记账"按钮完成记账操作，如图 10-53 所示。

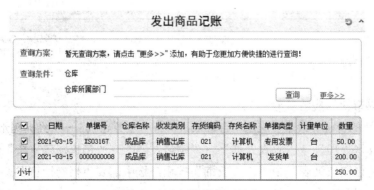

图 10-53　未记账单据一览表

二维码 10-8
委托代销
业务处理

任务八　委托代销业务处理

委托代销业务，指企业将商品委托他人进行销售但商品所有权仍归本企业的销售方式，委托代销商品销售后，受托方与企业进行结算，并开具正式的销售发票，形成销售收入，商品所有权转移。

只有库存管理系统与销售管理系统集成使用时，才能在库存管理系统中使用委托代销业务。委托代销业务只能先发货后开票，不能开票直接发货。

一、第一阶段：委托代销发出商品

第一步，销售订单（销售管理）。

3 月 16 日，以销售的身份登录企业应用平台，依次执行“业务导航”→“经典树形”→“业务工作”→“供应链”→“销售管理”→“销售订货”→“销售订单”命令，打开“销售订单”界面，依次单击“增加”→“空白单据”按钮，按项目资料输入数据（“业务类型”选择“委托代销”），依次单击“保存”→“审核”按钮完成增加销售订单的制作，如图 10-54 所示。

	存货编码	存货名称	主计量	数量	报价	含税单价	无税单价	无税金额	税额	价税合计	税率（%）	扣率（%）	扣率2（%）	预发货日期
1	021	计算机	台	50.00	6500.00	7345.00	6500.00	325000.00	42250.00	367250.00	13.00	100.00	100.00	2021-03-16

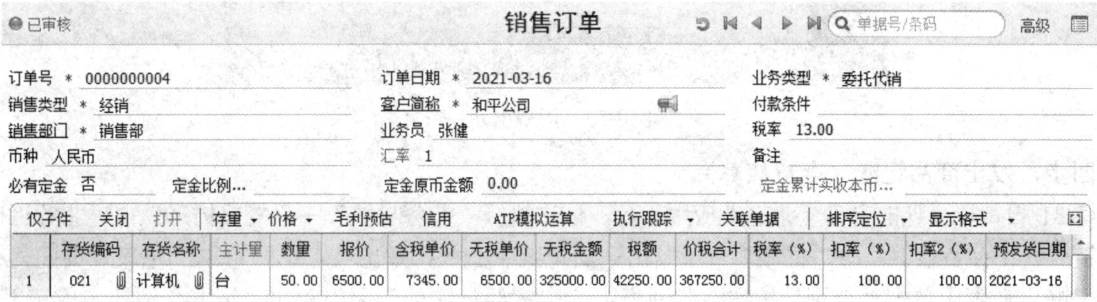

图 10-54　销售订单

第二步，委托代销发货单（销售管理）。

委托代销发货单由销售部门根据购销双方的委托代销协议产生，经审核后通知仓库备货，委托代销发货单是委托代销业务的核心单据。

3 月 16 日，以销售的身份登录企业应用平台，依次执行“业务导航”→“经典树形”→“业务工作”→“供应链”→“销售管理”→“委托代销”→“委托代销发货单”命令，打开“委托代销发货单”界面，依次单击“增加”→“订单”按钮，弹出“查询条件-参照订单”页面，单击“确定”按钮，弹出“参照生单”页面，在“发货单参照订单表头”列表里选中需要生成发货单的订单，单击“确定”按钮返回“委托代销发货单”界面，按项目资料输入“仓库名称”，依次单击“保存”→“审核”按钮完成增加委托代销发货单的制作，如图 10-55 所示。

	仓库名称	存货编码	存货名称	主计量	数量	报价	含税单价	无税单价	无税金额	税额	价税合计	税率（%）	扣率（%）	扣率2（%）
1	成品库	021	计算机	台	50.00	6500.00	7345.00	6500.00	325000.00	42250.00	367250.00	13.00	100.00	100.00

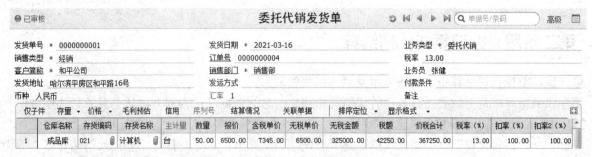

图 10-55　委托代销发货单

第三步，销售出库单（库存管理）。

3 月 15 日，以仓库的身份登录企业应用平台，依次执行“业务导航”→“经典树形”→“业务工作”→

"供应链"→"库存管理"→"销售出库"→"销售出库单"命令，打开"销售出库单"界面，单击 ⊩ ◀ ▶ ⊮ 按钮，选择本笔业务对应的"销售出库单"，单击"审核"按钮完成此项操作，如图 10-56 所示。

图 10-56　销售出库单

第四步，发出商品记账（存货核算）。

3 月 31 日，以会计的身份登录企业应用平台，依次执行"业务导航"→"经典树形"→"业务工作"→"供应链"→"存货核算"→"记账"→"发出商品记账"命令，弹出"未记账单据一览表"页面，在"发出商品记账"列表中单击"查询"按钮，在列表中选中需要记账的记录，单击"记账"按钮完成记账操作，如图 10-57 所示。

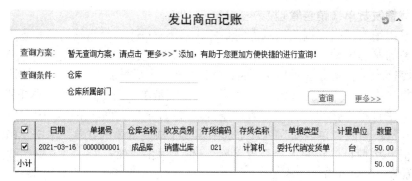

图 10-57　未记账单据一览表

二、第二阶段：办理委托代销结算

第一步，委托代销结算单、销售专用发票（销售管理）。

委托代销结算单是记录委托给客户的代销货物结算信息的单据，作为双方确认结算的货物明细清单。

3 月 18 日，以销售的身份登录企业应用平台，依次执行"业务导航"→"经典树形"→"业务工作"→"供应链"→"销售管理"→"委托代销"→"委托代销结算单"命令，打开"委托代销结算单"界面，单击"增加"按钮，弹出"查询条件-委托代销参照发货单"页面，单击"确定"按钮，弹出"参照生单"页面，在"委托代销参照发货单表头"列表里选中需要生成结算单的发货单，单击"确定"按钮返回"委托代销结算单"界面，按项目资料输入"发票号"并修改结算"数量"，单击"保存"按钮完成增加委托代销结算单的制作,如图 10-58 所示。单击"审核"按钮,弹出"请选择发票类型"页面,选择"专用发票",单击"确定"按钮将自动生成一张销售专用发票。

图 10-58 委托代销结算单

继续依次执行"业务导航"→"经典树形"→"业务工作"→"供应链"→"销售管理"→"销售开票"→"销售专用发票"命令,打开"销售专用发票"界面,单击 ◄◄ ◄ ► ►► 按钮,选择上述自动生成的"销售专用发票",单击"复核"按钮完成此项操作,如图 10-59 所示。

图 10-59 销售专用发票

第二步,销售发票审核(应收款管理)。

3 月 18 日,以会计的身份登录企业应用平台,依次执行"业务导航"→"经典树形"→"业务工作"→"财务会计"→"应收款管理"→"应收处理"→"销售发票"→"销售发票审核"命令,打开"销售发票审核"界面,在"销售发票列表"中单击"查询"按钮,选中需要审核的销售发票,单击"审核"按钮完成此项操作,如图 10-60 所示。

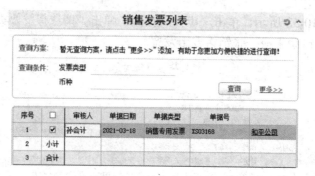

图 10-60　销售发票审核

第三步，生成凭证（应收款管理）。

3 月 18 日，以会计的身份登录企业应用平台，依次执行"业务导航"→"经典树形"→"业务工作"→"财务会计"→"应收款管理"→"凭证处理"→"生成凭证"命令，弹出"制单查询"页面，选中"发票"后单击"确定"按钮，打开"生成凭证"界面，"凭证类别"选择"转账凭证"，双击"选择标志"栏，单击"制单"按钮，打开"填制凭证"界面，完善凭证要素，单击"保存"按钮完成凭证制作，如图 10-61 所示。

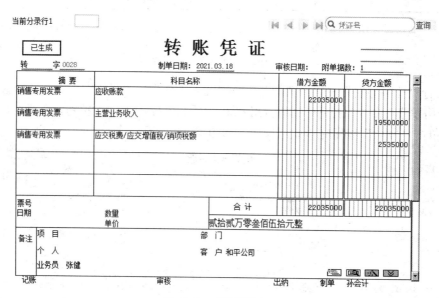

图 10-61　填制凭证

第四步，发出商品记账（存货核算）。

3 月 31 日，以会计的身份登录企业应用平台，依次执行"业务导航"→"经典树形"→"业务工作"→"供应链"→"存货核算"→"记账"→"发出商品记账"命令，弹出"未记账单据一览表"页面，在"发出商品记账"列表中单击"查询"按钮，在列表中选中需要记账的记录，单击"记账"按钮完成记账操作，如图 10-62 所示。

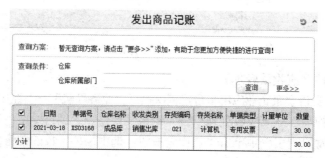

图 10-62　未记账单据一览表

第五步，[手续费]采购专用发票（采购管理）。

3 月 18 日，以采购的身份登录企业应用平台，依次执行"业务导航"→"经典树形"→"业务工作"→"供应链"→"采购管理"→"采购发票"→"专用采购发票"命令，打开"专用发票"界面，依次单击"增加"→"空白单据"按钮，按项目资料输入发票信息，单击"保存"→"复核"按钮完成增加专用采购发票的制作，如图 10-63 所示。

图 10-63 专用采购发票

第六步，[手续费]采购发票审核（应付款管理）。

3 月 18 日，以会计的身份登录企业应用平台，依次执行"业务导航"→"经典树形"→"业务工作"→"财务会计"→"应付款管理"→"应付处理"→"采购发票"→"采购发票审核"命令，打开"采购发票审核"界面，在"采购发票列表"中单击"更多>>"按钮，弹出"查询条件-发票查询"页面，"结算状态"选择"未结算完"，单击"确定"按钮，选中需要审核的采购发票，单击"审核"按钮完成此项操作，如图 10-64 所示。

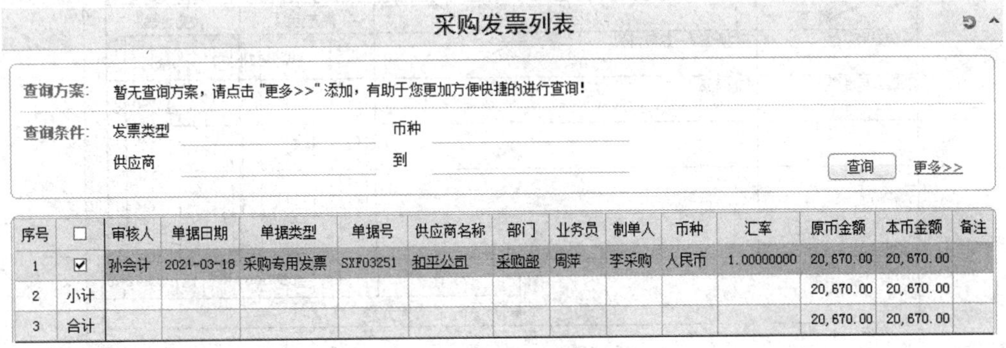

图 10-64 采购发票审核

第七步，[手续费]生成凭证（应付款管理）。

3 月 18 日，以会计的身份登录企业应用平台，依次执行"业务导航"→"经典树形"→"业务工作"→"财务会计"→"应付款管理"→"凭证处理"→"生成凭证"命令，弹出"制单查询"页面，选中"发票"后单击"确定"按钮，打开"生成凭证"界面，"凭证类别"选择"转账凭证"，双击"选择标志"栏，单击"制单"按钮，打开"填制凭证"界面，将"1402 在途物资"科目修改为"660105 销售费用/委托代销手续费"科目，单击"保存"按钮完成凭证制作，如图 10-65 所示。

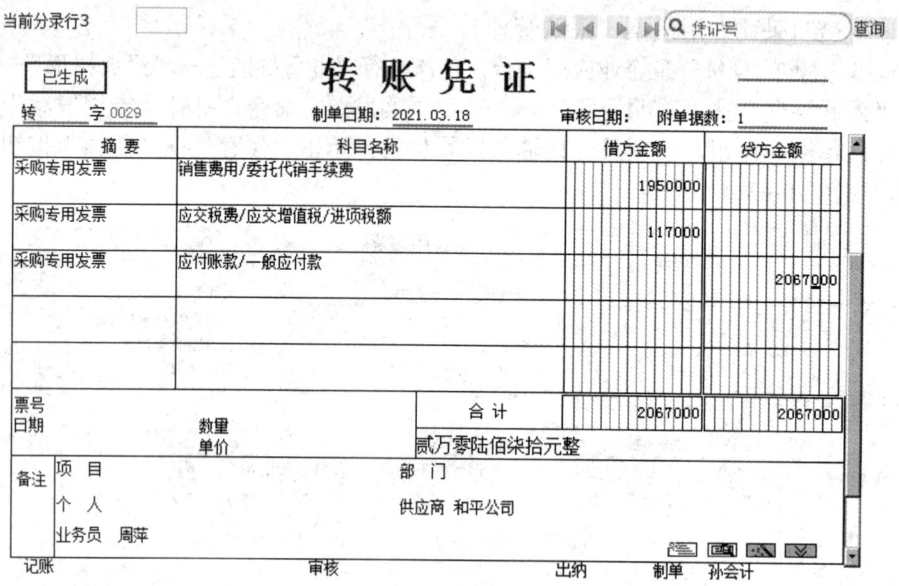

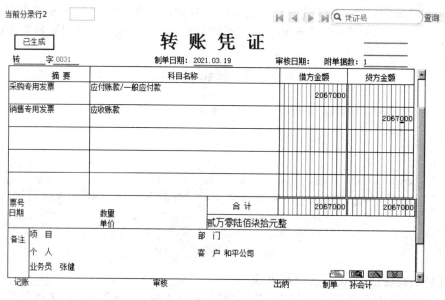

图 10-65　填制凭证

三、第三阶段：结清委托代销货款

第一步，应收冲应付（应收款管理）。

3 月 19 日，以会计的身份登录企业应用平台，依次执行"业务导航"→"经典树形"→"业务工作"→"财务会计"→"应收款管理"→"转账"→"应收冲应付"命令，弹出"应收冲应付"页面，输入"转账总金额"，在"应收"选项卡的"客户"栏和"应付"选项卡的"供应商"栏按项目资料均选择公司为"和平公司"，单击"自动转账"按钮，在随后依次弹出的"是否进行自动转账""是否立即制单"两个对话框中均单击"是"按钮，弹出"填制凭证"页面，完善凭证要素，单击"保存"按钮完成凭证制作，如图 10-66 所示。

图 10-66　填制凭证

第二步，收款单据输入、审核、制单（应收款管理）。

3 月 19 日，以会计的身份登录企业应用平台，依次执行"业务导航"→"经典树形"→"业务工作"→"财务会计"→"应收款管理"→"收款处理"→"收款单据录入"命令，打开"收款单据录入"界面，依次单击"增加"→"空白单据"按钮，按项目资料输入表头数据，在"款项类型"处选择"应收款"，依次单击"保存"→"审核"按钮完成此项操作，如图 10-67 所示。

图 10-67　收款单据输入

在弹出的对话框中单击"是"按钮，显示"填制凭证"界面，单击"保存"按钮完成收款凭证的制作，如图 10-68 所示。

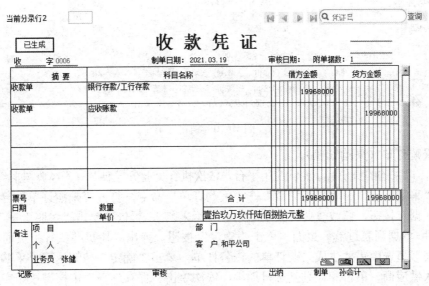

图 10-68　填制凭证

第三步，核销处理-手工核销（应收款管理）。

3 月 19 日，以会计的身份登录企业应用平台，依次执行"业务导航"→"经典树形"→"业务工作"→"财务会计"→"应收款管理"→"核销处理"→"手工核销"命令，弹出"核销条件"页面，选择需要核销的客户"和平公司"，单击"确定"按钮，打开"手工核销"界面，在销售专用发票所在记录的"本次结算"栏填入和收款单"本次结算金额"相等的金额，单击"确认"按钮完成核销，如图 10-69 所示。

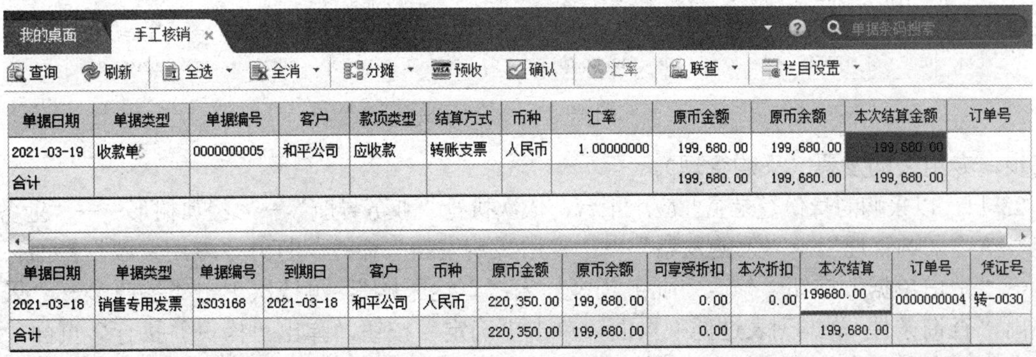

单据日期	单据类型	单据编号	客户	款项类型	结算方式	币种	汇率	原币金额	原币余额	本次结算金额	订单号
2021-03-19	收款单	0000000005	和平公司	应收款	转账支票	人民币	1.00000000	199,680.00	199,680.00	199,680.00	
合计								199,680.00	199,680.00	199,680.00	

单据日期	单据类型	单据编号	到期日	客户	币种	原币金额	原币余额	可享受折扣	本次折扣	本次结算	订单号	凭证号
2021-03-18	销售专用发票	XS03168	2021-03-18	和平公司	人民币	220,350.00	199,680.00	0.00	0.00	199680.00	0000000004	转-0030
合计						220,350.00	199,680.00	0.00		199,680.00		

图 10-69　手工核销

任务九　直运销售业务处理

直运业务是指产品无须入库即可完成购销业务，由供应商直接将商品发给企业的客户；结算时，由购销双方分别与企业结算。直运业务包括直运销售业务和直运采购业务，没有实物的出入库，货物流向是直接从供应商到客户，财务结算通过直运销售发票、直运采购发票解决。

第一步，销售订单（销售管理）。

3 月 20 日，以销售的身份登录企业应用平台，依次执行"业务导航"→"经典树形"→"业务工作"→"供应链"→"销售管理"→"销售订货"→"销售订单"命令，打开"销售订单"界面，依次单击"增加"→"空白单据"按钮，按项目资料输入数据（"业务类型"选择"直运销售"），依次单击"保存"→"审核"按钮完成增加销售订单的制作，如图 10-70 所示。

图 10-70　销售订单

第二步，采购订单（采购管理）。

3 月 22 日，以采购的身份登录企业应用平台，依次执行"业务导航"→"经典树形"→"业务工作"→"供应链"→"采购管理"→"采购订货"→"采购订单"命令，打开"采购订单"界面，依次单击"增加"→"空白单据"按钮，修改"业务类型"为"直运采购"，再依次单击"参照"→"销售订单"按钮，弹出"查询条件-单据列表过滤"页面，单击"确定"按钮，弹出"拷贝并执行"页面，在"订单拷贝销售订单表头列表"里选中需要生成采购订单的销售订单，单击"确定"按钮返回"采购订单"界面，按项目资料补充输入供应商、单价和计划到货日期等，依次单击"保存"→"审核"按钮完成增加采购订单的制作，如图 10-71 所示。

图 10-71　采购订单

第三步，专用采购发票（采购管理）。

3 月 23 日，以采购的身份登录企业应用平台，依次执行"业务导航"→"经典树形"→"业务工作"→"供应链"→"采购管理"→"采购发票"→"专用采购发票"命令，打开"专用发票"界面，依次单击"增加"→"空白单据"按钮，修改"业务类型"为"直运采购"，再依次单击"参照"→"采购订单"按钮，弹出"查询条件-单据列表过滤"页面，单击"确定"按钮，弹出"拷贝并执行"页面，在"发票拷贝订单表头列表"里选中需要生成发票的订单，单击"确定"按钮返回"专用发票"界面，输入发票号，依次单击"保存"→"复核"按钮完成增加专用采购发票的制作，如图10-72所示。

	存货编码	存货名称	主计量	数量	原币单价	原币金额	原币税额	原币价税合计	税率	订单号	原币含税单价
1	022	HP服务器	台	1.00	90000.00	90000.00	11700.00	101700.00	13.00	0000000005	101700.00
2											
3											
4											
5											
6											
7											
8											
9											
10											
合计				1.00		90000.00	11700.00	101700.00			

专用发票

已复核

业务类型 直运采购
开票日期 * 2021-03-23
采购类型 普通采购
业务员 周萍
发票日期

发票类型 * 专用发票
供应商 * 东方公司
税率 13.00
币种 人民币
付款条件

发票号 * ZYCG03271
代垫单位 * 东方公司
部门名称 采购部
汇率 * 1
备注

结算日期　　　　　制单人 李采购　　　　　审核人

图 10-72　专用采购发票

第四步，销售专用发票（销售管理）。

3 月 23 日，以销售的身份登录企业应用平台，依次执行"业务导航"→"经典树形"→"业务工作"→"供应链"→"销售管理"→"销售开票"→"销售专用发票"命令，打开"销售专用发票"界面，依次单击"增加"→"订单"按钮，弹出"查询条件-参照订单"页面，"业务类型"选择"直运销售"，单击"确定"按钮，弹出"参照生单"页面，在"发票参照订单表头"列表里选中需要生成发票的订单，单击"确定"按钮返回"专用发票"界面，输入发票号，依次单击"保存"→"复核"按钮完成增加销售专用发票的制作，如图10-73所示。

销售专用发票

已复核

发票号 * ZYXS03169
销售类型 * 经销
客户简称 * 天平公司
付款条件
开户银行 工行徐汇分行
币种 人民币
备注

开票日期 * 2021-03-23
订单号 0000000005
销售部门 * 销售部
客户地址 上海市徐汇区天平路8号
账号 36542234
汇率 1

业务类型 直运销售
发货单号
业务员 张健
联系电话
税号 310106548765432
税率 13.00

	仓库名称	存货编码	存货名称	主计量	数量	报价	含税单价	无税单价	无税金额	税额	价税合计	税率（%）	扣率（%）	扣率2（%）
1		022	HP服务器	台	1.00	100000.00	113000.00	100000.00	100000.00	13000.00	113000.00	13.00	100.00	100.00
2														
3														
4														
5														
6														
7														
8														
合计					1.00				100000.00	13000.00	113000.00			

单位名称 成都东华电子有限责任公司
制单人 周销售

本单位税号 51028 028 200 842 31
复核人 周销售

本单位开户银行 * 工商银行成都分行人民南路分理处
银行账号 828658791234

图 10-73　销售专用发票

第五步，采购发票审核（应付款管理）。

3 月 23 日，以会计的身份登录企业应用平台，依次执行"业务导航"→"经典树形"→"业务工作"→"财务会计"→"应付款管理"→"应付处理"→"采购发票"→"采购发票审核"命令，打开"采购发票审核"界面，在"采购发票列表"中单击"更多>>"按钮，弹出"查询条件-发票查询"页面，"结算状态"选择"未结算完"，单击"确定"按钮，选中需要审核的采购发票，单击"审核"按钮完成此项操作，如图 10-74 所示。

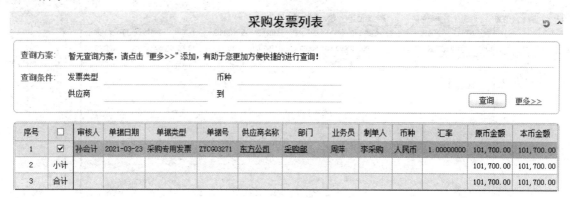

图 10-74　采购发票审核

第六步，销售发票审核（应收款管理）。

3 月 23 日，以会计的身份登录企业应用平台，依次执行"业务导航"→"经典树形"→"业务工作"→"财务会计"→"应收款管理"→"应收处理"→"销售发票"→"销售发票审核"命令，打开"销售发票审核"界面，在"销售发票列表"中单击"查询"按钮，选中需要审核的销售发票，单击"审核"按钮完成此项操作，如图 10-75 所示。

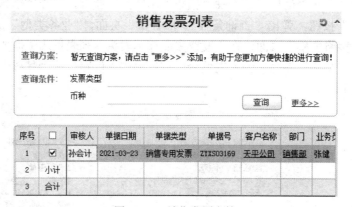

图 10-75　销售发票审核

第七步，生成凭证（应收款管理）。

3 月 23 日，以会计的身份登录企业应用平台，依次执行"业务导航"→"经典树形"→"业务工作"→"财务会计"→"应收款管理"→"凭证处理"→"生成凭证"命令，弹出"制单查询"页面，选中"发票"后单击"确定"按钮，打开"生成凭证"界面，"凭证类别"选择"转账凭证"，双击"选择标志"栏，单击"制单"按钮，打开"填制凭证"界面，完善凭证要素，单击"保存"按钮完成凭证制作，如图 10-76 所示。

第八步，直运销售记账（存货核算）。

3 月 31 日，以会计的身份登录企业应用平台，依次执行"业务导航"→"经典树形"→"业务工作"→"供应链"→"存货核算"→"记账"→"直运销售记账"命令，弹出"直运采购发票核算查询条件"页面，单击"确定"按钮，打开"未记账单据一览表"界面，在"直运销售记账"列表中，同时选中需要记账的直运采购发票和直运销售发票记录，单击"记账"按钮完成记账操作，如图 10-77 所示。

图 10-76 填制凭证

直运销售记账

	日期	单据号	存货编码	存货名称	收发类别	单据类型	数量	单价	金额
☑	2021-03-23	ZYCG03271	022	HP服务器	采购入库	采购发票	1.00	90,000.00	90,000.00
☑	2021-03-23	ZYXS03169	022	HP服务器	销售出库	专用发票	1.00		
小计							2.00		90,000.00

图 10-77 未记账单据一览表

第九步,生成凭证(存货核算)。

3 月 23 日,以会计的身份登录企业应用平台,依次执行"业务导航"→"经典树形"→"业务工作"→"供应链"→"存货核算"→"凭证处理"→"生成凭证"命令,打开"生成凭证"界面,单击"选单"按钮,弹出"查询条件-生成凭证查询条件"页面,"业务类型"选择"直运采购",单击"确定"按钮,弹出"选择单据"页面,单击需要生成凭证的记录"选择"栏,单击"确定"按钮,返回"生成凭证"界面,"凭证类别"选择"转账凭证",存货科目输入"140502 库存商品/HP 服务器",单击"合并制单"按钮,打开"填制凭证"界面,完善凭证要素,单击"保存"按钮完成凭证制作,如图 10-78 所示。

图 10-78 填制凭证

以同样的方法完成"业务类型"为"直运销售"的凭证制作，如图 10-79 所示。

当前分录行2 [ ]

转 账 凭 证

转 字 0033　　　制单日期：2021.03.23　　审核日期：　附单据数：1

摘 要	科目名称	借方金额	贷方金额
专用发票	主营业务成本	9000000	
专用发票	库存商品/HP服务器		9000000

| 票号 日期 | 数量 1.00台 单价 90000.00 | 合 计 玖万元整 | 9000000 | 9000000 |

备注　项 目　　　部 门
　　　个 人　　　客 户
　　　业务员

记账　　　审核　　　出纳　　制单 孙会计

图 10-79　填制凭证

二维码 10-10
销售退货退
票业务处理

任务十　销售退货退票业务处理

销售退货业务是指客户因货物质量、品种、数量等不符合要求而将已购货物退回本企业的业务。

第一步，退货单（销售管理）。

退货单是发货单的红字单据，可以处理客户的退货业务。退货单也可以处理换货业务，货物发出后客户要求换货，则先按照客户要求退货的货物开退货单，然后再按照客户所换的货物开发货单。

3 月 25 日，以销售的身份登录企业应用平台，依次执行"业务导航"→"经典树形"→"业务工作"→"供应链"→"销售管理"→"销售发货"→"退货单"命令，打开"退货单"界面，依次单击"增加"→"发货单"按钮，弹出"查询条件-退货单参照发货单"页面，单击"确定"按钮，弹出"参照生单"页面，在"退货单参照发货单表头"列表里选中需要生成退货单的发货单，单击"确定"按钮返回"发货单"界面，按项目资料修改退货数量，依次单击"保存"→"审核"按钮完成增加退货单的制作，如图 10-80 所示。

● 已审核　　　　　　　　　　　　**退货单**　　🔄 ◀ ◀ ▶ ▶ 🔍 单据号/条码　　高级 ▤

退货单号	* 0000000009	退货日期	* 2021-03-25	业务类型	* 普通销售
销售类型	* 经销	订单号		发票号	
客户简称	* 华苑公司	销售部门	* 销售部	业务员	周销售
发运方式		币种	人民币	汇率	1
税率	13.00	备注			

仅子件　关闭　打开　存量 · 价格　毛利预估　信用　序列号　执行情况　关联单据　排序定位 ▾　显示格式 ▾

	仓库名称	货物编码	存货名称	主计量	数量	报价	含税单价	无税单价	无税金额	税额	价税合计	税率（%）	扣率（%）	扣率2（%）
1	成品库	021	📎计算机	📎台	-2.00	6500.00	7345.00	6500.00	-13000.00	-1690.00	-14690.00	13.00	100.00	100.00

图 10-80　退货单

第二步，出库单（库存管理）。

3 月 25 日，以仓库的身份登录企业应用平台，依次执行"业务导航"→"经典树形"→"业务工作"→"供应链"→"库存管理"→"销售出库"→"销售出库单"命令，打开"销售出库单"界面，单击 ◀ ◀ ▶ ▶ 按钮，选择本笔业务对应的"销售出库单"，单击"审核"按钮完成此项操作，如图 10-81 所示。

图 10-81 销售出库单

第三步，红字专用销售发票（销售管理）。

3 月 25 日，以销售的身份登录企业应用平台，依次执行"业务导航"→"经典树形"→"业务工作"→"供应链"→"销售管理"→"销售开票"→"红字专用销售发票"命令，打开"红字专用销售发票"界面，依次单击"增加"→"发货单"按钮，弹出"查询条件-发票参照发货单"页面，"发货单类型"选择"红字记录"，单击"确定"按钮，弹出"参照生单"页面，在"发票参照发货单表头"列表里选中需要生成发票的发货单，单击"确定"按钮返回"红字专用销售发票"界面，输入发票号，依次单击"保存"→"现结"按钮，在弹出的"现结"页面按项目资料输入现结数据，单击"确定"按钮返回"销售专用发票"界面，单击"复核"按钮完成增加销售专用发票的制作，如图 10-82 所示。

| ⊙已复核 **现结** | | | 销售专用发票 | | ⊅ ⊮ ◀ ▶ ⊯ | 单据号/条码 | | 高级 |

发票号 * XS03170	开票日期 * 2021-03-25	业务类型 普通销售
销售类型 * 经销	订单号 0000000001	发货单号 0000000009
客户简称 * 华苑公司	销售部门 * 销售部	业务员 周销售
付款条件	客户地址 天津市南开区华苑路1号	联系电话
开户银行 工行华苑分行	账号 69325581	税号 120008456732310
币种 人民币	汇率 1	税率 13.00
备注		

| 仅子件 | 查看现存量 | 价格 ▾ | 毛利预估 | 信用 | 序列号 | 关联单据 | 排序定位 ▾ | 显示格式 ▾ | | | | | |

	仓库名称	存货编码	存货名称	主计量	数量	报价	含税单价	无税单价	无税金额	税额	价税合计	税率（%）	扣率（%）	扣率2（%）
1	成品库	021	计算机	台	-2.00	6500.00	7345.00	6500.00	-13000.00	-1690.00	-14690.00	13.00	100.00	100.00
2														
3														
4														
5														
6														
7														
8														
合计					-2.00				-13000.00	-1690.00	-14690.00			

| 单位名称 成都东华电子有限责任公司 | 本单位税号 51028 028 200 842 31 | 本单位开户银行 * 工商银行成都分行人民南路分理处 |
| 制单人 周销售 | 复核人 周销售 | 银行账号 828658791234 |

图 10-82 销售专用发票

第四步，销售发票审核（应收款管理）。

3 月 25 日，以会计的身份登录企业应用平台，依次执行"业务导航"→"经典树形"→"业务工作"→"财务会计"→"应收款管理"→"应收处理"→"销售发票"→"销售发票审核"命令，打开"销售发票审核"界面，在"销售发票列表"中单击"查询"按钮，选中需要审核的销售发票，单击"审核"按钮完成此项操作，如图 10-83 所示。

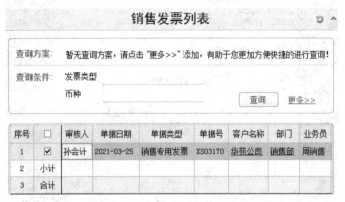

图 10-83 销售发票审核

第五步，生成凭证（应收款管理）。

3 月 25 日，以会计的身份登录企业应用平台，依次执行"业务导航"→"经典树形"→"业务工作"→"财务会计"→"应收款管理"→"凭证处理"→"生成凭证"命令，弹出"制单查询"页面，同时选中"发票"和"现结"后单击"确定"按钮，打开"生成凭证"界面，"凭证类别"选择"收款凭证"，双击"选择标志"栏，单击"制单"按钮，打开"填制凭证"界面，完善凭证要素，单击"保存"按钮完成凭证制作，如图 10-84 所示。

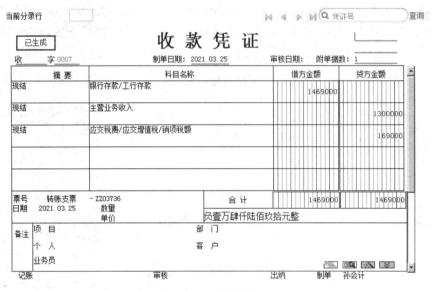

图 10-84 填制凭证

第六步，正常单据记账（存货核算）。

3 月 31 日，以会计的身份登录企业应用平台，依次执行"业务导航"→"经典树形"→"业务工作"→"供应链"→"存货核算"→"记账"→"正常单据记账"命令，弹出"未记账单据一览表"页面，在"正常单据记账列表"中单击"查询"按钮，在列表中选中需要记账的记录，单击"记账"按钮完成记账操作，如图 10-85 所示。

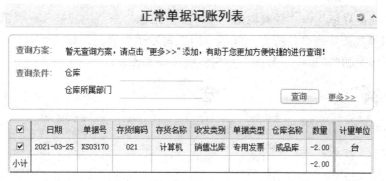

图 10-85　未记账单据一览表

任务十一　委托代销退货退票业务处理

委托代销退货业务是指客户因委托代销货物的质量、品种、数量不符合规定而将货物退回给本单位的业务。

第一步，委托代销结算退回单、红字专用销售发票（销售管理）。

委托代销结算退回单是委托代销结算单的逆向处理业务单据，它反映的是客户因委托代销结算有错误而部分冲销原来结算的业务。

3 月 27 日，以销售的身份登录企业应用平台，依次执行"业务导航"→"经典树形"→"业务工作"→"供应链"→"销售管理"→"委托代销"→"委托代销结算退回"命令，打开"委托代销结算退回"界面，依次单击"增加"→"参照"按钮，弹出"查询条件-委托代销参照发货单"页面，单击"确定"按钮，弹出"参照生单"页面，在"委托代销参照发货单表头"列表里选中需要生成结算退回单的发货单，单击"确定"按钮返回"委托代销结算退回"界面，按项目资料输入"发票号"并修改结算"数量"，单击"保存"按钮完成增加委托代销结算单的制作，如图 10-86 所示。单击"审核"按钮，弹出"请选择发票类型"对话框，选择"专用发票"，单击"确定"按钮将自动生成一张红字专用销售发票。

图 10-86　委托代销结算退回

继续依次执行"业务导航"→"经典树形"→"业务工作"→"供应链"→"销售管理"→"销售开票"→"红字专用销售发票"命令，打开"红字专用销售发票"界面，单击 |◄ ◄ ► ►| 按钮，选择上述自动生成的红字"销售专用发票"，单击"复核"按钮完成此项操作，如图 10-87 所示。

图 10-87　销售专用发票

第二步，销售发票审核（应收款管理）。

3 月 27 日，以会计的身份登录企业应用平台，依次执行"业务导航"→"经典树形"→"业务工作"→"财务会计"→"应收款管理"→"应收处理"→"销售发票"→"销售发票审核"命令，打开"销售发票审核"界面，在"销售发票列表"中单击"查询"按钮，选中需要审核的销售发票，单击"审核"按钮完成此项操作，如图 10-88 所示。

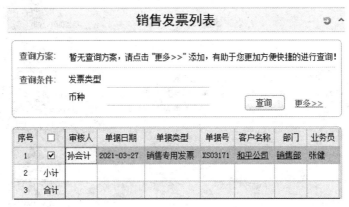

图 10-88　销售发票审核

第三步，生成凭证（应收款管理）。

3 月 27 日，以会计的身份登录企业应用平台，依次执行"业务导航"→"经典树形"→"业务工作"→"财务会计"→"应收款管理"→"凭证处理"→"生成凭证"命令，弹出"制单查询"页面，选中"发票"后单击"确定"按钮，打开"生成凭证"界面，"凭证类别"选择"转账凭证"，双击"选择标志"栏，单击"制单"按钮，打开"填制凭证"界面，完善凭证要素，单击"保存"按钮，因此笔业务已收款而弹出赤字提示框，依次单击"是"→"继续"按钮完成凭证制作，如图10-89所示。

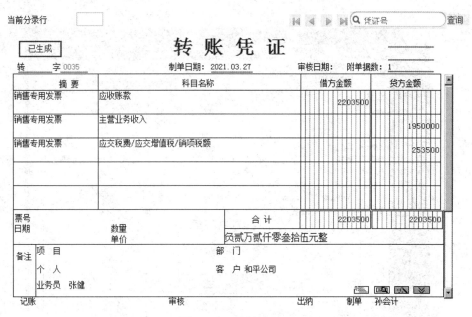

当前分录行

转 账 凭 证

摘 要	科目名称	借方金额	贷方金额
销售专用发票	应收账款	2203500	
销售专用发票	主营业务收入		1950000
销售专用发票	应交税费/应交增值税/销项税额		253500

转 字 0035　制单日期：2021.03.27　审核日期：　附单据数：1

票号
日期　　数量　　　　合 计　2203500　2203500
　　　　单价　　　　贰万贰仟零叁拾伍元整

备注　项 目　　　　　　　　部 门
　　　个 人　　　　　　　客 户 和平公司
　　　业务员 张健

记账　　　　审核　　　　出纳　　制单 孙会计

已生成

图 10-89　填制凭证

第四步，委托代销退货单（销售管理）。

委托代销退货单是委托代销发货单的逆向处理业务单据。

3月27日，以销售的身份登录企业应用平台，依次执行"业务导航"→"经典树形"→"业务工作"→"供应链"→"销售管理"→"委托代销"→"委托代销退货单"命令，打开"委托代销退货单"界面，依次单击"增加"→"发货单"按钮，弹出"查询条件–委托退货单参照委托发货单"页面，单击"确定"按钮，弹出"参照生单"页面，在"委托退货单参照委托发货单表头"列表里选中需要生成退货单的发货单，单击"确定"按钮返回"委托代销退货单"界面，按项目资料修改退货"数量"，依次单击"保存"→"审核"按钮完成增加委托代销退货单的制作，如图10-90所示。

委托代销退货单

已审核

退货单号 * 0000000002　退货日期 * 2021-03-27　业务类型 * 委托代销
销售类型 * 经销　订单号　　　　　税率 13.00
客户简称 * 和平公司　销售部门 * 销售部　业务员 张健
发运方式　　　　　币种 人民币　　汇率 1
备注

仅子件　存量　价格　毛利预估　信用　序列号　结算情况　关联单据　排序定位　显示格式

	仓库名称	存货编码	存货名称	主计量	数量	无税金额	报价	含税单价	无税单价	税额	价税合计	税率（%）	扣率（%）	扣率2（%）
1	成品库	021	计算机	台	-3.00	-19500.00	6500.00	7345.00	6500.00	-2535.00	-22035.00	13.00	100.00	100.00

图 10-90　委托代销退货单

第五步，销售出库单（库存管理）。

3月27日，以仓库的身份登录企业应用平台，依次执行"业务导航"→"经典树形"→"业务工作"→"供应链"→"库存管理"→"销售出库"→"销售出库单"命令，打开"销售出库单"界面，单击 ◄◄ ◄ ► ►◄ 按钮，选择本笔业务对应的红字"销售出库单"，单击"审核"按钮完成此项操作，如图10-91所示。

第六步，发出商品记账（存货核算）。

3月31日，以会计的身份登录企业应用平台，依次执行"业务导航"→"经典树形"→"业务工作"→"供应链"→"存货核算"→"记账"→"发出商品记账"命令，弹出"未记账单据一览表"页面，在"发出商品记账"列表中单击"查询"按钮，在列表中选中需要记账的记录，单击"记账"按钮完成记账操作，如图 10-92 所示。

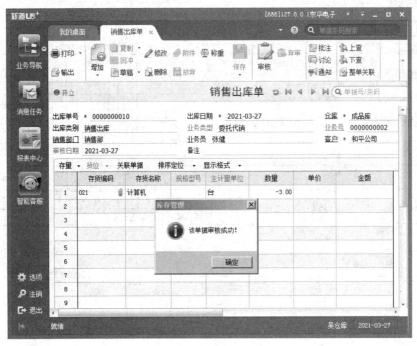

图 10-91　销售出库单

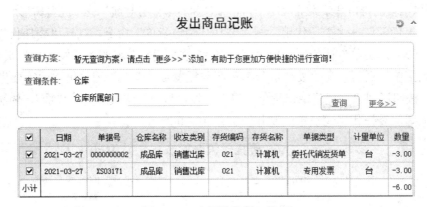

图 10-92　未记账单据一览表

拓展实验　销售管理

【拓展知识】

销售是企业生产经营成果的实现过程，是企业经营活动的中心。销售管理是用友 U8⁺供应链的重要组成部分，可提供多种类型的日常销售业务，还可对销售价格和客户信用进行实时监控，支持管理销售人员日常活动，精细分析客户销售行为。可根据实际情况对系统进行定制，构建自己的销售业务管理平台。

【拓展实验任务资料】

（1）9 日，与和平公司签订销售合同，并开出发货通知，如图 10-93 所示。

（2）10 日，应和平公司要求，在该公司提货时在原发货通知的基础上仓库增加商品出库数量，如图 10-94 和图 10-95 所示。

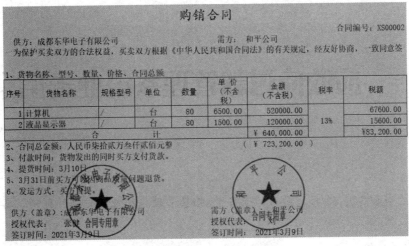

图 10-93　购销合同

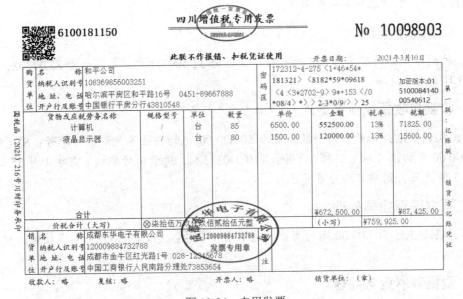

图 10-94　专用发票

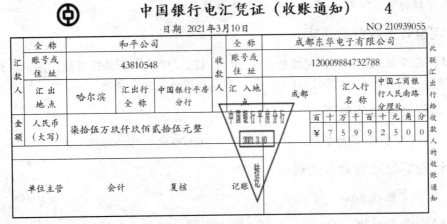

图 10-95　电汇凭证

项目十一 应收应付款管理系统业务信息化处理

项目准备

设置系统日期为当年3月31日，引入"项目十 销售管理系统业务信息化处理"备份账套。

项目资料

当年3月应收款、应付款日常业务如下。

任务一 收款业务处理

3月2日，收到华苑公司交来转账支票一张，金额为57 500.00元，支票号为ZZ03202，用以归还期初（当年2月10日）所欠货款。

任务二 收到应收票据业务处理

3月5日，收到红光公司开来的一张面值为50 000.00元的商业承兑汇票（票号：SYCD03053）和一张面值为49 600.00元的银行承兑汇票（票号：YHCD03152），用于抵付期初（当年1月25日）未付货款，开票日期均为3月5日，到期日均为6月5日。

任务三 票据贴现业务处理

3月20日，将面值为50 000.00元的商业承兑汇票（票号：SYCD03053）贴现锁定，然后进行贴现处理，贴现率为6%。

任务四 票据背书业务处理

3月25日，经财务部申请，将面值为49 600.00元的银行承兑汇票（票号：YHCD03152）用于背书转让给东方公司用于抵付所欠货款。（要求：要进行背书锁定）

任务五 定金转货款业务处理

3月27日，经与红光公司协商同意将当年3月12日所收定金转为货款，同时收到其交来金额为20 340.00元的转账支票（票号：ZZ03441）一张，用以归还该笔业务余款。

任务六 坏账发生业务处理

3月31日，确认本月10日为华苑公司代垫的运费100.00元，作为坏账处理。

任务七 计提坏账准备业务处理

3月31日，计提坏账准备。

任务八 付款业务处理

3月20日，根据项目九采购管理任务四（3月15日采购暂估收到发票）和任务五（3月17日采购退货发票），经财务部申请同意，开出转账支票一张（支票号：ZZ03174），金额为89 676.80元，支付该笔业务所欠锦江公司货款。

项目要求

（1）以会计身份进行应收、应付款管理操作。
（2）账套输出。

项目操作指导

任务一　收款业务处理

二维码 11-1
收款业务
处理

第一步，收款单据输入、审核、制单（应收款管理）。

3月2日，以会计的身份登录企业应用平台，依次执行"业务导航"→"经典树形"→"业务工作"→"财务会计"→"应收款管理"→"收款处理"→"收款单据录入"命令，打开"收款单据录入"界面，依次单击"增加"→"空白单据"按钮，按项目资料输入表头数据，在"款项类型"处选择"应收款"，依次单击"保存"→"审核"按钮完成此项操作，如图 11-1 所示。

图 11-1　收款单据输入

在弹出的对话框中单击"是"按钮，显示"填制凭证"界面，单击"保存"按钮完成收款凭证的制作，如图 11-2 所示。

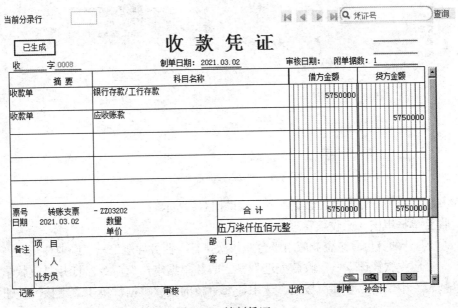

图 11-2　填制凭证

第二步，核销处理–手工核销（应收款管理）。

3 月 2 日，以会计的身份登录企业应用平台，依次执行"业务导航"→"经典树形"→"业务工作"→"财务会计"→"应收款管理"→"核销处理"→"手工核销"命令，弹出"核销条件"页面，选择需要核销的客户，单击"确定"按钮，打开"手工核销"界面，在销售专用发票所在记录的"本次结算"栏填入和收款单"本次结算金额"相等的金额，单击"确认"按钮完成核销操作，如图 11-3 所示。

图 11-3　手工核销

任务二　收到应收票据业务处理

第一步，票据输入（应收款管理）。

3 月 5 日，以会计的身份登录企业应用平台，依次执行"业务导航"→"经典树形"→"业务工作"→"财务会计"→"应收款管理"→"票据管理"→"票据录入"命令，打开"应收票据录入"界面，依次单击"增加"→"空白单据"按钮，按项目资料输入表头数据，单击"保存"按钮完成商业汇票的制作，如图 11-4 所示。

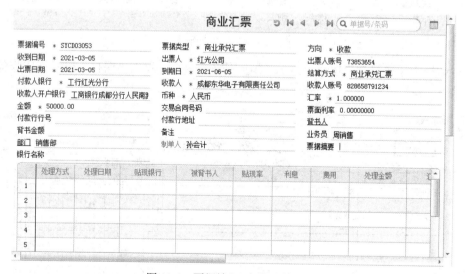

图 11-4　票据输入–商业承兑汇票

按同样的方法完成另一张商业汇票的制作，如图 11-5 所示。

第二步，收款单据审核（应收款管理）。

3 月 5 日，以会计的身份登录企业应用平台，依次执行"业务导航"→"经典树形"→"业务工作"→"财务会计"→"应收款管理"→"收款处理"→"收款单据审核"命令，打开"收款单据审核"界面，在"收付款单列表"中单击"查询"按钮，选中需要审核的收款单据，单击"审核"按钮完成此项操作，如图 11-6 所示。

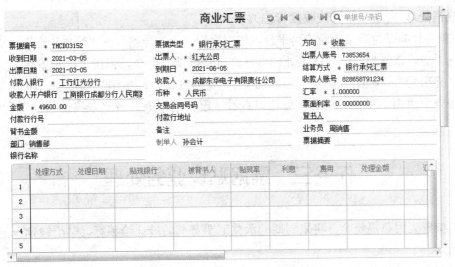

图 11-5　票据输入-银行承兑汇票

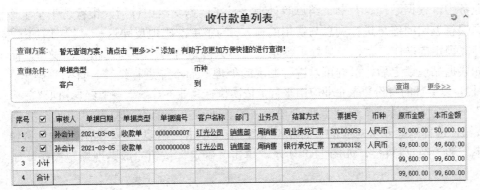

图 11-6　收款单据审核

第三步，生成凭证（应收款管理）。

3 月 5 日，以会计的身份登录企业应用平台，依次执行"业务导航"→"经典树形"→"业务工作"→"财务会计"→"应收款管理"→"凭证处理"→"生成凭证"命令，弹出"制单查询"页面，选中"收付款单"后单击"确定"按钮，打开"生成凭证"界面，"凭证类别"选择"转账凭证"，依次单击"合并"→"制单"按钮，打开"填制凭证"界面，完善凭证要素，单击"保存"按钮完成凭证制作，如图 11-7 所示。

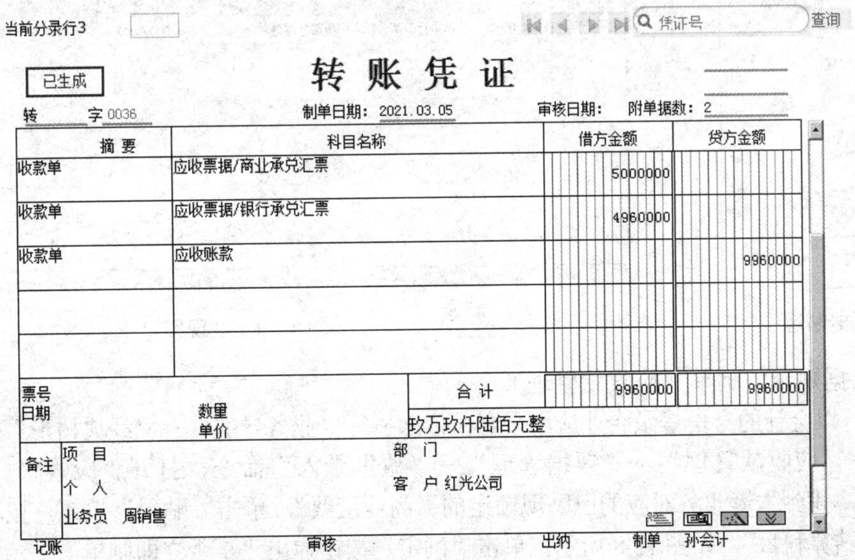

图 11-7　填制凭证

第四步，核销处理-自动核销（应收款管理）。

3 月 5 日，以会计的身份登录企业应用平台，依次执行"业务导航"→"经典树形"→"业务工作"→"财务会计"→"应收款管理"→"核销处理"→"自动核销"命令，弹出"核销条件"页面，选择需要核销的客户"红光公司"，单击"确定"按钮，弹出"是否进行自动核销"提示框，单击"是"按钮，显示"自动核销报告"页面，单击"明细"按钮可查看"已核销单据"或"未核销单据"，单击"确定"按钮完成核销。

任务三　票据贴现业务处理

票据贴现指持票人因急需资金，将未到期的承兑汇票背书后转让给银行，贴给银行一定利息后收取剩余票款的业务活动。

第一步，贴现锁定（应收款管理）。

在实际业务中，票据贴现、背书、结算等处理，是在票据交给银行后，银行若干个工作日返回信息，财务才能根据银行返回的信息进行利息与费用的输入。为了更准确地反映这一过程，增加了票据贴现锁定、背书锁定、结算锁定的操作，票据一旦处于锁定状态，只能进行下一步与之相关的操作，而不能进行其他无关操作，如票据贴现锁定后，票据可以进行贴现的处理，而不能进行结算、背书等操作。

3 月 20 日，以会计的身份登录企业应用平台，依次执行"业务导航"→"经典树形"→"业务工作"→"财务会计"→"应收款管理"→"票据管理"→"票据录入"命令，打开"应收票据录入"界面，单击 ⏮ ◀ ▶ ⏭ 按钮，选择本笔业务对应的"商业汇票"，依次单击"贴现"→"贴现锁定"按钮，按项目资料输入"贴现率"和"结算科目"，如图 11-8 所示。单击"确定"按钮完成贴现锁定操作，如图 11-9 所示。

图 11-8　票据贴现　　　　　　　　　　　　　　　图 11-9　贴现锁定

第二步，票据贴现、制单（应收款管理）。

3 月 20 日，以会计的身份登录企业应用平台，依次执行"业务导航"→"经典树形"→"业务工作"→"财务会计"→"应收款管理"→"票据管理"→"票据录入"命令，打开"应收票据录入"界面，单击 ⏮ ◀ ▶ ⏭ 按钮，找到本笔业务对应的已贴现锁定的"商业汇票"，单击"贴现"按钮，按项目资料再次输入"贴现率"和"结算科目"，如图 11-8 所示；单击"确定"按钮弹出"是否立即制单"提示框，单击"是"按钮，显示"填制凭证"界面，完善凭证要素，单击"保存"按钮完成凭证制作，如图 11-10 所示。

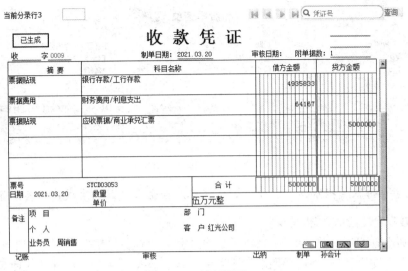

图 11-10　填制凭证

任务四　票据背书业务处理

票据背书时，可选择冲销应付账款，还是其他。系统默认选择冲销应付账款。当应付系统启用付款申请业务，且进行预算控制时，背书冲销应付款只能进行等额冲销应付款对应的付款申请单。

第一步，付款申请单输入、审核（应付款管理）。

3 月 25 日，以会计的身份登录企业应用平台，依次执行"业务导航"→"经典树形"→"业务工作"→"财务会计"→"应付款管理"→"付款申请"→"付款申请单录入"命令，打开"付款申请单录入"界面，依次单击"增加"→"采购发票"按钮，弹出"查询条件-采购发票列表过滤"页面，按项目资料选择"供应商编码"，单击"确定"按钮，弹出"拷贝并执行"页面，在"本次申请金额总计"栏填入申请金额，再在"采购发票表头列表"里选中需要生成付款申请单的发票，如图 11-11 所示。

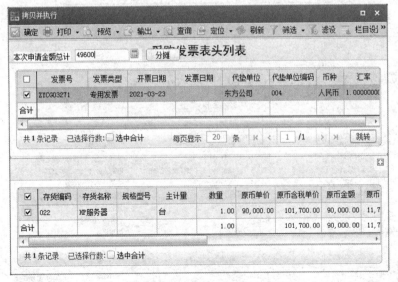

图 11-11　采购发票表头列表

依次单击"分摊"→"确定"按钮，返回"付款申请单录入"界面，按项目资料修改"预计付款日期"，再依次单击"保存"→"审核"按钮，弹出提示框"审核成功后生成付款单失败，原因为：结算方式为空，不能自动生成付款单！"，单击"确定"按钮完成付款申请单的制作，如图 11-12 所示。

图 11-12　付款申请单

🔔 **注意**：需要利用"付款单据审核"功能检查付款单是否生成，若已生成请将其删除。

第二步，背书锁定（应收款管理）。

3 月 25 日，以会计的身份登录企业应用平台，依次执行"业务导航"→"经典树形"→"业务工作"→"财务会计"→"应收款管理"→"票据管理"→"票据录入"命令，打开"应收票据录入"界面，单击⏮◀▶⏭按钮，选择本笔业务对应的"商业汇票"，依次单击"背书"→"背书锁定"按钮，按项目资料输入"被背书人"，如图 11-13 所示。

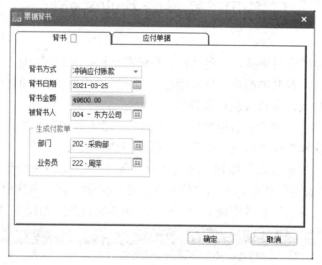

图 11-13　票据背书

单击"确定"按钮完成背书锁定操作，如图 11-14 所示。

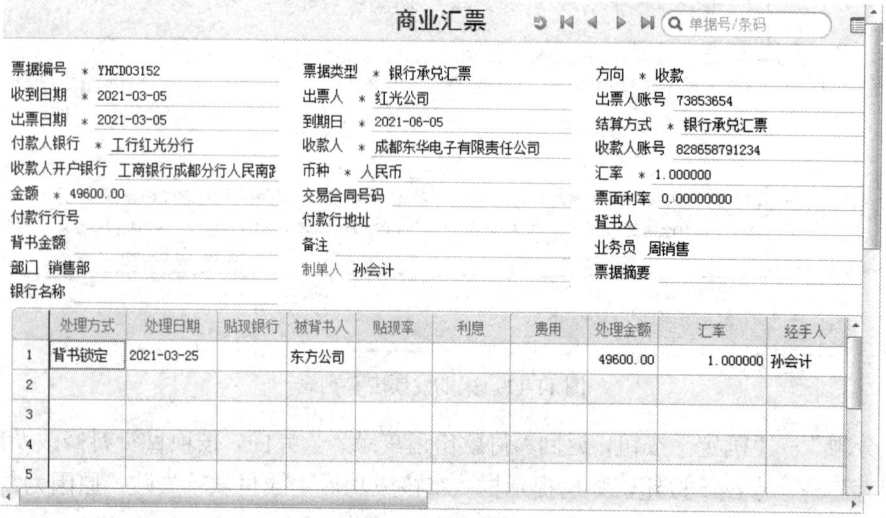

图 11-14　背书锁定

第三步，票据背书、制单（应收款管理）。

3 月 25 日，以会计的身份登录企业应用平台，依次执行"业务导航"→"经典树形"→"业务工作"→"财务会计"→"应收款管理"→"票据管理"→"票据录入"命令，打开"应收票据录入"界面，单击 ⊲ ◁ ▷ ▷ 按钮，选择本笔业务对应的已背书锁定的"商业汇票"，单击"背书"按钮，按项目资料再次输入"被背书人"，如图 11-13 所示；单击"确定"按钮，打开"冲销应付账款"界面，如图 11-15 所示。

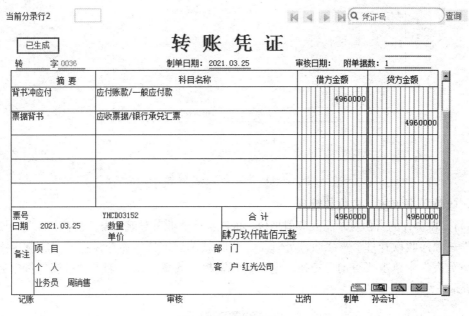

票据类型	票据编号	币种	收到日期	出票人	背书人	出票日期	到期日	背书原币金额	票面原币余额	费用	利息	部门编号	业务员编号	转账原币金额
银行承兑汇票	YHCD03152	人民币	2021-03-05	红光公司		2021-03-05	2021-06-05		49,600.00	0.00	0.00	201	211	49,600.00
合计								0.00	49,600.00	0.00	0.00			49,600.00

单据日期	单据类型	单据编号	币种	供应商简称	部门	业务员	结算方式	来源	摘要	来源单据号	原币审批金额	原币余额	转账金额
2021-03-25	付款申请单	0000000003	人民币	东方公司	采购部	周萍		采购发票		ZYCG03271	49,600.00	49,600.00	
合计												49,600.00	49,600.00	

图 11-15　冲销应付账款

依次单击"分摊"→"保存"按钮，弹出"是否立即制单"提示框，单击"是"按钮，显示"填制凭证"界面，完善凭证要素，单击"保存"按钮完成凭证制作，如图 11-16 所示。

当前分录行2

转 账 凭 证

已生成

转　字 0036　　　制单日期：2021.03.25　　　审核日期：　附单据数：1

摘　要	科目名称	借方金额	贷方金额
背书冲应付	应付账款/一般应付款	4960000	
票据背书	应收票据/银行承兑汇票		4960000

票号　YHCD03152
日期　2021.03.25　　数量
　　　　　　　　　　　单价

合计　4960000　4960000

肆万玖仟陆佰元整

备注　项　目　　　　　　部　门
　　　个　人　　　　　　客　户 红光公司
　　　业务员 周销售

记账　　　　审核　　　　出纳　　　　制单 孙会计

图 11-16　填制凭证

任务五　定金转货款业务处理

二维码 11-5
定金转货款
业务处理

第一步，转货款（应收款管理）。

3 月 27 日，以会计的身份登录企业应用平台，依次执行"业务导航"→"经典树形"→"业务工作"→"财务会计"→"应收款管理"→"收款处理"→"收款单据录入"命令，打开"收款单据录入"界面，单击 ⊲ ◁ ▷ ▷ 按钮，选择当年 3 月 12 日红光公司的"收款单"，依次单击"转出"→"转货款"按钮，弹出"销售定金转出"页面，单击"确定"按钮，弹出生成收款单提示框，单击"确定"按钮完成定金转货款操作，如图 11-17 所示。

应收款管理
转出成功生成1张收款单，单据号为[0000000013]
确定

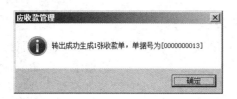

图 11-17　提示框

第二步，收款单据输入（应收款管理）。

继续在“收款单据录入”界面，依次单击“增加”→“空白单据”按钮，按项目资料输入表头数据，在“款项类型”栏选择“应收款”，单击“保存”按钮完成收款单据输入的制作，如图 11-18 所示。

开立
收款单
单据号/条码
单据编号 0000000014
日期 * 2021-03-27
客户 * 红光公司
结算方式 * 转账支票
结算科目 100201
币种 * 人民币
汇率 1
金额 * 20340.00
本币金额 20340.00
客户银行 工行红光分行
客户账号 73853654
票据号 ZZ03441
部门 销售部
业务员 周销售
项目
摘要
插行 删行 批改 显示格式 排序定位 关联单据
款项类型 客户 部门 业务员 金额 本币金额 科目 本币余额 余额
1 应收款 红光公司 销售部 周销售 20340.00 20340.00 1122 20340.00 20340.00
合计 20340.00 20340.00 20340.00 20340.00
录入人 孙会计
审核人
核销人

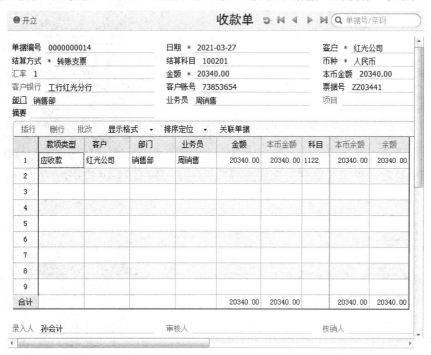

图 11-18　收款单据输入

第三步，收款单据审核（应收款管理）。

3 月 27 日，以会计的身份登录企业应用平台，依次执行“业务导航”→“经典树形”→“业务工作”→“财务会计”→“应收款管理”→“收款处理”→“收款单据审核”命令，打开“收款单据审核”界面，在“收付款单列表”中单击“查询”按钮，选中需要审核的收款单据，单击“审核”按钮完成此项操作，如图 11-19 所示。

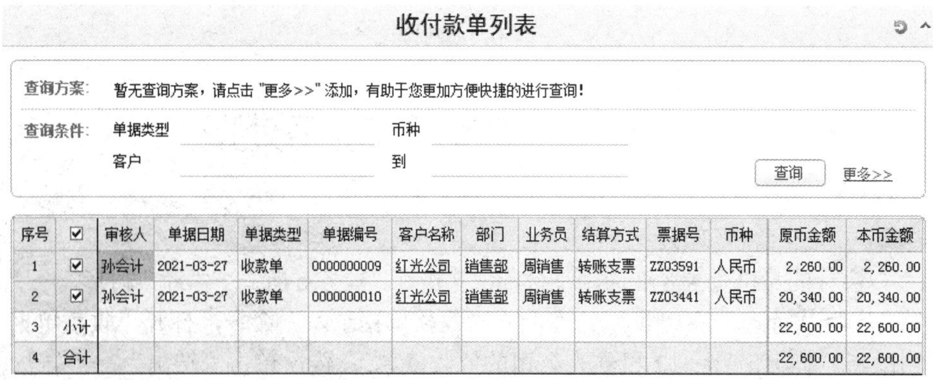

收付款单列表
查询方案：暂无查询方案，请点击 "更多>>" 添加，有助于您更加方便快捷的进行查询！
查询条件：单据类型 币种
客户 到
查询 更多>>
序号 ☑ 审核人 单据日期 单据类型 单据编号 客户名称 部门 业务员 结算方式 票据号 币种 原币金额 本币金额
1 ☑ 孙会计 2021-03-27 收款单 0000000009 红光公司 销售部 周销售 转账支票 ZZ03591 人民币 2,260.00 2,260.00
2 ☑ 孙会计 2021-03-27 收款单 0000000010 红光公司 销售部 周销售 转账支票 ZZ03441 人民币 20,340.00 20,340.00
3 小计 22,600.00 22,600.00
4 合计 22,600.00 22,600.00

图 11-19　收款单据审核

第四步，生成凭证（应收款管理）。

3 月 27 日，以会计的身份登录企业应用平台，依次执行"业务导航"→"经典树形"→"业务工作"→"财务会计"→"应收款管理"→"凭证处理"→"生成凭证"命令，弹出"制单查询"页面，选中"收付款单"后单击"确定"按钮，打开"生成凭证"界面，"凭证类别"选择"收款凭证"，依次单击"合并"→"制单"按钮，打开"填制凭证"界面，完善凭证要素，单击"保存"按钮完成凭证制作，如图 11-20 所示。

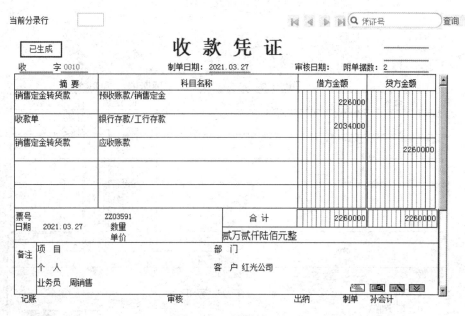

图 11-20　填制凭证

第五步，核销处理-自动核销（应收款管理）。

3 月 27 日，以会计的身份登录企业应用平台，依次执行"业务导航"→"经典树形"→"业务工作"→"财务会计"→"应收款管理"→"核销处理"→"自动核销"命令，弹出"核销条件"页面，选择需要核销的客户"红光公司"，单击"确定"按钮，弹出"是否进行自动核销"提示框，单击"是"按钮，打开"自动核销报告"界面，单击"明细"按钮可查看"已核销单据"或"未核销单据"，单击"确定"按钮完成核销。

任务六　坏账发生业务处理

二维码 11-6
坏账发生
业务处理

坏账处理是指系统提供的计提应收坏账准备处理、坏账发生后的处理、坏账收回后的处理等功能。

3 月 31 日，以会计的身份登录企业应用平台，依次执行"业务导航"→"经典树形"→"业务工作"→"财务会计"→"应收款管理"→"坏账处理"→"坏账发生"命令，弹出"坏账发生"界面，按项目资料选择客户"华苑公司"，单击"确定"按钮，打开"坏账发生"界面，按项目资料在对应记录的"本次发生坏账金额"栏输入金额，如图 11-21 所示。

单击"确认"按钮，弹出"是否立即制单"提示框，单击"是"按钮，打开"填制凭证"界面，完善凭证要素，单击"保存"按钮完成凭证制作，如图 11-22 所示。

坏账发生单据明细

单据类型	单据编号	单据日期	到期日	余 额	部...	业...	本次发生坏账金额
销售专用发票	XS03163	2021-03-10	2021-03-10	72,320.00	销售部	周销售	
销售专用发票	XS03165	2021-03-13	2021-03-13	25,990.00	销售部	周销售	
其他应收单	0000000003	2021-03-10	2021-03-10	100.00	销售部	周销售	100.00
合 计				98,410.00			100.00

图 11-21 坏账发生单据明细

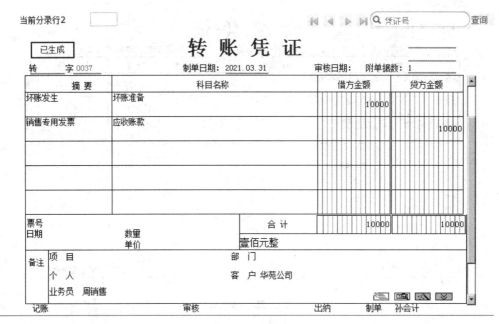

图 11-22 填制凭证

任务七 计提坏账准备业务处理

在进行计提坏账准备之前，请检查如下准备工作：首先检查在系统选项中选择的坏账处理方式，然后检查在初始设置中是否设置坏账准备参数。

系统提供的计提坏账的方法主要有销售收入百分比法、应收账款百分比法和账龄分析法。

坏账处理的作用是系统自动计提应收款的坏账准备，当坏账发生时即可进行坏账核销，当被核销坏账又收回时，即可进行相应处理。

3 月 31 日，以会计的身份登录企业应用平台，依次执行"业务导航"→"经典树形"→"业务工作"→"财务会计"→"应收款管理"→"坏账处理"→"计提坏账准备"命令，打开"计提坏账准备"界面，如图 11-23 所示。

计提坏账准备

坏账处理方式：应收账款百分比法

应收账款总额	计提比率	坏账准备	坏账准备余额	本次计提
556,525.00	0.500%	2,782.62	9,900.00	-7,117.38

图 11-23 计提坏账准备

　　单击"确认"按钮，弹出"是否立即制单"提示框，单击"是"按钮，打开"填制凭证"界面，完善凭证要素，单击"保存"按钮完成凭证制作，如图 11-24 所示。

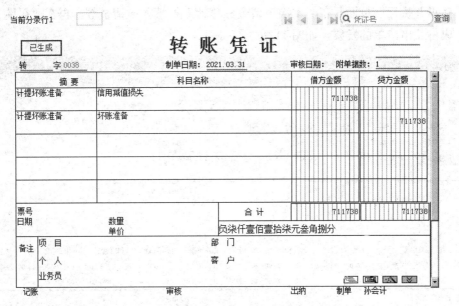

图 11-24　填制凭证

二维码 11-8
付款业务
处理

任务八　付款业务处理

　　第一步，红票对冲（应付款管理）。

　　3 月 20 日，以会计的身份登录企业应用平台，依次执行"业务导航"→"经典树形"→"业务工作"→"财务会计"→"应付款管理"→"转账"→"红票对冲"→"手工对冲"命令，弹出"红票对冲条件"页面，按项目资料选择供应商"锦江公司"，单击"确定"按钮，打开"手工对冲"界面，按项目资料在对应的蓝字采购专用发票所在记录的"对冲金额"栏填入和红字采购专用发票"对冲金额"栏相等的金额，单击"确认"按钮完成对冲操作，如图 11-25 所示。

单据日期	单据类型	单据编号	供应商	币种	原币金额	原币余额	对冲金额
2021-03-17	采购专用发票	CG03131	锦江公司	人民币	1,401.20	1,401.20	1,401.20
合计					1,401.20	1,401.20	1,401.20

单据日期	单据类型	单据编号	供应商	币种	原币金额	原币余额	对冲金额
2021-03-15	采购专用发票	CG03091	锦江公司	人民币	91,078.00	91,078.00	1,401.20
2021-01-20	采购专用发票	Z312	锦江公司	人民币	198,654.00	198,654.00	
合计					289,732.00	289,732.00	1,401.20

图 11-25　手工对冲

　　第二步，付款申请单输入、审核、自动核销（应付款管理）。

　　3 月 20 日，以会计的身份登录企业应用平台，依次执行"业务导航"→"经典树形"→"业务工作"→

"财务会计"→"应付款管理"→"付款申请"→"付款申请单录入"命令，打开"付款申请单录入"界面，依次单击"增加"→"采购发票"按钮，弹出"查询条件-采购发票列表过滤"页面，单击"确定"按钮，弹出"拷贝并执行"页面，在"本次申请金额总计"栏填入申请金额，再在"采购发票表头列表"里选中需要生成付款申请单的发票，如图 11-26 所示。

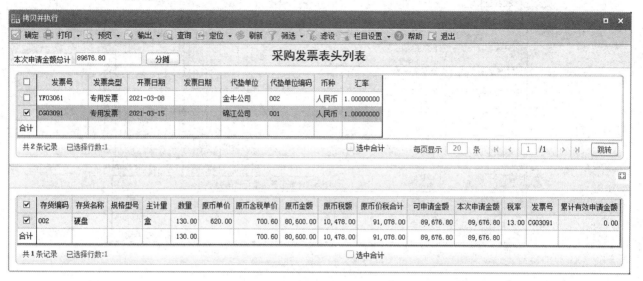

图 11-26　采购发票表头列表

依次单击"分摊"→"确定"按钮，返回"付款申请单录入"界面，按项目资料输入结算方式，单击"保存"按钮完成付款申请单的制作，如图 11-27 所示。

图 11-27　付款申请单

单击"审核"按钮，弹出"是否继续进行自动核销？"对话框，单击"是"按钮，打开"自动核销报告"界面，单击"明细"按钮可查看"已核销单据"或"未核销单据"，单击"确定"按钮完成核销。

第三步，生成凭证（应付款管理）。

3 月 20 日，以会计的身份登录企业应用平台，依次执行"业务导航"→"经典树形"→"业务工作"→"财务会计"→"应付款管理"→"凭证处理"→"生成凭证"命令，弹出"制单查询"页面，同时选中"收付款单"和"红票对冲"，选择需要生成凭证的供应商"锦江公司"，单击"确定"按钮；在打开的"生成凭证"界面，选择"凭证类别"为"付款凭证"，依次单击"合并"→"制单"按钮；在打开"填制凭证"界面，完善"100201 银行存款/工行存款"辅助项票号信息，单击"保存"按钮完成凭证制作，如图 11-28 所示。

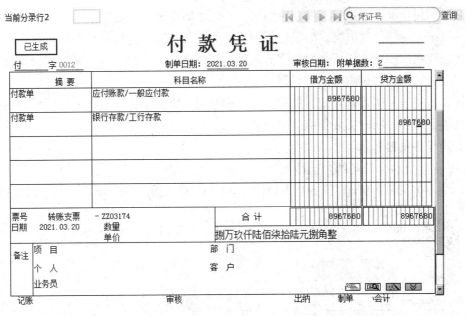

图 11-28 填制凭证

拓展实验 应收、应付款管理

【拓展知识】

（1）应收款管理系统，通过发票、其他应收单、收款单等单据的输入，对企业的往来账款进行综合管理，及时、准确地提供客户的往来账款余额资料，提供各种分析报表，如账龄分析表，周转分析、欠款分析、坏账分析、回款分析情况分析等。通过各种分析报表，帮助企业合理地进行资金的调配，提高资金的利用效率。

根据对客户往来款项核算和管理的程度不同，系统提供了应收账款核算模型"详细核算"和"简单核算"客户往来款项两种应用方案，可供选择。如果企业的销售业务以及应收款核算与管理业务比较复杂，或者需要追踪每一笔业务的应收款、收款等情况；或者需要将应收款核算到产品一级；那么企业可以选择"详细核算"方案。该方案能够帮助企业了解每一位客户每笔业务详细的应收情况、收款情况及余额情况，并进行账龄分析，加强客户及往来款项的管理。使企业能够依据每一位客户的具体情况，实施不同的收款策略。如果企业的销售业务以及应收账款业务比较简单，或者现销业务很多，则可以选择"简单核算"方案。该方案着重于对客户的往来款项进行查询和分析。具体选择哪一种方案，可在应收系统中通过设置系统选项"应收账款核算模型"进行设置。

应收款管理系统与销售管理系统、总账系统集成使用，应收款管理系统可接收在销售系统中所填制的销售发票，进行审核，同时可生成相应凭证，并传递至总账系统。

（2）应付款管理系统，通过发票、其他应付单、付款单等单据的输入，对企业的往来账款进行综合管理，及时、准确地提供供应商的往来账款余额资料，提供各种分析报表，帮助您合理地进行资金的调配，提高资金的利用效率。

根据对供应商往来款项核算和管理的程度不同，系统提供了应付款详细核算和简单核算两种应用方案，应付款详细核算即应付账款在应付系统进行核算，包括记录应付账款的形成及偿还的全过程，简单核算即应付账款在总账进行核算制单，在应付款管理系统进行查询。若企业的采购业务及应付账款业务繁多，或者需要追踪每一笔业务的应付款、付款等情况，或者需要将应付款核算到产品一级，那么可以选择"详细核算"方案，即应付款管理系统中核算并管理往来供应商的款项。该方案能够帮助企业了解每一供应商每笔业务详细的应付情况、付款情况及余额情况，并进行账龄分析，进行供应商及往来款项的管理。根据供应商的具体情况，制订付款方案。如果使用单位采购业务及应付款核算业务比较简单，或者现结业务较多，可选择在总账系统核算并管理往来供应商款项。具体选择哪一种方案，可在应付款管理系统中通过设置系统选项"应付账款核算模型"进行设置。

应付款管理系统与采购管理系统、总账系统集成使用，应付款管理系统可接收采购系统中所填制的采购发票，对其进行审核，同时生成相应凭证，并传递至总账系统。

【拓展实验任务资料】

（1）10 日，收到金牛公司的全部商品（按数量分摊），如图 11-29～图 11-31 所示。

（2）26 日，与华苑公司签订债务重组协议，如图 11-32 和图 11-33 所示。

图 11-29 专用发票

图 11-30 专用发票

债务重组协议

甲方（债权人）：成都东华电子有限公司　　　　　　　　　乙方（债务人）：华苑公司

截至2021年3月25日止，乙方共欠甲方货款人民币陆拾壹万零肆佰贰拾玖元伍角整。

由于乙方资金周转出现问题，短期内不能支付应收账款。双方经友好协商达成如下协议：

1、乙方于2021年3月31日前将乙公司一块闲置地皮（公允价值50万元，使用年限15年）偿还债务，其余所欠债务全免；

2、协议双方承诺及保证，签署和履行本协议已履行了各自全部必要的审核和批准程序，获得了所有必要的授权；

3、甲方承诺对其放弃债权享有独立、合法、完全的处分权。在乙方按照本协议约定的期限和数额偿还本息后，甲、乙双方之间的债务关系同时终止；

4、乙方承诺，作为债务人，将如约及时履行所负债务；

5、本协议未尽事宜由各方协商解决；

6、各方因履行本合同而发生的纠纷，由甲方所在地人民法院管辖；

7、本合同一式两份，甲、乙双方各执一份；

8、本合同自各方有权签字人签字并加盖公章后生效。

甲方（盖章）成都东华电子有限公司　　　　　乙方（盖章）华苑公司

授权代表（签字）：张健　　　　　　　　　　授权代表（签字）：李一

日　　期：　2021年3月26日　　　　　　　日　　期：2021年3月26日

中国工商银行
转账支票存根
1009076120

附加信息

出票日期 2021年3月11日
收款人：金牛公司
金　额：¥339000.00
用　途：购货款
单位主管　　　会计

图 11-31　支票存根

图 11-32　重组协议

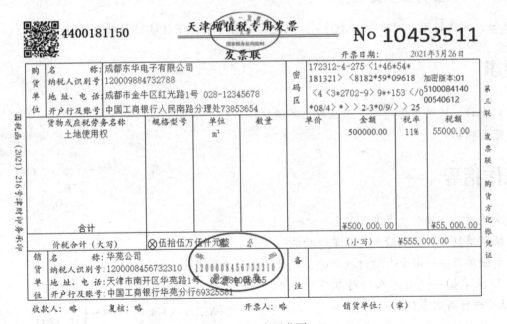

天津增值税专用发票　　No 10453511

发票联

4400181150

开票日期：　2021年3月26日

购货单位	名　称：成都东华电子有限公司				密码区	172312-4-275 ⟨1+46*54* 181321⟩ ⟨8182*59*09618 加密版本:01 ⟨4 ⟨3*2702-9⟩ 9*+153 ⟨/0 *08/4⟩ *⟩ ⟩ 2-3*0/9/⟩ ⟩ 25		5100084140 00540612
	纳税人识别号：1200009884732788							
	地址、电话：成都市金牛区红光路1号 028-12345678							
	开户行及账号：中国工商银行人民南路分理处73853654							
货物或应税劳务名称	规格型号	单位	数量	单价	金额	税率	税额
土地使用权		m²			500000.00	11%	55000.00
合计					¥500,000.00		¥55,000.00
价税合计（大写）	⊗伍拾伍万伍仟元整				（小写）　¥555,000.00		
销货单位	名　称：华苑公司				备注		
	纳税人识别号：1200008456732310	1200008456732310					
	地址、电话：天津市南开区华苑路1号 022-80056965						
	开户行及账号：中国工商银行华苑分行69325581						

收款人：略　　　复核：略　　　　　开票人：略　　　销货单位：（章）

图 11-33　专用发票

项目十二 网上银行系统业务信息化处理

项目准备

设置系统日期为当年 3 月 31 日，引入"项目十一 应收、应付款管理系统业务信息化处理"备份账套。

项目资料

当年 3 月网银日常业务如下。

任务一 普通支付业务处理

3 月 5 日，红光公司由于经营需要向我公司临时申请拆借资金 100 000.00 元，经公司董事会研究决定同意拆借，并立即通知财务部通过网银转账（回单号：0001）方式支付给红光公司。

任务二 对私支付业务处理

3 月 7 日，网银转账（回单号：0002）方式支付销售部员工张健临时补助金 2000.00 元。

项目要求

（1）以会计、出纳身份进行网上银行业务操作。
（2）账套输出。

项目操作指导

网上银行日常业务操作主要有以下几个方面。
（1）填制单据——完成输入付款单的功能。
（2）复核单据——由专人对付款单的合规性、正确性等进行审核。
（3）审批单据——由专人对付款单的合规性、正确性等进行再次审核。
（4）网上支付——通过网络向银行提交付款单，并与银行在线实时查询单据的支付状态。
（5）生成凭证——对于在网上银行中输入的而未导出到应收款管理系统或应付款管理系统的付款单，可由网上银行系统直接生成凭证到总账系统。
网上银行日常业务处理操作流程如图 12-1 所示。

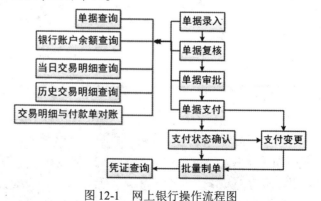

图 12-1 网上银行操作流程图

任务一　普通支付业务处理

　　普通支付单是指由本公司账号直接向其他公司拨款的付款单。只有具备制单权限的操作员才可进行单据的填制操作，且只能对具有制单权限的账号进行操作。

　　第一步，单据输入（网上银行）。

　　3 月 5 日，以出纳的身份登录企业应用平台，依次执行"业务导航"→"经典树形"→"业务工作"→"财务会计"→"网上银行"→"普通支付"→"单据录入"命令，打开"单据录入"界面，单击"增加"按钮，打开"普通支付单"界面，按项目资料输入数据，单击"保存"按钮完成普通支付单的制作，如图 12-2所示。

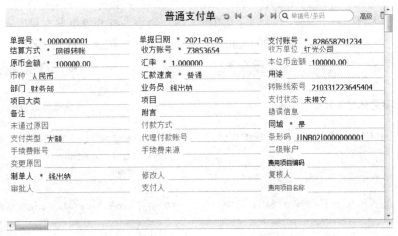

图 12-2　普通支付单

　　🔔 **注意**：在输入普通支付单"原币金额"时，会弹出"余额不足，继续吗？"提示框，这是由于该软件是教学演示版，并没有设置银行服务器 IP 地址和端口号，故不能真正与银行进行数据链接，所以直接单击"是"按钮即可。

　　第二步，单据复核（网上银行）。

　　单据复核功能主要完成单据的复核工作。

　　3 月 5 日，以会计的身份登录企业应用平台，依次执行"业务导航"→"经典树形"→"业务工作"→"财务会计"→"网上银行"→"普通支付"→"单据复核"命令，打开"单据复核"界面，在"普通支付单列表"中单击"查询"按钮，选中需要复核的支付单，单击"复核"按钮完成此项操作，如图 12-3 所示。

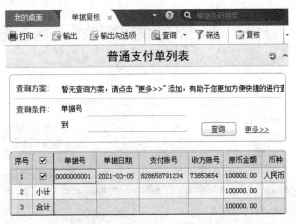

图 12-3　单据复核

第三步，单据审批（网上银行）。

单据审批功能主要完成单据的审批工作。未经复核的单据不能进行审批。

3月5日，以账套主管的身份登录企业应用平台，依次执行"业务导航"→"经典树形"→"业务工作"→"财务会计"→"网上银行"→"普通支付"→"单据审批"命令，打开"单据审批"界面，在"普通支付单列表"中单击"查询"按钮，选中需要审批的支付单，单击"审批"按钮完成此项操作，如图12-4所示。

第四步，单据支付（网上银行）。

单据支付功能主要完成款项的支付工作。通过用友 ERP-U8+网银系统进行支付时，首先需要向银行提交支付申请，银行确认受理后才处理该支付申请的转账。在这里进行单据支付后，银行立即返回单据的提交状态，单据实际的支付结果需要在"支付状态确认"中与银行进行在线的实时查询。未经审批的单据不能进行支付。

3月5日，以出纳的身份登录企业应用平台，依次执行"业务导航"→"经典树形"→"业务工作"→"财务会计"→"网上银行"→"普通支付"→"单据支付"命令，打开"单据支付"界面，在"普通支付单列表"中单击"查询"按钮，选中需要支付的支付单，单击"支付"按钮完成此项操作，如图12-5所示。

图 12-4　单据审批

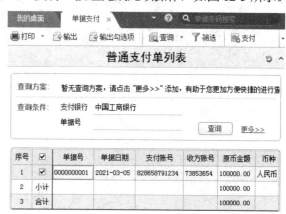

图 12-5　单据支付

第五步，支付状态确认、生成凭证（网上银行）。

支付状态确认功能提供与银行在线实时查询单据的实际支付结果。由于银行受理支付申请和处理支付申请的转账有一个时间间隔，在向银行提交了支付申请后，还需要与银行进行实时查询，以确认单据的实际支付状态。未经提交支付的单据不能进行支付状态确认。

3月5日，以会计的身份登录企业应用平台，依次执行"业务导航"→"经典树形"→"业务工作"→"财务会计"→"网上银行"→"普通支付"→"支付状态确认"命令，打开"支付状态确认"界面，在"支付状态确认"中单击"查询"按钮，选中需要确认的支付单，单击"确认"按钮完成此项操作，如图12-6所示。

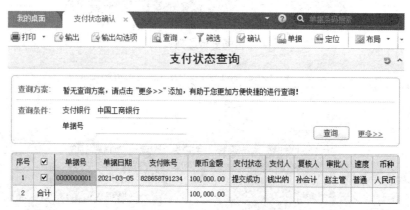

图 12-6　支付状态确认

在企业应用平台中，继续依次执行"网上银行"→"凭证处理"→"生成凭证"命令，弹出"查询条件–批量制单"对话框，单击"确定"按钮，打开"生成凭证"界面，"凭证类别"选择"付款凭证"，修改"制单日期"，双击"选择标志"栏，单击"制单"按钮，打开"填制凭证"界面，完善凭证要素，单击"保存"按钮完成凭证制作，如图 12-7 所示。

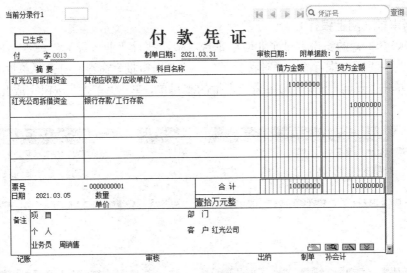

图 12-7　填制凭证

二维码 12-2
对私支付
业务处理

任务二　对私支付业务处理

对私支付单是指由本公司账号直接向本公司员工或其他个人拨款的付款单。

第一步，单据输入（网上银行）。

3 月 7 日，以出纳的身份登录企业应用平台，依次执行"业务导航"→"经典树形"→"业务工作"→"财务会计"→"网上银行"→"对私支付"→"单据录入"命令，打开"单据录入"界面，单击"增加"按钮，打开"对私支付单"界面，按项目资料输入数据，单击"保存"按钮完成对私支付单的制作，如图 12-8 所示。

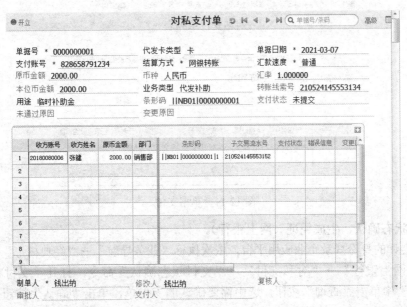

图 12-8　对私支付单

第二步，单据复核（网上银行）。

3 月 7 日，以会计的身份登录企业应用平台，依次执行"业务导航"→"经典树形"→"业务工作"→"财务会计"→"网上银行"→"对私支付"→"单据复核"命令，打开"单据复核"界面，在"对私支付单列表"中单击"查询"按钮，选中需要复核的支付单，单击"复核"按钮完成此项操作，如图 12-9 所示。

第三步，单据审批（网上银行）。

3 月 7 日，以账套主管的身份登录企业应用平台，依次执行"业务导航"→"经典树形"→"业务工作"→"财务会计"→"网上银行"→"对私支付"→"单据审批"命令，打开"单据审批"界面，在"对私支付单列表"中单击"查询"按钮，选中需要审批的支付单，单击"审批"按钮完成此项操作，如图 12-10 所示。

图 12-9　单据复核　　　　　　　　　　　图 12-10　单据审批

第四步，单据支付（网上银行）。

3 月 7 日，以出纳的身份登录企业应用平台，依次执行"业务导航"→"经典树形"→"业务工作"→"财务会计"→"网上银行"→"对私支付"→"单据支付"命令，打开"单据支付"界面，在"对私支付单列表"中单击"查询"按钮，选中需要支付的支付单，单击"支付"按钮完成此项操作，如图 12-11 所示。

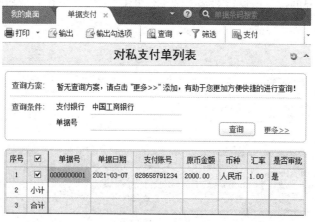

图 12-11　单据支付

第五步，支付状态确认、生成凭证（网上银行）。

3 月 7 日，以会计的身份登录企业应用平台，依次执行"业务导航"→"经典树形"→"业务工作"→"财务会计"→"网上银行"→"对私支付"→"支付状态确认"命令，打开"支付状态确认"界面，在"支付状态确认"中单击"查询"按钮，选中需要确认的支付单，单击"确认"按钮完成此项操作，如图 12-12 所示。

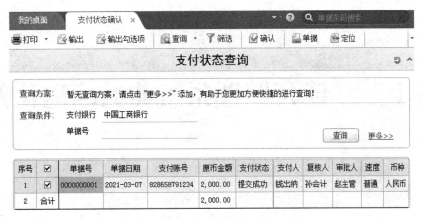

图 12-12 支付状态确认

在企业应用平台中，继续依次执行"网上银行"→"凭证处理"→"生成凭证"命令，弹出"查询条件-批量制单"页面，"单据类型"选择"对私支付单"，单击"确定"按钮，打开"生成凭证"界面，"凭证类别"选择"付款凭证"，修改"制单日期"，双击"选择标志"栏，单击"制单"按钮，打开"填制凭证"界面，完善凭证要素，单击"保存"按钮完成凭证制作，如图 12-13 所示。

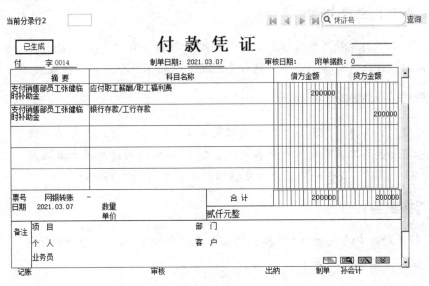

图 12-13 填制凭证

拓展实验 网上银行

【拓展知识】

随着互联网技术的发展以及电子商务的兴起，国内各银行大都推出了网上银行业务。网上银行业务一般包括针对个人的网上个人银行业务和针对企业的网上企业银行业务两种，本系统主要考虑的是网上企业银行业务。

网上银行主要业务过程是企业将收款人信息提交给银行，银行按企业要求将款项由企业账户划转到收款人账户。本系统考虑了网上支付（即上传收款方信息）、交易信息查询下载（银行对账单下载、银行账户余额、银行账户交易明细查询）等业务，集团业务和对私业务可以融合于其中。

项目十三　库存管理系统业务信息化处理

项目准备

设置系统日期为当年 3 月 31 日，引入"项目十二　网上银行系统业务信息化处理"备份账套。

项目资料

当年 3 月库存业务如下。

任务一　材料领用业务处理

3 月 1 日，生产车间向原料库申请领用 CPU 100 盒、硬盘 100 盒、主板 100 个、内存条 100 根、电源 100 个、液晶显示器 100 台、键盘 100 个、鼠标 100 个、机箱 100 个，用于组装加工计算机。

任务二　产成品入库业务处理

（1）3 月 15 日，成品库收到当月生产车间组装完工的 10 台计算机产成品入库。

（2）3 月 16 日，成品库收到当月生产车间组装完工的 20 台计算机产成品入库。

（3）随后收到财务部门提供的完工产品直接材料总成本为 144 000.00 元。

任务三　调拨业务处理

3 月 20 日，将原料库中的 50 盒 CPU 调拨到配套用品库。（提示：需增加会计科目"140504 库存商品/CPU"，数量金额式，数量核算，盒）

任务四　借出（入）业务处理

3 月 20 日，红光公司从配套用品库借出 50 盒 CPU，预计 25 日归还。

任务五　借出（入）归还业务处理

3 月 21 日，红光公司向配套用品库归还 30 盒 CPU。

任务六　借出（入）转销售（采购）业务处理

3 月 22 日，将红光公司借出未归还 20 盒 CPU 转销售，含税单价为 900.00 元，销售部根据发货单开具专用发票一张，票号为 ZHXS03220。

任务七　盘点业务处理

3 月 25 日，对各仓库存货进行盘点，盘点后，发现原料库的内存条多出两根。经确认，该内存条的成本为 400.00 元/根。假设该盘盈的内存条经领导批准冲抵财务部管理费用。

任务八　组装业务处理

3月26日，应客户天平公司急需，生产车间当日组装了30台计算机（入库参考成本4800元/台）。（提示：需要增加收发类别"105—组装入库""306—组装出库"）

项目要求

（1）以仓库的身份、业务日期进入库存管理系统进行日常业务处理。
（2）账套输出。

项目操作指导

任务一　材料领用业务处理

二维码 13-1
材料领用
业务处理

第一步，领料申请单（库存管理）。

对于工业企业，生产用原辅料、包装材料的出库；研发用试剂耗材、原料的出库及设备维修所用的备品备件的出库，可以先由使用部门填制领料申请单，经相关部门批准之后，由仓库根据领料申请单发料。

3月1日，以仓库的身份登录企业应用平台，依次执行"业务导航"→"经典树形"→"业务工作"→"供应链"→"库存管理"→"材料出库"→"领料申请"命令，打开"领料申请单"界面，依次单击"增加"→"空白单据"按钮，按项目资料输入数据，依次单击"保存"→"审核"按钮完成增加领料申请单的制作，如图13-1所示。

	存货编码	存货名称	规格型号	主计量单位	数量	需求日期
1	001	CPU		盒	100.00	
2	002	硬盘		盒	100.00	
3	003	主板		个	100.00	
4	004	内存条		根	100.00	
5	005	电源		个	100.00	
6	006	液晶显示器		台	100.00	
7	007	键盘		个	100.00	
8	008	鼠标		个	100.00	
9	010	机箱		个	100.00	
合计					900.00	

单据号　＊ 0000000001　　日期　＊ 2021-03-01
业务员　　　　出库类别　领料出库
审核日期　2021-03-01　　部门　生产车间
制单人 吴仓库　　审核人 吴仓库　　关闭人

图 13-1　领料申请单

第二步，材料出库单（库存管理）。

对于工业企业，材料出库单是领用材料时所填制的出库单据，当从仓库中领用材料用于生产或委外加工时，就需要填制材料出库单。只有工业企业才有材料出库单，商业企业没有此单据。

3月1日，以仓库的身份登录企业应用平台，依次执行"业务导航"→"经典树形"→"业务工作"→

"供应链"→"库存管理"→"材料出库"→"材料出库单"命令，打开"材料出库单"界面，依次单击
"增加"→"申请"→"领料申请"按钮，弹出"查询条件–领料申请单过滤条件"页面，单击"确定"
按钮，弹出"领料申请单生单列表"页面，在"领料申请单生单表头"列表里选中需要生成出库单的申请单，
单击"确定"按钮返回"材料出库单"界面，按项目资料修改材料出库单仓库数据后，单击"保存"→"审
核"按钮完成增加材料出库单的制作，如图 13-2 所示。

图 13-2　材料出库单

第三步，正常单据记账（存货核算）。

3 月 31 日，以会计的身份登录企业应用平台，依次执行"业务导航"→"经典树形"→"业务工作"→
"供应链"→"存货核算"→"记账"→"正常单据记账"命令，打开"未记账单据一览表"界面，在"正
常单据记账列表"中单击"查询"按钮，在列表中选中需要记账的记录，单击"记账"按钮完成记账操作，
如图 13-3 所示。

图 13-3　未记账单据一览表

第四步，生成凭证（存货核算）。

3月1日，以会计的身份登录企业应用平台，依次执行"业务导航"→"经典树形"→"业务工作"→"供应链"→"存货核算"→"凭证处理"→"生成凭证"命令，打开"生成凭证"界面，单击"选单"按钮，弹出"查询条件-生成凭证查询条件"页面，单击"确定"按钮，弹出"选择单据"页面，双击需要生成凭证的记录"选择"栏，单击"确定"按钮，返回"生成凭证"界面，"凭证类别"选择"转账凭证"，单击"合并制单"按钮，打开"填制凭证"界面，完善凭证要素，单击"保存"按钮完成凭证制作，如图13-4所示。

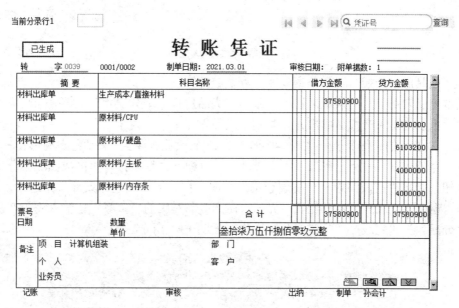

图 13-4　填制凭证

任务二　产成品入库业务处理

二维码 13-2
产成品入库
业务处理

第一步，产成品入库单（库存管理）。

对于工业企业，产成品入库单一般指产成品验收入库时所填制的入库单据。产成品入库单是工业企业入库单据的主要部分。只有工业企业才有产成品入库单，商业企业没有此单据。

产成品一般在入库时无法确定产品的总成本和单位成本，所以在填制产成品入库单时，一般只有数量，没有单价和金额。

3月15日，以仓库的身份登录企业应用平台，依次执行"业务导航"→"经典树形"→"业务工作"→"供应链"→"库存管理"→"生产入库"→"产成品入库单"命令，打开"产成品入库单"界面，依次单击"增加"→"空白单据"按钮，按项目资料输入数据，依次单击"保存"→"审核"按钮完成增加产成品入库单的制作，如图13-5所示。

图 13-5　产成品入库单

3 月 16 日，以仓库的身份登录企业应用平台，以同样的方法完成增加产成品入库单的制作，如图 13-6 所示。

图 13-6　产成品入库单

第二步，产成品成本分配、正常单据记账（存货核算）。

产成品成本分配表用于对已入库未记明细账的产成品进行成本分配。存货核算未与成本管理和生产订单集成使用时，可手工输入产成品成本并分配到产成品入库单。

3 月 31 日，以会计的身份登录企业应用平台，依次执行"业务导航"→"经典树形"→"业务工作"→"供应链"→"存货核算"→"记账"→"产成品成本分配"命令，打开"产成品成本分配表"界面，单击"查询"按钮，弹出"产成品成本分配表查询"页面，在"请选择仓库条件"中选中"成品库"，单击"确定"按钮，返回"产成品成本分配表"界面，在产成品对应的"金额"栏输入完工产品的直接材料总成本，单击"分配"按钮完成产成品成本分配操作，如图 13-7 所示。

图 13-7　产成品成本分配表

关闭"产成品成本分配表"界面，继续依次执行"存货核算"→"记账"→"正常单据记账"命令，打开"未记账单据一览表"界面，在"正常单据记账列表"中单击"查询"按钮，在列表中选中需要记账的记录，单击"记账"按钮完成记账操作，如图 13-8 所示。

图 13-8　未记账单据一览表

第三步，生成凭证（存货核算）。

3 月 16 日，以会计的身份登录企业应用平台，依次执行"业务导航"→"经典树形"→"业务工作"→"供应链"→"存货核算"→"凭证处理"→"生成凭证"命令，打开"生成凭证"界面，单击"选单"按钮，弹出"查询条件-生成凭证查询条件"页面，单击"确定"按钮，弹出"选择单据"页面，双击需要生成凭证的记录"选择"栏，单击"确定"按钮，返回"生成凭证"界面，"凭证类别"选择"转账凭证"，单击"合并制单"按钮，打开"填制凭证"界面，完善凭证要素，单击"保存"按钮完成凭证制作，如图 13-9 所示。

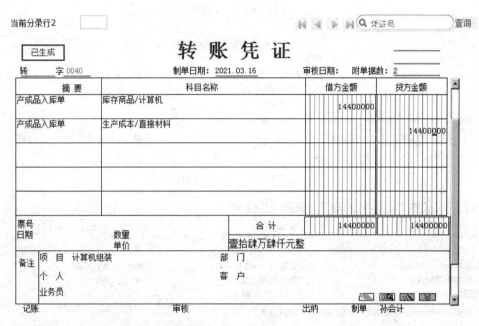

图 13-9　填制凭证

🔔 **注意：** 由于本案例未启用成本管理系统，故此处产成品成本仅结转了直接材料成本，其他成本项目并未结转，所以本案例产成品成本是不完整的。

任务三　调拨业务处理

二维码 13-3
调拨业务
处理

第一步，调拨单、其他出（入）库单（库存管理）。

调拨单是指用于仓库之间存货的转库业务或部门之间的存货调拨业务的单据。同一张调拨单上，如果转出部门和转入部门不同，表示部门之间的调拨业务；如果转出部门和转入部门相同，但转出仓库和转入仓库不同，表示仓库之间的转库业务。

调拨单审核后生成其他出库单、其他入库单。

3 月 20 日，以仓库的身份登录企业应用平台，依次执行"业务导航"→"经典树形"→"业务工作"→"供应链"→"库存管理"→"调拨业务"→"调拨单"命令，打开"调拨单"界面，依次单击"增加"→"空白单据"按钮，按项目资料输入数据，依次单击"保存"→"审核"按钮完成增加调拨单的制作，如图 13-10 所示。

关闭"调拨单"界面，继续依次执行"库存管理"→"其他出库"→"其他出库单"命令，单击 ◄ ◀ ▶ ▶ 按钮，选择本笔业务对应的"其他出库单"，单击"审核"按钮完成此项操作，如图 13-11 所示。

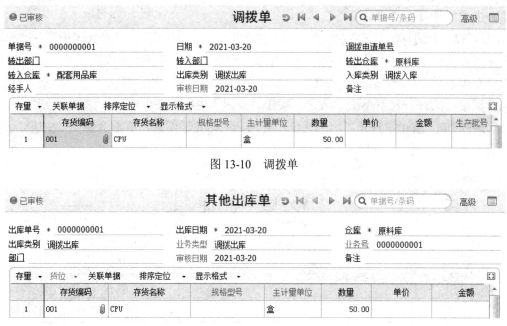

图 13-10 调拨单

图 13-11 其他出库单

以同样的方式审核"其他入库单"，如图 13-12 所示。

图 13-12 其他入库单

第二步，特殊单据记账（存货核算）。

3 月 31 日，以会计的身份登录企业应用平台，依次执行"业务导航"→"经典树形"→"业务工作"→"供应链"→"存货核算"→"记账"→"特殊单据记账"命令，弹出"特殊单据记账条件"页面，单击"确定"按钮，在列表中选中需要记账的记录，单击"记账"按钮完成记账操作，如图 13-13 所示。

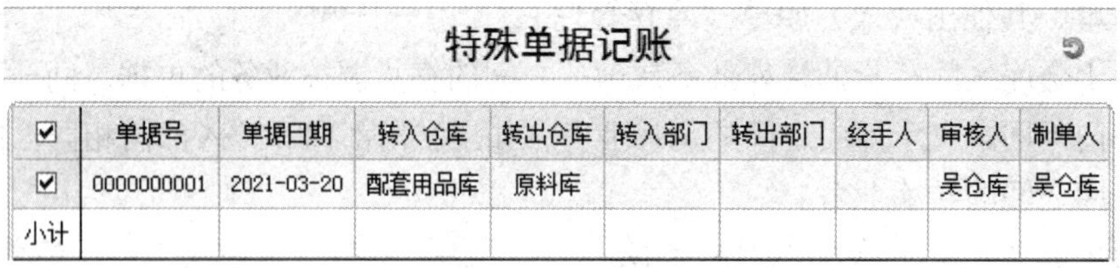

图 13-13 未记账单据一览表

第三步，生成凭证（存货核算）。

3 月 20 日，以会计的身份登录企业应用平台，依次执行"业务导航"→"经典树形"→"业务工作"→"供应链"→"存货核算"→"凭证处理"→"生成凭证"命令，打开"生成凭证"界面，单击"选单"按钮，弹出"查询条件-生成凭证查询条件"页面，"单据类型"选择"调拨单"，单击"确定"按钮，弹出"选择单据"页面，依次单击"全选"→"确定"按钮，返回"生成凭证"界面，"凭证类别"选择"转账凭证"，补齐科目，然后单击"合并制单"按钮，打开"填制凭证"界面，完善凭证要素，单击"保存"

按钮完成凭证制作，如图 13-14 所示。

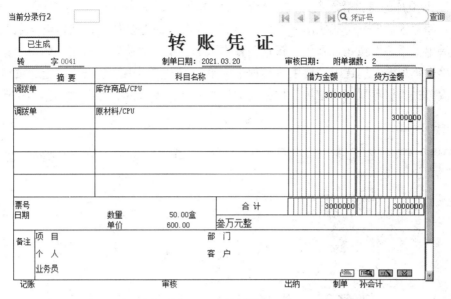

图 13-14　填制凭证

任务四　借出（入）业务处理

借出业务：企业与客户、供应商、部门之间存在存货借用关系，客户把存货借走一定时间之后，还会归还借出的存货，如果不归还，则可以通过转换单处理，转换为销售或赠品，或转换为耗用等，也可以从一客户转给另一客户。

借入业务：企业与客户、供应商之间存在存货借用关系，企业把存货借入一定时间之后，还会归还借用的存货，如果不归还，则可以通过转采购模块生成采购入库单，从供应商购买该借用存货。

第一步，借出（入）借用单（库存管理）。

借出借用单作为借出业务的主要源头单据，记录企业与客户、供应商、部门之间存在存货借用关系。借出借用单不可以弃审。

3 月 20 日，以仓库的身份登录企业应用平台，依次执行“业务导航”→“经典树形”→“业务工作”→“供应链”→“库存管理”→“借出业务”→“借出借用单”命令，打开“借出借用单”界面，依次单击“增加”→“空白单据”按钮，按项目资料输入数据，依次单击“保存”→“审核”按钮完成增加借出借用单的制作，如图 13-15 所示。

	借出借用单						
⊘已审核							

单据编号 * 0000000001　　单据日期 * 2021-03-20　　单据类型 新增单据
单位类型 * 客户　　单位 * 红光公司　　部门
业务员　　联系人　　联系方式
支付运费 否　　发运单位　　发运方式名称
运费　　备注

	存货编号	存货名称	规格型号	主计量单位	仓库名称	批号	数量	预计归还日期	备注
1	001	CPU		盒			50.00	2021-03-25	

图 13-15　借出借用单

第二步，其他出（入）库单（库存管理）。

3 月 20 日，以仓库的身份登录企业应用平台，依次执行"业务导航"→"经典树形"→"业务工作"→"供应链"→"库存管理"→"其他出库"→"其他出库单"命令，打开"其他出库单"界面，依次单击"增加"→"借出借用单"按钮，弹出"查询条件"页面，单击"确定"按钮，弹出"参照生单"页面，在"借出借用单生单列表"里选中需要生成其他出库单的借出借用单，单击"确定"按钮返回"其他出库单"界面，依次单击"保存"→"审核"按钮完成增加其他出库单的制作，如图 13-16 所示。

图 13-16　其他出库单

任务五　借出（入）归还业务处理

企业与客户、供应商、部门之间存在存货借用关系，客户把存货借走一定时间之后，归还借出的存货，借出归还单支持不同存货的替代归还（即借 A 还 B）。

第一步，借出（入）归还单（库存管理）。

借出归还单主要实现对本单位借给其他客户/供应商/部门的存货，进行归还的业务，同时记录是否支付运费、发运方式、发运单位等信息。

3 月 21 日，以仓库的身份登录企业应用平台，依次执行"业务导航"→"经典树形"→"业务工作"→"供应链"→"库存管理"→"借出业务"→"借出归还单"命令，打开"借出归还单"界面，单击"增加"按钮，弹出"查询条件"页面，单击"确定"按钮，弹出"参照生单"页面，在"借出借用单生单列表"里选中需要生成借出归还单的借出借用单，单击"确定"按钮返回"借出归还单"界面，修改"本次归还数量"，依次单击"保存"→"审核"按钮完成增加借出归还单的制作，如图 13-17 所示。

图 13-17　借出归还单

第二步，其他入（出）库单（库存管理）。

3 月 21 日，以仓库的身份登录企业应用平台，依次执行"业务导航"→"经典树形"→"业务工作"→"供应链"→"库存管理"→"其他入库"→"其他入库单"命令，打开"其他入库单"界面，依次单击"增加"→"借出归还单"按钮，弹出"查询条件"页面，单击"确定"按钮，弹出"参照生单"页面，在"借出归还单生单列表"里选中需要生成其他入库单的借出归还单，单击"确定"按钮返回"其他入库单"界面，依次单击"保存"→"审核"按钮完成增加其他入库单的制作，如图13-18所示。

图13-18　其他入库单

任务六　借出（入）转销售（采购）业务处理

二维码13-6
借出（入）转
销售（采购）
业务处理

企业与客户、供应商之间、部门存在存货借用关系，客户把存货借走一定时间之后，如果不归还，可转借给其他客户、供应商、部门；转销售生成发货单和销售出库单；也可转赠品；转为耗用，生成耗用类型的出库单，通过这些方式解决借用转换的复杂业务。

第一步，借出（入）转换单（库存管理）。

3月22日，以仓库的身份登录企业应用平台，依次执行"业务导航"→"经典树形"→"业务工作"→"供应链"→"库存管理"→"借出业务"→"借出转换单"命令，打开"借出转换单"界面，依次单击"增加"→"借出转销售"按钮，弹出"查询条件"页面，单击"确定"按钮，弹出"参照生单"页面，在"借出借用单生单列表"里选中需要生成借出转换单的借出借用单，单击"确定"按钮返回"借出转换单"界面，修改"部门""业务员""销售类型""本次转换数量""原币含税单价"，单击"保存"→"审核"按钮，弹出"提示"框，最后单击"确定"按钮完成增加借出转换单的制作，如图13-19所示。

图13-19　借出转换单

🔔 **注意**：借出转换单审核时会自动生成"其他入库单""发货单""销售出库单"，且自动完成审核操作。

第二步，销售专用发票（销售管理）。

3月22日，以销售的身份登录企业应用平台，依次执行"业务导航"→"经典树形"→"业务工作"→"供应链"→"销售管理"→"销售开票"→"销售专用发票"命令，打开"销售专用发票"界面；依次单击"增加"→"发货单"按钮，弹出"查询条件-发票参照发货单"页面，单击"确定"按钮，弹出"参照生单"页面；在"发票参照发货单表头"列表里选中需要生成发票的发货单，单击"确定"按钮返回"销售专用发票"界面，输入发票号，依次单击"保存"→"复核"按钮完成增加销售专用发票的制作，如图13-20所示。

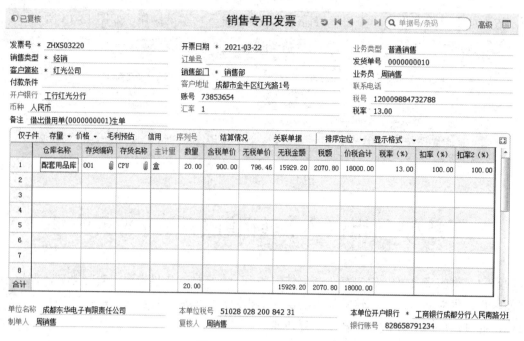

图 13-20 销售专用发票

第三步，销售发票审核（应收款管理）。

3 月 22 日，以会计的身份登录企业应用平台，依次执行"业务导航"→"经典树形"→"业务工作"→"财务会计"→"应收款管理"→"应收处理"→"销售发票"→"销售发票审核"命令，打开"销售发票审核"界面，在"销售发票列表"中单击"查询"按钮，选中需要审核的销售发票，单击"审核"按钮完成此项操作，如图 13-21 所示。

图 13-21 销售发票审核

第四步，生成凭证（应收款管理）。

3 月 22 日，以会计的身份登录企业应用平台，依次执行"业务导航"→"经典树形"→"业务工作"→"财务会计"→"应收款管理"→"凭证处理"→"生成凭证"命令，弹出"制单查询"页面，选中"发票"后单击"确定"按钮，打开"生成凭证"界面，"凭证类别"选择"转账凭证"，双击"选择标志"栏，单击"制单"按钮，打开"填制凭证"界面，完善凭证要素，单击"保存"按钮完成凭证制作，如图 13-22 所示。

第五步，正常单据记账（存货核算）。

3 月 31 日，以会计的身份登录企业应用平台，依次执行"业务导航"→"经典树形"→"业务工作"→"供应链"→"存货核算"→"记账"→"正常单据记账"命令，弹出"未记账单据一览表"页面；在"正常单据记账列表"中单击"查询"按钮，在列表中选中需要记账的记录，单击"记账"按钮完成记账操作，如图 13-23 所示。

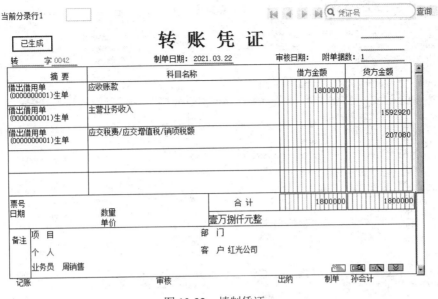

图 13-22　填制凭证

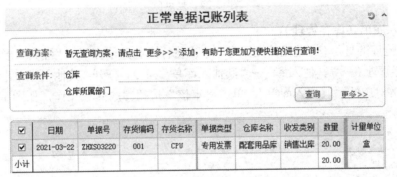

图 13-23　未记账单据一览表

任务七　盘点业务处理

二维码 13-7
盘点业务
处理

为了保证企业库存资产的安全和完整，做到账实相符，企业必须对存货进行定期或不定期的清查，查明存货盘盈、盘亏、损毁的数量以及造成的原因，并据以编制存货盘点报告表，按规定程序，报有关部门审批。经有关部门批准后，应进行相应的账务处理，调整存货账的实存数，使存货的账面记录与库存实物核对相符。盘点时系统提供多种盘点方式，如按仓库盘点、按批次盘点、按类别盘点、对保质期临近多少天的存货进行盘点等，还可以对各仓库或批次中的全部或部分存货进行盘点。

第一步，盘点单（库存管理）。

盘点单是用来进行仓库存货的实物数量和账面数量核对工作的单据，可使用空盘点单进行实盘，然后将实盘数量输入系统，与账面数量进行比较。普通仓库盘点审核后盈亏数自动生成其他出入库单。

3 月 25 日，以仓库的身份登录企业应用平台，依次执行"业务导航"→"经典树形"→"业务工作"→"供应链"→"库存管理"→"盘点业务"→"盘点单"命令，打开"盘点单"界面，依次单击"增加"→"普通仓库盘点"按钮，按项目资料输入"盘点仓库"为"原料库"，单击"盘库"按钮，弹出提示框单击"是"按钮，打开"盘点处理"页面，在"盘点方式"里选中"按仓库盘点"，"盘点选项"选中"账面为零时是否盘点"，单击"确认"按钮返回"盘点单"界面，按项目资料修改"单价"和"盘点数量"，依次单击"保存"→"审核"按钮，弹出"提示"框，单击"确定"按钮完成增加盘点单的制作，如图 13-24 所示。

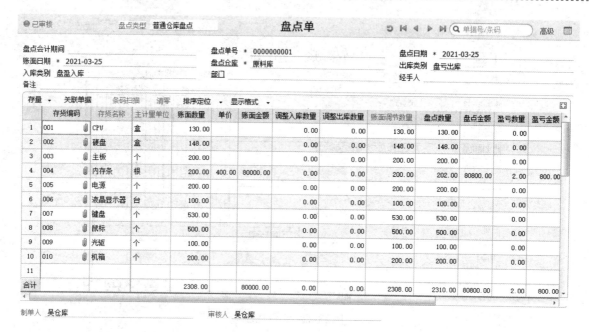

图 13-24 盘点单

第二步，其他入库单（库存管理）。

3 月 25 日，以仓库的身份登录企业应用平台，依次执行"业务导航"→"经典树形"→"业务工作"→ "供应链"→"库存管理"→"其他入库"→"其他入库单"命令，打开"其他入库单"界面，单击◀ ◀ ▶ ▶ 按钮，选择本笔业务对应的"其他入库单"，单击"审核"按钮完成此项操作，如图 13-25 所示。

图 13-25 其他入库单

第三步，正常单据记账（存货核算）。

3 月 31 日，以会计的身份登录企业应用平台，依次执行"业务导航"→"经典树形"→"业务工作"→ "供应链"→"存货核算"→"记账"→"正常单据记账"命令，弹出"未记账单据一览表"页面，在"正常单据记账列表"中单击"查询"按钮，在列表中选中需要记账的记录，单击"记账"按钮完成记账操作，如图 13-26 所示。

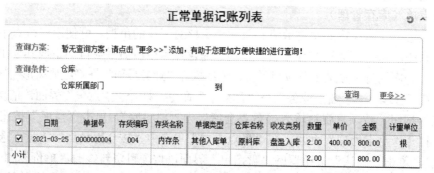

图 13-26 未记账单据一览表

第四步，生成凭证（存货核算）。

3月25日，以会计的身份登录企业应用平台，依次执行"业务导航"→"经典树形"→"业务工作"→"供应链"→"存货核算"→"凭证处理"→"生成凭证"命令，打开"生成凭证"界面，单击"选单"按钮，弹出"查询条件-生成凭证查询条件"页面，"业务类型"选择"盘盈入库"，单击"确定"按钮，弹出"选择单据"页面，依次单击"全选"→"确定"按钮，返回"生成凭证"界面，"凭证类别"选择"转账凭证"，补齐科目"190101 待处理财产损益/待处理流动资产损益"，单击"合并制单"按钮，打开"填制凭证"界面，完善凭证要素，单击"保存"按钮完成凭证制作，如图13-27所示。

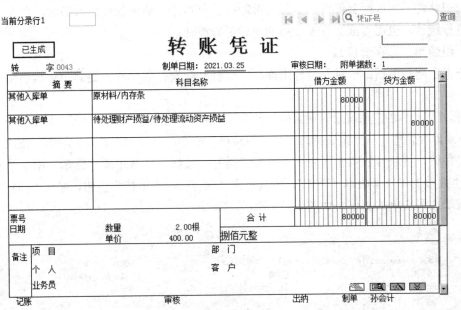

图13-27 生成凭证

第五步，填制凭证（总账）。

3月25日，以会计的身份登录企业应用平台，依次执行"业务导航"→"经典树形"→"业务工作"→"财务会计"→"总账"→"凭证"→"填制凭证"命令，打开"填制凭证"界面，单击"增加"按钮（或按F5键），完善凭证要素，单击"保存"按钮完成凭证制作，如图13-28所示。

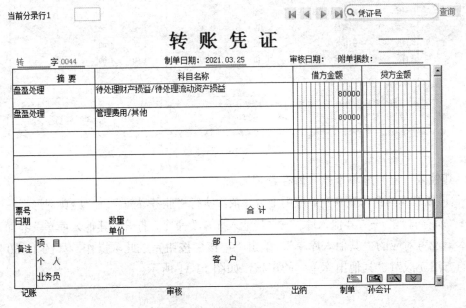

图13-28 填制凭证

二维码 13-8
组装业务处理

任务八　组装业务处理

组装指将多个散件组装成一个配套件的过程，拆卸指将一个配套件拆卸成多个散件的过程。

配套件是由多个存货组成，但又可以拆开或销售的存货。配套件和散件之间是一对多的关系，在物料清单中设置它们之间的关系。在组装、拆卸之前应先进行物料清单定义，否则无法进行组装。

配套件与成套件不同，配套件可以组装、拆卸；而成套件不能单独使用或销售，在库存管理系统中可以对成套件进行统计，也可对成套件展开后的单件进行统计。

第一步，组装单（库存管理）。

组装单相当于两种单据：一种是散件出库单；一种是配套件入库单。组装单审核后生成其他出库单、其他入库单。

3 月 26 日，以仓库的身份登录企业应用平台，依次执行"业务导航"→"经典树形"→"业务工作"→"供应链"→"库存管理"→"组装拆卸"→"组装单"命令，打开"组装单"界面，依次单击"增加"→"空白单据"按钮，按项目资料输入表头，单击"展开"按钮，在弹出的"提示"框中单击"是"按钮，输入"仓库""数量"和参考成本"单价"，依次单击"保存"→"审核"按钮，弹出"提示"框，单击"确定"按钮完成增加组装单的制作，如图 13-29 所示。

	仓库	存货编码		存货名称	主计量单位	固定用量	数量	单价	基本用量	基础数量	金额	对应入库单号
1	成品库	021		计算机	台		30.00	4800.00			144000.00	
2	原料库	001		CPU	盒	否	30.00		1.00	1.00		
3	原料库	002		硬盘	盒	否	30.00		1.00	1.00		
4	原料库	003		主板	个	否	30.00		1.00	1.00		
5	原料库	004		内存条	根	否	30.00		1.00	1.00		
6	原料库	005		电源	个	否	30.00		1.00	1.00		
7	原料库	006		液晶显示器	台	否	30.00		1.00	1.00		
8	原料库	007		键盘	个	否	30.00		1.00	1.00		
9	原料库	008		鼠标	个	否	30.00		1.00	1.00		
10	原料库	010		机箱	个	否	30.00		1.00	1.00		
11												
合计							300.00				144000.00	

组装单　日期 * 2021-03-26　配套件 * 计算机

单据号 * 0000000001　版本号/替代标识 10　组装费　入库类别 组装入库　出库类别 组装出库　部门 生产车间　经手人　审核日期 2021-03-26　备注

现存量 166.00　制单人 吴仓库　审核人 吴仓库

图 13-29　组装单

第二步，其他入（出）库单审核（库存管理）。

3 月 26 日，以仓库的身份登录企业应用平台，依次执行"业务导航"→"经典树形"→"业务工作"→"供应链"→"库存管理"→"其他入库"→"其他入库单"命令，打开"其他入库单"界面，单击◄◄ ◄ ► ►►按钮，选择本笔业务对应的"其他入库单"，单击"审核"按钮完成此项操作，如图 13-30 所示。

以同样的方法完成对"其他出库单"的审核，如图 13-31 所示。

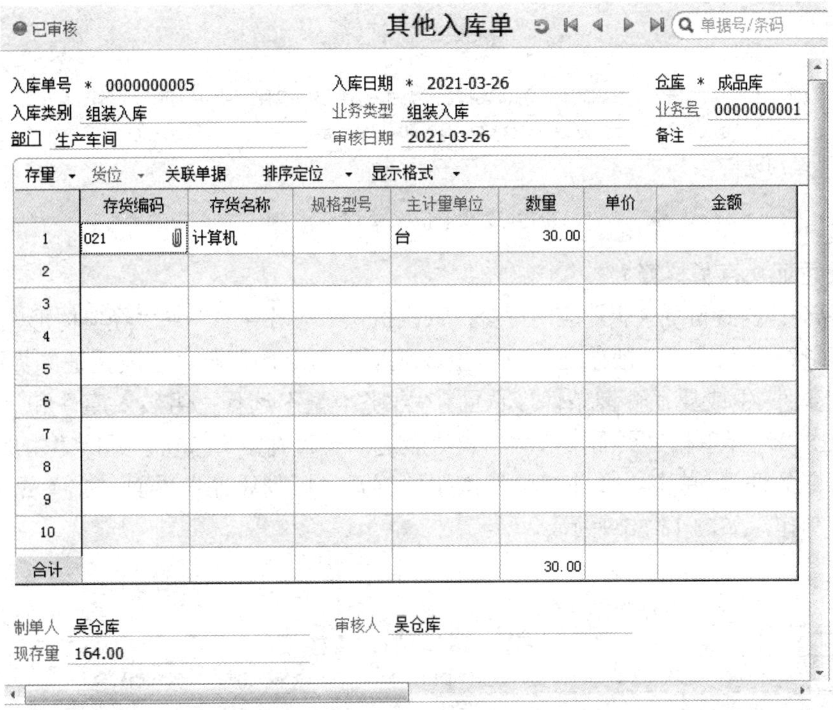

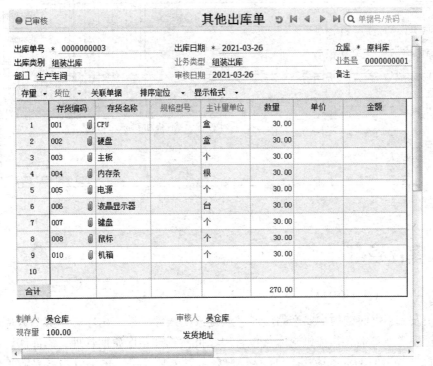

图 13-30　其他入库单

图 13-31　其他出库单

第三步，特殊单据记账（存货核算）。

3 月 31 日，以会计的身份登录企业应用平台，依次执行"业务导航"→"经典树形"→"业务工作"→"供应链"→"存货核算"→"记账"→"特殊单据记账"命令，弹出"特殊单据记账条件"页面，"单据类型"选择"组装单"，单击"确定"按钮，在列表中选中需要记账的记录，单击"记账"按钮完成记账操作，如图 13-32 所示。

	单据号	单据日期	入库类别	出库类别	部门	套件	经手人	审核人	制单人
☑	0000000001	2021-03-26	组装入库	组装出库	生产车间	021		吴仓库	吴仓库
小计									

图 13-32　未记账单据一览表

第四步，生成凭证（存货核算）。

3 月 26 日，以会计的身份登录企业应用平台，依次执行"业务导航"→"经典树形"→"业务工作"→"供应链"→"存货核算"→"凭证处理"→"生成凭证"命令，打开"生成凭证"界面，单击"选单"按钮，弹出"查询条件-生成凭证查询条件"页面，"业务类型"选择"组装入库"和"组装出库"，单击"确定"按钮，弹出"选择单据"页面，依次单击"全选"→"确定"按钮，返回"生成凭证"界面，"凭证类别"选择"转账凭证"，单击"合并制单"按钮，打开"填制凭证"界面，完善凭证要素，单击"保存"按钮完成凭证制作，如图 13-33 所示。

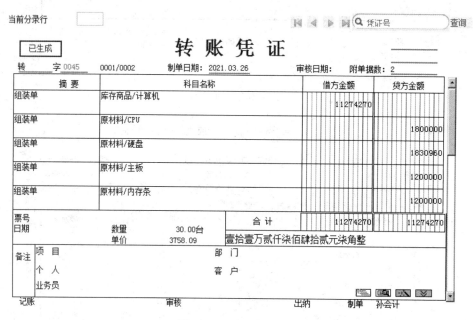

图 13-33　生成凭证

拓展实验　库存管理

【拓展知识】

库存管理是用友 U8⁺供应链的重要产品，能够满足采购入库、销售出库、产成品入库、材料出库、其他出入库、盘点管理等业务需要，提供仓库货位管理、批次管理、保质期管理、出库跟踪入库管理、可用量管理、序列号管理等全面的业务应用。《库存管理》可以单独使用，也可以与《采购管理》《进口管理》《委外管理》《销售管理》《出口管理》《质量管理》《GSP 质量管理》《存货核算》《售前分析》《成本管理》《预算管理》《项目成本》《商业智能》《主生产计划》《需求规划》《车间管理》《生产订单》《物料清单》《设备管理》《服务管理》《售后服务》《零售管理》《条码管理》等集成使用，发挥更加强大的应用功能。

库存管理适用于各种类型的工商业企业，如制造业、医药、食品、批发、零售、批零兼营、集团应用及远程仓库等。系统着重实现工商企业库存管理方面的需求，覆盖目前工业、商业的大部分库存管理工作。

【拓展实验任务资料】

（1）22 日，收到和平公司售后维修的不良品，如图 13-34 和图 13-35 所示。

不良品处理单

单位：元			2021年3月22日		不良品库
商品名称	规格型号	数量	单位成本	金额	处理结果
计算机	/	2	6500	13000	服务中心检修，2日后发往和平公司
备　注			由我公司员工配送		

财务经理：略　　　　　部门经理：略　　　　　制表人：略

图 13-34　不良品处理单

退（返）货入库单

单位：元		2021年3月22日		退（返）货库
商品名称	规格型号	数量	单位成本	金额
计算机	/	2	6500	13000
备　注				

财务经理：略　　　　　部门经理：略　　　　　制表人：略

图 13-35　退（返）货入库单

（2）31 日，对库存进行期末盘点并进行期末处理，如图 13-36 所示。

库存商品实存账存对比表

盘点单位：仓管部各仓库			盘点日期：2021年3月31日						单位／元	
商品名称	单位	单价	账面结存		实际盘存		升 溢		损 耗	
			数量	金额	数量	金额	数量	金额	数量	金额
计算机	台								1	
合 计									1	

单位主管：（略）　　会计：（略）　　复合：（略）　　监盘：（略）　　物资负责人：（略）

图 13-36　实存账存对比表

项目十四 存货核算系统业务信息化处理

项目准备

设置系统日期为当年 3 月 31 日，引入"项目十三 库存管理系统业务信息化处理"备份账套。

项目资料

当年 3 月存货日常业务及期末存货出库成本处理业务如下。

任务一 入库调整业务处理

3 月 31 日，由于管理不善，将 3 月 3 日从金牛公司的采购键盘的入库成本增加 600 元。

任务二 出库调整业务处理

3 月 31 日，调整 3 月 4 日出售给华苑公司的计算机的出库成本为 200 元。

任务三 假退料业务处理

3 月 31 日，根据生产车间的统计，有 8 盒 CPU 当月未用完。先做假退料处理，下个月再继续使用。

任务四 期末存货单位出库成本计算

（1）检查所有出（入）库单是否均已审核。
（2）检查有无未记账的单据。
（3）相关以全月平均法计价的存货，计算确定其发出价格。

任务五 普通销售出库成本结转处理

对采用全月一次加权平均计价方式的普通销售存货出库成本进行结转处理。

任务六 分期收款发出商品成本结转处理

对采用全月一次加权平均计价方式的分期收款销售发出的商品成本进行结转处理。

任务七 委托代销发出商品成本结转处理

对采用全月一次加权平均计价方式的委托代销发出的商品成本进行结转处理。

任务八 凭证核查处理

检查是否还有未生成凭证的业务单据。

项目要求

（1）以会计身份进入存货核算系统进行操作。
（2）账套输出。

项目操作指导

在企业中，存货成本直接影响利润水平，尤其在市场经济条件下，存货品种日益更新，存货价格变化较快，企业领导层更为关心存货的资金占用及周转情况，因而使得存货会计人员的核算工作量越来越大。随着先进的计算机技术不断发展，利用其来加强对存货的核算和管理不仅能提高核算的精度，更重要的是能提高及时性、可靠性和准确性。

针对上述情况，用友软件股份有限公司根据手工存货核算系统的数据处理流程和存货核算数据量大、数据处理频率高的特点，开发了存货核算系统，以减轻财务人员繁重的手工劳动。该软件是通用的存货核算系统，适用于工商企业的各种存货核算形式。

二维码 14-1
入库调整
业务处理

任务一　入库调整业务处理

第一步，入库调整单（存货核算）。

入库调整单是对存货的入库成本进行调整的单据，它只调整存货的金额，不调整存货的数量；它用来调整当月的入库金额，并相应调整存货的结存金额；它可针对单据进行调整，也可针对存货进行调整。

3 月 31 日，以会计的身份登录企业应用平台，依次执行"业务导航"→"经典树形"→"业务工作"→"供应链"→"存货核算"→"调整单"→"入库调整单"命令，打开"入库调整单"界面，单击"增加"按钮，按项目资料输入数据，依次单击"保存"→"记账"按钮完成入库调整单的制作和记账操作，如图 14-1 所示。

	存货编码	存货名称	规格型号	计量单位	被调整单据号	金额	记账人
1	007	键盘		个		600.00	孙会计

图 14-1　入库调整单

第二步，生成凭证（存货核算）。

继续依次执行"业务导航"→"经典树形"→"业务工作"→"供应链"→"存货核算"→"凭证处理"→"生成凭证"命令，打开"生成凭证"界面，单击"选单"按钮，弹出"查询条件-生成凭证查询条件"页面，"单据类型"选择"入库调整单"，单击"确定"按钮，弹出"选择单据"页面，依次单击"全选"→"确定"按钮，返回"生成凭证"界面，"凭证类别"选择"转账凭证"，对方科目修改为"500101生产成本/直接材料"，单击"制单"按钮，打开"填制凭证"界面，完善凭证要素，单击"保存"按钮完成凭证制作，如图 14-2 所示。

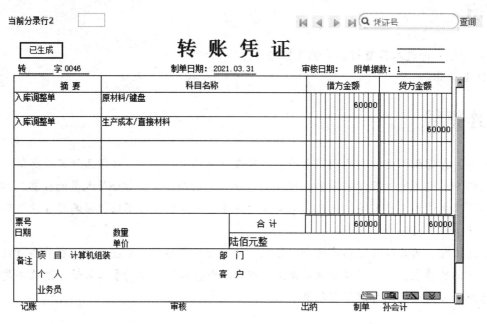

图 14-2　填制凭证

二维码 14-2
出库调整
业务处理

任务二　出库调整业务处理

第一步，出库调整单（存货核算）。

出库调整单是对存货的出库成本进行调整的单据，它只调整存货的金额，不调整存货的数量；它用来调整当月的出库金额，并相应调整存货的结存金额；它只能针对存货进行调整，不能针对单据进行调整。

3 月 31 日，以会计的身份登录企业应用平台，依次执行"业务导航"→"经典树形"→"业务工作"→"供应链"→"存货核算"→"调整单"→"出库调整单"命令，打开"出库调整单"界面，单击"增加"按钮，按项目资料输入数据，依次单击"保存"→"记账"按钮完成出库调整单的制作和记账操作，如图 14-3 所示。

图 14-3　出库调整单

第二步，生成凭证（存货核算）。

继续依次执行"业务导航"→"经典树形"→"业务工作"→"供应链"→"存货核算"→"凭证处理"→"生成凭证"命令，打开"生成凭证"界面，单击"选单"按钮，弹出"查询条件-生成凭证查询条件"页面，"单据类型"选择"出库调整单"，单击"确定"按钮，弹出"选择单据"页面，依次单击"全选"→"确定"按钮，返回"生成凭证"界面，"凭证类别"选择"转账凭证"，单击"制单"按钮，打开"填制凭证"界面，完善凭证要素，将对方科目改为"6401 主营业务成本"，单击"保存"按钮完成凭证制作，如图 14-4 所示。

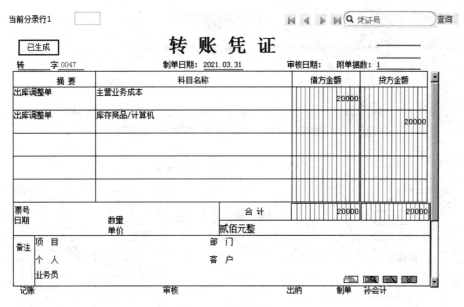

图 14-4　填制凭证

任务三　假退料业务处理

二维码 14-3
假退料业务
处理

　　假退料业务可用于车间已领用的材料，在月末尚未消耗完，下月需要继续耗用，则可不办理退料业务，制作假退料单进行成本核算。只有工业版存货核算才有此功能。

　　第一步，假退料单（存货核算）。

　　3 月 31 日，以会计的身份登录企业应用平台，依次执行"业务导航"→"经典树形"→"业务工作"→"供应链"→"存货核算"→"出库单"→"假退料单"命令，打开"假退料单"界面，依次单击"增加"→"空白单据"按钮，按项目资料输入数据，单击"保存"按钮完成假退料单的制作，如图 14-5 所示。

图 14-5　假退料单

　　第二步，正常单据记账（存货核算）。

　　继续依次执行"业务导航"→"经典树形"→"业务工作"→"供应链"→"存货核算"→"记账"→"正常单据记账"命令，弹出"未记账单据一览表"页面，在"正常单据记账列表"中单击"查询"按钮，在列表中选中需要记账的记录，单击"记账"按钮完成记账操作，如图 14-6 所示。

　　第三步，生成凭证（存货核算）。

　　继续依次执行"业务导航"→"经典树形"→"业务工作"→"供应链"→"存货核算"→"凭证处理"→"生成凭证"命令，打开"生成凭证"界面，单击"选单"按钮，弹出"查询条件-生成凭证查询条件"页面，"业务类型"选择"假退料"，单击"确定"按钮，弹出"选择单据"页面，依次单击"全选"→"确定"按钮，返回"生成凭证"界面，"凭证类别"选择"转账凭证"，单击"合并制单"按钮，打开"填制凭证"界面，完善凭证要素，单击"保存"按钮完成凭证制作，如图 14-7 所示。

正常单据记账列表

查询方案：暂无查询方案，请点击“更多>>”添加，有助于您更加方便快捷的进行查询！

查询条件：仓库　仓库所属部门　查询　更多>>

☑	日期	单据号	存货编码	存货名称	单据类型	仓库名称	收发类别	数量	计量单位
☑	2021-03-31	0000000003	001	CPU	材料出库单	原料库	领料出库	-8.00	盒
小计								-8.00	

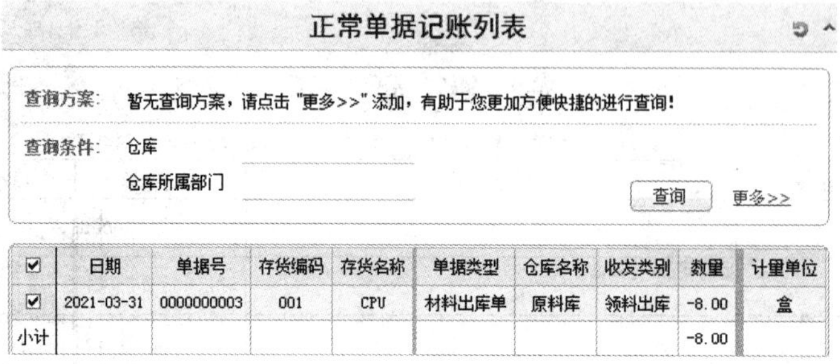

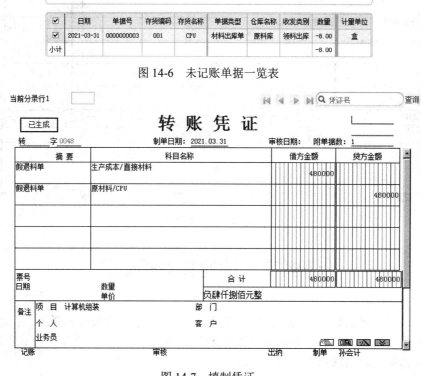

图 14-6　未记账单据一览表

图 14-7　填制凭证

二维码 14-4
期末存货单位
出库成本计算

任务四　期末存货单位出库成本计算

第一步，出（入）库单检查（库存管理）。

3 月 31 日，以仓库的身份登录企业应用平台，依次执行“业务导航”→“经典树形”→“业务工作”→“供应链”→“库存管理”→“采购入库”→“采购入库单列表”命令，打开“采购入库单列表”界面，在“采购入库单列表”中单击“查询”按钮，查看“审核人”栏有没有未审核的采购入库单，如果有未审核的采购入库单，则选中该记录后，单击“审核”按钮完成审核操作，如图 14-8 所示。

采购入库单列表

查询方案：暂无查询方案，请点击“更多>>”添加，有助于您更加方便快捷的进行查询！

查询条件：仓库　到　入库日期 2021-03-01　到 2021-03-31　查看汇总信息
入库单号　到　部门　到　查询　更多>>

序号	☐	记账人	仓库编码	仓库	入库日期	入库单号	入库类别编码	入库类别	部门编码	部门	业务员	供应商	制单人	审核人	存货编码	存货名称	主计量单位	数量	本币无税单价	本币无税金额
1	☐		4	资产仓	2021-03-19	0000000002	101	采购入库	202	采购部	李采购	金生公司	吴仓库	吴仓库	041	扫描仪	台	1.00	1,500.00	1,500.00
2	☐	孙会计	1	原料库	2021-03-03	0000000003	101	采购入库	202	采购部	李采购	金生公司	吴仓库	吴仓库	007	键盘	个	300.00	95.00	28,500.00
3	☐	孙会计	1	原料库	2021-03-08	0000000004	101	采购入库	202	采购部	李采购	金生公司	吴仓库	吴仓库	008	鼠标	个	300.00	50.31	15,091.74
4	☐	孙会计	1	原料库	2021-03-17	0000000005	101	采购入库	202	采购部	李采购	锦江公司	吴仓库	吴仓库	002	硬盘	盒	-2.00	620.00	-1,240.00
5	☐		5	代管仓	2021-03-18	0000000006	101	采购入库	202	采购部	李采购	锦江公司	吴仓库	吴仓库	001	CPU	盒	120.00		
6	☐	孙会计	3	配套用品库	2021-03-25	0000000007	101	采购入库	202	采购部	周萍	东方公司	吴仓库	吴仓库	031	激光打印机	台	100.00	1,850.00	185,000.00
7	小计																	819.00		228,851.74
8	合计																	819.00		228,851.74

共 6 条记录　每页显示 30 条　1 /1　跳转

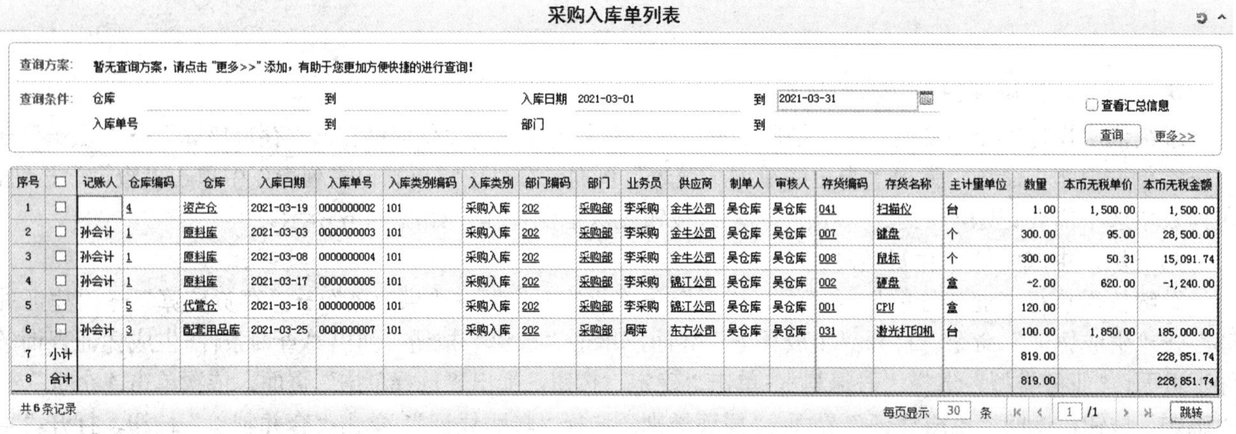

图 14-8　采购入库单列表

以同样的方法，依次完成对"产成品入库单""其他入库单""材料出库单""销售出库单""其他出库单"的检查。

第二步，记账单据检查（存货核算）。

继续依次执行"业务导航"→"经典树形"→"业务工作"→"供应链"→"存货核算"→"记账"→"正常单据记账"命令，弹出"未记账单据一览表"页面，在"正常单据记账列表"中单击"查询"按钮检查是否有记录，如果有记录则在列表中选中记录，单击"记账"按钮完成记账操作，如图14-9所示。

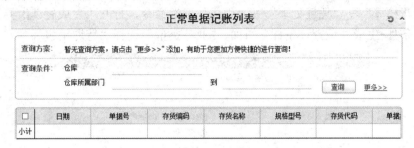

图14-9 未记账单据一览表

以同样的方法，依次完成对"特殊单据记账""发出商品记账""直运销售记账"的检查。

第三步，期末处理（存货核算）。

当日常业务全部完成后，可进行期末处理，功能是：计算按全月平均方式核算的存货的全月平均单价及其本会计月出库成本；计算按计划价/售价方式核算的存货的差异率/差价率及其本会计月的分摊差异/差价；对已完成日常业务的仓库/部门/存货做处理标志。

继续依次执行"业务导航"→"经典树形"→"业务工作"→"供应链"→"存货核算"→"记账"→"期末处理"命令，弹出"期末处理-3月"页面，选中所有仓库和"结存数量为零金额不为零生成出库调整单"，如图14-10所示。

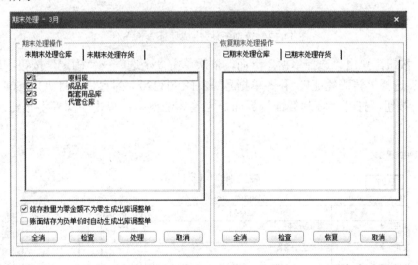

图14-10 期末处理-3月

单击"处理"按钮，弹出"月平均单价计算表"页面，单击"确定"按钮完成对所选对象进行期末处理的操作，如图14-11所示。

仓库平均单价计算表

部门编码	仓库编码	仓库名称	存货编码	存货名称	存货单位	期初数量	期初金额	入库数量	入库金额	有金额出库成本	平均单价	原单价	无金额出库数量	无金额出库成本	出库合计数量	出库合计成本
	3	配套用品库	001	CPU	盒	0.00	0.00	50.00	30,000.00	0.00	600.00	600.00	20.00	12,000.00	20.00	12,000.00
	2	成品库	021	计算机	台	380.00	1,824,000.00	60.00	256,742.70	200.00	4,728.51	4,728.51	286.00	1,352,352.75	286.00	1,352,552.75
	3	配套用品库	031	激光打印机	台	400.00	720,000.00	100.00	185,000.00	0.00	1,810.00	1,810.00	10.00	18,100.00	10.00	18,100.00
小计						780.00	2,544,000.00	210.00	471,742.70	200.00			316.00	1,382,452.75	316.00	1,382,652.75

图14-11 月平均单价计算表

系统提供恢复期末处理功能，但是在总账结账后将不可恢复。

任务五　普通销售出库成本结转处理

二维码 14-5
销售出库成本
结转处理

3 月 31 日，以会计的身份登录企业应用平台，依次执行"业务导航"→"经典树形"→"业务工作"→"供应链"→"存货核算"→"凭证处理"→"生成凭证"命令，打开"生成凭证"界面，单击"选单"按钮，弹出"查询条件-生成凭证查询条件"页面，"业务类型"选择"普通销售"，如图 14-12 所示。

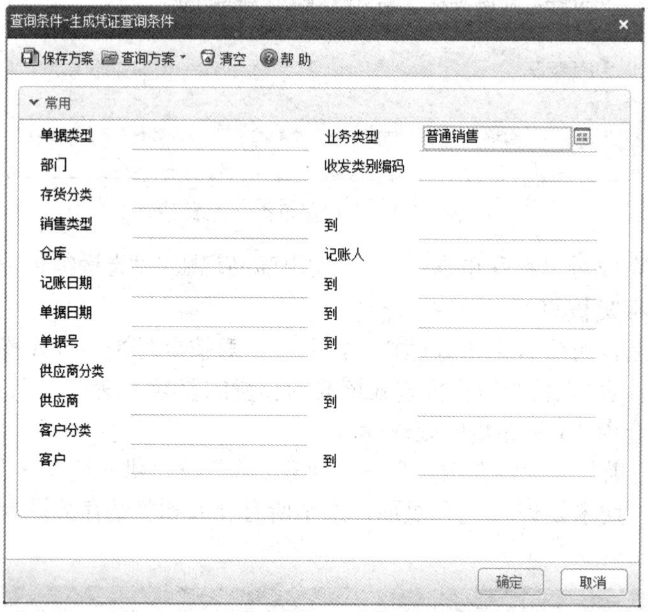

图 14-12　查询条件-生成凭证查询条件

单击"确定"按钮，弹出"选择单据"页面，依次单击"全选"→"确定"按钮，返回"生成凭证"界面，"凭证类别"选择"转账凭证"，补齐单据号"ZHXS03220"的存货科目"140504 库存商品/CPU"，单击"合并制单"按钮，打开"填制凭证"界面，完善凭证要素，单击"保存"按钮完成凭证制作，如图 14-13 所示。

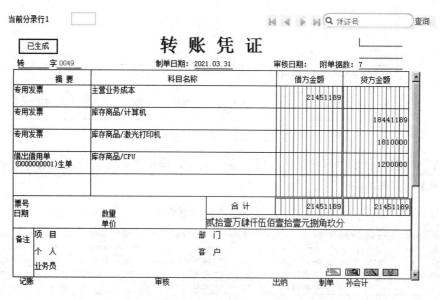

图 14-13　填制凭证

二维码 14-6
分期收款发出
商品成本结转
处理

任务六　分期收款发出商品成本结转处理

　　继续依次执行"业务导航"→"经典树形"→"业务工作"→"供应链"→"存货核算"→"凭证处理"→"生成凭证"命令，打开"生成凭证"界面，单击"选单"按钮，弹出"查询条件-生成凭证查询条件"页面，"单据类型"选择"发货单"，"业务类型"选择"分期收款"，单击"确定"按钮，弹出"选择单据"页面，依次单击"全选"→"确定"按钮，返回"生成凭证"界面，"凭证类别"选择"转账凭证"，单击"制单"按钮，打开"填制凭证"界面，完善凭证要素，单击"保存"按钮完成凭证制作，如图 14-14 所示。

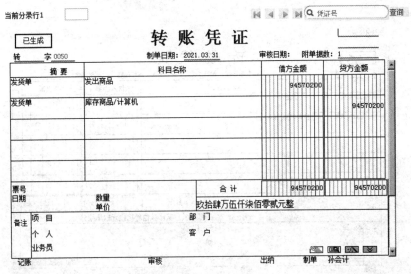

图 14-14　填制凭证

　　继续依次执行"业务导航"→"经典树形"→"业务工作"→"供应链"→"存货核算"→"凭证处理"→"生成凭证"命令，打开"生成凭证"界面，单击"选单"按钮，弹出"查询条件-生成凭证查询条件"页面，"单据类型"选择"专用发票"，"业务类型"选择"分期收款"，单击"确定"按钮，弹出"选择单据"页面，依次单击"全选"→"确定"按钮，返回"生成凭证"界面，"凭证类别"选择"转账凭证"，单击"制单"按钮，打开"填制凭证"界面，完善凭证要素，单击"保存"按钮完成凭证制作，如图 14-15 所示。

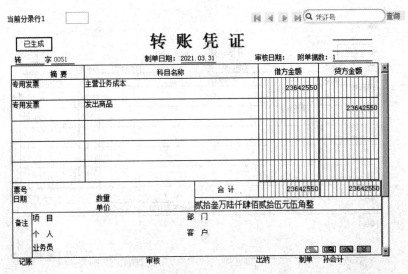

图 14-15　填制凭证

任务七 委托代销发出商品成本结转处理

继续依次执行"业务导航"→"经典树形"→"业务工作"→"供应链"→"存货核算"→"凭证处理"→"生成凭证"命令，打开"生成凭证"界面，单击"选单"按钮，弹出"查询条件-生成凭证查询条件"页面，"单据类型"选择"发货单"，"业务类型"选择"委托代销"，单击"确定"按钮，弹出"选择单据"页面，依次单击"全选"→"确定"按钮，返回"生成凭证"界面，"凭证类别"选择"转账凭证"，单击"合并制单"按钮，打开"填制凭证"界面，完善凭证要素，单击"保存"按钮完成凭证制作，如图 14-16 所示。

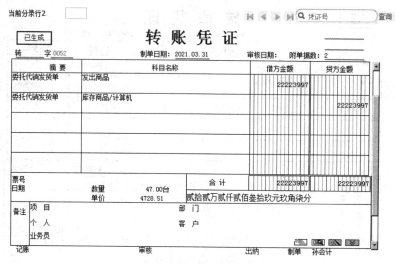

图 14-16 填制凭证

继续依次执行"业务导航"→"经典树形"→"业务工作"→"供应链"→"存货核算"→"凭证处理"→"生成凭证"命令，打开"生成凭证"界面，单击"选单"按钮，弹出"查询条件-生成凭证查询条件"页面，"单据类型"选择"专用发票"，"业务类型"选择"委托代销"，单击"确定"按钮，弹出"选择单据"页面，依次单击"全选"→"确定"按钮，返回"生成凭证"界面，"凭证类别"选择"转账凭证"，单击"合并制单"按钮，打开"填制凭证"界面，完善凭证要素，单击"保存"按钮完成凭证制作，如图 14-17 所示。

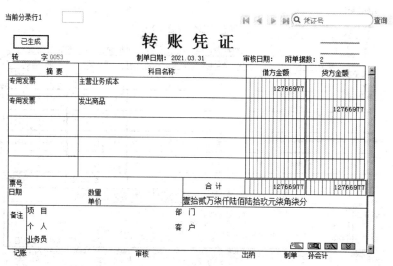

图 14-17 填制凭证

任务八 凭证核查处理

继续依次执行"业务导航"→"经典树形"→"业务工作"→"供应链"→"存货核算"→"凭证处理"→"生成凭证"命令，打开"生成凭证"界面，单击"选单"按钮，弹出"查询条件-生成凭证查询条件"页面，不选择"单据类型"和"业务类型"，单击"确定"按钮，弹出"选择单据"页面，查看是否还有未生成凭证的单据，如图 14-18 所示。

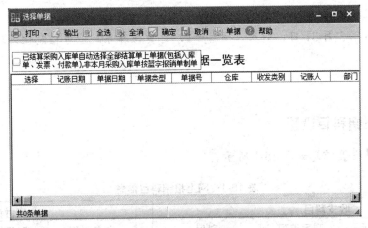

图 14-18 选择单据

拓展实验 存货核算

【拓展知识】

存货是指企业在生产经营过程中为销售或耗用而储存的各种资产，包括商品、产成品、半成品、在产品以及各种材料、燃料、包装物、低值易耗品等。存货是保证企业生产经营过程顺利进行的必要条件。为了保障生产经营过程连续不断地进行，企业要不断地购入、耗用或销售存货。存货是企业的一项重要的流动资产，其价值在企业流动资产中占有很大的比重。

存货的核算是企业会计核算的一项重要内容，进行存货核算，应正确计算存货购入成本，促使企业努力降低存货成本；反映和监督存货的收发、领退和保管情况；反映和监督存货资金的占用情况，促进企业提高资金的使用效果。

【拓展实验任务资料】

（1）完成和平公司业务正常单据记账。

（2）完成金牛公司业务正常单据记账。

（3）结合本书及拓展业务资料完成存货核算处理。

项目十五　网上报销系统业务信息化处理

项目准备

设置系统日期为当年3月31日，引入"项目十四　存货核算系统业务信息化处理"备份账套。

项目资料

任务一　网上报销科目设置

网上报销科目基础设置信息如表15-1所示。

表 15-1　网上报销科目信息

收支科目				应付科目		
业务类型	费用项目	科目编码	科目	业务类型	科目编码	科目
办公报销	费用报销	660203	管理费用/办公费	办公报销	2241	其他应付款
出差报销	费用报销	660204	管理费用/差旅费	出差报销	122102	应收个人款
应收科目						
业务类型	科目编码	科目				
借款	122102	应收个人款				
现金银行科目						
收付方向	开户银行	银行账号	结算方式	科目编码	科目	
收款	工行成都分行人民南路分理处	828658791234	网银转账	100201	工行存款	
付款	工行成都分行人民南路分理处	828658791234	网银转账	100201	工行存款	

当年3月网上报销日常业务如下。

任务二　收付款业务处理

3月1日，支付当年2月28日总经理办公室艾中国未付报销款2100.00元，以网银转账（回单号：0130）方式支付。

任务三　还款业务处理

3月1日，销售部张健因故取消出差计划，还回当年2月27日的出差借款1800.00元，网银转账（回单号：9649）收回。

任务四　费用申请业务处理

3月1日，总经理办公室艾中国申请办公费848.00元，经审批同意申请。

任务五　借款业务处理

3月12日，李采购出差借款1500.00元，以网银转账（回单号：5739）支付。

任务六　办公费报销业务处理

3 月 16 日，总经理办公室艾中国用申请的办公费 848.00 元报销业务招待费，以网银转账（回单号：0029）支付。

任务七　差旅费报销业务处理

3 月 18 日，总经理办公室艾中国出差归来，报销差旅费 1800 元（3 月 5 号至 3 月 8 号，乘坐高铁从西南地区到西北地区，长途交通费 842.00 元、市内交通费 58.00 元、住宿及出差补助 900 元），通过网银转账（回单号：5711）交回人民币 200.00 元。

项目要求

（1）以会计身份进入网上报销系统进行操作。
（2）账套输出。

项目操作指导

任务一　网上报销科目设置

二维码 15-1
网上报销
科目设置

科目是单据生成凭证的依据和出发点，科目与单据或者业务处理过程相关联。定义科目的过程，就是明确凭证各要素来源的过程。各原始单据及业务处理的凭证模板设置在本功能中实现。科目设置包括四种科目设置的过程，包括收支科目、应收科目，应付科目以及现金银行科目。系统会根据科目的设置改变单据的状态，取到对应的科目生成凭证。

3 月 1 日，以账套主管的身份登录企业应用平台，依次执行"业务导航"→"经典树形"→"业务工作"→"财务会计"→"网上报销"→"基础设置"→"科目设置"→"收支科目"命令，打开"收支科目"界面，依次单击"修改"→"增行"按钮，按项目资料输入数据，单击"保存"按钮完成收支科目设置，如图 15-1 所示。

收支科目

		业务类型	费用项目	币	部	项	项	预	科目	科目编码	金额类型
▶	1	☐ 出差报销	费用报销						差旅费	660204	报销金额（含税）
	2	☐ 办公报销	费用报销						办公费	660203	报销金额（含税）

图 15-1　收支科目

以同样的方法分别完成对"应收科目""应付科目""现金银行科目"的设置。

任务二　收付款业务处理

二维码 15-2
收付款业务
处理

在收付款界面，可以统一针对单据进行收付款的操作。形成的收付款信息，会回写到对应单据的对应选项卡上。支持选择多张单据合并进行收付款。

3 月 1 日，以会计的身份登录企业应用平台，依次执行"业务导航"→"经典树形"→"业务工作"→"财务会计"→"网上报销"→"财务处理"→"收付款"命令，弹出"查询"页面，取消"业务日期"，单击"确定"按钮，打开"收付款"界面，按项目资料选中需要收付款的记录，如图 15-2 所示。

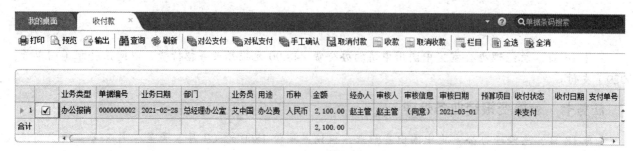

图 15-2　收付款

单击"对私支付"按钮，弹出"付款"页面，按项目资料选中需要付款的记录并补齐资料，如图 15-3 所示，单击"保存"按钮，弹出"支付成功！"提示框，单击"确定"按钮完成支付。

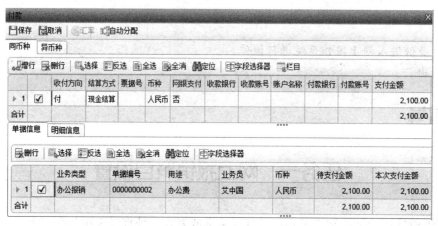

图 15-3　付款

继续在企业应用平台中，依次执行"业务导航"→"经典树形"→"业务工作"→"财务会计"→"总账"→"凭证"→"填制凭证"命令，打开"填制凭证"界面，单击"增加"按钮（或按 F5 键），增加一张新凭证，按项目资料输入数据，单击"保存"按钮完成增加凭证的操作，如图 15-4 所示。

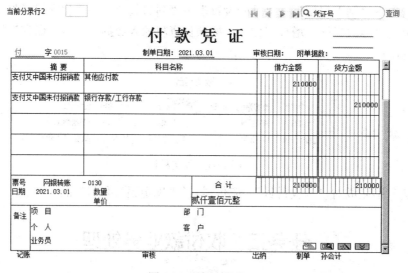

图 15-4　填制凭证

任务三　还款业务处理

3 月 1 日，以会计的身份登录企业应用平台，依次执行"业务导航"→"经典树形"→"业务工作"→

"财务会计"→"网上报销"→"日常业务"→"还款"→"归还借款"命令，打开"归还借款"界面，单击"增加"按钮，按项目资料输入表头数据，单击"还款联"选项卡下的"借款单号"右侧的浏览按钮，弹出"还款单拉借款单参照"页面，选中需要还款的借款单，如图 15-5 所示。

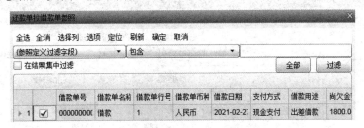

图 15-5 还款单拉借款单参照

单击"确定"按钮，返回"归还借款"界面，选中"还款联"选项卡下的还款记录，如图 15-6 所示。

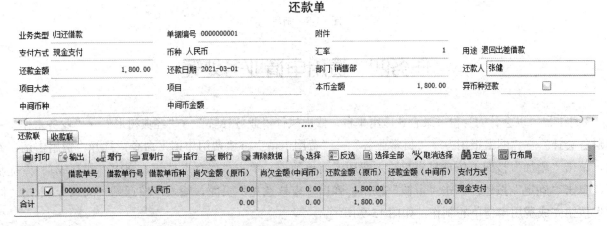

图 15-6 还款单-还款联

再选择"收款联"选项卡，选择"结算方式"、输入"收款金额"和选择"收款银行"后选中收款记录，单击"保存"按钮，弹出"保存成功！"提示框，单击"确定"按钮；再单击"审核"按钮，弹出"审核意见"页面，输入审核意见"同意"，单击"同意"按钮完成还款单的制作，如图 15-7 所示。

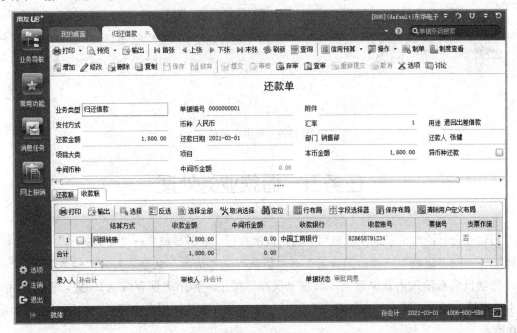

图 15-7 还款单-收款联

继续在"归还借款"界面，单击"制单"按钮，弹出"制单"页面，完善凭证要素，单击"保存"按钮完成凭证制作，如图 15-8 所示。

图 15-8　制单

任务四　费用申请业务处理

3 月 1 日，以会计的身份登录企业应用平台，依次执行"业务导航"→"经典树形"→"业务工作"→"财务会计"→"网上报销"→"日常业务"→"费用申请"→"费用申请"命令，打开"费用申请"界面，单击"增加"按钮，按项目资料输入费用申请单数据，单击"保存"按钮，弹出"保存成功！"提示框，单击"确定"按钮；单击"审核"按钮，弹出"审核意见"页面，输入审核意见"同意"，单击"同意"按钮完成费用申请单的制作，如图 15-9 所示。

图 15-9　费用申请单

任务五　借款业务处理

3 月 12 日，以会计的身份登录企业应用平台，依次执行"业务导航"→"经典树形"→"业务工作"→"财务会计"→"网上报销"→"日常业务"→"借款"→"借款"命令，打开"借款"界面，单击"增加"按钮，按项目资料输入借款单数据，单击"保存"按钮，弹出"保存成功！"提示框，单击"确定"按钮；单击"审核"按钮，弹出"审核意见"页面，输入审核意见，单击"同意"按钮完成借款单的制作，如图 15-10 所示。

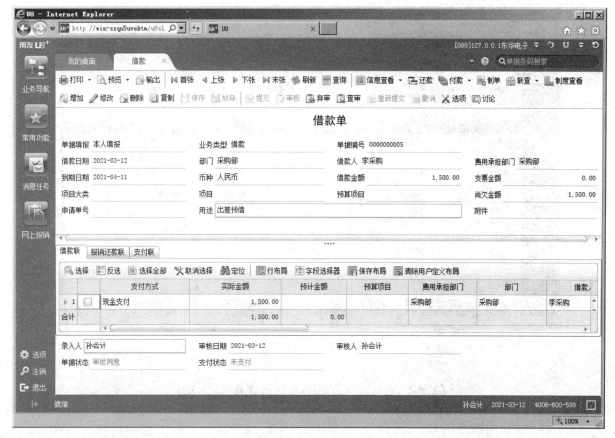

图 15-10　借款单

继续在"借款"界面,依次单击"付款"→"对私支付"按钮,弹出"付款"页面,按项目资料完善付款资料,单击"保存"按钮完成借款支付,如图 15-11 所示。

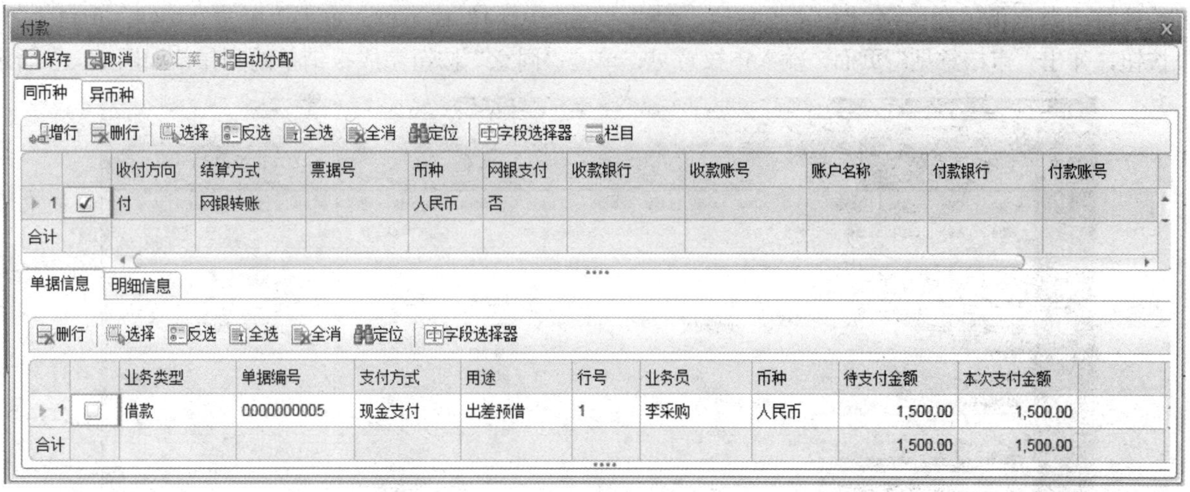

图 15-11　付款

在弹出的"网上报销"提示框中单击"确定"按钮,关闭"付款"页面返回"借款"界面,再单击"制单"按钮,弹出"制单"页面,完善凭证要素,单击"保存"按钮完成凭证制作,如图 15-12 所示。

图 15-12　制单

二维码 15-6
办公费报销业
务处理

任务六　办公费报销业务处理

3 月 16 日，以会计的身份登录企业应用平台，依次执行"业务导航"→"经典树形"→"业务工作"→"财务会计"→"网上报销"→"日常业务"→"费用申请"→"费用申请"命令，打开"费用申请"界面，单击"末张"按钮，选择对应的费用申请单，依次单击"生单"→"生成报销单"按钮，在弹出对话框的"业务类型"选择"办公报销"后单击"生单"按钮，打开"办公报销"界面，在"报销信息"选项卡下"费用项目"选择"费用报销"，单击"保存"按钮，弹出"保存成功！"提示框，单击"确定"按钮；再单击"审核"按钮，弹出"审核意见"页面，输入审核意见，单击"同意"按钮完成报销单的制作，如图 15-13 所示。

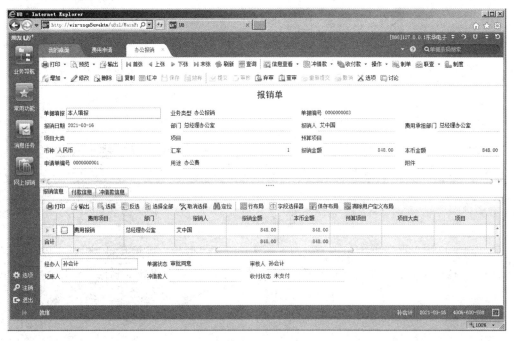

图 15-13　报销单

继续在"办公报销"界面，依次单击"收付款"→"对私支付"按钮，弹出"付款"页面，按项目资料完善付款资料，单击"保存"按钮完成报销支付，如图 15-14 所示。

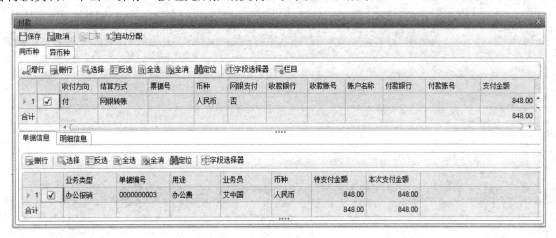

图 15-14　付款

在弹出的"网上报销"提示框中单击"确定"按钮，关闭"付款"页面返回"办公报销"界面，再单击"制单"按钮，弹出"制单"页面，完善凭证要素，单击"保存"按钮完成凭证制作，如图 15-15 所示。

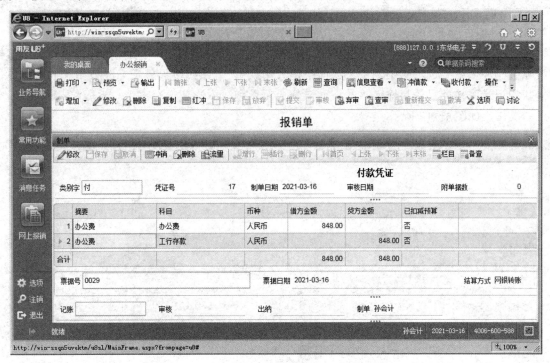

图 15-15　制单

任务七　差旅费报销业务处理

第一步，出差报销（网上报销）。

3 月 18 日，以会计的身份登录企业应用平台，依次执行"业务导航"→"经典树形"→"业务工作"→"财务会计"→"网上报销"→"日常业务"→"报销"→"出差报销"命令，打开"出差报销"界面，单击"增加"按钮，按项目资料输入数据，单击"保存"按钮，弹出"保存成功！"提示框，单击"确定"按钮；再单击"审核"按钮，弹出"审核意见"页面，输入审核意见，单击"同意"按钮完成报销单的制作，如图 15-16 所示。

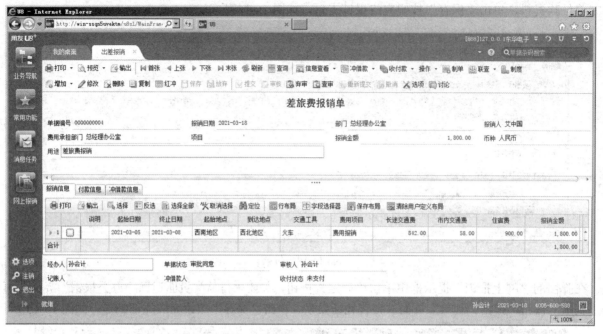

图 15-16　报销单

继续在"出差报销"界面，单击"冲借款"按钮，弹出"冲借款信息"页面，单击"修改"按钮，在"借款实际金额冲借款"选项卡中选中"当前报销人借款单"，系统将只显示当前报销人的借款单供选，选中冲借款的记录，按项目资料输入"本次冲借款金额"和"本次还款金额"，单击"保存"按钮完成冲借款信息的操作，如图 15-17 所示。

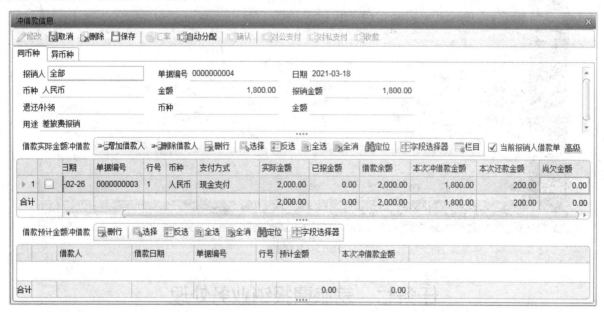

图 15-17　冲借款信息

在弹出的"网上报销"提示框中单击"确定"按钮，关闭"冲借款信息"页面返回"出差报销"界面，再依次单击"收付款"→"收款"按钮，在弹出的对话框中选择"业务类型"为"归还借款"，单击"生单"按钮，打开"归还借款"界面，单击选择"收款联"选项卡，按项目资料选择"结算方式"和输入"收款金额"，单击"保存"按钮，弹出"保存成功！"提示框，单击"确定"按钮；再单击"审核"按钮，弹出"审核意见"页面，输入审核意见，单击"同意"按钮完成还款单的制作，如图 15-18 所示。

图 15-18　还款单

第二步，生成凭证（网上报销）。

继续依次执行"业务导航"→"经典树形"→"业务工作"→"财务会计"→"网上报销"→"凭证处理"→"生成凭证"命令，弹出"查询"页面，单击"确定"按钮，打开"生成凭证"界面，"凭证类别"选择"收款凭证"，依次单击"全选"→"合并"→"制单"按钮，弹出"制单"页面，完善凭证要素，单击"保存"按钮完成凭证制作，如图 15-19 所示。

图 15-19　制单

拓展实验　网上报销

【拓展知识】

网上报销系统是用友 U8+的重要组成部分。它具有功能强大、设计周到、操作方便的特点，适用于各类企业、行政、事业与科研单位费用申请立项，员工日常借款的管理以及信用控制、日常费用的管理和控制。

本系统作为企业、行政事业单位内部信用控制的工具，主要处理企业内部往来业务，对企业、行政事业单位内部部门、个人的借款余额、欠款笔数和欠款日期进行控制，从而及时处理企业内部欠款，提高资金使用效率。

本系统作为企业、行政事业单位费用控制的工具，主要从两个方面来对企业的费用进行控制：报销标准的控制和费用预算的控制。通过报销标准和费用预算的控制，做到对各项费用进行事前计划、事中控制，并为事后的分析考核提供数据。

本系统采用微软 Silverlight4.0，真正实现基于 Internet 的分布式数据应用，无论在任何地方，通过浏览器，满足远程即时需要。实现客户端安全下载、并实现免维护，有效节约企业投入成本和运行成本。本系统满足信息充分共享、综合汇总、分析和远程应用的管理需求，适用于企业分散式应用、集中式管理的模式，是实现集中式管理和远程监控的最佳途径之一。

【拓展实验任务资料】

（本项目无拓展实验任务）

项目十六　期末数据信息化处理

项目准备

设置系统日期为当年 3 月 31 日，引入"项目十五　网上报销系统业务信息化处理"备份账套。

项目资料

任务一　银行对账业务处理

一、银行对账期初信息

东华电子银行账的启用日期为当年 3 月 1 日，工行人民币户企业日记账调整前余额为 511 057.16 元，银行对账单调整前余额为 533 829.16 元，未达账项一笔，系银行已收企业未收款 22 772.00 元（当年 2 月 27 日，结算方式 202，贷方）。

二、银行对账单信息（见表 16-1）

表 16-1　3 月银行对账单

日　　期	结 算 方 式	票　　号	借 方 金 额	贷 方 金 额
当年-03-01	3	9649		1800.00
当年-03-01	3	0130	2100.00	
当年-03-02	202	ZZ3032	1249.00	
当年-03-02	202	ZZ03202		57 500.00
当年-03-03	201	XJ3021	10 000.00	
当年-03-05	202	ZZ03171		132 210.00
当年-03-05	3	0000000001	100 000.00	
当年-03-07	3	0000000002	2000.00	
当年-03-08	202	ZZ03051	16 950.00	
当年-03-12	202	ZZ03591		2260.00
当年-03-16	3	0029	848.00	
当年-03-18	3	5711		200
当年-03-19	202	ZZ03661		199 680.00
当年-03-20	202	ZZ03174	89 676.80	
当年-03-27	202	ZZ03441		20 340.00

三、银行对账信息

完成银行存款日记账和银行对账单对账，查询银行存款余额调节表。

任务二　自动转账业务处理

一、自定义结转信息

按年利率 6%计提本月短期借款利息。

二、制造费用结转信息

将本月发生的制造费用全部予以结转。

三、汇兑损益结转信息

3 月末，期末汇率调整，期末汇率：1 美元=6.850 元人民币。

四、期间损益结转信息

收入、支出分开方式结转本月期间损益。

五、应交所得税信息

按本月利润总额的 25%计算并结转应交所得税费用。

任务三　期末对账、结账处理

完成各子系统期末对账、结账工作。

任务四　账表查询处理

一、余额表查询

查询当月总账科目的发生额及余额。

二、账簿查询

查询库存商品明细账和管理费用多栏账。

项目要求

（1）以"钱出纳"的身份进行银行对账操作。
（2）以"孙会计"的身份进行自动转账记账、对账、结账操作。
（3）以账套主管的身份进行审核操作。
（4）账套输出。

项目操作指导

期末处理是指在将本期所发生的经济业务全部登记入账后所要做的工作，主要包括计提、分摊、结转、对账和结账等工作。

首先参照"项目五总账管理系统日常业务信息化处理"对所有未记账凭证完成出纳签字（出纳）、审核（账套主管）和记账（总账会计）操作，完成后查询凭证列表如图 16-1 所示。

查询凭证列表

制单日期	凭证编号	摘要	借方金额合	贷方金额合	制单人	审核人	审核日期	记账人	出纳签字人	系统名	年度
2021-03-14	收 - 0001	收到外币投资	67,250.00	67,250.00	孙会计	赵主管	2021-03-17	孙会计	钱出纳		2021
2021-03-07	收 - 0002	收款单	132,210.00	132,210.00	孙会计	赵主管	2021-03-31	孙会计	钱出纳	应收系统	2021
2021-03-08	收 - 0003	现结	73,450.00	73,450.00	孙会计	赵主管	2021-03-31	孙会计	钱出纳	应收系统	2021
2021-03-12	收 - 0004	收款单	2,260.00	2,260.00	孙会计	赵主管	2021-03-31	孙会计	钱出纳	应收系统	2021
2021-03-14	收 - 0005	现结	7,580.00	7,580.00	孙会计	赵主管	2021-03-31	孙会计	钱出纳	应收系统	2021
2021-03-19	收 - 0006	收款单	199,680.00	199,680.00	孙会计	赵主管	2021-03-31	孙会计	钱出纳	应收系统	2021
2021-03-25	收 - 0007	现结	-14,690.00	-14,690.00	孙会计	赵主管	2021-03-31	孙会计	钱出纳	应收系统	2021
2021-03-02	收 - 0008	收款单	57,500.00	57,500.00	孙会计	赵主管	2021-03-31	孙会计	钱出纳	应收系统	2021
2021-03-20	收 - 0009	票据贴现	50,000.00	50,000.00	孙会计	赵主管	2021-03-31	孙会计	钱出纳	应收系统	2021
2021-03-27	收 - 0010	销售定金转贷款	22,600.00	22,600.00	孙会计	赵主管	2021-03-31	孙会计	钱出纳	应收系统	2021
2021-03-01	收 - 0011	期初余额	1,800.00	1,800.00	孙会计	赵主管	2021-03-31	孙会计	钱出纳	网上报销系统	2021
2021-03-18	收 - 0012	出差借款	2,000.00	2,000.00	孙会计	赵主管	2021-03-31	孙会计	钱出纳	网上报销系统	2021
2021-03-02	付 - 0001	缴纳上月税费	1,249.00	1,249.00	孙会计	赵主管	2021-03-17	孙会计	钱出纳		2021
2021-03-09	付 - 0002	提现备用	10,000.00	10,000.00	孙会计	赵主管	2021-03-31	孙会计	钱出纳		2021
2021-03-17	付 - 0003	支付职工培训费	1,800.00	1,800.00	孙会计	赵主管	2021-03-17	孙会计	钱出纳		2021
2021-03-17	付 - 0004	原值增加	10,000.00	10,000.00	孙会计	赵主管	2021-03-31	孙会计	钱出纳	固定资产系统	2021
2021-03-19	付 - 0005	现结	1,695.00	1,695.00	孙会计	赵主管	2021-03-31	孙会计	钱出纳	应付系统	2021
2021-03-31	付 - 0006	银行代发正式人员工资	86,411.85	86,411.85	孙会计	赵主管	2021-03-31	孙会计	钱出纳		2021
2021-03-31	付 - 0007	银行代发临时人员工资	12,496.80	12,496.80	孙会计	赵主管	2021-03-31	孙会计	钱出纳		2021
2021-03-05	付 - 0008	支付广告费	10,600.00	10,600.00	孙会计	赵主管	2021-03-31	孙会计	钱出纳	应付系统	2021
2021-03-06	付 - 0009	核销	31,600.00	31,600.00	孙会计	赵主管	2021-03-31	孙会计	钱出纳	应付系统	2021
2021-03-08	付 - 0010	现结	17,050.00	17,050.00	孙会计	赵主管	2021-03-31	孙会计	钱出纳	应付系统	2021
2021-03-10	付 - 0011	销售专用发票	72,420.00	72,420.00	孙会计	赵主管	2021-03-31	孙会计	钱出纳	应收系统	2021
2021-03-20	付 - 0012	付款单	89,676.80	89,676.80	孙会计	赵主管	2021-03-31	孙会计	钱出纳	应付系统	2021
2021-03-05	付 - 0013	红光公司借款	100,000.00	100,000.00	孙会计	赵主管	2021-03-31	孙会计	钱出纳	网上银行系统	2021
2021-03-07	付 - 0014	支付李忠补助金	2,000.00	2,000.00	孙会计	赵主管	2021-03-31	孙会计	钱出纳		2021
2021-03-01	付 - 0015	支付艾中国未付报销款	2,100.00	2,100.00	孙会计	赵主管	2021-03-31	孙会计	钱出纳	网上报销系统	2021
2021-03-12	付 - 0016	出差借款	1,500.00	1,500.00	孙会计	赵主管	2021-03-31	孙会计	钱出纳	网上报销系统	2021
2021-03-16	付 - 0017	办公费	848.00	848.00	孙会计	赵主管	2021-03-31	孙会计	钱出纳	网上报销系统	2021
2021-03-05	转 - 0001	购买股票	11,000.00	11,000.00	孙会计	赵主管	2021-03-05	孙会计			2021
2021-03-23	转 - 0002	计提减值准备	1,000.00	1,000.00	孙会计	赵主管	2021-03-31	孙会计		固定资产系统	2021
2021-03-31	转 - 0003	盘盈资产	3,000.00	3,000.00	孙会计	赵主管	2021-03-31	孙会计		固定资产系统	2021
2021-03-31	转 - 0004	计提第[3]期间折旧	3,591.99	3,591.99	孙会计	赵主管	2021-03-31	孙会计		固定资产系统	2021
2021-03-31	转 - 0005	资产减少	6,490.00	6,490.00	孙会计	赵主管	2021-03-31	孙会计		固定资产系统	2021
2021-03-31	转 - 0006	应付工资	91,350.00	91,350.00	孙会计	赵主管	2021-03-31	孙会计		薪资管理系统	2021
2021-03-31	转 - 0007	应付福利费	12,789.00	12,789.00	孙会计	赵主管	2021-03-31	孙会计		薪资管理系统	2021
2021-03-31	转 - 0008	应付工资	13,200.00	13,200.00	孙会计	赵主管	2021-03-31	孙会计		薪资管理系统	2021
2021-03-31	转 - 0009	应付福利费	1,848.00	1,848.00	孙会计	赵主管	2021-03-31	孙会计		应付系统	2021
2021-03-03	转 - 0010	普通结算单	10,600.00	10,600.00	孙会计	赵主管	2021-03-31	孙会计		应付系统	2021
2021-03-03	转 - 0011	采购专用发票	32,205.00	32,205.00	孙会计	赵主管	2021-03-31	孙会计		存货核算系统	2021
2021-03-03	转 - 0012	采购入库单	28,500.00	28,500.00	孙会计	赵主管	2021-03-31	孙会计		存货核算系统	2021
2021-03-08	转 - 0013	采购入库单	15,091.74	15,091.74	孙会计	赵主管	2021-03-31	孙会计		应付系统	2021
2021-03-15	转 - 0014	采购专用发票	91,078.00	91,078.00	孙会计	赵主管	2021-03-31	孙会计		存货核算系统	2021
2021-03-15	转 - 0015	红字回冲单	-78,000.00	-78,000.00	孙会计	赵主管	2021-03-31	孙会计		存货核算系统	2021
2021-03-15	转 - 0016	蓝字回冲单	80,600.00	80,600.00	孙会计	赵主管	2021-03-31	孙会计		应付系统	2021
2021-03-17	转 - 0017	采购专用发票	-1,401.20	-1,401.20	孙会计	赵主管	2021-03-31	孙会计		应付系统	2021
2021-03-17	转 - 0018	采购入库单	-1,240.00	-1,240.00	孙会计	赵主管	2021-03-31	孙会计		存货核算系统	2021
2021-03-23	转 - 0019	采购专用发票	67,800.00	67,800.00	孙会计	赵主管	2021-03-31	孙会计		应付系统	2021
2021-03-23	转 - 0020	材料出库单	60,000.00	60,000.00	孙会计	赵主管	2021-03-31	孙会计		存货核算系统	2021
2021-03-23	转 - 0021	采购代管挂账确认单	60,000.00	60,000.00	孙会计	赵主管	2021-03-31	孙会计		存货核算系统	2021
2021-03-31	转 - 0022	采购入库单	185,000.00	185,000.00	孙会计	赵主管	2021-03-31	孙会计		存货核算系统	2021
2021-03-06	转 - 0023	销售专用发票	132,210.00	132,210.00	孙会计	赵主管	2021-03-31	孙会计		应收系统	2021
2021-03-12	转 - 0024	销售专用发票	22,600.00	22,600.00	孙会计	赵主管	2021-03-31	孙会计		存货核算系统	2021
2021-03-12	转 - 0025	专用发票	12,000.00	12,000.00	孙会计	赵主管	2021-03-31	孙会计		存货核算系统	2021
2021-03-13	转 - 0026	销售专用发票	25,990.00	25,990.00	孙会计	赵主管	2021-03-31	孙会计		应收系统	2021
2021-03-15	转 - 0027	销售专用发票	367,250.00	367,250.00	孙会计	赵主管	2021-03-31	孙会计		应收系统	2021
2021-03-18	转 - 0028	销售专用发票	220,350.00	220,350.00	孙会计	赵主管	2021-03-31	孙会计		应收系统	2021
2021-03-18	转 - 0029	采购专用发票	20,670.00	20,670.00	孙会计	赵主管	2021-03-31	孙会计		应付系统	2021
2021-03-19	转 - 0030	采购专用发票	20,670.00	20,670.00	孙会计	赵主管	2021-03-31	孙会计		应收系统	2021
2021-03-23	转 - 0031	销售专用发票	113,000.00	113,000.00	孙会计	赵主管	2021-03-31	孙会计		存货核算系统	2021
2021-03-31	转 - 0032	采购发票	101,700.00	101,700.00	孙会计	赵主管	2021-03-31	孙会计		存货核算系统	2021
2021-03-31	转 - 0033	专用发票	90,000.00	90,000.00	孙会计	赵主管	2021-03-31	孙会计		存货核算系统	2021
2021-03-27	转 - 0034	销售专用发票	-22,035.00	-22,035.00	孙会计	赵主管	2021-03-31	孙会计		应收系统	2021
2021-03-05	转 - 0035	收款单	99,600.00	99,600.00	孙会计	赵主管	2021-03-31	孙会计		应收系统	2021
2021-03-25	转 - 0036	背书冲应付	49,600.00	49,600.00	孙会计	赵主管	2021-03-31	孙会计		应收系统	2021
2021-03-31	转 - 0037	坏账发生	100.00	100.00	孙会计	赵主管	2021-03-31	孙会计		应收系统	2021
2021-03-31	转 - 0038	计提坏账准备	-7,117.38	-7,117.38	孙会计	赵主管	2021-03-31	孙会计		应收系统	2021
2021-03-01	转 - 0039	材料出库单	375,809.00	375,809.00	孙会计	赵主管	2021-03-31	孙会计		存货核算系统	2021
2021-03-16	转 - 0040	产成品入库单	144,000.00	144,000.00	孙会计	赵主管	2021-03-31	孙会计		存货核算系统	2021
2021-03-20	转 - 0041	调拨单	30,000.00	30,000.00	孙会计	赵主管	2021-03-31	孙会计		应收系统	2021
2021-03-22	转 - 0042	借出借用单(0000000001)生单	18,000.00	18,000.00	孙会计	赵主管	2021-03-31	孙会计		存货核算系统	2021
2021-03-25	转 - 0043	其他入库单	800.00	800.00	孙会计	赵主管	2021-03-31	孙会计		存货核算系统	2021
2021-03-25	转 - 0044	盘盈处理	0.00	0.00	孙会计	赵主管	2021-03-31	孙会计			2021
2021-03-26	转 - 0045	组装单	112,742.70	112,742.70	孙会计	赵主管	2021-03-31	孙会计		存货核算系统	2021
2021-03-31	转 - 0046	入库调整单	600.00	600.00	孙会计	赵主管	2021-03-31	孙会计		存货核算系统	2021
2021-03-31	转 - 0047	出库调整单	200.00	200.00	孙会计	赵主管	2021-03-31	孙会计		存货核算系统	2021
2021-03-31	转 - 0048	假退料单	-4,800.00	-4,800.00	孙会计	赵主管	2021-03-31	孙会计		存货核算系统	2021
2021-03-31	转 - 0049	专用发票	214,511.89	214,511.89	孙会计	赵主管	2021-03-31	孙会计		存货核算系统	2021
2021-03-31	转 - 0050	发货单	945,702.00	945,702.00	孙会计	赵主管	2021-03-31	孙会计		存货核算系统	2021
2021-03-31	转 - 0051	专用发票	236,425.50	236,425.50	孙会计	赵主管	2021-03-31	孙会计		存货核算系统	2021
2021-03-31	转 - 0052	委托代销发货单	222,239.97	222,239.97	孙会计	赵主管	2021-03-31	孙会计		存货核算系统	2021
2021-03-31	转 - 0053	专用发票	127,669.77	127,669.77	孙会计	赵主管	2021-03-31	孙会计		存货核算系统	2021
合计			5,418,078.43	5,418,078.43							

单位：成都东华电子有限责任公司　　　　制表：孙会计　　　　打印日期：2021-03-31

图 16-1　查询凭证列表

任务一　银行对账业务处理

一、银行对账期初处理

为了保证银行对账的正确性，在使用"银行对账"功能进行对账之前，必须在开始对账的月初先将日

二维码 16-1
银行对账
期初处理

记账、银行对账单未达项输入系统中。

3 月 1 日，以账套主管的身份登录企业应用平台，依次执行"业务导航"→"经典树形"→"业务工作"→"财务会计"→"总账"→"出纳"→"银行对账"→"银行对账期初录入"命令，弹出"银行科目选择"页面，按项目资料选择需要进行对账的银行科目，单击"确定"按钮，弹出"银行对账期初"页面，按项目资料输入"调整前数据"，如图 16-2 所示。

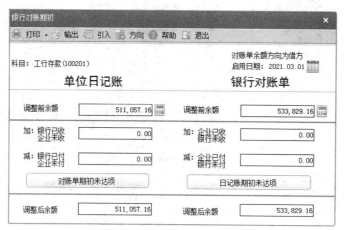

图 16-2　银行对账期初–调整前

单击"方向"按钮，将银行对账单余额方向调整为贷方，再单击"对账单期初未达项"按钮，弹出"银行方期初"页面，单击"增行"按钮，按项目资料输入银行期初数据，如图 16-3 所示。

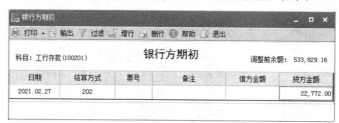

图 16-3　银行方期初

单击"退出"按钮，返回"银行对账期初"页面，如图 16-4 所示。

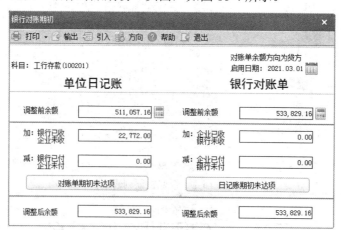

图 16-4　银行对账期初–调整后

二维码 16-2
银行对账单
输入

二、银行对账单输入

本功能用于平时输入、查询和引入银行对账单。在此功能中显示的银行对账单为启用日期之后的对账单。

3月31日，以出纳的身份登录企业应用平台，依次执行"业务导航"→"经典树形"→"业务工作"→"财务会计"→"总账"→"出纳"→"银行对账"→"银行对账单"命令，弹出"银行科目选择"页面，按项目资料选择需要进行对账的银行科目，单击"确定"按钮，弹出"银行对账单"页面，按项目资料输入银行对账单的数据，如图16-5所示。

银行对账单

科目：工行存款(100201)　　　　　　　　　　对账单账面余额：724,995.36

日期	结算方式	票号	备注	借方金额	贷方金额	余额
2021.02.27					22,772.00	533,829.16
2021.03.01	3	9649			1,800.00	535,629.16
2021.03.01	3	0130		2,100.00		533,529.16
2021.03.02	202	ZZ3032		1,249.00		532,280.16
2021.03.02	202	ZZ03202			57,500.00	589,780.16
2021.03.03	201	XJ3021		10,000.00		579,780.16
2021.03.05	202	ZZ03171			132,210.00	711,990.16
2021.03.05	3	0000000001		100,000.00		611,990.16
2021.03.07	3	0000000002		2,000.00		609,990.16
2021.03.08	202	ZZ03051		16,950.00		593,040.16
2021.03.12	202	ZZ03591			2,260.00	595,300.16
2021.03.16	3	0029		848.00		594,452.16
2021.03.18	3	5711			200.00	594,652.16
2021.03.19	202	ZZ03661			199,680.00	794,332.16
2021.03.20	202	ZZ03174		89,676.80		704,655.36
2021.03.27	202	ZZ03441			20,340.00	724,995.36

□已勾对　□未勾对

图16-5　银行对账单

二维码16-3
银行对账
处理

三、银行对账处理

第一步，银行对账（总账）。

银行对账采用自动对账与手工对账相结合的方式。自动对账是计算机根据对账依据自动进行核对、勾销，对于已核对上的银行业务，系统将自动在银行存款日记账和银行对账单双方写上两清标志、对账序号，并视为已达账项，对于在两清栏未写上两清符号的记录，系统则视其为未达账项。手工对账是对自动对账的补充，在使用完自动对账后，可能存在特殊已达账项对账失败，而被视为未达账项，为了保证对账更彻底正确，还需要用手工对账来进行调整。

3月31日，以出纳的身份登录企业应用平台，依次执行"业务导航"→"经典树形"→"业务工作"→"财务会计"→"总账"→"出纳"→"银行对账"→"银行对账"命令，弹出"银行科目选择"页面，按项目资料选择需要进行对账的银行科目，单击"确定"按钮，打开"银行对账"界面，左边为单位日记账，右边为银行对账单，单击"对账"按钮，进行自动银行对账；如果已进行过自动对账，可直接进行手工调整；单击"检查"按钮检查对账是否有错，如果有错误，应进行调整；对账结果如图16-6所示，单击"保存"按钮完成对账操作。

第二步，银行余额调节表（总账）。

在对银行账进行两清勾对后，便可调用此功能查询打印"银行存款余额调节表"，以检查对账是否正确。

继续依次执行"业务导航"→"经典树形"→"业务工作"→"财务会计"→"总账"→"出纳"→"银行对账"→"余额调节表查询"命令，打开"银行余额调节表"界面，屏幕显示所有银行科目的账面余额及调整余额，如要查看某科目的调节表，则将光标移到该科目上，然后双击该行，则可查看该银行账户的银行存款余额调节表，如图 16-7 所示。单击"详细"按钮还可查看余额调节表的详细情况。

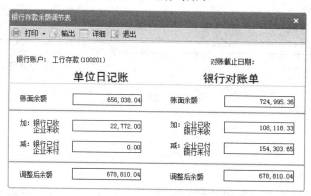

图 16-6　银行对账单

图 16-7　银行存款余额调节表

任务二　自动转账业务处理

首次使用总账系统在进入系统后，应先执行"转账定义"命令，在定义完转账凭证后，在以后的各期间只需调用"转账生成"命令即可。但当某转账凭证的转账公式有变化时，需先在"转账定义"命令中修改转账凭证内容，然后再转账。

"转账定义"功能提供八种转账功能的定义：自定义转账、对应结转、销售成本结转、售价（计划价）销售成本结转、汇兑损益、期间损益、自定义比例转账、费用摊销和预提。

一、自定义结转处理

二维码 16-4
自定义结转
处理

第一步，转账定义（总账）。

3 月 31 日，以会计的身份登录企业应用平台，依次执行"业务导航"→"经典树形"→"业务工作"→

"财务会计"→"总账"→"期末"→"转账定义"→"自定义转账"命令，打开"自定义转账设置"界面，单击"增加"按钮（或按 F5 键），弹出"转账目录"页面，按项目资料输入凭证信息，如图 16-8 所示。

单击"确定"按钮，弹出"自定义转账设置"页面，单击"增行"按钮开始定义转账凭证分录信息，单击"保存"按钮完成自定义转账设置，如图 16-9 所示。

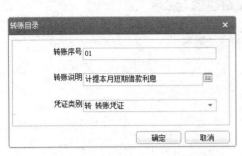

图 16-8　转账目录

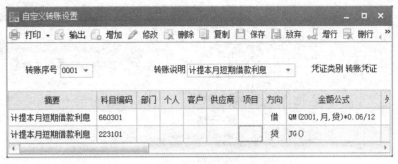

图 16-9　自定义转账设置

⊙ **说明：**

（1）当输入的科目是部门、项目、个人、客户、供应商和自定义核算科目时，可参照输入信息；对于非上述类型的科目，此处可以不输。

（2）方向：输入转账数据发生的借贷方向。

（3）公式：单击 ▦ 可参照输入计算公式（可以通过参照输入公式，也可以直接输入转账函数公式），如图 16-10 和图 16-11 所示。每做完一步单击"下一步"按钮，直至全部做完后，单击"完成"按钮返回"自定义转账设置"界面。

图 16-11　公式向导-科目信息

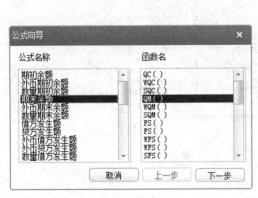

图 16-10　公式向导-函数

第二步，生成转账凭证（总账）。

因为期末转账凭证数据大多数来源于账簿，所以在生成转账凭证之前必须保证所有凭证均已记账，以免造成数据失真。

在定义完转账凭证后，每月月末只需执行本功能即可快速生成转账凭证，在此生成的转账凭证将自动追加到未记账凭证中。

继续依次执行"业务导航"→"经典树形"→"业务工作"→"财务会计"→"总账"→"期末"→"转账生成"命令，弹出"转账生成"页面，选择需要进行的转账工作（如自定义转账、对应结转等），选择要进行结转的月份和要结转的凭证。在"是否结转"处双击鼠标打上"Y"，表示该转账凭证将执行结转，选中后显示不同的背景颜色，这里的转账凭证是在转账定义中设置好的凭证，如图 16-12 所示。

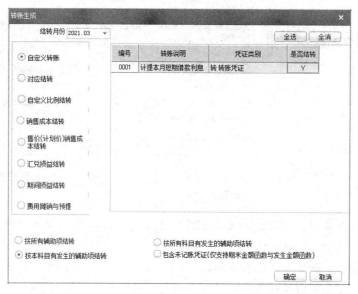

图 16-12　转账生成

选择完毕后，单击"确定"按钮，屏幕显示将要生成的转账凭证，完善凭证要素，单击"保存"按钮完成凭证生成，如图 16-13 所示。

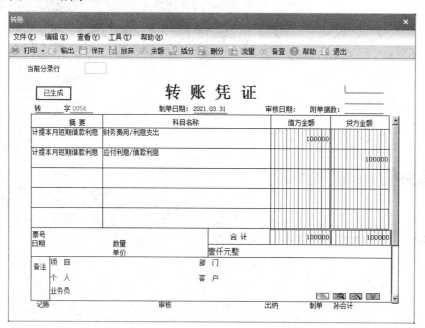

图 16-13　转账

● 说明：若转账科目有辅助核算，但未定义具体的转账辅助项，则应选择按所有辅助项结转还是按有发生的辅助项结转。

按所有辅助项结转：转账科目的每一个辅助项生成一笔分录，如有 10 个部门，则生成 10 笔分录，每个部门生成一笔转账分录。

按有发生的辅助项结转：按转账科目下每一个有发生的辅助项生成一笔分录，如有 10 个部门，其中转账科目下有 5 个部门有余额，则生成 5 笔分录，每个有余额的部门生成一笔转账分录。

按所有科目有发生的辅助项结转：按所有科目下有发生的辅助项生成分录，如有 10 个部门，其中所有科目下有发生的 5 个部门有余额，则生成 5 笔分录，每个有发生且有余额的部门生成一笔分录。

二维码 16-5
制造费用
结转处理

二、制造费用结转处理

第一步，转账定义（总账）。

3 月 31 日，以会计的身份登录企业应用平台，依次执行"业务导航"→"经典树形"→"业务工作"→"财务会计"→"总账"→"期末"→"转账定义"→"自定义转账"命令，打开"自定义转账设置"界面，单击"增加"按钮（或按 F5 键），弹出"转账目录"页面，按项目资料输入凭证信息，单击"确定"按钮，弹出"自定义转账设置"页面，单击"增行"按钮开始定义转账凭证分录信息，单击"保存"按钮完成自定义转账设置，如图 16-14 所示。

图 16-14 自定义转账设置

第二步，生成转账凭证（总账）。

继续依次执行"业务导航"→"经典树形"→"业务工作"→"财务会计"→"总账"→"期末"→"转账生成"命令，弹出"转账生成"页面，选择需要进行的转账工作（如自定义转账、对应结转等），选择要进行结转的月份和要结转的凭证。在"是否结转"处双击鼠标打上"Y"，选中"包含未记账凭证"，单击"确定"按钮，屏幕显示将要生成的转账凭证，完善凭证要素，单击"保存"按钮完成凭证生成，如图 16-15 所示。

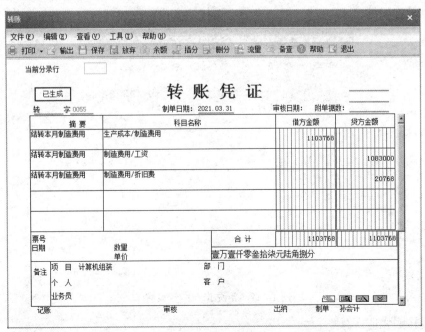

图 16-15 转账

三、汇兑损益结转处理

用于期末自动计算外币账户的汇总损益，并在转账生成中自动生成汇总损益转账凭证，汇兑损益只处理以下外币账户：外汇存款户，外币现金，外币结算的各项债权、债务，不包括所有者权益类账户，成本类账户和损益类账户。

第一步，调整外币汇率（基础档案）。

继续依次执行"业务导航"→"经典树形"→"基础设置"→"基础档案"→"财务"→"外币设置"命令，打开"外币设置"页面，按项目资料输入调整汇率，单击"退出"按钮退出外币设置页面，如图 16-16 所示。

图 16-16　外币设置

第二步，转账定义（总账）。

3 月 31 日，以会计的身份登录企业应用平台，依次执行"业务导航"→"经典树形"→"业务工作"→"财务会计"→"总账"→"期末"→"转账定义"→"汇兑损益"命令，弹出"汇兑损益结转设置"页面，"凭证类别"选择"收款凭证"，"汇兑损益入账科目"选择"660302 财务费用/汇兑损益"，在"是否计算汇兑损益"处双击鼠标打上"Y"，单击"确定"按钮完成汇兑损益转账设置，如图 16-17 所示。

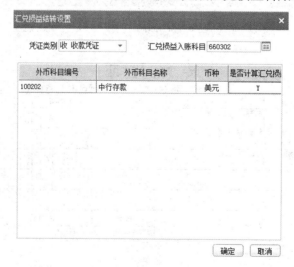

图 16-17　汇兑损益结转设置

第三步，生成转账凭证（总账）。

继续依次执行"业务导航"→"经典树形"→"业务工作"→"财务会计"→"总账"→"期末"→

"转账生成"命令，弹出"转账生成"页面，直接选择"汇兑损益结转"，选择要进行结转的月份，在"是否结转"处双击鼠标打上"Y"，单击"确定"按钮，弹出"汇兑损益试算表"页面，屏幕显示汇兑损益计算结果，如图 16-18 所示。

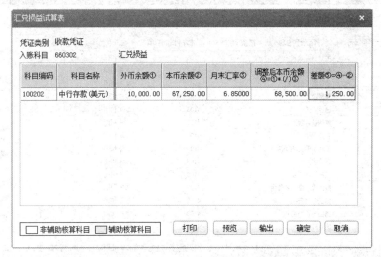

图 16-18 汇兑损益试算表

单击"确定"按钮，屏幕显示将要生成的转账凭证，完善凭证要素，单击"保存"按钮完成凭证生成，如图 16-19 所示。

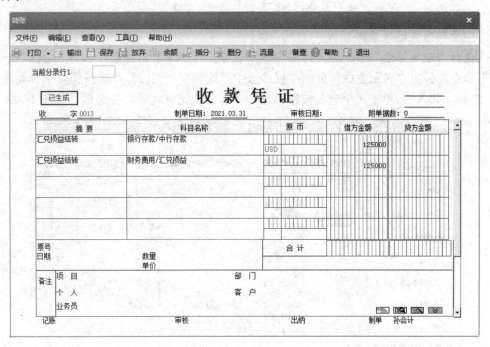

图 16-19 转账

四、期间损益结转处理

用于在一个会计期间终了将损益类科目的余额结转到本年利润科目中，从而及时反映企业利润的盈亏情况。主要是对于管理费用、销售费用、财务费用、销售收入、营业外收支等科目的结转。

第一步，转账定义（总账）。

3 月 31 日，以会计的身份登录企业应用平台，依次执行"业务导航"→"经典树形"→"业务工作"→"财务会计"→"总账"→"期末"→"转账定义"→"期间损益"命令，弹出"期间损益结转设置"页

二维码 16-7
期间损益
结转处理

面，"凭证类别"选择"转账凭证"，"本年利润科目"选择"4103 本年利润"，单击"确定"按钮完成期间损益转账设置，如图 16-20 所示。

图 16-20　期间损益结转设置

第二步，生成转账凭证（总账）。

继续依次执行"业务导航"→"经典树形"→"业务工作"→"财务会计"→"总账"→"期末"→"转账生成"命令，弹出"转账生成"页面，直接选中"期间损益结转"单选按钮，选择要进行结转的月份，"类型"选择"收入"，单击"全选"按钮，选中"包含未记账凭证"复选框，如图 16-21 所示。

图 16-21　转账生成

单击"确定"按钮，屏幕显示将要生成的转账凭证，完善凭证要素，单击"保存"按钮完成凭证生成，如图 16-22 所示。

单击"退出"按钮，返回"转账生成"页面，"类型"选择"支出"，单击"全选"按钮，选中"包含未记账凭证"复选框，单击"确定"按钮，屏幕显示将要生成的转账凭证，完善凭证要素，单击"保存"

按钮完成凭证生成，如图 16-23 所示。

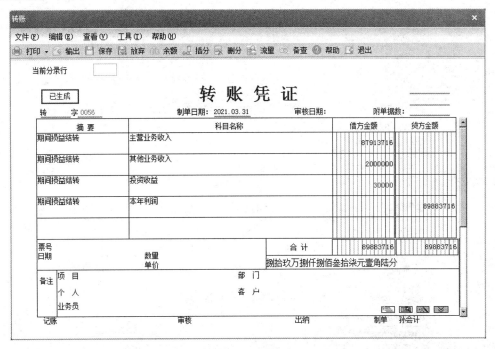

图 16-22　转账

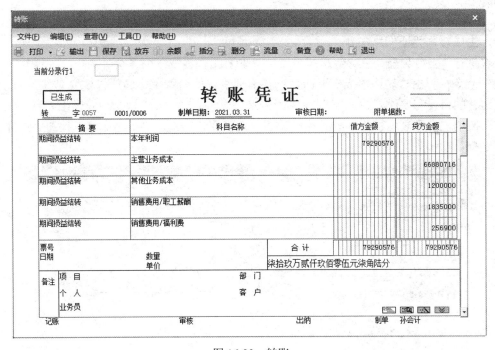

图 16-23　转账

五、应交所得税处理

二维码 16-8
应交所得税
处理

第一步，转账定义（总账）。

3 月 31 日，以会计的身份登录企业应用平台，依次执行"业务导航"→"经典树形"→"业务工作"→"财务会计"→"总账"→"期末"→"转账定义"→"自定义转账"命令，打开"自定义转账设置"界面，单击"增加"按钮（或按 F5 键），弹出"转账目录"页面，按项目资料输入凭证信息，单击"确定"按钮，弹出"自定义转账设置"页面，单击"增行"按钮开始定义转账凭证分录信息，单击"保存"按钮完成自定义转账设置，如图 16-24 和图 16-25 所示。

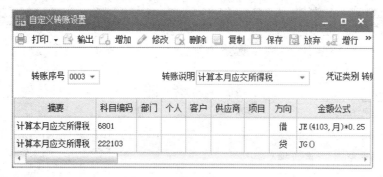

图 16-24　自定义转账设置

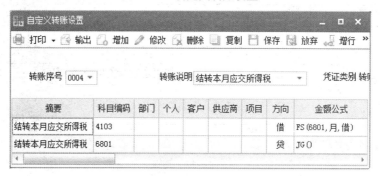

图 16-25　自定义转账设置

第二步，生成转账凭证（总账）。

继续依次执行"业务导航"→"经典树形"→"业务工作"→"财务会计"→"总账"→"期末"→"转账生成"命令，弹出"转账生成"页面，选择需要进行的转账工作（如自定义转账、对应结转等），选择要进行结转的月份和要结转的凭证。在"是否结转"处双击鼠标打上"Y"，选中"包含未记账凭证"，单击"确定"按钮，屏幕显示将要生成的转账凭证，完善凭证要素，单击"保存"按钮完成凭证生成，如图 16-26 和图 16-27 所示。

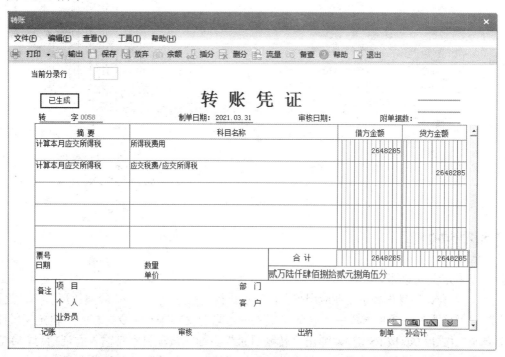

图 16-26　转账

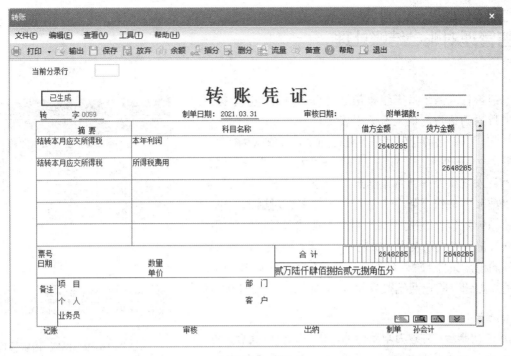

图 16-27　转账

二维码 16-9
期末对账、
结账处理

任务三　期末对账、结账处理

对账是对账簿数据进行核对，以检查数据、记账是否正确，以及账簿是否平衡。它主要是通过核对总账与明细账、总账与辅助账数据以及各子系统与总账相关账簿来完成账账核对。为了保证账证相符、账账相符，应经常使用本功能进行对账，至少一个月一次，一般可在月末结账前进行。

每月月底都需要进行结账处理，在电算化状态下结账就是一种成批数据处理的过程，每月只结账一次，主要是对当月日常处理的限制和对下月账簿的初始化。

在期末对账、对账之前需要在总账系统中完成对所有凭证的记账工作。期末对账、结账每个子系统的具体操作和要求有一定的区别和联系，各子系统操作顺序如下。

一、采购管理对账、结账处理

对账：无。

结账：采购管理系统月末结账是逐月将每月的单据数据封存，并将当月的采购数据记入有关账表中。

3 月 31 日，以采购的身份登录企业应用平台，依次执行"业务导航"→"经典树形"→"业务工作"→"供应链"→"采购管理"→"月末结账"→"月末结账"命令，弹出"结账"页面，单击"结账"按钮，弹出"是否关闭订单"对话框，单击"否"按钮，计算机自动进行月末结账，将所选各月采购单据按会计期间分月记入有关报表中（如果单击"是"按钮，将弹出采购订单列表的过滤条件，输入条件，关闭符合条件的订单；如果单击"取消"按钮，将返回结账界面），完成结账，如图 16-28 所示。

图 16-28　结账-采购管理

二、销售管理对账、结账处理

对账：无。

结账：销售管理系统月末结账是逐月将每月的单据数据封存，并将当月的销售数据记入有关报表中。

3 月 31 日，以销售的身份登录企业应用平台，依次执行"业务导航"→"经典树形"→"业务工作"→"供应链"→"销售管理"→"月末结账"→"月末结账"命令，弹出"结账"页面，单击"结账"按钮，弹出"是否关闭订单"对话框，单击"否"按钮，计算机自动进行月末结账，将所选各月销售单据按会计期间分月记入有关报表中（如果单击"是"按钮，将弹出销售订单列表的过滤条件，输入条件，关闭符合条件的订单；如果单击"取消"按钮，将返回结账界面），完成结账，如图 16-29 所示。

◉ 说明：月末结账后，可逐月取消结账，选中已结账最后月份，单击"取消结账"按钮，则取消该月的月末结账。

如果《应收款管理》按照单据日期记账，《销售管理》本月有未复核的发票，月末结账后，这些未复核的发票在《应收款管理》就不能按照单据日期记账了，除非在《应收款管理》改成按业务日期记账。

图 16-29 结账-销售管理

三、库存管理对账、结账处理

对账："库存账与货位账对账"功能（本案例无）；"库存与存货对账"功能的内容为某月份各仓库各存货的收发存数量（对账不平：系销售业务三补开票（代垫运费）业务本月无出库单造成）。

结账：库存管理系统月末结账是将每月的出入库单据逐月封存，并将当月的出入库数据记入有关账表中。

3 月 31 日，以库存的身份登录企业应用平台，依次执行"业务导航"→"经典树形"→"业务工作"→"供应链"→"库存管理"→"月末处理"→"月末结账"命令，弹出"结账"页面，单击"结账"按钮，弹出"库存启用月份结账后将不能修改期初数据，是否继续结账？"对话框，单击"是"按钮，完成结账，如图 16-30 所示。

注意：选择过多的单据自定义项可能会影响月结效率和收发存报表的查询效率，请务必只选必须查询的栏目！

图 16-30 结账-库存管理

四、存货核算对账、结账处理

对账："存货与总账对账"功能用于存货核算系统与总账系统核对存货科目和差异科目在各会计月份借方、贷方发生金额、数量以及期末结存的金额、数量信息；"发出商品科目与总账对账"功能用于将存货核算系统的发出商品科目与总账的发出商品科目进行对账；"暂估科目与总账对账"功能用于将存货核算系统的暂估科目与总账的暂估科目进行对账。（三项对账全部平衡）

结账：存货核算系统月末结账用来对本月账簿做结账标志，如果与采购集成使用，并且暂估处理方式选择"月初回冲"时，同时生成下月红字回冲单等。月末结账后将不能再进行当前会计月的工作，只能做下个会计月的日常工作。

3 月 31 日，以会计的身份登录企业应用平台，依次执行"业务导航"→"经典树形"→"业务工作"→

"供应链"→"存货核算"→"记账"→"月末结账"命令，弹出"结账"页面，单击"月结检查"按钮，弹出"检测成功！"提示框，单击"确定"按钮返回"结账"页面，再单击"结账"按钮，弹出"月末结账完成！"提示框，单击"确定"按钮完成结账，如图16-31所示。

◉ 说明：如果当某月账结错了时，可用下一个月登录后再用"取消结账"按钮取消结账状态，然后才能进行该月业务处理，再结账。

五、应付款管理对账、结账处理

对账：对账单可以获得一定期间内各供应商、供应商分类、供应商总公司、部门、主管部门、业务员、主管业务员的对账单。应付对账单既可以完整查询既是客户又是供应商的业务单

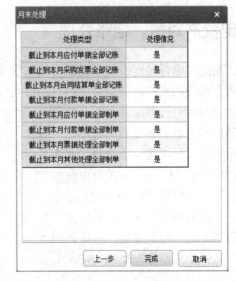

图16-31　结账-存货核算

据信息，又可以包含未审核单据、不进行账期管理的应收货款的分析方式、只显示未到立账日单据、发货单未到立账日已开票审核、暂估采购入库单的数据内容。另外，对账单数据的明细程度可以自己设定，对账单打印的表头格式可以设置。

与总账对账，提供应付系统生成的业务账与总账系统中的科目账核对的功能，检查两个系统中的往来账是否相等，若不相等，查看造成不等的原因。（对账无差额）

结账：应付款管理系统与采购管理系统集成使用，应在采购管理系统结账后，才能对应付款系统进行结账处理。

3月31日，以会计的身份登录企业应用平台，依次执行"业务导航"→"经典树形"→"业务工作"→"财务会计"→"应付款管理"→"期末处理"→"月末结账"命令，弹出"月末处理"页面，双击需要结账月份的"结账标志"栏，如图16-32所示。单击"下一步"按钮，检测各种业务"处理情况"均为"是"，单击"完成"按钮完成结账，如图16-33所示。

月份	结账标志
一月	系统未启用
二月	系统未启用
三月	Y
四月	
五月	
六月	
七月	
八月	
九月	
十月	
十一月	
十二月	

月末结账后，该月将不能再进行任何处理！

上一步　下一步　取消

图16-32　月末处理-应付款管理

处理类型	处理情况
截止到本月应付单据全部记账	是
截止到本月采购发票全部记账	是
截止到本月合同结算单全部记账	是
截止到本月付款单据全部记账	是
截止到本月应付单据全部制单	是
截止到本月付款单据全部制单	是
截止到本月票据处理全部制单	是
截止到本月其他处理全部制单	是

上一步　完成　取消

图16-33　结账-应付款管理

六、应收款管理对账、结账处理

对账：对账单可以获得一定期间内各客户、客户分类、客户总公司、地区分类、部门、业务员、主管

部门、主管业务员的对账单并生成相应的催款单。应收对账单即可以完整查询既是客户又是供应商的业务单据信息，可以包含未审核单据查询，还可以包含未开票已出库发货单（含期初发货单）、暂估采购入库单的数据内容。另外，对账单数据的明细程度可以自己设定，对账单打印的表头格式可以设置。

与总账对账，提供应收系统生成的业务账与总账系统中的科目账核对的功能，检查两个系统中的往来账是否相等，若不相等，查看造成不等的原因。（对账无差额）

结账：应收款管理系统与销售管理系统集成使用，应在销售管理系统结账后，才能对应收系统进行结账处理。

3 月 31 日，以会计的身份登录企业应用平台，依次执行"业务导航"→"经典树形"→"业务工作"→"财务会计"→"应收款管理"→"期末处理"→"月末结账"命令，弹出"月末处理"页面，双击需要结账月份的"结账标志"栏，如图 16-34 所示。单击"下一步"按钮，检测各种业务"处理情况"均为"是"，单击"完成"按钮完成结账，如图 16-35 所示。

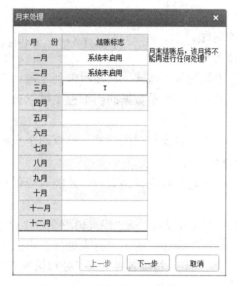

图 16-34　月末处理-应收款管理

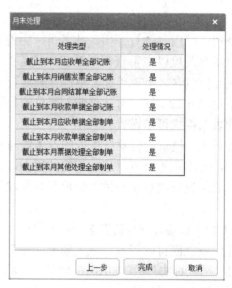

图 16-35　结账-应收款管理

七、固定资产对账、结账处理

对账：系统在运行过程中，应保证本系统管理的固定资产的价值和账务系统中固定资产科目的价值相等。了解两个系统的资产价值是否相等，通过执行本系统提供的对账功能实现，对账操作不限制执行的时间，任何时候均可进行对账。系统在执行月末结账时自动对账一次，给出对账结果，并根据初始化或选项中的判断确定不平情况下是否允许结账。

只有系统初始化在选项中选择了与账务对账，本功能才可操作。（无对账差异）

结账：3 月 31 日，以会计的身份登录企业应用平台，依次执行"业务导航"→"经典树形"→"业务工作"→"财务会计"→"固定资产"→"期末处理"→"月末结账"命令，弹出"月末处理"页面，单击"开始结账"按钮，稍候弹出"与总账对账结果"，单击"确定"按钮完成结账，如图 16-36 所示。

图 16-36　结账-固定资产

八、薪资管理对账、结账处理

对账：无。

结账：月末处理，即月末结转，是将当月数据经过处理后结转至下月。每月工资数据处理完毕后均可进行月末结转。由于在工资项目中，有的项目是变动的，即每月的数据均不相同，在每月工资处理时，均需将其数据清为 0，而后输入当月的数据，此类项目即为清零项目。

若为处理多个工资类别，若未打开工资类别，进入月结批量处理；若打开具体工资类别，则对当前工资类别（发放次数）进行月末结算。

3 月 31 日，以会计的身份登录企业应用平台，依次执行"业务导航"→"经典树形"→"业务工作"→"人力资源"→"薪资管理"→"业务处理"→"月末处理"命令，弹出"月末处理"页面，可在"选择清零项目"栏选择需要清零的工资项目，然后依次单击"全选"→"确定"按钮，弹出"是否确认月结，所选清零工资项目将清零？"，单击"是"按钮，完成结账如图 16-37 所示。

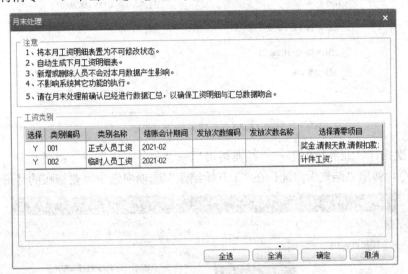

图 16-37　月末处理-薪资管理

九、总账对账、结账处理

对账：3 月 31 日，以会计的身份登录企业应用平台，依次执行"业务导航"→"经典树形"→"业务工作"→"财务会计"→"总账"→"期末"→"对账"命令，打开"对账"界面，选中需要对账的月份，依次单击"选择"→"对账"按钮，稍候显示对账结果，如图 16-38 所示。

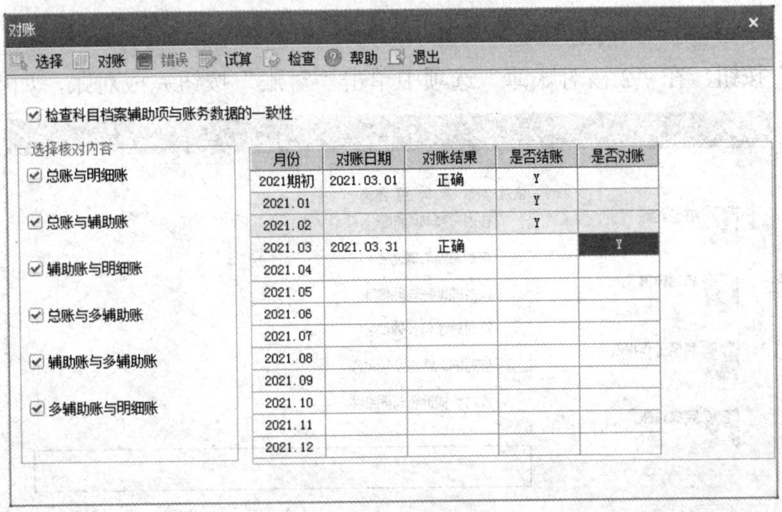

图 16-38　对账-总账

分别单击"检查"和"试算"按钮，结果如图 16-39 和图 16-40 所示。

图 16-39　提示框

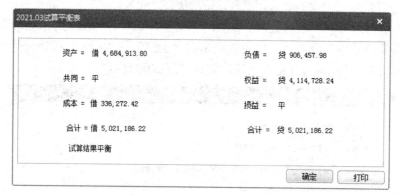

图 16-40　试算平衡表-期末

结账：继续依次执行"业务导航"→"经典树形"→"业务工作"→"财务会计"→"总账"→"期末"→"结账"命令，弹出"结账"页面，在"1.开始结账"选项中选中需要结账的月份，如图 16-41 所示。

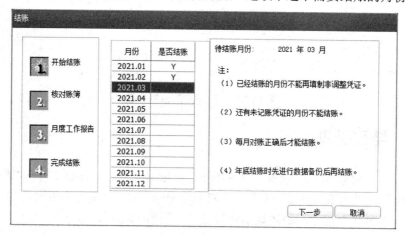

图 16-41　结账-开始结账

单击"下一步"按钮，在"2.核对账簿"选项中单击"对账"按钮完成对账，如图 16-42 所示。

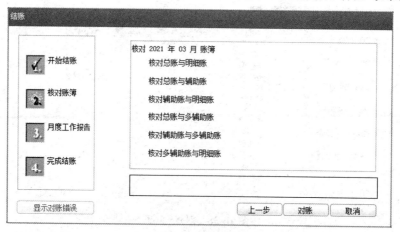

图 16-42　结账-核对账簿

单击"下一步"按钮，在"3.月度工作报告"选项中查看所有工作是否满足结账要求，如图 16-43 所示。

图 16-43 结账-月度工作报告

单击"下一步"按钮，在"4.完成结账"选项中，如果提示可以结账，则单击"结账"按钮完成结账，如图 16-44 所示。

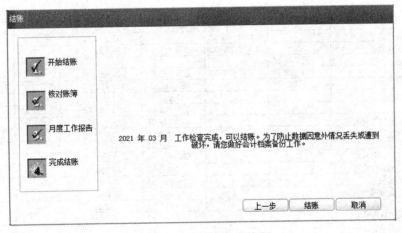

图 16-44 结账-完成结账

⊙ **说明**：反结账，在"结账向导一"中，选择要取消结账的月份，按 Shift+Ctrl+F6 组合键即可进行反结账。

任务四 账表查询处理

二维码 16-10
余额表查询
处理

一、余额表查询处理

余额表用于查询统计各级科目的本期发生额、累计发生额和余额等。传统的总账，是以总账科目分页设账，而余额表则可输出某月或某几个月的所有总账科目或明细科目的期初余额、本期发生额、累计发生额、期末余额，在实行计算机记账后，建议用余额表代替总账。

3 月 31 日，以会计的身份登录企业应用平台，依次执行"业务导航"→"经典树形"→"业务工作"→"财务会计"→"总账"→"账表"→"科目账"→"余额表"命令，弹出"发生额及余额表"页面，按需要设置好"过滤条件"对账的月份，单击"确定"按钮，稍候显示"发生额及余额表"，如图 16-45 所示。

发生额及余额表

会计期间：2021.03 - 2021.03

科目编码	科目名称	期初余额借方	期初余额贷方	本期发生借方	本期发生贷方	期末余额借方	期末余额贷方
1001	库存现金	7,179.70		17,580.00	1,900.00	22,859.70	
1002	银行存款	511,057.16		590,608.33	377,127.45	724,538.04	
1012	其他货币资金			11,300.00		11,300.00	
1101	交易性金融资产			11,000.00		11,000.00	
1121	应收票据			99,600.00	99,600.00		
1122	应收账款	157,100.00		949,785.00	532,360.00	574,525.00	
1221	其他应收款	3,800.00		101,500.00	3,800.00	101,500.00	
1231	坏账准备		10,000.00	100.00	-7,117.38		2,782.62
1402	在途物资			182,951.74	182,951.74		
1403	原材料	1,004,000.00		106,351.74	585,751.70	524,600.04	
1404	材料成本差异	1,642.00				1,642.00	
1405	库存商品	2,544,000.00		561,742.70	1,472,653.86	1,633,088.84	
1406	发出商品			1,167,941.97	364,095.27	803,846.70	
1601	固定资产	260,860.00		14,500.00	6,490.00	268,870.00	
1602	累计折旧		47,120.91	1,349.92	3,591.99		49,362.98
1603	固定资产减值准备				1,000.00		1,000.00
1632	累计折耗		80,149.00				80,149.00
1701	无形资产	157,898.00				157,898.00	
1901	待处理财产损溢			5,940.08	800.00	5,140.08	
资产小计		4,647,536.86	137,269.91	3,810,951.48	3,636,304.63	4,829,508.40	144,594.60
2001	短期借款		200,000.00				200,000.00
2202	应付账款		276,654.00	202,751.80	429,751.80		503,654.00
2203	预收账款			2,260.00	2,260.00		
2211	应付职工薪酬		8,200.00	102,708.65	119,187.00		24,678.35
2221	应交税费		72,449.00	38,694.06	143,370.69		177,125.63
2231	应付利息				1,000.00		1,000.00
2241	其他应付款		2,100.00	2,100.00			
负债小计			559,403.00	348,514.51	695,569.49		906,457.98
4001	实收资本		2,609,052.00		67,250.00		2,676,302.00
4103	本年利润		1,478,000.00	819,388.61	898,837.16		1,557,448.55
4104	利润分配	119,022.31				119,022.31	
权益小计		119,022.31	4,087,052.00	819,388.61	966,087.16	119,022.31	4,233,750.55
5001	生产成本	17,165.74		463,706.68	144,600.00	336,272.42	
5101	制造费用			11,037.68	11,037.68		
成本小计		17,165.74		474,744.36	155,637.68	336,272.42	
6001	主营业务收入			879,137.16	879,137.16		
6051	其他业务收入			20,000.00	20,000.00		
6111	投资收益			-300.00	-300.00		
6401	主营业务成本			668,807.16	668,807.16		
6402	其他业务成本			12,000.00	12,000.00		
6601	销售费用			50,419.00	50,419.00		
6602	管理费用			71,010.31	71,010.31		
6603	财务费用			-213.33	-213.33		
6701	资产减值损失			1,000.00	1,000.00		
6702	信用减值损失			-7,117.38	-7,117.38		
6801	所得税费用			26,482.85	26,482.85		
损益小计				1,721,225.77	1,721,225.77		
合计		4,783,724.91	4,783,724.91	7,174,824.73	7,174,824.73	5,284,803.13	5,284,803.13

图 16-45　发生额及余额表

二维码 16-11
账簿查询处理

二、账簿查询处理

各子系统均提供相应的单据、凭证、账簿查询功能，此处以总账明细账、多栏账为例。

1. 明细账查询

明细账功能用于平时查询各账户的明细发生情况，及按任意条件组合查询明细账。在查询过程中可以包含未记账凭证。

本功能提供了三种明细账的查询格式：普通明细账、按科目排序明细账、月份综合明细账。

（1）普通明细账是按科目查询，按发生日期排序的明细账。

（2）按科目排序明细账是按非末级科目查询，按其有发生的末级科目排序的明细账。

（3）月份综合明细账是按非末级科目查询，包含非末级科目总账数据及末级科目明细数据的综合明细账，使之对各级科目的数据关系一目了然。

3月31日，以会计的身份登录企业应用平台，依次执行"业务导航"→"经典树形"→"业务工作"→"财务会计"→"总账"→"账表"→"科目账"→"明细账"命令，打开"明细账"界面，按需要设置好"过滤条件"（以"1405库存商品"科目为例），单击"确定"按钮，稍候显示"库存商品明细账"，如图16-46所示。

库存商品明细账

月份：2021.03 - 2021.03

金额式

币种：全部

科目	1405 库存商品		借方	贷方	方向	余额
年 月 日			金额	金额		金额
	1405 库存商品				借	2,544,000.00
	140501 计算机					
	140502 HP服务器					
	140503 激光打印机					
	140504 CPU					
2021 03 16	转-0040	产成品入库甲	144,000.00		借	2,688,000.00
2021 03 20	转-0041	调拨单	30,000.00		借	2,718,000.00
2021 03 23	转-0032	采购发票	90,000.00		借	2,808,000.00
2021 03 23	转-0033	专用发票		90,000.00	借	2,718,000.00
2021 03 26	转-0045	组装单	112,742.70		借	2,830,742.70
2021 03 31	转-0022	采购入库单	185,000.00		借	3,015,742.70
2021 03 31	转-0047	出库调整单		200.00	借	3,015,542.70
2021 03 31	转-0049	专用发票		184,411.89	借	2,831,130.81
2021 03 31	转-0049	专用发票		18,100.00	借	2,813,030.81
2021 03 31	转-0049	借出借用单 (0000000001)生单		12,000.00	借	2,801,030.81
2021 03 31	转-0050	发货单		945,702.00	借	1,855,328.81
2021 03 31	转-0052	委托代销发货单		222,239.97	借	1,633,088.84
2021 03		本月合计	561,742.70	1,472,653.86	借	1,633,088.84
2021 03		本年累计	643,385.20	1,562,653.86	借	1,633,088.84

图16-46　库存商品明细账

2. 多栏账查询

3月31日，以会计的身份登录企业应用平台，依次执行"业务导航"→"经典树形"→"业务工作"→"财务会计"→"总账"→"账表"→"科目账"→"多栏账"命令，打开"多栏账"界面，单击"增加"按钮，按需要选择"核算科目"（以"6602管理费用"科目为例），单击"自动编制"按钮完成此项操作，如图16-47所示。

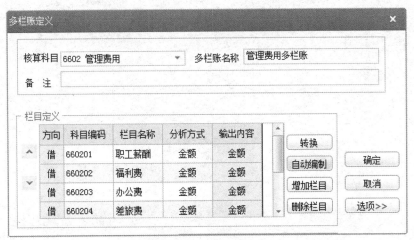

图16-47　多栏账定义

单击"确定"按钮完成一个多栏账的定义，双击需要查询的多栏账，弹出"多栏账查询"页面，根据需要设置好条件后单击"确定"按钮，打开"多栏账"界面，如图16-48所示。

多栏 管理费用多栏账 ▼   月份：2021.03-2021.03

2021年		凭证号数	摘要	借方	贷方	方向	余额	借方						
月	日							职工薪酬	福利费	办公费	差旅费	招待费	折旧费	其他
03	16	付-0017	办公费_总经理办公室	848.00		借	848.00			848.00				
03	18	收-0012	差旅费报销_总经理办公室	1,800.00		借	2,648.00				1,800.00			
03	25	转-0044	盘盈处理_财务部	-800.00		借	1,848.00							-800.00
03	31	转-0004	计提第[3]期间折旧_总经理办公室	3,384.31		借	5,232.31						3,384.31	
03	31	转-0006	应付工资_总经理办公室	57,700.00		借	62,932.31	57,700.00						
03	31	转-0007	应付福利费_总经理办公室	8,078.00		借	71,010.31		8,078.00					
03	31	转-0057	期间损益结转_总经理办公室		71,010.31	平								
03			本月合计	71,010.31	71,010.31	平		57,700.00	8,078.00	848.00	1,800.00		3,384.31	-800.00
03			本年累计	94,231.64	94,231.64	平		66,242.96	9,274.01	1,416.30	7,400.23	4,621.56	6,020.58	-744.00

图 16-48　管理费用多栏账

拓展实验　期末处理

【拓展实验任务资料】

结合本书及拓展业务资料完成期末处理。

项目十七　报表管理系统业务信息化处理

项目准备

设置系统日期为当年 3 月 31 日，引入"项目十六　期末数据信息化处理"备份账套。

项目资料

当年 3 月的报表业务如下。

任务一　自定义报表

按表 17-1 格式自定义一张管理费用结构分析表，并进行单元公式、审核公式、舍位公式（万位）定义。

表 17-1　管理费用结构分析表

单位名称：成都东华电子有限公司　　　　　　　　当年 3 月

项　　目	金　　额	占　　比
职工薪酬	FS("660201",月,"借",,,"",,)	B4/B11
福利费	FS("660202",月,"借",,,"",,)	B5/B11
办公费	FS("660203",月,"借",,,"",,)	B6/B11
差旅费	FS("660204",月,"借",,,"",,)	B7/B11
招待费	FS("660205",月,"借",,,"",,)	B8/B11
折旧费	FS("660206",月,"借",,,"",,)	B9/B11
其他	FS("660209",月,"借",,,"",,)	B10/B11
合计	PTOTAL(B4:B10)	B11/B11

任务二　利用模板生成报表

利用报表模板生成成都东华电子有限公司当年 3 月 31 日资产负债表和 3 月利润表。

任务三　报表综合应用

利用相关报表数据进行财务指标分析，制作出当年 3 月的财务比较分析模型如表 17-2 所示。

表 17-2　财务比较分析模型

单位名称：成都东华电子有限公司　　　　　　　　当年 3 月

比率指标名称	标准财务比率	指　标　值
流动比率	流动资产/流动负债	
速动比率	（流动资产–存货）/流动负债	
资产负债率	负债总额/资产总额	
资产净利率	净利润/[（总资产期末余额+总资产年初余额）/2]	

项目要求

（1）以总账会计身份登录系统完成 UFO 报表管理工作。

（2）保存报表结果。

项目操作指导

"UFO 报表"是用友软件股份有限公司开发的电子表格软件，是用友 ERP-U8+的重要子系统，它可以完成制作表格、数据运算、图形制作、打印等电子表的所有功能，与账务系统同时运行时，作为通用财务报表系统使用，适用于各行业的财务、会计、人事、计划、统计、税务、物资等部门。

UFO 报表将含有数据的报表分为两大部分来处理，即报表格式设计工作与报表数据处理工作。报表格式设计工作和报表数据处理工作是在不同的状态下进行的。实现状态切换的是一个特别重要的按钮——"编辑"菜单中的"格式/数据状态"命令，选择这个命令可以在设计格式状态和处理数据状态之间切换（或者通过鼠标单击窗口左下角的"格式"/"数据"按钮切换），如图 17-1 所示。

图 17-1　状态切换

格式状态。在格式状态下设计报表的格式，如表尺寸、行高列宽、单元属性、组合单元、关键字、可变区等。报表的三类公式：单元公式（计算公式）、审核公式、舍位平衡公式也在格式状态下定义。在格式状态下所做的操作对本报表所有的表页都发生作用。在格式状态下不能进行数据的输入、计算等操作。在格式状态下时，所看到的是报表的格式，报表的数据全部都隐藏了。

数据状态。在数据状态下管理报表的数据，如输入数据、增加或删除表页、审核、舍位平衡、做图形、汇总、合并报表等。在数据状态下不能修改报表的格式。在数据状态下时，看到的是报表的全部内容，包括格式和数据。

二维码 17-1
自定义报表

任务一　自定义报表（报表制作流程）

在以下步骤中，第一、二、四、七步是必需的，因为要完成一般的报表处理，一定要有启动系统建立报表、设计格式、数据处理、退出系统这些基本步骤。实际应用时，具体的操作步骤应视情况而定。

第一步，启动 UFO 报表，建立报表。

3 月 31 日，以会计的身份登录企业应用平台，依次执行"业务导航"→"经典树形"→"业务工作"→"财务会计"→"UFO 报表"命令，启动 UFO 报表子系统，然后执行"文件"→"新建"命令，将自动创建一个文件名为"report1"的空报表文件，如图 17-1 所示。再执行"文件"→"另存为"命令，选择要保存的路径，并在"文件名"文本框中输入"管理费用结构分析表"以代替"report1.rep"，如图 17-2 所示，单击"另存为"按钮后，可以看到标题栏的文件名变为"管理费用结构分析表"。

图 17-2 保存报表

第二步，设计报表的格式。

报表的格式在格式状态下设计，格式对整个报表都有效，包括以下操作。

（1）表尺寸。设置表尺寸，即设定报表的行数和列数。

在报表页面，选择"格式"→"表尺寸"命令，弹出"表尺寸"对话框，在"行数"框中输入"11"，在"列数"框中输入"3"，单击"确认"按钮完成表尺寸设置，如图 17-3 所示。

（2）行高和列宽。在设置的表格中选定要调整行高的 1 行或多行，选择"格式"→"行高"命令，弹出"行高"对话框，在其中输入需要的行高尺寸，单击"确认"按钮完成行高修改，如图 17-4 所示。

图 17-3 表尺寸

图 17-4 行高

同样，在设置的表格中选定要调整列宽的 1 列或多列，选择"格式"→"列宽"命令，弹出"列宽"对话框，在其中输入需要的列宽尺寸，单击"确认"按钮完成列宽修改，如图 17-5 所示。

▶ **提示：**可参照 Excel 电子表格利用鼠标拖动方式调整行高和列宽。

（3）画表格线。选中 A3:C11 单元格区域，选择"格式"→"区域画线"命令，弹出"区域画线"对话框，选中"网线"单选按钮，单击"确认"按钮完成此项操作，如图 17-6 所示，进行表格区域画线设置。

图 17-5 列宽

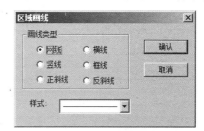

图 17-6 区域画线

（4）单元属性。设置单元属性，即把固定内容的单元如"项目""行次""期初数""期末数"等定为表样单元；把需要输入数字的单元定为数值单元；把需要输入字符的单元定义为字符单元；设置单元的字形、字体、字号、颜色、图案、折行显示等。

选取要设置单元属性的区域，选择"格式"→"单元属性"命令，弹出"单元格属性"对话框，在其中设置单元的单元类型、数字格式和边框样式，如图 17-7 所示。

▶ **提示：** A1:C3、A4:A11 设置为"表样"，B4:C11 设置为"数值"并将格式设置"逗号"。

（5）组合单元。定义组合单元，即把几个相邻单元合并成一个使用。

选取要设置为组合单元的区域，选择"格式"→"组合单元"命令，弹出"组合单元"对话框，单击"整体组合"按钮设置组合单元，如图 17-8 所示。

图 17-7　单元格属性

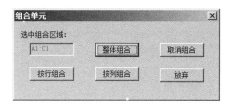

图 17-8　组合单元

▶ **提示：** A1:C1、A2:C2 分别组合。

（6）表样文字。设计好报表格式之后，根据项目资料输入表样单元的内容，并按要求设置字体、大小，如图 17-9 所示。

▶ **提示：** 选择"格式"→"常用工具栏"/"格式工具栏"命令，将显示常用工具栏/格式工具栏。

（7）关键字。

设置关键字：确定关键字在表页上的位置，如单位名称、年、月、日等。

选取要设置关键字的组合单元 A2:C2，选择"数据"→"关键字"→"设置"命令，弹出"设置关键字"对话框。在对话框中的关键字名称中选择一个，确认后在选定单元中显示关键字名称为红色，如图 17-10 所示。

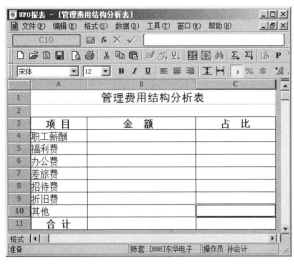

图 17-9　表样文字

图 17-10　设置关键字

注意：每个关键字只能定义一次，第二次定义一个已经定义的关键字时，系统自动取消第一次的定义；
　　　　每个单元中可以设置多个关键字，其显示位置由单元偏移量控制。

取消关键字：选择"数据"→"关键字"→"取消"命令，弹出"取消关键字"对话框，选取要取消的关键字，则该关键字被取消，如图 17-11 所示。

关键字偏移：关键字设置之后，可以改变关键字在单元中的左右位置。选择"数据"→"关键字"→"偏移"命令，弹出"定义关键字偏移"对话框，在其中输入关键字的偏移量。单元偏移量的范围是[-300，300]像素点，负数表示向左偏移，正数表示向右偏移，如图 17-12 和图 17-13 所示。

图 17-11　取消关键字

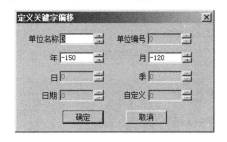

图 17-12　定义关键字偏移

第三步，定义各类公式。

UFO 报表有三类公式：单元公式（计算公式）、审核公式、舍位平衡公式，公式定义在格式状态下进行。

（1）单元公式：定义了报表数据之间的运算关系，在报表数值单元中输入"="就可直接定义计算公式，所以称之为单元公式。

选中 B4 单元格，选择"数据"→"编辑公式"→"单元公式"命令，或者单击工具栏中的"fx"按钮，弹出"定义公式"对话框，进行公式定义，如图 17-14 所示。

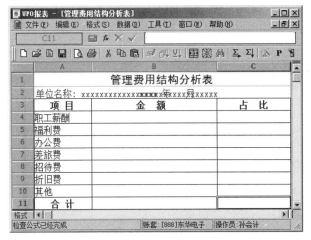

图 17-13　设置关键字及偏移量效果图

图 17-14　定义公式

在"定义公式"对话框中单击"函数向导"按钮，弹出"函数向导"对话框，在左侧的"函数分类"列表框中选择"用友账务函数"，在右侧的"函数名"列表框中选择"发生（FS）"函数，如图 17-15 所示。

单击"下一步"按钮，弹出"用友账务函数"对话框，如图 17-16 所示。

单击"参照"按钮，弹出"账务函数"对话框，"科目"选择"660201"，"期间"选择"月"，"方向"选择"借"，如图 17-17 所示。

单击"确定"按钮，返回到"用友账务函数"对话框。单击"确定"按钮，即可返回到"定义公式"对话框。单击"确认"按钮，完成 B4 单元格计算公式设置操作，如图 17-18 所示。

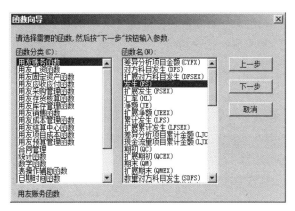

图 17-15　函数向导

图 17-16　用友账务函数

图 17-17　账务函数

图 17-18　定义公式

　　参照上述方法，设置 B5 至 B10 单元格计算公式；也可以参照 Excel 电子表格鼠标拖动方式复制后，再修改完成。

　　B11 单元格可以直接输入计算公式 B4+B5+B6+B7+B8+B9+B10，也可以参照上述方法选择统计函数 PTOTAL 输入"固定区区域"为"B4:B10"完成计算公式设置，如图 17-19 所示。

　　C4 至 C10 单元格采取直接输入计算公式，如图 17-20 所示。

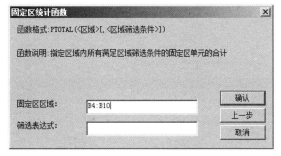

图 17-19　固定区统计函数

图 17-20　定义公式

　　C11 参照 B11 单元格输入方法，或者根据 B11 单元格用鼠标拖动复制。

　　全部单元公式设置完成后，如图 17-21 所示。

　　（2）审核公式：用于审核报表内或报表之间的数据钩稽关系是否正确，需要用"审核公式"命令定义。

　　在报表格式设计状态下，选择"数据"→"编辑公式"→"审核公式"命令，弹出"审核公式"对话框，在"审核关系"文本框中输入审核关系语句，单击"确定"按钮完成审核公式输入，如图 17-22 所示。

图 17-21 UFO 报表-管理费用结构分析表

图 17-22 审核公式

（3）舍位平衡公式：用于报表数据进行进位或小数位取整时调整数据，避免破坏原数据平衡，需要用"舍位平衡公式"命令定义。

在报表格式设计状态下，选择"数据"→"编辑公式"→"舍位平衡公式"命令，弹出"舍位平衡公式"对话框，按项目资料在"舍位表名""舍位范围""舍位位数"文本框中输入内容，在"平衡公式"文本框中输入平衡关系式，单击"确定"按钮完成舍位平衡公式输入，如图 17-23 所示。

▶ **提示：**定义舍位平衡公式必须遵循以下规则。

（1）舍位表名：和当前文件名不能相同，默认在当前目录下。

（2）舍位范围：舍位数据的范围，要把所有要舍位的数据包括在内。

（3）舍位位数：1～8 位。舍位位数为 1，区域中的数据除 10；舍位位数为 2，区域中的数据除 100；以此类推。

（4）平衡公式。

① 倒顺序写，首先写最终运算结果，然后一步一步向前推。

② 每个公式一行，各公式之间用逗号"，"隔开，最后一条公式不用写逗号。

③ 公式中只能使用"+""-"符号，不能使用其他运算符及函数。

④ 等号左边只能为一个单元（不带页号和表名）。

⑤ 一个单元只允许在等号右边出现一次。

第四步，报表数据处理。

报表格式和报表中各类公式定义好之后，就可以输入数据并进行处理了。报表数据处理在数据状态下进行，主要包括以下操作。

（1）追加（或插入）表页：因为新建报表只有一张表页，需要追加（或插入）多个表页。

追加表页就是在最后一张表页后面追加若干张空的表页。在该报表数据状态下，选择"编辑"→"追加"（或"插入"）→"表页"命令，弹出"追加表页"对话框，在其中输入要追加的表页数，单击"确认"按钮即追加（或插入）表页成功，如图 17-24 所示。

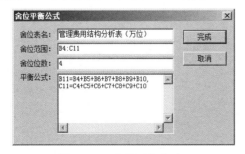

图 17-23 舍位平衡公式

图 17-24 追加表页

（2）关键字输入：如果报表中定义了关键字，则需要在数据状态下输入每张表页上关键字的值，并且每张表页上的关键字的值最好不要完全相同。

在该报表数据状态下，单击要输入关键字的值的表页"第 3 页"的页标，使它成为当前表页，执行"数据"→"关键字"→"录入"命令，弹出"录入关键字"对话框，在已定义的关键字编辑框中输入关键字的值，如图 17-25 所示。

单击"确认"按钮后，弹出"是否重算第 3 页"对话框，单击"是"按钮，开始对当前页进行计算，计算完毕公式单元将完成取数，并且关键字的值也会显示在相应的关键字所在单元中，如图 17-26 所示。

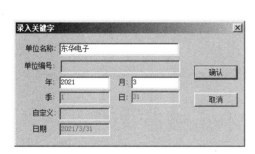

图 17-25　输入关键字

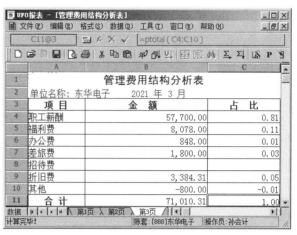

图 17-26　表页计算

随着数据的输入，当前表页的单元公式将自动运算并显示结果。如果报表有审核公式和舍位平衡公式，则执行审核和舍位平衡。

（3）审核报表：在该报表数据状态下，选择"数据"→"审核"命令，开始按已经定义的审核公式对钩稽关系进行审核，如有问题将按已定义的 MESS 信息进行提示，如没有问题则在状态栏左侧显示"完成正确！"，如图 17-27 所示。

（4）舍位平衡：在该报表数据状态下，选择"数据"→"舍位平衡"命令，系统将按照所定义的舍位关系对指定区域的数据进行舍位，并按照平衡公式对舍位后的数据进行平衡调整，将舍位平衡后的数据存入指定的新表或他表中，存储位置与原表位置相同。打开舍位平衡公式指定的舍位表，可以看到调整后的报表，如图 17-28 所示。

图 17-27　审核报表

图 17-28　舍位平衡表

第五步，报表图形处理。

选取报表数据后可以制作各种图形，如直方图、圆饼图、折线图、面积图、立体图。图形可随意移动；图形的标题、数据组可以按照要求设置，并可以打印输出。

在该报表格式状态下，选择"编辑"→"追加"→"行"命令，在弹出的"追加行"对话框中输入"追加行数量"，单击"确认"按钮完成追加行，如图 17-29 所示。切换到数据状态下，拖动鼠标选择单元格区域 A3:B10，选择"工具"→"插入图表对象"命令，弹出"区域作图"对话框，根据需要进行图形要素设置，如图 17-30 所示。单击"确认"按钮完成图形插入，对图形位置进行适当调整，如图 17-31 所示。

图 17-29 追加行

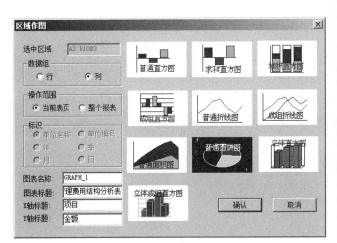

图 17-30 区域作图

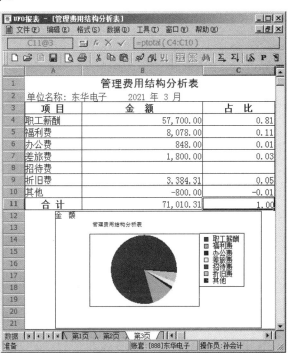

图 17-31 报表图形

第六步，打印报表。

可控制打印方向，横向或纵向打印；可控制行列打印顺序；不但可以设置页眉和页脚，还可以设置财务报表的页首和页尾；可缩放打印；利用打印预览可观看打印效果。

第七步，退出 UFO 报表。

所有操作进行完毕后，不要忘记保存报表文件。保存后可以退出 UFO 报表系统。如果忘记保存文件，UFO 报表在退出前将提醒保存文件。

选择"文件"→"退出"命令，弹出"确认退出 UFO 系统？"对话框，单击"确定"按钮完成此项操作，如图 17-32 所示。弹出保存当前报表的对话框，单击"是"按钮保存当前报表并退出 UFO 报表系统，如图 17-33 所示。

图 17-32 确认退出

图 17-33 保存报表提示框

任务二　利用模板生成报表

UFO 提供的报表模板包括了 33 个行业的 200 多张标准财务报表（包括现金流量表），也可以包含自定

二维码 17-2
利用模板
生成报表

义的模板。可以根据所在行业挑选相应的报表套用其格式及计算公式。

一、利用模板生成资产负债表

打开 UFO 报表新建一个空白报表并另存为"资产负债表.rep"，在格式状态下，选择"格式"→"报表模板"命令，弹出"报表模板"对话框，在"您所在的行业"下拉列表框中选择所在行业"2007 年新会计制度科目"，在"财务报表"下拉列表框中选择"资产负债表（已执行新金融准则）"，如图 17-34 所示。

图 17-34　报表模板

单击"确认"按钮，弹出对话框"模板格式将覆盖本表格式！是否继续？"，单击"确定"按钮，弹出资产负债表模板界面，切换到报表格式状态下，双击 C15 单元格，在弹出的"定义公式"对话框的公式最后面输入"+QM("5001",月,,,年,,)"，单击"确认"按钮完成单元公式修改操作，如图 17-35 所示。

图 17-35　存货期末余额定义公式

以同样的方法，修改 D15 公式=原公式+QC("5001",月,,,年,,)，如图 17-36 所示。

图 17-36　存货期初余额定义公式

参照"单元公式"定义方法，补充定义 C19、D19 两个单元格的公式如下：

C19= QM("1901",月,,,,,,,,,)

D19= QC("1901",月,,,,,,,,,)

在"编制单位"输入"东华电子"后切换到数据状态下，选择"数据"→"关键字"→"录入"命令，弹出"录入关键字"对话框，按项目资料输入数据，如图 17-37 所示。

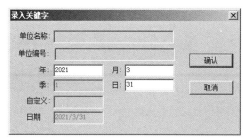

图 17-37　录入关键字

单击"确认"按钮，弹出"是否重算第 1 页？"提示框，单击"是"按钮，生成资产负债表并保存，如图 17-38 所示。

资产负债表

会企01表
单位:元

编制单位:东华电子　　　　　　　　　　　　　2021 年 3 月31 日

资　　　产	行次	期末余额	年初余额	负债和所有者权益 (或股东权益)	行次	期末余额	年初余额
流动资产:				流动负债:			
货币资金	1	736,097.74	399,615.56	短期借款	35	200,000.00	
交易性金融资产	2	11,000.00		交易性金融负债	36		
衍生金融资产	3			衍生金融负债	37		
应收票据	4			应付票据	38		
应收账款	5	571,742.38	290,100.00	应付账款	39	503,654.00	367,211.26
应收款项融资	6			预收款项	40		
预付款项	7			合同负债	41		
其他应收款	8	101,500.00	2,100.00	应付职工薪酬	42	24,678.35	4,800.00
存货	9	3,299,450.00	3,492,465.24	应交税费	43	177,125.63	93,648.64
合同资产	10			其他应付款	44	1,000.00	
持有待售资产	11			持有待售负债	45		
一年内到期的非流动资产	12			一年内到期的非流动负债	46		
其他流动资产	13	5,140.08		其他流动负债	47		
流动资产合计	14	4,724,930.20	4,184,280.80	流动负债合计	48	906,457.98	465,659.90
非流动资产:				非流动负债:			
债权投资	15			长期借款	49		
其他债权投资	16			应付债券	50		
长期应收款	17			其中:优先股	51		
长期股权投资	18			永续债	52		
其他权益工具投资	19			租赁负债	53		
其他非流动金融资产	20			长期应付款	54		
投资性房地产	21			预计负债	55		
固定资产	22	218,507.02	253,250.98	递延收益	56		
在建工程	23			递延所得税负债	57		
生产性生物资产	24			其他非流动负债	58		
油气资产	25	−80,149.00		非流动负债合计	59		
使用权资产	26			负债合计	60	906,457.98	465,659.90
无形资产	27	157,898.00		所有者权益(或股东权益):	61		
开发支出	28			实收资本(或股本)	62	2,676,302.00	2,609,052.00
商誉	29			其他权益工具	63		
长期待摊费用	30			其中:优先股	64		
递延所得税资产	31			永续股	65		
其他非流动资产	32			资本公积	66		
非流动资产合计	33	296,256.02	253,250.98	减:库存股	67		
				其他综合收益	68		
				专项储备	69		
				盈余公积	70		
				未分配利润	71	1,438,426.24	1,362,819.88
				所有者权益(或股东权益)合计	72	4,114,728.24	3,971,871.88
资产总计	34	5,021,186.22	4,437,531.78	负债和所有者权益(或股东权益)总计	73	5,021,186.22	4,437,531.78

图 17-38　资产负债表

二、利用模板生成利润表

打开 UFO 报表新建一个空白报表并另存为"利润表.rep",在该报表格式状态下,选择"格式"→"报表模板"命令,弹出"报表模板"对话框,在"您所在的行业"下拉列表框中选择所在行业"2007 年新会计制度科目",在"财务报表"下拉列表框中选择"利润表(已执行新金融准则)",如图 17-39 所示。

单击"确认"按钮,弹出对话框"模板格式将覆盖本表格式!是否继续?",单击"确定"按钮,弹出利润表模板界面,在"编制单位:"输入"东华电子",增加项目"以前年度损益调整"并修改"营业利润"公式后切换到数据状态下,在"以前年度损益调整"项目"本期金额"输入"3000",再选择"数据"→"关键字"→"录入"命令,弹出"录入关键字"对话框,按项目资料输入数据,如图 17-40 所示。

图 17-39　报表模板

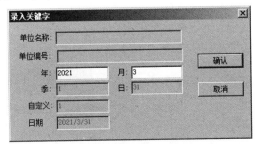

图 17-40　录入关键字

单击"确认"按钮，弹出"是否重算第 1 页？"提示框，单击"是"按钮，生成利润表，并保存，如图 17-41 所示。

利润表

编制单位：东华电子　　2021 年 3 月

会企02表
单位:元

项　　目	行数	本期金额	上期金额
一、营业收入	1	899,137.16	
减：营业成本	2	680,807.16	
税金及附加	3		
销售费用	4	50,419.00	
管理费用	5	71,010.31	
研发费用	6		
财务费用	7	-213.33	
其中：利息费用	8		
利息收入	9		
加：其他收益	10		
投资收益（损失以"-"号填列）	11	-300.00	
其中：对联营企业和合营企业的投资收益	12		
以摊余成本计量的金融资产终止确认收益（损失以"-"号填列）	13		
净敞口套期收益（损失以"-"号填列）	14		
公允价值变动收益（损失以"-"号填列）	15		
信用减值损失（损失以"-"号填列）	16	-7,117.38	
资产减值损失（损失以"-"号填列）	17	1,000.00	
资产处置收益（损失以"-"号填列）	18		
以前年度损益调整（损失以"-"号填列）		3,000.00	
二、营业利润（亏损以"-"号填列）	19	105,931.40	
加：营业外收入	20		
减：营业外支出	21		
三、利润总额（亏损总额以"-"号填列）	22	105,931.40	
减：所得税费用	23	26,482.85	
四、净利润（净亏损以"-"号填列）	24	79,448.55	
（一）持续经营净利润（净亏损以"-"号填列）	25		
（二）终止经营净利润（净亏损以"-"号填列）	26		

图 17-41　利润表

二维码 17-3
报表综合应用

任务三　报表综合应用

第一步，建立新报表。

3 月 31 日，以会计的身份登录企业应用平台，依次执行"业务导航"→"经典树形"→"业务工作"→"财务会计"→"UFO 报表"命令，启动 UFO 报表子系统，然后选择"文件"→"新建"命令，创建一个空报表文件，再选择"文件"→"另存为"命令，选择要保存的路径，在"文件名"文本框中输入"财务比较分析表"，单击"另存为"按钮完成操作。

第二步，报表格式设计。

（1）表尺寸。在报表页面格式状态下，选择"格式"→"表尺寸"命令，弹出"表尺寸"对话框，在"行数"框中输入"7"，在"列数"框中输入"3"，单击"确认"按钮完成表尺寸设置，如图 17-42 所示。

图 17-42　表尺寸

（2）行高和列宽。用鼠标拖动方式根据需要调整行高和列宽，如图 17-43 所示。

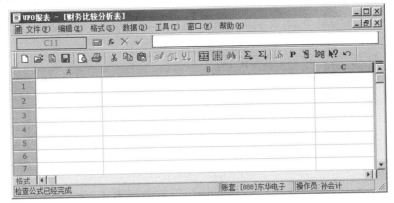

图 17-43　调整行高和列宽

（3）画表格线。选中 A3:C7 单元格区域，选择"格式"→"区域画线"命令，弹出"区域画线"对话框，选中"网线"单选按钮，单击"确认"按钮进行表格区域画线设置，如图 17-44 所示。

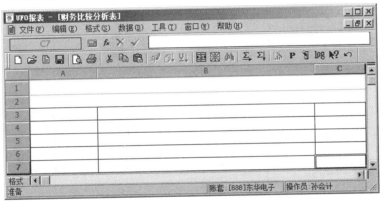

图 17-44　区域画线设置

（4）单元属性。选取 A1:C3 单元格区域，选择"格式"→"单元属性"命令，弹出"单元格属性"对话框，在"单元类型"列表框中选择"表样"，单击"确定"按钮完成单元格属性设置，如图 17-45 所示。

以同样方法设置 A4:B7 单元格区域为"表样"属性，设置 C4:C7 单元格区域为"数值"属性并将"格式"选择为"逗号"、小数位数"4"。

（5）组合单元。选取 A1:C1 单元格区域，选择"格式"→"组合单元"命令，弹出"组合单元"对话框，单击"整体组合"按钮设置组合单元，如图 17-46 所示。

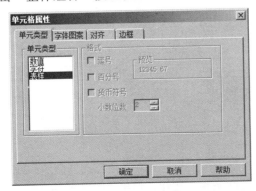

图 17-45　单元格属性

图 17-46　组合单元

以同样的方法将 A2:C2 单元格区域进行整体组合。

（6）表样文字。根据项目资料输入表样单元的内容，并按需要设置字体、大小，如图 17-47 所示。

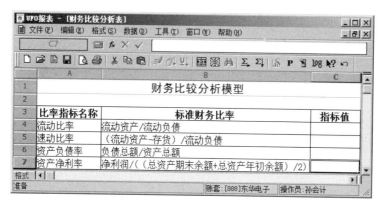

图 17-47　表样文字

（7）关键字。

关键字设置：选取 A2:C2 单元格区域，选择"数据"→"关键字"→"设置"命令，弹出"设置关键字"对话框，在对话框中选择关键字"单位名称"，单击"确定"按钮完成一个关键字的设置；重复此操作分别完成关键字"年""月"的设置，如图 17-48 所示。

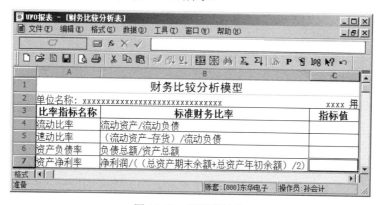

图 17-48　设置关键字

关键字偏移：选择"数据"→"关键字"→"偏移"命令，弹出"定义关键字偏移"对话框，在其中输入关键字的偏移量，单击"确定"按钮关键字偏移设置，如图 17-49 和图 17-50 所示。

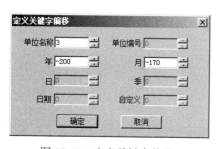

图 17-49　定义关键字偏移

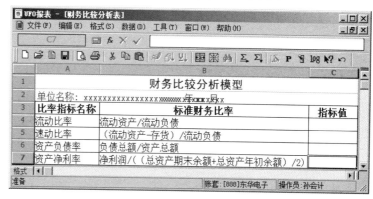

图 17-50　关键字偏移效果图

第三步，定义单元公式。

在格式状态下，选中 C4 单元格，选择"数据"→"编辑公式"→"单元公式"命令，或者单击工具栏中的"fx"按钮，弹出"定义公式"对话框，单击"关联条件"按钮，弹出"关联条件"对话框，在"当前关键值"中选择"月"，再单击"关联表名"输入框右侧的▣按钮，弹出"打开"对话框，选择指定位置的"资产负债表"，如图 17-51 所示。

单击"打开"按钮返回"关联条件"对话框，在"当前关键值"选择"月"，如图 17-52 所示。

图 17-51　打开页面

图 17-52　关联条件

单击"确认"按钮返回"定义公式"对话框，删除公式输入框中"Relation 月 with"和最后的"月"，在公式输入框最后输入"C20/"，如图 17-53 所示。

再单击"关联条件"按钮，重复以上操作，完成""C:\资产负债表.rep"->G20"公式定义，如图 17-54 所示。

图 17-53　定义公式

图 17-54　定义公式

单击"确认"按钮，完成 C4 单元格计算公式设置操作；参照上述方法，设置 C5 至 C7 单元格计算公式：

C5=("C:\资产负债表.rep"->C20-"C:\资产负债表.rep"->C15)/"C:\资产负债表.rep"->G20

C6="C:\资产负债表.rep"->G46/"C:\资产负债表.rep"->C46

C7="C:\利润表.rep"->C29/(("C:\资产负债表.rep"->C46+"C:\资产负债表.rep"->D46)/2)

全部单元公式设置完成后，如图 17-55 所示。

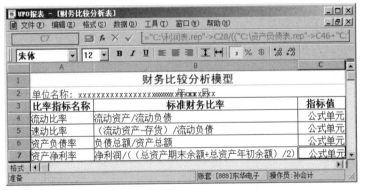

图 17-55　UFO 报表-财务比较分析模型

第四步，表页重算。

关键字输入：在该报表数据状态下，选择"数据"→"关键字"→"录入"命令，弹出"录入关键字"对话框，输入关键字值，如图 17-56 所示。

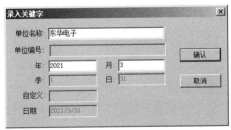

图 17-56　录入关键字

单击"确认"按钮后，弹出"是否重算第 1 页"对话框，单击"是"按钮，计算结果如图 17-57 所示。

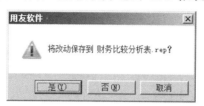

财务比较分析模型

单位名称：东华电子　　　2021 年 3 月

比率指标名称	标准财务比率	指标值
流动比率	流动资产/流动负债	5.2125
速动比率	（流动资产-存货）/流动负债	1.5726
资产负债率	负债总额/资产总额	1.0000
资产净利率	净利润/（（总资产期末余额+总资产年初余额）/2)	0.0168

图 17-57　表页计算结果

第五步，退出 UFO 报表。

选择"文件"→"退出"命令，弹出"确认退出 UFO 系统？"对话框，单击"确定"按钮，弹出保存当前报表的对话框，单击"是"按钮保存当前报表并退出 UFO 报表系统，如图 17-58 所示。

图 17-58　保存报表提示框

拓展实验　UFO 报表管理

【拓展知识】

UFO 报表系统是在当今国际流行的计算机操作平台——Windows 下运行的管理型软件，继承了 Windows 的多任务、多媒体、电子邮件、网络通信等特性，丰富的功能，给客户以全新的感受。

UFO 报表采用面向对象的开发思想。严格以客观对象为处理目标，彻底摆脱结构划分的弊端，使得财务人员操作起来更自然、更方便，更适合他们的思维方式。只要掌握 Windows 的基本操作，就可以操作报表管理软件。

UFO 报表与账务系统同时运行时，作为通用财经报表系统使用，适用于各行业的财务、会计、人事、计划、统计、税务、物资等部门。

自 1990 年问世以来，UFO 报表（DOS 版）获得了财经领域和计算机界的多个奖项。1995 年，用友 UFO 电子表被中国软件行业协会评为"1995 年度优秀软件产品"，同年 11 月用友软件获《计算机世界》报财务软件调查和评测总分第一名。目前，UFO 报表已在工业、商业、交通业、服务业、金融保险业、房地产与建筑业、行政事业等各行业得到了推广和应用。

UFO 报表计算公式取数方式有四种。

（1）账务取数。账务取数是确定会计报表数据的主要方式，是报表子系统和其他子系统之间进行数据传递的桥梁。在 UFO 报表中，利用取数函数可以取到《总账》《应收款管理》《应付款管理》《薪资管理》《固定资产》《资金管理》《专家财务评估-基础版》《采购管理》《存货核算》《库存管理》《销售管理》《成本管理》《预算管理》等系统的数据。用友账务函数基本格式如图 17-16 所示。

（2）表页内部取数。表页内部取数的计算公式，是指数据存放位置和数据来源位置，都没有超出本表本页范围的计算公式。表页内部的计算公式可以分为一个单元的公式、区域公式、可变区公式和筛选条件的运用等四种形式。

（3）表页与表页间取数。有些报表数据是从以前的历史记录中取得的，如本表其他表页。在表页间取数可以分为取确定页号表页的数据、按一定关键字取数（用 SELECT 函数从本表他页取数、用关联条件从本表他页取数）等两种形式。

（4）报表与报表间取数。在进行报表与报表间的取数时，不仅仅要考虑取哪一个表哪一个单元的数据，还要考虑数据源在哪一页。例如，3月的资产负债表中的利润，需要去取利润表中3月的利润数据，假如利润表中存在其他月份的数据，而不存在3月的数据，那么，资产负债表绝对不应该将其他月份的数据取出来。报表间的计算公式就是要保证这一点。

报表间的计算公式与同一报表内各表页间的计算公式很相近，主要区别就是把本表表名换为他表表名。报表与报表间的计算公式分为：取他表确定页号表页的数据、用关联条件从他表取数等两种形式。

【拓展实验任务资料】

（1）结合本书及拓展业务资料完成 UFO 报表出具。

（2）撰写实验报告。按表 17-3 所示模板完成实验报告的撰写，其中实验总结不低于 1000 字。

表 17-3 ERP 业财一体信息化应用实验报告表（模板）

班级		学号		姓名	
实验项目					
实验目的及要求					
实验环境					
实验内容					
实验步骤					
实验总结					
实验评分					

参 考 文 献

[1] 毛华扬. 会计信息系统原理与应用：基于用友 ERP-U8V10.1 版[M]. 北京：中国人民大学出版社，2018.

[2] 叶剑明，江春燕，张莉. 会计信息系统应用[M]. 大连：东北财经大学出版社，2020.

[3] 牛永芹，杨琴，喻竹. ERP 财务业务一体化实训教程（用友 U8V10.1 版）[M]. 2 版. 北京：高等教育出版社，2017.